JN418096

제국일본과 화교

일본·타이완·조선

이 도서는 2009년도 정부(교육과학기술부)의 재원으로 한국연구재단의 지원을 받아 출판되었음(NRF-2009-362-A00002).

중국관행
연구총서
02

일본·타이완·조선

제국일본과 화교

저자 야스이 산기치(安井三吉)

역자 송승석(宋承錫)

學古房

저자 **야스이 산기치(安井三吉)**

- 1941년 도쿄 출생.
- 도쿄대학(東京大學) 문학부 동양사학과 졸업.
- 동 대학교 대학원에서 석사 · 박사 졸업.
- 고베대학(神戶大學) 교양학부 및 국제문화학부 교수 역임.
- 현재, 고베대학 명예교수 및 쑨원기념관(孫文記念館) 관장.
- 저서로 『孫文と神戶』(공저), 『盧溝橋事件』(단독), 『落地生根—神戶華僑と神阪中華会館の百年』(공저) 등이 있음.
- 주요 연구분야는 쑨원(孫文), 화교, 중일전쟁

역자 **宋承錫**

- 1966년 인천 출생.
- 연세대학교 중어중문학과 졸업.
- 동 대학교 대학원에서 석사 · 박사 졸업.
- 현재, 인천대학교 인문학연구소 조교수.
- 주요 연구분야는 타이완문학, 화교문화.

중국관행연구총서 02

제국일본과 화교: 일본 · 타이완 · 조선

초판 인쇄 2013년 8월 20일
초판 발행 2013년 8월 31일

저 자 | 야스이 산기치(安井三吉)
역 자 | 송승석
펴 낸 이 | 하운근
펴 낸 곳 | 學古房

주 소 | 서울시 은평구 대조동 213-5 우편번호 122-843
전 화 | (02)353-9907 편집부(02)353-9908
팩 스 | (02)386-8308
홈페이지 | http://hakgobang.co.kr/
전자우편 | hakgobang@naver.com, hakgobang@chol.com
등록번호 | 제311-1994-000001호

ISBN 978-89-6071-322-2 94910
978-89-6071-320-8 (세트)

값 : 28,000원

『중국관행연구총서』 간행에 즈음하여

우리가 수행하는 아젠다는 근현대 중국의 사회 · 경제 관행에 대한 조사와 연구를 매개로 한국의 중국연구와 그 연구기반을 재구성하는 것이다. 이러한 작업은 무엇보다 인문학적 중국연구와 사회과학적 중국연구의 학제적 소통과 통합을 모색하는 과정에서 구체화될 수 있을 것이다. 또한 근현대 중국의 사회 · 경제관행 조사 및 연구는 중국의 과거와 현재를 모두 잘 살펴볼 수 있는 실사구시적 연구이다. 추상적 담론이 아니라 중층적 역사과정을 거쳐 형성되고 검증되었으며 중국인의 일상생활을 지속적이고 안정적으로 제어하는 무형의 사회운영시스템인 관행을 통하여 중국사회의 통시적 변화와 지속을 조망한다는 점에서 우리의 아젠다는 중국연구의 새로운 지평을 열 수 있는 최적의 소재라 할 수 있을 것이다.

우리 연구의 또 다른 지향은 중국사회의 내적 질서를 규명하는 것으로, 중국의 장기 안정성과 역동성을 유기적으로 파악함으로써 한층 더 깊이 있게 중국을 이해하고자 한다. 이러한 문제의식에서 우리는 중국사회의 다원성과 장기 안정성의 기반이라 할 수 있는 다양한 민간공동체 그리고 그 공동체의 광범위하고 직접적인 운영원리로서 작동했던 관행에 주목한다. 나아가 공동체의 규범원리인 관행을 매개로 개인과 공동체 그리고 국가가 유기적으로 결합됨으로써 중국사회의 장기 안정성이 확보될 수 있었다는 점을 규명하고자 한다.

이러한 문제의식에 기초한 연구는 궁극적으로 제국 운영의 경험과 역사적으로 축적한 사회, 경제, 문화적 자원을 활용하여 만들어가고 있는 중국식 발전 모델의 실체와 그 가능성을 해명하는 데 기여할 것이다.

『중국관행연구총서』는 인천대학교 HK중국관행연구사업단이 수행한 연구의 성과물이다. 이 총서에는 우리 사업단의 연구 성과뿐만 아니라 아젠다와 관련된 해외 주요 저작의 번역물도 포함된다. 앞으로 아젠다와 관련된 연구 및 번역 총서가 지속적으로 발간될 것이다. 그 성과가 차곡차곡 쌓여 한국의 중국연구가 한 단계 도약하는 데 일조할 수 있기를 충심으로 기원한다.

2013년 6월

인천대학교 인문학연구소 HK중국관행연구사업단

단장 신용권

한국어판 서문

본래 이 책은 '중국의 20세기(中国にとっての20世紀)'라는 기획시리즈의 하나로 2005년 3월 도쿄에서 출간되었다. 이 시리즈는 니시무라 시게오(西村成雄)의 『20세기 중국의 정치공간—'중화민족 국민국가'의 응집력(20世紀中国の政治空間—「中華民族的国民国家」の凝集力)』, 이시지마 노리유키(石島紀之)의 『윈난과 근대중국—'주변'의 시각에서(雲南と近代中国—"周辺"の視点から)』, 요시자와 미나미(吉澤南)의 『바다를 건너는 "사병", 하늘을 나는 의화단(海を渡る"士兵", 空を飛ぶ義和団)』, 다카하시 고스케(高橋孝助)의 『기근과 구제의 사회사—'정무기황'의 제반 양상(飢饉と救済の社会史—「丁戊奇荒」の諸相)』, 스에츠구 레이코(末次玲子)의 『근대중국의 젠더 변용(近代中国のジェンダー変容)』, 우에하라 잇케이(上原一慶)의 『민중에 있어서의 사회주의—실업문제를 중심으로(民衆にとっての社会主義—失業問題を中心に)』 그리고 졸저 이렇게 7권으로 구성되어 있다. 이상 7명의 저자 중 대부분은 아시아태평양전쟁 시대에 태어나 1960년을 전후로 대학에서 중국의 근현대사를 공부한 사람들이다. 또한 대약진, 문화대혁명, 개혁개방이라는 격동의 중국을 눈으로 보고, 중일국교정상화 등 중일관계가 진전되는 과정을 몸으로 느끼는 가운데 각자 나름의 연구주제에 매달려 오랫동안 씨름해 온 이들이다. 그러던 차에 20세기를 마무리하고 새로운 세기를 맞이할 즈음, 우리는 그동안의 연구 성과를 한데 모아 향후 21세기의 전망을 가늠해보자는 취지에서 상호 의기투합, 본 기획을 마련하게 되었다. 도중에 우리는 중일전쟁에 관한 정리를 맡기로 했던 후루야마 다다오(古

厩忠夫)란 뛰어난 친구를 병으로 잃는 아픔을 겪기도 했다. 자신의 홍미로운 구상을 미처 세상에 펼쳐보이지도 못하고 작별을 고하게 된 친구를 생각하면 지금도 마음 한 구석이 저미어온다. 이 시리즈의 애초 기획자였던 요시자와 미나미도 자신의 기획이 최종적으로 완성되는 것을 보지 못한 채 중도에 병사하고 말았다. 그나마 다행스럽다면, 이시지마 노리유키(石島紀之)와 요시자와 세이이치로(吉澤誠一郎) 두 분의 선생이 그의 유고와 기존에 발표한 논문을 한데 묶어 『바다를 건너는 "사병", 하늘을 나는 의화단』이란 제명으로 출간했다는 것일 게다. 시리즈 출간에 이러한 곡절이 숨어 있음을 사전에 한국독자에게 알려드리는 것이 도리일 것 같아 다소 장황하게나마 언급했다. 독자들의 너른 아량과 이해를 구한다.

이번에 필자의 책이 한국에서 번역 출판된다는 소식을 듣고 기쁨과 동시에 걱정이 앞섰던 것도 사실이다. 졸저는 세상에 나온 지 이미 7년이란 세월을 격한 구작(舊作)이라면 구작일 수도 있기 때문이다. 그 사이 일본에서는 한국화교와 관련되어 꽤 많은 역작들이 속속 출간되었다. 가령, 왕언메이(王恩美)의 『동아시아현대사 속의 한국화교—냉전체제와 조국의식(東アジア現代史のなかの韓国華僑—冷戦体制と「祖国」意識)』(2008), 기쿠치 가즈타카(菊池一隆)의 『전쟁과 화교—일본 · 국민정부공관 · 괴뢰정권 · 화교 간의 정치역학(戦争と華僑—日本・国民政府公館・傀儡政権・華僑間の政治力学)』(2011), 이정희(李正熙)의 『조선화교와 근대동아시아(朝鮮華僑と近代東アジア)』(2012) 등이 그 예이다. 이외에도 일본에서의 화교 · 화인에 관한 연구는 꾸준히 발전하고 있고 질적으로도 심화되고 있다. 하나의 예를 들자면, 졸저에서는 해외 화교 · 화인과 중국 내 화교의 친척 및 귀국 화교를 통칭해 "두 부류의 3천만"이란 표현을 썼는데 최근의 연구에 따르면, 해외 화교의 수는 4천만에서 4천5백만이라고 한다. 지난 7

년 동안 1천만에서 1천5백만 명이 증가한 셈이다. 이처럼 통계수치의 차이 등 다방면에서 많은 변화가 있었던 게 사실이다. 이는 조그만 예에 불과하지만 그동안 화교·화인에 대한 실태파악과 연구관점 등에서 상당한 진전이 있었음을 대변한다는 점에서 매우 주목할 대목이다.

이런 등등의 이유로 졸저가 과연 독자들에게 얼마나 유용할지 사뭇 저어되는 부분이 없지 않고 지금도 그 걱정은 내내 필자를 불안케 한다. 아마도 송승석 교수의 격려와 설득이 없었다면, 이 책을 한국독자에게 선보이는 일은 없었을 것이다. 이 자리를 빌어 다시금 송 교수의 노력과 분투에 감사를 표한다.

다만, 굳이 졸저의 장점을 꼽자면, '제국일본' 치하에 있던 일본, 타이완, 조선 세 지역의 화교에 대한 일본의 정책, 화교의 상황에 대한 공통성과 특수성을 비교적 명료하게 정리해 제시하고 있다는 점이라 생각된다. 물론 이 역시 필자 본인의 자위적 생각에 지나지 않겠지만 말이다. 아무튼 졸저의 평가에 대해서는 독자들의 몫으로 남겨두기로 하겠다. 석학제현의 기탄없는 질정을 구하는 바이다.

끝으로, 졸저를 통해서나마 한국화교에 대한 관심이 조금이라도 높아지고 연구에도 다소나마 보탬이 될 수만 있다면, 필자는 더 바랄 나위가 없다.

2013년 7월 27일

야스이 산기치(安井三吉) 삼가 드림.

옮긴이의 글

동아시아 근대는 19세기 중국, 일본, 조선의 개항에서 시작되었다고 보는 것이 통설이다. 오랜 기간 공고한 중화질서 속에 갇혀 있던 이 지역은 이른바 개항장을 중심으로 서양의 새로운 문명을 받아들임으로써 중국 중심의 일원적 세계관에서 벗어나 다원적인 세계사적 질서 속으로 급속히 편입되었다. 그러나 개항장을 출입하는 대상은 단지 서양인과 그들이 가지고 들어오는 문화, 상품만이 아니었다. 오히려 동아시아 개항장 상호간의 인적·물적 이동은 서양과의 교류보다 훨씬 더 적극적이고 활발했다. 이렇게 볼 때, 동아시아에 있어 개항이란 서구세계에 대한 일방적 개방과 흡수의 차원을 넘어 권역 내 상호개방과 교류의 전면화를 뜻하는 것으로도 읽어낼 수 있다. 그러나 동시에 개항은 이후 동아시아 역사에 있어 전쟁과 식민지배, 침략과 저항으로 점철되는 거대한 지각변동을 불러오는 단초가 되었다. 특히, 일본은 청일전쟁에서의 승리로 타이완을 영유하고 연이어 조선을 병합함으로써 제국을 형성하게 되었고 이를 통해 기존의 중화세계를 대체한 새로운 아시아의 맹주로 부상하게 되었다.

이러한 근대 동아시아 질서의 급격한 재편과 권력지형의 새로운 변화는 지역 내 주민들의 역내 이동을 보다 가속화하는 계기로도 작용했다. 일본인은 중국, 타이완, 조선으로, 조선인은 일본, 중국(주로 만주)으로, 중국인은 일본, 타이완, 조선으로 쉼 없이 이동했다. 그 중에서도 중국인 즉, 화교의 역내 이동은 상대적으로 가장 적극적이고 광범위했다는 점에서 권역 내 민간교류와 동아시아 월경의 흐름을 관찰하는데 있어 특히 주목해야 할 대상이다. 사실, 중국인의 역내 이동은 일본이 제국을 형성하기 이전부터 시작되었다. 그 기원을 따지자면, 멀리 고대까지 거슬러 올라가야겠지만 가깝게는 19세기 중반 이후 해외도항이 자유화되면서 본격화되었다. 그들이 자신의 터전을 이 지역으로 옮긴 데에는 여러 가지 이유가 있다. 개중에는 적극적인 판로확장을 위해 배를 띄운 상인들도 있었고 경작을 위해 새로운 땅을 찾아온 농민들도 있었다. 그리고 호구의 책으로 무작정 일자리를 찾아 이리저리 떠도는 무지렁이 쿨리들도 존재했다. 그러나 화교들의 역내 이동과 거주가 항상 순조로웠던 것만은 아니었다. 조국과 일본의 연속된 다툼 속에서 가던 걸음을 지체하기도 했고, 공고해진 식민체제 하에서 자신의 특수한 신분과 위치 탓에 생사의 갈림길과 마주하기도 했다. 그들은 제국일본 내에서 식민지인과도 구별되었고 여타 외국인과도 다른 취급을 받는 '특수자'였다. 때로는 적국민의 신분으로 오랜 간난의 세월을 감내해야 했다. 하지만 이렇듯 열악한 이방인의 삶에도 불구하고 그들의 욕망과 도전에는 한 치의 물러섬도 없었다. 오히려 그들은 일본제국의 확장을 자신들의 활동범위와 규모를 확대하는데 역이용하는 지혜를 발휘하기도 했다.

이 책의 저자 야스이 산기치는 바로 이러한 화교들의 역사적 경험을 결코 가벼이 보지 않고 오늘날 상호간의 공존이 절실한 동아시아 지역민들에게 지혜와 성찰의 기회로 승화시켜 보여주고 있다. 야스이 산기치가 이 책을 통해 구체적으로 다루고 있는 내용은, 근대 동아시아 지역에서 활동했던 화교는 과연 어느 정도의 범위를 가지고 있었고 어떠한 사회와 조직을 구성하며 생활하고 있었던가, 또 이들은 일본의 식민지 경략에 있어 어떻게 활용되었고 식민당국 내지 거주국 주민들과는 어떠한 관계를 설정하고 있었던가, 그리고 제국일본은 이 화교들을 어떻게 통치하고자 했는지 등이다. 그러나 이러한 역사적 사실에 대한 치밀한 해석과 차분한 설명 속에서 그가 궁극적으로 제시하고자 하는 바는 바로 동아시아 주민 간의 상호교류와 공생이었다. 우선 그는 화교의 이동과 거주에 대한 역사적 분석을 통해 동아시아 권역 내 인적이동의 추이와 그것이 갖는 현재적·미래적 의미를 검토함으로써 지역 간 적극적이고 긍정적인 교류의 방법을 모색하고자 했다. 또한 화교의 사례를 통해 향후 동아시아 각 지역이 추구해야 할 사회적 다양성과 문화 다원성의 문제를 하나의 과제로 제시함으로써 이 지역 주민 간의 평화적 공존과 공생의 길을 탐색하고자 했다. 아울러 그는 식민제국 일본의 화교에 대한 인식과 정책에 대한 분석적 고찰을 통해, 배타적 내셔널리즘에 대한 경계와 함께 동아시아 역사문제에 대한 올바른 인식을 재삼 강조함으로써 암묵적으로 일본의 반성을 촉구하고 있다. 이런 점에서 이 책은 역사를 넘어 현실과 맞닿아 있다고 할 수 있다. 이 책을 소개하고자 하는 이유가 바로 여기에 있다.

일일이 거명할 수는 없지만 이 책이 번역 출판되는 데에 애써주신 분들이 참으로 많다. 이 자리를 빌려 감사를 드린다. 무엇보다 출판되기까지 여러 우여곡절의 과정을 거칠 수밖에 없었는데, 묵묵히 참고 기다려주신 저자 야스이 산기치 선생께 더없는 고마움을 표하고 싶다. 그리고 책 표지의 그림을 그려주시고 제자(題字)까지 직접 해주신 강형덕 화백께도 우정을 전한다. 물론, 하운근 사장님을 비롯한 학고방 편집부원들에게도 정말 고생하셨다는 말을 하고 싶다.

끝으로, 이 책을 읽는 화교를 비롯한 많은 이들의 질정과 아량을 구한다.

2013년 10월
인주골 비랭이고개 초옥에서
송승석 삼가 씀

목 차

중국의 개국(開國)과 화교의 탄생 15

1. 푸칭시(福清市) 동한진(東瀚鎮) 17
2. 화교와 화인 19
3. 중국인의 해외이주 23
4. 외교관과 해외중국인 28
5. 본서의 과제 45

1 일본의 개국과 중국인 49

1. 중국인의 도래 51
2. 공사 · 영사의 방일 56
3. 북양함대(北洋艦隊)의 내항(來航) 62
4. 고베(神戸)항과 화교 73

2 청일전쟁과 화교 81

1. 청일전쟁과 고베화교 83
2. 내지잡거문제와 칙령 제352호 91
3. 타이완화교(台灣華僑)의 탄생 98
4. 청일전쟁과 조선화교 111

3 타이완총독부와 타이완화교 127

1. 타이완화교의 구성 129
2. 중화회관(中華會館)과 공우회(工友會) 138
3. 영사관의 개설 152

4. 화교운동 155

4 한국병합과 조선화교 167

1. 러일전쟁 이후의 한국화교 169
2. 한국병합과 조선화교 174
3. 화상과 화교단체 183
4. 화공과 총독부 189
5. 배화사건(排華事件) 201

5 제국일본의 확대와 화교 205

1. 신해혁명과 일본화교 207
2. 제1차 세계대전과 중일관계 214
3. 중국인 노동자 문제 218
4. 국민정부의 전국통일과 화교 234

6 중일전쟁과 화교 249

1. 일본화교 251
2. 타이완화교 285
3. 조선화교 297

7 전후 동북아시아의 화교 315

1. 제국일본의 해체와 화교 317
2. 정리와 전망 332

- 인명색인 348
- 사항색인 353

중국의 개국(開國)과 화교의 탄생

1. 푸칭시(福清市) 동한진(東瀚鎭)

화교연구에 뜻을 두고 있는 사람이라면 누구나 한번쯤 그들의 고향 즉, 교향(僑鄕)을 방문해보고 싶다는 생각을 했을 것이다. 필자는 2004년 11월 푸젠성(福建省) 푸칭시(福淸市) 중심부에서 남쪽으로, 차로 약 1시간 거리에 있는 동한진(東瀚鎭)을 찾았다. 동한진은 고베(神戶) 화교의 지도자이자 교령(僑領) 중의 한 사람인 린통춘(林同春)의 고향이다. 1935년 봄, 린통춘은 자신의 집과 얼마 떨어지지 않은 바닷가에서 고향을 뒤로 한 채 작은 배에 몸을 실었다. 그의 나이 불과 열 살 때의 일이다. 이로부터 고향집을 등진 소년 린통춘의 일본화교로서의 삶이 시작된 것이다. 여기에 생각이 미치니 왠지 모를 뭉클함이 가슴을 먹먹하게 한다. 린통춘이 푸저우(福州)의 마웨이(馬尾)와 상하이(上海)를 거쳐 고베에 도착한 것은 그해 4월이었다. 일본에 첫 걸음을 내딛게 된 린통춘을 맞이한 것은 당시 일본에서 비단행상을 하고 있던 그의 아버지였다. 그러던 린통춘이 다시금 동한진 땅을 밟게 된 것은 중일국교정상화 직전이었던 1972년 4월이다. 실로 37년만의 귀향이었다. 일본에서 사업에 성공한 린통춘으로서는 일종의 금의환향인 셈이었다. 그때부터 우물을 파고 학교를 건설하는 등 린통춘의 고향에 대한 지원이 시작되었다. 이는 지금도 계속되고 있다.[1)]

린통춘의 마을에서는 수많은 사람들이 일본으로 건너갔지만 근방의 다른 마을 사람들은 대부분 인도네시아로 갔다고 한다. 점심으로 푸칭

---

1) 神戶華僑華人硏究會 編, 『神戶と華僑ーこの150年の步み』, 神戶新聞總合出版センタ, 2004, 119−139쪽. 고베화교사회 나아가 일본화교사회를 위해 커다란 역할을 하셨던 린통춘(林同春)씨는 2009년 11월, 향년 84세를 일기로 서거하셨다(이 내용은 원시에는 없지만, 번역출판과정에서 지자의 요구로 추가했다).

의 향토요리를 대접받는 동안 얼마 전 이라크에서 납치된 사람들이 맞은편 섬에 살던 이들이라는 말을 들었다. 이곳에서는 바다로 나간다고 하는 것이 지극히 일상적인 일이라서 사실 어디로 가는가가 중요했지 누가 갔는가는 그다지 중요한 일이 아니었다.

린통춘이 살던 마을 서쪽에 위치한 쟝인다오(江陰島)는 현재 30만 톤급의 배가 접안할 수 있는 항만시설을 건설 중에 있다. 이곳은 인도네시아 화인(華人)인 린원징(林文鏡)이란 사람이 1987년 이후 개발을 진행하게 되면서 하나의 거대한 공업지대로 변모하게 되었다고 한다. 그 정도로 급속하고 대규모는 아니지만 린통춘의 고향도 푸칭의 중심부로부터 큰 도로가 뚫리게 되면서 변화를 피할 수는 없었다. 린통춘 일족의 아름다운 사당(祠堂)에 마련된 극장에서는 그 날이 평일임에도 불구하고 푸저우시(福州戲)[2]가 상연되고 있었다. 일 년 중에 연극공연이 이루어지는 날이 수십 일이라는 말에 정말 놀라지 않을 수 없었다. 린통춘의 생가 주변에는 화교들의 송금으로 건설된 파란색 유리창의 삼층, 사층의 집들이 줄지어 서 있었지만 그 중간 중간에는 옛날 그대로의 오래된 집들도 어깨를 나란히 한 채 달싹달싹 붙어 있었다. 이러한 광경이 언제까지 지속될 수 있을 것인가? 고령화와 개발의 파고가 교향의 경관을 이대로 내버려 두지는 않을 것 같다. 개발과 문화보존의 문제는 근대화에 직면한 그 어느 곳에서도 경험할 수 있는 것이기에 머지않아 린통춘의 고향도 그 예외로 남아 있지는 않을 것으로 보인다.

푸칭시는 총면적 2,430㎢ 가운데 육지가 1,519㎢이고 인구는 약 120만이다.[3] 1997년 푸칭시 조사에 따르면, 같은 해 상반기 현재 푸칭시에

---

2) 푸젠성 동북 지역에서 유행하던 전통적인 지방극의 일종. 민쥐(閩劇)라고도 한다(역자 주).

3) 張君明, 「日本福清籍華僑與家鄉交流的歷史與現象」, 『阪神華僑の國際ネットワー

는 세계 70여 개국에 분포해 있는 해외 친족이 약 54만이라고 한다. 그 가운데 인도네시아가 36만 9천명으로 가장 많고 그 다음으로 싱가포르에 7만 6천명이 있다. 그리고 일본이 세 번째로 7만이라고 한다.[4] 사서(史書)에 푸칭 사람들의 출국 기록이 나타나기 시작한 것은 13세기 말 송원(宋元) 교체기이고, 일본으로의 도항(渡航)은 명나라 중기부터라고 되어 있다. 하지만 그 수가 급격히 많아진 것은 19세기 후반부터이다.[5] 즉, 제국 일본이 시작되던 시기이다. 린통춘의 생애는 그러한 푸칭 화교의 기나긴 역사와 제국 일본의 발걸음이 교차하는 시기에 있어 하나의 조그마한 예에 불과할 것이다.

2. 화교와 화인

"두 부류의 3천만"이란 말이 있다. 이는 해외에 있는 중국인들이 3천만이고, 중국 국내로 귀국한 화교 및 그 친족이 3천만이란 의미이다. 이를 합하면 도합 6천만으로, 족히 하나의 나라를 형성하기에 충분한 수치이다. 다만, 해외에 거주하는 중국인들의 수는 각국 정부가 자국에 거주하는 중국인들의 통계 수치를 모두 공표하고 있는 것은 아니고, 중국정부 자신도 공식적으로는 그 수가 얼마인지에 관해 확실한 통계를 밝히고 있지 않다. 따라서 이 숫자는 어디까지나 추계에 지나지 않는다. 하지만 오늘날 화교화인에 관해 논하는 사람들은 대체로 이 수치, 혹은 이에 근접한 수치에 의거하고 있는 것도 사실이다.[6]

クに關する研究』 III(科研報告書), 2005, 227쪽.

4) 中共福清市委党史研究室 · 福清市市志編纂委員會, 『福清華僑史』, 2003, 1쪽, 19−22쪽.

5) 中共福清市委党史研究室 · 福清市市志編纂委員會, 앞의 책(2003), 1쪽, 28−30쪽.

6) 세계에 분포되어 있는 화교화인의 수에 관해, 최근의 중국 연구자들 사이에서는

한편, 화교의 특징을 말할 때 자주 사용되는 말로는 다음의 두 가지가 있다. 하나는, "바다가 있는 곳이면 어디에나 화교가 있다."라고 하는 속담이다. 이것은 화교가 많은 지역에 걸쳐 광범위하게 분포되어 있다는 이른바 화교의 글로벌 정도를 보여주는 말이다. 또 하나는 "낙엽귀근(落葉歸根)" 즉, 잎이 떨어지면 뿌리로 돌아간다는 말이다. 이는 곧 고향 중국으로 되돌아간다는 의미일 것이다. 이러한 것들은 화교의 본질과 성향을 상징하는 말들로써 화교를 말할 때 어김없이 등장할 정도로 자주 거론되어져 왔다.

그러나 근년에 들어 해외에 거주하는 중국인들을 뜻하는 말로 화교보다는 화인이라는 말이 보다 많이 사용되고 있다. 이는 화교라는 말이 현실에 제대로 부합하지 못하고 있다는 인식에 따른 것이다. 그러나 사실, 화인이라고 하는 말 역시 아주 옛날부터 있던 말로써 오늘날 처음으로 등장한 것은 아니다. 일찍이 해외중국인을 가리키는 말로는 '당인(唐人)'이 가장 일반적이었지만, 명나라 말기 이후로는 이 '화인'이라고 하는 말이 보다 대중화되었다고 한다.[7] 그러나 '화민(華民)'과 함께 당시에 일반적으로 사용되었던 이 화인이라는 말은 오늘날의 그것과는 그 쓰임새가 달랐다. 오늘날에 사용되는 화인이란 말은 화교와 구별하기 위해 중국정부가 임의로 만든 새로운 개념이다. 1957년 중화인민공화국화교사무위원회(中華人民共和國華僑事務委員會, 약칭, 중교위 中僑委)는 중국정부로서는 처음으로 화교에 대해 다음과 같이 정의를 내린 바 있다. "일반적으로 국외에 교거(僑居)하고 있는 중국 공민(公民)은 화교이다." 이후

이론이 분분하다. 그러나 이들의 의견을 대략 정리하면, 많게는 4,800만 명, 적게는 3,400만 명으로 추산된다. 따라서 이 책에서 말하는 '두 부류의 3천만'이라는 설법은 현실에 부합되는 것이라 볼 수 없다(이 내용은 원서에는 없지만, 번역출판 과정에서 저자의 요구로 추가했다).

7) 可兒弘明 · 游仲勳 編, 『華僑華人―ボーダレスの世紀』, 東方書店, 1995, 8–9쪽.

이 정의는 중국 화교정책의 기조를 이루게 되었다. 그러나 1984년 국무원화교사무판공실(國務院華僑事務辦公室, 약칭, 교판 僑辦)은 이 정의를 "국외에 정거(定居)하고 있는 중국 공민이야말로 화교이다."라고 수정했다. '교거'(임시거주)를 '정거'로 고치기는 했으나 국외거주, 중국 공민이란 점은 그대로 계승되었다. 반면에 화인, 정확하게는 '외적화인(外籍華人)'의 개념이 명확해진 것은 프롤레타리아 문화대혁명(문혁) 시기인 1974년으로, 국무원이 가지고 있는 한 문서에 외국 국적을 가진 원(元)화교를 "중국의 혈통을 가진 외국국적 취득자"라고 부른 데에서 시작되었다고 한다. 하지만 문혁 이후인 1984년, 국무원에 의해 다시 "외적화인은 원화교 혹은 화교의 후예로서 이미 거주국의 국적에 가입하거나 혹은 '그것을' 취득한 자를 가리킨다."라고 정의가 내려졌다.[8] 요컨대, 오늘날 일컫는 화교와 화인의 구별은 중국정부의 정의에 따른 것으로, 모두 해외에 정주하는 중국인들을 가리키지만 그 가운데에서도 화교는 중국국적을 가지고 있는 사람들을 의미하고 화인은 인도네시아, 미국, 일본 등 거주국의 국적을 취득한 중국인들을 의미하는 것이다.

이렇듯 화교와 화인을 구별하는 데에는 제2차 세계대전 이후 독립해 국민국가 형성을 서두르고 있던 동남아시아 국가들과 원만한 외교관계를 정립하고자 한 중국정부의 의도가 개입되어 있었다. 다시 말해, 자국 내에 거주하고 있는 다수의 중국인들을 포함하는 가운데 국민국가를 형성하고자 했던 동남아 각국과의 관계 개선을 위해 중국 측으로서는 행정적 조치를 통해 화교와 화인을 명확하게 구별할 필요성이 있었던 것이다. 따라서 이는 다분히 행정적 성격이 강한 구분법이라 할 수 있다. 결국, 중국은 1955년에 인도네시아와 〈이중국적에 관한 조약〉을

8) 毛起雄 · 林曉東, 『中國僑務政策概述』, 中國華僑出版社, 1993, 5-11쪽.

체결하고 이중국적을 부정하겠다고 공표했다(1980년, 중국은 국적법을 제정하여 국내법상에서도 이중국적을 부정하기로 했다). 그런데 이러한 구분에 따른다면, 오늘날 해외에 있는 중국인들 가운데 90%는 화인이 되고 화교는 10%에 지나지 않게 된다. 앞서의 3천만이라고 하는 숫자에 준해 말한다면, 해외에 정주하는 중국인들 중 2천7백만은 화인이고, 화교는 불과 3백만에 지나지 않게 되는 것이다. 한마디로 화교에서 화인으로, '낙엽귀근'에서 '낙지생근(落地生根, 거주지에 뿌리를 내린다)'으로 개념이 바뀌는 것이 오늘날의 추세이다. 이러한 상황에서 영어로 화교는 overseas Chinese, 화인은 Chinese overseas라고 번역해야 한다는 주장도 광범위해지고 있다. 즉, 중국계 미국인은 미국 국적의 화인으로 Chinese American이라는 것이다. 이와 더불어 오늘날에는 신화교(新華僑), 신이민(新移民)이라는 말도 종종 들리고 있다. 이는 중국이 개혁개방정책으로 나아간 1979년 이후 대량으로 해외에 나간 중국인들을 가리킨다. 이들은 종래의 화교 이미지와는 다르다. 대학졸업자 등 고학력자들이 다수이고, 출국지도 동남아가 아니라 주로 미국, 캐나다, 오스트레일리아, 유럽 등 선진 자본주의 국가이다. 게다가 상당수는 각 나라에서 이른바 중산층을 형성하고 있으면서도 중국 국적을 그대로 유지하고 있다는 특징을 지니고 있다. 재일중국인도 2003년 말 현재 46만이지만 이를 넘어 50만에 달하게 될 날도 그리 멀지 않아 보인다.[9] 중국정부는 이들의 귀국을 적극 환영하고 있고 또 나름대로 중국에서 활약할 수 있는 장을 마련하는데 공을 들이고 있다. 이렇듯 종래의 화교 이미지와는 상당히 다른

9) 2010년 12월 말 현재 출입국관리 통계에 따르면, 90일 이상 일본에 체류한 외국인의 총수는 213만 4,151명이다. 그 가운데 중국인의 수는 68만 7,156명이고, 한국인과 조선인의 수는 도합 56만 6,989명이다. 중국인의 수가 한국인과 조선인의 수를 뛰어넘어 재일외국인 가운데 가장 많게 된 것은 2007년부터이다(이 내용은 원서에는 없지만, 번역출판과정에서 저자의 요구로 추가했다).

사람들이 탄생하고 있다는 것 또한 오늘날의 특징이라 할 수 있다.

어떻든 오늘날 중국에서 말하는 화교와 화인의 구별 기준은 '국적'의 유무이다. 사실 '화교'라는 말의 탄생과 그 보급은 19세기말부터 20세기 초의 일인데, 여기에는 중국이 왕조체제에서 국민국가로 자기 전환을 달성해 나간다고 하는 역사적 과정이 그 배경에 깔려있다.

3. 중국인의 해외이주

해금(海禁)

본 절에서는 청나라의 해금정책 실시로부터 1870년대 해외 각지로의 공사(公使) 및 영사(領事) 파견에 이르기까지의 과정을 되돌아보기로 하겠다.

중국인의 해외이주 역사가 언제부터 시작되었는지에 관해서는 아직도 의견이 분분한 상태지만, 통상 당대(唐代)에서 화교역사의 기원을 찾는 것이 일반적이다. 천삐셩(陳碧笙)은 그 이유로 다음의 세 가지를 들고 있다. 첫째, 당대에 이미 해외중국인은 '당인'이라고 불리었다. 둘째, 당대에는 남해(南海) 교통이 전에 없이 발달했기 때문에 정부도 번박사(蕃舶使, 외국 선박을 단속하는 관리)를 두어 이를 전문적으로 관리하도록 했다. 셋째, 중국과 외국의 서적에 해외 화인에 관한 기록이 남아 있다.[10] 시바 요시노부(斯波義信)도 화교역사를 다섯 단계로 구분하여 서술하고 있는데 그 첫 번째 단계를 8세기부터 16세기 즉, 당대부터 시작하고 있다.[11] 물론 여기서 화교의 기원에 관해 자세히 논할 생각은 없다. 따라서 역사를 거슬러 올라가는 것은 19세기 중반에 시작된 중국인의 해외

10) 陳碧笙,『世界華僑華人簡史』, 厦門大學出版社, 1991, 17쪽.
11) 斯波義信,『華僑』, 岩波新書, 1995, 21쪽.

이주 역사에 있어서 커다란 변화의 의미를 생각해보자는 선에서 그칠 것이다.

그런 의미에서 우선적으로 생각해보아야 할 점은 바로 해금(海禁)에 관한 것이다. 해금은 명나라 태조인 홍무제(洪武帝, 재위기간 : 1368~1398)가 1371년 왜구(倭寇)와 반명(反明) 세력의 결합을 막기 위해 "널조각 하나라도 바다에 들어가는 것을 허락하지 않는다."고 하는 금령(禁令)을 포고한데에서 시작되었다. 이로부터 중국인의 모든 대외무역과 해외도항은 금지되기에 이른다. 이러한 조치는 명나라 말기인 1567년에 일시적으로 완화되기는 했지만 17세기 청조(清朝)에 이르러 다시 해금과 천계(遷界)라는 두 가지 방법으로 중국인의 대외무역과 해외도항을 금지 혹은 제한하게 된다. 천계령(遷界令)이라고 하는 것은 타이완에 거점을 두고 청조에 대항하던 정청공(鄭成功, 1624~1662)의 활동에 대처하기 위해 1661년 광동(廣東), 푸젠 등의 연해 30리(15㎞) 이내를 무인지대(無人地帶)로 한 것을 말한다. 이는 정청공의 뒤를 계승한 정권이 항복하게 되는 1684년에 이르러서야 폐지되었다. 반면, 해금은 1647년 광동에서 시작되어 1656년에 전 지역으로 확대되었지만, 이 역시도 타이완 공략 이후인 1684년에 이르면 "전개령(展開令)을 펼치는 한편으로, 상하이(강해관 江海關), 닝보(寧波, 절해관 浙海關), 아모이(민해관 閩海關), 광동(월해관 粵海關) 등 4대 해관(海關)을 특설(特設)하여 해상무역을 시작"[12)]하는 것으로 완화된다. 그러나 18세기에 들어서도 이러한 해금 조치는 그대로 유지되었다. 1717년에는 일반 중국인의 남양 거주뿐만 아니라 귀국도 금지되었다. 이는 1727년에 한 차례 해제되었지만 건륭제(乾隆帝, 재위기간 : 1735~1795) 시기인 1757년에 다시 해금조치가 취해졌고 아울러 대(對) 서양무역도

---

12) 斯波義信, 「三江幇と日本華僑」, 日本孫文研究會・神戸華僑華人研究會 編, 『孫文と華僑』, 汲古書院, 1999, 212쪽.

광저우(廣州) 한 항구로 제한된다. 다만, "광동, 챠오저우(潮州), 아모이, 푸저우 등의 항구는 남양무역으로 번창하고 있었다."[13)]

해금을 어기고 해외로 나가 무역, 거주, 경작하는 자들에게는 "적과 내통한 자로서 참수한다."(《대청율례 大淸律例》)고 하는 엄벌이 가해졌다. 또한 청조는 해외중국인을 도적, 비적(匪賊) 때로는 '한간(漢奸)' 등으로 부름으로써 기민(棄民)시 했고, 그들이 해외에서 어떠한 박해를 받더라도 보호의 손길을 내밀지 않았다. 1740년 네덜란드령 인도(현재의 인도네시아)에서 중국인 1만여 명이 살해당하는 사건(홍시사건 紅溪事件)이 발생했을 때에도 청조는 네덜란드에 어떠한 항의도 하지 않았다. 이러한 상황 속에서도 중국인의 해외도항은 계속되었지만 그 규모면에 있어서는 일정 범위 내로 제한되지 않을 수 없었다.

밀고 당기기(push & pull)

19세기 들어 이러한 상황은 돌변했다. 다시 말해 화교 역사에서 자주 거론되는 이른바 밀고 당기기의 측면에서 커다란 변화가 발생한 것이다. 우선, 밀기(push)는 중국 국내 상황을 두고 하는 이야기인데, 그 첫 번째는 18세기 후반부터 19세기에 걸쳐 인구가 폭발적으로 증가한 것을 들 수 있다. 중국의 인구는 1700년에 1억 5천만이었지만 같은 세기 말인 1794년에 이르게 되면 그 수의 두 배에 달하는 3억 1천만으로 증가하게 되고 더욱이 19세기 중반인 1850년이 되면 4억 3천만으로 폭증하게 된다. 이는 사실상 세 배에 달하는 수치이다.[14)] 푸젠의 경우, 1791년에 1,280만이었지만 1890년에는 2,500만으로 약 두 배가 증가하게 되고, 광동의 경우에도 동 시기 1,645만에서 2,980만으로 약 1.8배

13) 斯波義信, 앞의 책(1999), 212쪽.
14) 吳鳳斌 主編, 『東南亞華僑通史』, 福建人民出版社, 1994, 231쪽.

증가하게 된다.[15] 이러한 인구 증가는 때마침 리즈(荔枝), 룽옌(龍眼) 등 환금작물의 보급 등과 더불어 도전(稻田)의 부족을 가져옴으로써 사람들의 해외이주를 촉진시키는 커다란 요인이 되었다. 다음은 당기기(pull)의 요인이다. 이는 해외 상황의 변화를 가리키는 것으로 서양열강의 세력이 동남아시아뿐만 아니라 점차 중국 등 동북아시아에까지 미치게 된 데에서 기인한다. 그 첫 번째 요인은 열강에 의한 동남아시아 식민지 형성이 시작된 것이고, 두 번째는 동남아시아뿐만 아니라 미국, 오스트레일리아 등 세계 각지에서 개척과 근대공업 건설이 시작됨에 따라 이들 지역에 있어서 대량의 노동력이 필요하게 된 것이다. 세 번째는 당시까지 식민지 개발에 필요한 노동력 공급을 위해 서양에서 이용되었던 흑인노예제도가 인도적 견지에서 잇달아 폐지되었다는 것이다. 제일 먼저 1833년 영국에서, 1848년에는 프랑스에서, 1863년에는 네덜란드에서, 1865년에는 미국에서 그리고 1870년에는 스페인에서 잇달아 노예제도가 폐지되었고 그 결과 흑인노예를 대체할 수 있는 새로운 노동력이 필요해지게 되었던 것이다. 네 번째는 운수(運輸) 기술의 비약적인 발달 특히, 증기선의 발명을 들 수 있다. 증기선이 발명됨에 따라 신속하고 대량으로 노동자들을 실어 나

|표 0-1| 싱가포르의 화교인구

(단위 : 명)

연도	총인구	화교인구
1821	4,727	1,159
1836	29,984	13,749
1850	52,891	27,988
1860	81,734	50,043
1881	139,208	86,766
1901	228,804	164,681

출전 : L. Comber, Chinese Secret Societies in Malaya, A survey of the Triad Society from 1800 to 1900 (Singapor, 1959), p.36, 45, 50.(林金枝 主編, 『華僑華人與中國革命和建設』, 福建人民出版社, 1993, 8쪽에서 전재)

15) 可兒弘明, 『近代中國の苦力と豬花』, 岩波書店, 1979, 4쪽.

르는 것이 가능해졌다. 이상은 중국인 노동자를 대량으로 해외에 내보내게 되는 강력한 요인으로 작용했다.

|표 0-1|은 19세기부터 20세기에 걸쳐 싱가포르에 거주했던 중국인 인구의 증가를 나타낸 것이다. 싱가포르의 역사는 주지하다시피, 1819년 영국인 라플스(T. S. Raffles, 1781~1826)에 의해 자유무역항이 되면서부터 시작된다. 1819년 이전 싱가포르에 거주한 중국인은 고작해야 30명 남짓에 지나지 않았다고 한다.[16] 그러던 것이 1821년에는 이미 159명에 달했고 아편전쟁 직전인 1836년에는 13,749명으로 증가했다. 또한 1850년에 이르게 되면 27,988명으로 그리고 1860년에는 50,043명으로 급증하게 된다. 물론 총인구도 증가했지만 특히, 중국인의 증가는 두드러진다.

당시 중국인의 해외도항에는 네 부류가 있었다. 첫째는 청조정부의 허가를 득해 도항하는 경우 즉, 합법적인 출국이다. 정부의 공인을 받은 상인과 선원들이 여기에 해당된다. 둘째는 허가를 위조해 출국하는 경우이다. 셋째는 밀항이었다. 푸젠, 광동에서 출국하는 경우에는 이러한 경우가 많았다. 아편전쟁 전에 이러한 방식으로 출국해서 해외에 거주하고 있던 중국인은 이미 대략 1백만에 달해 있었다.[17] 그리고 아편전쟁이 끝나고 1842년 체결된 난징조약(南京條約)에 의해 광저우 외에 샤먼(廈門)[18], 푸저우, 항저우(杭州) 그리고 상하이가 개항되면서 중국인의 출국은 한결 용이해졌다.

16) 吳鳳斌 主編, 앞의 책(1994), 556쪽.
17) 巫樂華 主編, 『華僑史概要』, 中國華僑出版社, 1994, 19쪽.
18) '아모이(Amoy)'의 다른 이름이다(역자 주).

4. 외교관과 해외중국인

해외도항의 자유화

아편전쟁 이후 열강의 식민지 개발정책의 일부를 담당하는 데에 중국인 노동력이 대대적으로 사용되었는데, 이는 이른바 계약이민이란 형식을 띠는 경우가 많았다. 출국 전에 도항비(渡航費) 등 준비금을 내주고 그것을 현지에서 일하면서 반환받는다는 것인데 이러한 계약이민은 '저자무역(豬仔貿易)', '쿨리무역(苦力貿易)' 등으로 불리었다. 이는 사실상 노예무역에 다름 아니었다. 이러한 쿨리무역은 이미 1845년 샤먼에서 시작되었고 이후 확대되어 산터우(汕頭)와 광저우에서도 이민이 반출되었다. 개중에는 꼬임에 빠지거나 유괴되어 배에 태워진 자들도 많았고 지방관의 제지를 뿌리치고 간 자들도 적지 않았다. 이러한 상황 속에서 광저우의 경우처럼 1859년 10월 양광총독(兩廣總督) 라오총광(勞崇光)의 양해 하에 영국, 프랑스, 스페인 삼국이 쿨리 모집기관인 「초공공소(招工公所)」를 개설해 인신매매를 단속함과 동시에 해외도항을 버젓이 행하는 형식으로 실시하는 경우도 나타났다. 1860년 10월에 체결된 영국, 프랑스와의 베이징조약은 이러한 현실을 청조가 공식적으로 추인한 것이라 볼 수 있는데 그 제5조에는 다음과 같이 규정되어 있다.

> 관리들에게 명하건대, 자신의 관할구역을 통해 청인(淸人)이 영국 식민지 혹은 바다를 격한 타 지역으로 일자리를 찾아가고자 하는 경우가 있다면, 이를 위해 영국 신민(臣民)과 계약을 체결하거나 또는 본인 및 그 가족을 개항장에 있는 영국 선박에 태우는 것은 전부 자유롭게 한다. 그리고 상기한 고등관민(高等官民)은 청국에 있는 영국 여왕 폐하의 대표자와 협의하여 앞서 말한 바와 같이,

이주하는 청인의 보호를 위해 각종 개항장의 사정에 따라 적절한 장정(章程)을 편성할 것을 공포하도록 한다.[19]

이는 청나라와 영국 간에 맺은 것이지만, 청은 프랑스와도 동일한 조약을 체결한다. 물론 이러한 조약들은 청조 측이 자진해서 맺은 것은 아니고 강압에 못 이겨 어쩔 수 없이 받아들인 것임은 두 말할 필요가 없다. 이 조약은 첫째, 영국 식민지 등으로 가는 '본인 및 그 가족'의 도항의 자유를 규정하고 있고 둘째, 지방관이 그들의 도항을 보장하기 위한 '장정'을 편성하고 황제가 칙령을 발표하는 것으로 규정하고 있다.

중국인의 이주를 개별적인 조약을 통해 구체적으로 규정한 것으로는, 1866년 영국 및 프랑스와 맺은 〈속정초공장정조약(續定招工章程條約)〉과 1868년 미국과 맺은 〈텐진조약속증조약(天津條約續增條約)〉(일명, 〈벌링앰(A. Burlingame, 중국명 蒲安臣)조약〉)이 있다. 이러한 조약들은 분명 이민조약이다. 특히, 벌링앰조약에서는 양국 국민의 이주의 자유를 상호 인정하고 있다. 이러한 중국인 이민의 합법화 배경에는 앞서도 지적한 바와 같이, 동남아시아의 개발, 미국의 대륙횡단철도 건설의 시작(1865년) 등이 있다. 그러나 이러한 상황에서도 청조 상층부의 해외중국인에 대한 기민관(棄民觀)은 일조일석에 바뀌지 않았다. 가령, 1858년 텐진조약 교섭 당시 미국의 전권대사 도폰트(C. Dopont)가 재미중국인의 보호를 권고했을 때에 직예총독(直隷總督) 탄팅샹(譚廷襄)은 즉각 "천조(天朝)는 이러한 기민의 일을 고려하지 않는다."라고 일축했다고 한다.[20]

19) 日本史籍協會, 『東亞關係特殊條約彙纂』 1, 東京大學出版會, 1983, 132쪽.
20) 莊國士, 『中國封建政府的華僑政策』, 厦門大學出版社, 1989, 138쪽.

영사파견

그러나 지방관들 사이에서는 해외중국인의 경제력에 주목하고 이를 중국의 상무(商務) 진흥에 활용하도록 하자는 견해가 제기되었다. 1866년 광동 순무(巡撫, 省의 長官) 장이펑(蔣益澧)은, 서양 열강은 "상(商)을 통해 국(國)을 지키고 관(官)을 통해 상(商)을 지키고"있다며 청조도 그렇게 해야 한다고 주장했다. 또한 그는 광동과 푸젠에서 싱가포르, 샌프란시스코, 페낭 등 해외로 나가 장사를 하고 있는 자가 적지 않으니 이들 지역에 '충의(忠義)의 사신(使臣)'을 보내 그들과 연락을 취해야 한다고 제안했다. 쟝수(江蘇) 포정사(布政司, 지방행정관) 딩르창(丁日昌, 1823~1882) 또한 서양을 배울 것, 광동·푸젠 출신의 중국인이 대량으로 동남아시아에 있으니 각지에 시박사(市舶司, 해상무역을 관리하는 관청)를 두고 그들과 연락을 취할 것, 구체적으로는 싱가포르의 후야지(胡亞基, 1816~1880, 후쉔저 胡璇澤)와 연락하고 제휴할 것 등을 제기했다.[21] 이렇듯 당시 청조의 지방 관료들 사이에선 해외중국인에 대한 이러한 인식이 생겨나고 있었던 것이다.

해외교류의 심화는 청조에게 서양 제국(諸國, 여기에는 일본도 포함된다)을 종래와 같은 이적(夷狄)으로서가 아니라 대등한 상대로서 받아들일 것을 요구했다. 천하국가(天下國家)에서 세계 속 중국으로의 전환인 셈이다. 이는 서양 제국 및 일본의 대표자와 국민을 중국의 영역으로 받아들이는 것을 의미할 뿐만 아니라 반대로 청조의 관료를 국가를 대표해 외국에 파견하는 것, 자국의 국민을 그러한 국가들에 보내는 것, 더 나아가서는 이미 서양 제국과 그 식민지 및 일본에 거주하고 있는 중국인을 기민으로서가 아니라 자국민으로서 인정하고 받아들일 것을 요구하

21) 莊國土, 앞의 책(1989), 139-140쪽.

는 것이었다.

1867년 청조는 구미 제국에 최초의 외교사절을 파견하게 되는데, 이는 1870년대에 들어서 재외공관의 설치, 공사 및 영사의 파견으로 이어진다. 청조에게 있어 '영사파견론(領事派遣論)'은 1867년 딩르창에 의해 최초로 제기되었다고 한다.[22] 1870년대의 '영사파견론'을 보면, 영사는 해외 화인의 '보호자'만이 아니라 '관리자'라고 하는 임무(함대파견, 영사재판권 등)를 가지고 있는 것으로 여겨지고 있다. 실제 영사파견은 1877년에 싱가포르에 파견된 것이 최초이다. 여기에는 초대 주영공사 궈충타오(郭崇燾, 1818~1891)가 커다란 역할을 했다. 당시의 필요성에서 보자면, 쿠바의 하바나 혹은 페루의 리마가 첫 번째로 거론된 곳이었다. 왜냐하면 당시 중국인 노동자(화공 華工) 학대문제가 심각하게 제기된 곳이 바로 이 두 도시였기 때문이다. 그리고 1870년에 유학생 감독으로 도미(渡美)한 바 있는 천란빈(陳蘭彬)이 미국, 스페인, 페루 삼국 공사로 부임이 결정되어 있었는데 때마침 쿠바에서의 화공문제에 관해 스페인과 한창 교섭 중에 있었고 미국과 스페인이 서로 대립하고 있는 등등의 이유로 부임이 연기되고 있었던 것이다. 궈충타오가 싱가포르를 방문한 것은 1876년 가을로 초대 공사로서 런던에 부임하던 길이었다. 그는 1877년 1월 런던에 도착한 후, 싱가포르영사관 개설에 관해 영국 외무성과 교섭에 들어갔고 마침내 10월 영국의 승낙을 받아 개설에 이르게 되었다. 이 일에 관한 궈충타오의 보고에는 청조의 개명(開明)한 관료로서의 해외중국인에 대한 생각이 솔직하게 표명되고 있어 매우 흥미롭다. 아래에서 그 내용을 소개해보기로 하겠다.

---

22) 箱田惠子, 「清末領事派遣論−1860, 1870年代を中心に」, 『東洋史研究』 第60卷 第4號, 2002, 43쪽.

영국령 싱가포르 등의 지역에는 중국에서 흘러들어와 객지생활을 하고 있는 상민(商民)을 비롯한 수십만의 사람들이 있다. 그 각각의 지역에 영사를 파견하여 통제(탄압)를 행하는 것에 적절히 대응할 필요가 있다. 싱가포르에는 광동인 후쉔저(胡璇澤)라고 하는 인물이 있는데 광동인과 타 지역 중국인 사이의 다툼을 진정시키고 있어 영국인들도 그를 신뢰하고 있으니 영사로서 적합하다. 영국외무성에 조회(照會)하는데 다섯 달이 걸렸지만 6월 초에 회답을 들었다. 서양에서는 통상(通商)을 국(國)을 이루는 근본으로 삼고 각지에 영사를 두어 상민을 보호하고 있다. 국정(國政)과 더불어 관(官)과 상(商)의 의미가 항시 합치되어 있는 것이다. 그런데 중국에서는 통상의 이(利)가 전혀 없다. 인민이 장사를 행함에 있어 각국에서는 세대 혹은 수년에 걸쳐 있지만, 중국에서의 상황은 그것과는 완전히 동떨어져 있다. 영사 설치의 의미는 두 가지이다. 첫째는 상민을 보호하는 것. 멀리로는 페루, 쿠바 등의 초공(招工, 노동자 모집), 가까이로는 남양의 스페인 통치 하에 있는 루손, 네덜란드 관할의 보루네오, 자바, 수마트라 등과는 본디 조약이 없어 그 곳의 상민을 대하는 방법은 학대에 가깝다. 간혹 굴욕적인 일이 있어도 그것을 막거나 그 고통을 호소할 곳이 없다. 따라서 각지의 상민은 공사파견의 소식을 듣거나 혹은 영사를 득(得)해 그것을 유지하는 것을 목을 길게 빼고 바라고 있다. 이는 민정(民情)의 마음에서 바라는 것이다. 이것이 이유의 하나이다. 또 하나는 통제 · 감독(탄압을 자세히 조사)이다. 일본의 요코하마(横浜), 오사카(大阪) 등의 각 항구에 유우(流寓)하고 있는 중국 상민은 지금까지 호구(戶口), 연령, 용모 등을 등록하는 비용을 부담해 왔지만 이를 중국이 인원을 파견하여 사무를 처리하는 비용으로 바꾸어야 한다.[23)]

23) 郭崇燾, 「使英郭崇燾奏新嘉坡設立領事片」, 光緒3年9月25日(『清季外交史料』 1,

여기에는 이미 많은 '중국 상민'이 해외 각지에 있다는 것과 영사 배치의 목적으로는 첫째로 '상민의 보호', 둘째로는 '통제 · 감독'이라고 하는 두 가지가 언급되고 있다. 이 두 가지는 청조가 영사 배치를 검토하고자 할 때에 되풀이해서 등장하는 이유이다. 또한 영사 배치 및 운영에 있어 모든 비용은 해당 지역의 중국 상민이 추렴한 돈에 의한다고 하는 것도 자주 나오는 말인데, 이는 청조에 재정적 여유가 없었기 때문일 것이다.

정관잉(鄭觀應)과 화교

광서(光緖) 10년 6월 26일 즉, 1884년 8월 16일 베트남과 샴(타이)을 시찰하고 돌아온 정관잉(鄭觀應, 1842~1922)은 양광총독 장즈둥(張之洞, 1837~1909)과 월방군무독판대신(粤防軍務督辦大臣) 펑위린(彭玉麟)에게 시찰 보고를 했다. 당시 펑위린은 사이공을 급습하여 프랑스군의 식량 저장고를 파괴할 것을 계획하고 있었다. 그래서 정관잉에게 사이공 등의 민정을 시찰하고 아울러 샴 국왕이 프랑스를 위해 파병할 의도가 있는지 여부를 확인하기 위해 '남양' 행을 명한 것이었다. 정관잉은 1884년 6월 11일 광저우를 거쳐 홍콩으로 가서 그곳에서 다시 프랑스 배를 타고 사이공으로 갔다. 사이공과 방콕을 시찰하고 샴의 왕후(王侯)와도 회견한 그는 8월 12일 무사히 광저우로 돌아왔다. 대략 두 달 간의 시찰이었다. 이때의 주목적은 물론 '군정(軍情)'을 정탐하는 것에 있었지만 가는 곳마다 정관잉을 소개하고 주선을 해 준 것은 실은 그 지역 화인들이었다. 따라서 정관잉은 그들이 처한 실정에 귀를 기울이고 그들로부터 청조 정부에 대한 호소를 들을 수 있었다.

台北, 文海出版社), 1877.

6월 24일 정관잉은 방콕에 도착했다. 그곳에서 그는 쩐청잔(振成棧, 점포 겸 숙박소)을 운영하는 정칭위(鄭慶裕)의 마중을 받고 그곳 쩐청잔에서 묵었다. 정관잉은 방콕에서 정칭위의 소개로 샴 국왕 라마 5세(Rama V, 1853~1910)의 동생인 데와웡과 만나 샴이 프랑스를 도와 출병할 것인지 여부를 정탐했다. 6월 27일 역시 정칭위의 소개로 화인사무총관(華人事務總管) 류간싱(劉乾興)을 만났다. 류간싱은 광동성 쟈잉저우(嘉應州) 사람으로 이미 샴 국적을 취득했고 딸은 왕비에까지 올라 있었다. 그날 밤 연회에 초대되어 가보니, 참가자는 모두 챠오저우 사람들이었다. 술이 돌면서 모두들 화인에 대한 샴의 "처우가 가혹하다"고 호소하며 무슨 일이 있더라도 영사를 보내주었으면 좋겠다고 요청했다. 정관잉은 귀국하면 펑위린 대신에게 상주해 보겠다고 대답했다. 7월 1일에는 푸저우 출신의 정창셩(鄭長盛)이 찾아왔다. 다음은 두 사람의 대화를 기록한 것이다.

관잉 : 샴에는 화인이 얼마나 있는가?

창셩 : 화인 중에 인두세(人頭稅)를 내고 있는 자는 약 60만이고 내지 않는 자는 약 120만입니다. 본국인은 200만에 지나지 않아서 화민(華民)과 거의 같습니다. ……화민이 이렇게 많기 때문에 공법(公法)에 따라 영사를 두어 보호해야 합니다. 현재 각국은 수천 명 내지 수백, 수십 명이 있는 곳에 영사를 두지 않는 경우는 없습니다. 유독 본조(本朝)만이 이 관(官)을 설치하지 않고 있는 것입니다. 때문에 화민이 학대를 받아도 호소할 곳이 없습니다. 이는 중조(中朝)의 결함입니다. 아무쪼록 제가 민(民)을 대신해 이렇게 고하는 것이니 들어주셨으면 합니다.

정관잉은 이 말을 듣고 매우 감동하여 다음과 같이 대답했다.

관잉 : 더 이상 걱정할 것 없네. 광동에 돌아가면 궁보(宮保, 펑위린)에게 상주하겠네.[24)]

광저우에 돌아온 지 나흘째 되던 8월 16일, 정관잉은 장즈동과 펑위린을 찾아가 남양 시찰에 대한 보고를 했다. 물론, 군정에 관한 보고가 첫째였겠지만 그가 각지에서 보고 들었던 화인의 실정에 관해서도 상세한 보고가 있었을 것임은 분명하다. 정관잉은 화인이 처해 있는 실정 그리고 특히, 영사 파견에 관한 강력한 요청에 응하려고 했다. "양광독헌(兩廣督憲) 장샹솨이(張香帥)에게 품의하여 남양화교 및 각 도(島) 화교의 고황(苦況)을 전하기로 했다."[25)]라는 보고문은 단순히 화인의 어려운 처지만이 아니라 당시 남양 화인의 상황, 나아가서는 정관잉의 화인에 대한 견해를 이해하는 데에 중요한 보고를 포함하고 있다. 그래서 그 요점을 간단히 정리해 보기로 하겠다.

첫째, 남양의 화인 분포 상황을 보면, 샴에 100만, 영국령 싱가포르, 페낭, 말라카 등에 50만, 네덜란드령 샴, 수마트라, 보르네오 등에 60만, 도합 약 200만이 있다.

둘째, 화인은 중국 본국과 마찬가지로 예속(禮俗)을 견지하고 있다. 그들은 오랫동안 귀국하지 못했지만 "중화(中華)의 정삭(正朔, 달력)을 받들고, 본조의 의관(衣冠)을 입고, 예악(禮樂)의 제도를 고수하고, 언어문자도 지금까지 그대로 사용하고 있고, 원격지에 살고

24) 鄭觀應, 「南游日記」(夏東元 主編 『鄭觀應集』 上冊, 上海人民出版社, 1982年), 1884, 957쪽.

25) 鄭觀應, 「稟兩廣督憲張香帥爲陳南洋各島華僑苦況」(夏東元 主編 『鄭觀應集』 下冊, 上海人民出版社, 1988年), 1884, 580-582쪽.

는 있지만 고국을 그리워하고 있고, 본디 인정(仁政)을 앙모해 온 성(誠)을 가지고 있다." 결코 "화외(化外, 황제의 교화가 미치지 못하는 곳)의 민(民)" 등은 아니다.

셋째, 그들의 마음을 한데 모으기 위해 영사를 두어 그들을 관할하고 지탱해주어야 한다.

넷째, 이러한 면에서 중국은 유럽에 뒤처져있다. 중국은 이 200년 남짓 동안 이 문제를 방치해 왔다.

다섯째, 화인의 말에 따르면, 샴, 네덜란드령 동인도, 프랑스령 화인은 압제 하에 있다. 예컨대 인두세는 외국인 가운데 화인에게만 부과되어 있다. 영사를 파견하여 그들을 보호하고 그 상무(商務)를 지탱해주어야 한다.

여섯째, 조선에서의 예(例)에 따라 통상대관(通商大官)을 보낸다든지 혹은 영사를 두고 나아가서는 함선(艦船)을 파견하여 보호해 줌으로써 국위(國威)를 발양해야 한다.

일곱째, 프랑스가 사건을 일으키면 샴에서 군대를 캄보디아로 보내고 영국에 대해서는 버마에서 벵갈로 군대를 파견해야 한다.

이상과 같은 보고에서 정관잉은 '화교'라고 하는 말을 사용하고 있다. 이를테면 "대개 화교가 있는 곳에는 영사를 두어 그들을 보호하고 상무를 유지한다."[26]고 되어 있다. 그러나 이 문서에서 주로 사용되는 말로서는 역시 '화인'이 제일 많다. '화교'라는 말은 단지 이 부분뿐이다. 정관잉이 어떠한 의미로 구태여 화교라는 말을 사용했는가는 이것만으로는 명확하지 않지만 화교라는 말이 사용된 가장 초기의 경우라는 점은 확실하다.[27]

26) 鄭觀應, 앞의 책(1988), 1884, 581쪽.

27) 정관잉(鄭觀應)은 실은 이보다 앞선 1883년에 리훙장(李鴻章) 앞으로 보낸 문서

그러나 정관잉의 경우에는 외교관으로서의 시찰은 아니었지만, 청조가 다른 외국과의 사이에 외교관계를 맺고 공사관 · 영사관(이사관)을 개설하게 되면 당연히 그 지역에 거주하는 화교와의 접촉이 시작되고 그들의 의견에 귀를 기울이게 된다. 우선 궁핍한 상황에 처해 있는 그들을 어떻게 돕고 보호하는가가 문제가 되지만 결국은 중국과 해외 화교와의 관계에 있어 또 하나의 측면이라고 할 수 있는 화교의 경제력을 어떻게 중국의 현상(구제 등)에 활용하는가 하는 점도 제기되어 왔다. 또한 샴 화교 정창셩의 정관잉에 대한 호소에서도 나타나듯이, 화교 측에서도 중국(청조)의 힘에 기대한다고 하는 의식이 싹트기 시작했다.

장즈동 등이 정관잉의 이러한 건의를 어떻게 받아들였는지는 알 수 없지만 1884년 9월 9일 장즈동은 광동, 광시(廣西) 연해의 주민들과 베트남, 사이공, 싱가포르, 페낭 등 각지의 화인들에게 프랑스와의 전쟁에 협력할 것을 호소하고 있다[28]는 것이 그 반응으로 보인다. 다만, 여기에서는 눈앞에 닥친 프랑스와의 전쟁이 문제였기에 정관잉이 제기한 영사 파견, 화교 보호에 관한 언급은 없었다.

「초상국(招商局)과 이화(怡和) · 태고(太古)의 협정을 체결하기 위해 북양통상대신(北洋通商大臣) 리푸샹(李傅相)에게 품의하다」(鄭觀應, 「稟北洋通商大臣李傅相爲招商局與怡和 · 太古訂立合同」(夏東元 主編 『鄭觀應集』 下冊, 上海人民出版社, 1988年), 1883, 1790−1791쪽)에서 '화교'라고 하는 말을 사용하고 있다. 장궈투(莊國土)는 이러한 점을 들어 당시 폭넓게 사용되고 있던 화민과 교민(僑民)이 하나로 합쳐 '화교'라는 말이 탄생했는데 이 말이 일반적으로 보급된 것은 1905년 이후라고 서술하고 있다(莊國土, 앞의 책(1989), 349~350쪽). 또한 시바 요시노부(斯波義信)는 '화교'라는 말은 '교거화민(僑居華民)'이라는 네 자를 두 자로 줄여서 도치시킨 것이라 하고 있다(可兒弘明 · 斯波義信 · 游仲勳 編, 『華僑 · 華人事典』, 弘文堂, 2002).

28) 張之洞, 「會籌保護僑商事宜摺」 光緒12年11月25日(『張文襄公全集』 卷15, 文海出版社), 1886, 2197쪽.

남양조사(南洋調査)

장즈동이 화교보호 문제에 관심을 보이게 된 것은 청불전쟁 이후라고 생각된다. 1885년 장즈동은 해외화교의 보호와 관리를 위해 '호상(護商)' 함대의 편성 및 파견 방침을 내세운다. 다음해인 1886년 1월에는 한림원편수(翰林院編修) 종더샹(鍾德祥)이 마찬가지로 '남양'조사에 대해 상주문을 제출한다. 이는 실태조사와 영사배치를 중점으로 한 것이었다. 3월에는 장즈동이 장인환(張蔭桓)과 공동으로 이 종더샹의 상주문을 토대로 '남양' 조사단 파견에 관해 상주하고 있다. 여기에서 그들은 파견의 목적을 다음과 같이 설명하고 있다.

> '남양'이란 이름을 가진 제도(諸島)에 가서 신중하게 각지를 돌아보고 (청조의) 덕의(德意)를 선포하고 (각지) 상동(商董, 화인상인의 대표)과 연락해 만나고 상황을 조사하고 영사배치와 조선(造船, '호상'함대의 창설)이란 두 가지 일에 관해 동시에 은밀히 계획하고 혹시 (현지의 화인이 영사설치와 조선을 위한 기부의 모집에) 모두 기꺼이 따른다면 곧바로 실시방법의 검토에 들어가는 것으로 한다.[29)]

이를테면, '남양'의 상황조사, 영사설치, '호상'함대 창설이라는 것이 목적으로 내세워져 있지만 핵심은 앞의 두 가지이다.[30)] 이 '남양'조사는 첫 번째로 1886년 8월부터 1887년 8월, 두 번째로 1887년 11월부터 1888년 3월 이렇게 두 차례에 걸쳐 실시되었다. 이 조사단은 「방사화민상무위원(訪查華民商務委員)」(Chinese Commission)이라 불리며, 단장은

29) 張之洞, 앞의 책(1886), 335-336쪽. 青山治世, 「清朝政府による'南洋'調査(1886~88年)-華人保護の實施と領事設置の豫備調査」, 『文研會紀要』 第14號, 2003, 2쪽 재인용.

30) 青山治世, 앞의 논문(2003) 참조.

왕룽허(王榮和), 부단장은 위시(余瓗)였다. 왕룽허는 푸젠 출신으로 페낭 화교였고, 위시는 광동 출신으로 나가사키(長崎) 이사(영사)를 역임했던 일도 있었다. 방문지는 필리핀, 싱가포르, 말레이시아, 버마, 네덜란드령 동인도, 오스트레일리아, 베트남 등이었다. 이 조사단은 가는 곳마다 화교들의 환영을 받았고, 그들로부터 거주지의 상황 특히, 그들이 처해 있는 상황에 대한 직접적인 호소를 들을 기회가 있었다. 또한 방문지의 식민지 당국과 교섭할 경우도 있었다. 얼마 안 있어 조사에 관한 보고서가 제출되었는데, 이것은 화교가 처해 있는 실제 상황에 대해 청조 관료의 인식을 전환시키는 데에 커다란 역할을 했다.[31] 장즈동의 당시 상주문[32]에는 이러한 경향이 명확히 보이고 있다. 이상은 중국 역대왕조가 해외중국인을 기민시하고 해외중국인 역시 자신들의 고향에는 애착을 가지고 있지만 정작 본국 왕조의 흥망에는 무관심했던 오랜 기간 양자의 상호인식과 상호관계에 있어 대대적인 변화가 일어나고 있음을 보여주는 것이다. 화인(화민)과 교민[33]을 하나로 합친 '화교'라는 말의 탄생은 이렇듯 왕조와 해외중국인 사이의 관계사에 있어 커다란 전환을 상징하는 것이라 볼 수 있다.

이렇듯 해외로의 외교사절 파견은 청조에게는 해외중국인이 처해 있는 실정을 알 수 있는 중요한 기회가 되었다. 그것은 일종의 발견이라고도 할 수 있었다. 첫째로는 해외중국인이 거주지에서의 각종 문제에 직면했을 때 국가의 원조를 구한다고 하는 사실이다. 둘째는 그와는 반대로 국가의 유지, 발전에 있어서 특히, 경제적 측면에서 그들이 대단

31) 青山治世, 앞의 논문(2003), 17쪽.

32) 張之洞, 「會籌保護僑商事宜摺」 光緒12年11月25日(『張文襄公全集』 卷15, 文海出版社), 1886, 333−336쪽 ; 張之洞, 「派員周歷南洋各埠籌議保護摺」 光緒13年10月24日(『張文襄公全集』 卷23, 文海出版社), 1887, 471−475쪽 등.

33) 교(僑)는 우거(寓居), 교거(僑居)의 의미로, 임시거주를 뜻한다.

히 유용한 존재였다는 것이다. 보호해야 할 대상이기도 하면서 동시에 그 역량을 활용해야 할 대상이라는 두 가지 측면을 동시에 가지고 있는 존재로서의 '화교'의 발견인 셈이었다.

쉐푸청(薛福成)의 상주(上奏)와 황준셴(黃遵憲)

청조의 대외개방은 이렇듯 해외에 거주하는 중국인에 대한 청조 자신의 인식을 전환시키는 데에 커다란 계기가 되었다. 그러나 이것은 청조와 외국과의 관계 변화, 외국에 있는 중국인에 대한 인식과 대응의 변화에 국한되어 있는 것이었다. 19세기 말에 들어서도 사적으로 외국에 도항하는 자들에 대한 '참수'를 규정한 〈대청율례(大淸律例)〉는 폐지되지 않았고, 외국에서 중국으로 귀국하는 자들에 대한 규정 역시 전혀 개정되지 않았다. 이 점을 지적하며 개선을 요구한 쉐푸청(薛福成, 1838~1894)의 상주문(1893년)을 보기로 하자. 상주의 목적은 영사에 의한 '보호', 화인의 통상 진흥, 국내로의 송금 및 투자 촉진에 있었다. 쉐푸청은 1890년 11월 '남양'에 영사를 증파할 것을 제안했다.[34] 쉐푸청은 당시 영국, 프랑스, 이탈리아, 벨기에 공사를 역임했던 양무파(洋務派)의 개명한 관료 가운데 한 명이었다. 그는 광서 19년 7월 초열흘 즉, 1893년 8월 21일 해금철폐를 청원하는 상주문을 제출했다. 거기에서 우선 청조 이래의 해금정책을 회고하고 그것이 타당했다는 것을 확인하면서 "도광(道光) 22년(1842년) 이래 동서양의 제국(諸國)과 잇달아 조약을 체결하고 통상을 해왔다"는 것, 또 그 과정에서 중국인의 해외도항, 거주국 국적 취득을 용인해 왔다는 것, 해외에 영사를 두고 그들의 보호에 성공해 왔다는 것 등을 평가하면서도 싱가포르영사 황준셴(黃遵憲, 1848~

34) 靑山治世, 「淸末における'南洋'領事增設論議－淸佛戰爭後の議論を中心に」, 『歷史學硏究』 第800号, 2005, 8쪽.

1905)의 조사보고를 기초로 귀국자에 대한 대응의 불비함을 엄중히 비판했다. 다음은 쉐푸청이 인용한 황준셴의 보고이다.

> 남양 각 도(島)의 화민은 대략 100여만을 헤아린다. 그들은 그 땅에 뿌리를 내린 채 산업을 일으키고 권리를 소유하고 있다. 유럽과 아랍에서 온 이들 가운데 정주하고 있는 자는 십분의 일이지만 화인은 십분의 칠을 차지하고 있다. …… 외국에 거주한 지 이미 백년이 넘었지만 여전히 정삭(正朔)을 받들고 있고 복색(服色)도 중국의 것을 고수하고 있다. 뿐만 아니라 그들은 관혼장제(冠婚葬祭)도 구속(舊俗)을 그대로 따르고 있다. 근년에 들어 각 성(省)은 재해 방비를 위해 성금을 모을 것을 호소하고 있는데 그들은 거액의 헌금으로 이에 화답하고 있다. 또한 앞 다투어 거금을 내면서까지 관작(官爵)을 구입하는 것을 영광으로 생각하고 있다. 그들이 본국에 대한 애정을 확실히 가지고 있다는 것만 보더라도 성택(聖澤)의 윤(潤)함의 깊이를 알 수 있다. 하지만 귀국 계획을 준비하게 될 때에는 다들 인상을 찌푸리게 된다고 말한다. 위에 있는 관리들은 (죄과를) 추궁하고 서리(胥吏, 실무를 담당한 하급관리)들은 여러 모로 (권리를) 침해하고, 종족(宗族)·친척인 자들은 금품을 사취(詐取)하는 등 이러한 누(累)를 남에게 끼치게 하는 것은 차마 말로 다 할 수 없을 정도이다. 무릇 자금을 가지고 귀국하려고 하는 자를 가리켜 도둑질을 면한 자라 칭하고, 외국과 내통한 자로 배척하려 하고 무기탄약을 훔쳐 해적과 접촉하고 있다고 한다든지 돼지새끼(猪仔)를 팔아치우려고 양비(洋匪)와 결탁하려 하고 있는 등으로 말한다든지 그 하물(荷物)을 강탈하여 팔아 버리는 자가 있다든지 혹은 가옥을 파손하고도 재건(再建)을 허가하지 않는 자가 있다든지 다년간의 계약서를 위조하여 잔금이라고 하여 징수하는 자들이 있다. 해외에 혼자서 거주하고 있는 자는 한번 고발당하면 호소할 데가 없다. 이리하여

귀국하려 하지 않는 것이다. 간혹 상인이 되어 돌아오는 자가 있는 경우에는 영국인 아니면 네덜란드인이라고 하면서 오히려 권력을 믿고 으스대며 법규를 위반하더라도 지방관은 어찌하지도 못한다. 이제 적폐를 일소하기 위해서는 필히 효론(曉論)을 크게 펼치어 구례(舊例)는 바로 정지시키고 새로운 규칙이 이미 제정되었음을 명시하고 민간의 이목을 일신하여 모두에게 이익을 가져다주지 않으면 안 된다.[35)]

황준셴이 싱가포르영사가 되어 부임한 것은 1891년이었는데, 당시까지만 해도 여전히 해외중국인의 귀국에는 갖가지 장애물이 여전히 가로막고 있었던 것이다. 쉐푸청은 이 황준셴의 시찰보고서를 하나의 근거로 해서 황제에게 다음과 같은 개선책을 제시했다.

총리아문(總理衙門, 외교부)에게 다음과 같이 명하여 주십시오. 즉, 출양화민(出洋華民)을 보호하는 좋은 방법에 관해 신중히 검토함과 동시에 구례가 이미 개정되었다는 것을 밝힘으로써 이민(吏民)이 사취(詐取)나 소동(騷動)을 일으킬 구실을 소멸시키고 연해 각 성의 독무(督撫, 총독과 순무) 및 출사대신(出使大臣, 공사 公使)으로 하여금 별도로 절실한 효론을 전하게 하시고 선덕(宣德)의 뜻을 받들어 민중에게 주지시키며 또한 각 구(口)의 영사관이 그에 맞추어 명성은 물론 선량하다고 일컬어지는 자에게 여권을 발행하는 것을 인정하는 것입니다. 이렇게 하면 분쟁은 일어나지 않을 것이고 귀찮은 소동 따위도 많지 않게 될 것이며 제각각 흩어져 있는 인심도 수습되고 오랫동안 해이해져 있던 대세도 분발시킬 수 있을 것입니다. 또한 중

35) 薛福成, 「使英薛福成奏請申明新章豁除舊禁以護商民摺」 光緖19年7月初10日 (『淸季外交史料』三, 台北, 文海出版社), 1893, 420-422쪽.

외(中外)의 지역을 진흥시키고 그동안 단절되어 있던 관민(官民) 간의 소통도 가능하게 될 것입니다. 또한 고국을 그리워하는 자가 잇달아 나타나게 되고 세민(細民)들로 하여금 쉽게 고향을 떠나지 않도록 할 수 있고 낙토(樂土)에 맞는 자가 편하게 와서 조정의 수확과 저축이 민(民)의 이익을 풍성하게 한다면 일단 완급한 일이 있을 때에는 가지는 우거지고 줄기가 튼튼한 것을 의지할 수 있습니다. 그 효과는 적지 않을 것입니다.[36)]

해금의 철폐

쉐푸청의 상주에 대해 총리아문은 광서 19년 8월 초나흘 즉, 1893년 9월 13일에 그 제안을 승인한다는 취지의 상주를 했다. 즉, "양상(洋商)을 사칭하여 하물(荷物)과 세금을 혼자서 독점, 편취한다든지 하는 죄가 무거운 자"를 제외한 이들의 귀국을 승인하고 "출사대신과 영사관이 여권을 발급, 귀국을 허락하여 일을 시키는 경우에는 내지 인민과 동일하게 취급한다."[37)]고 했다. 이러한 결정을 근거로 실제로 각 지방에서 화교의 귀국을 허용하는 것에 대한 구체적 대응이 시작된 것은 1899년 샤먼에 귀국자를 받아들이는 기관을 설치할 것을 제안한 민저(閩浙, 푸젠, 저장)총독 쉬잉지(許應騤)의 상주에 의해서였다. 이에 대해 조정은 다음과 같은 상유(上諭)로써 승인을 내렸다.

민민(閩民)[38)] 중에는 출양(出洋)하는 자가 많은데, 그 가운데에서도 특히, 장저우(漳州), 취엔저우(泉州) 출신들이 많다. 이들은 주로

36) 薛福成, 「使英薛福成奏請申明新章豁除舊禁以護商民摺」 光緖19年7月初10日(『淸季外交史料』三, 台北, 文海出版社), 1893.

37) 總理各國事務衙門, 「總署奏議薛福成奏請申明新章豁除海舊例摺」 光緖19年8月初4日(『淸季外交史料』三, 台北, 文海出版社), 1893, 424쪽.

38) 푸젠성 사람을 가리킨다(역자 주).

샤먼을 그 통과점(通過點)으로 하고 있다. 이들 민인(民人)은 고향을 잊지 않고 종종 돌아오기도 하는데 해관(海關)의 취조도 엄격하고, 족린(族隣, 친족과 이웃)의 침해(侵害)도 심하다는 소문을 듣고 귀국을 미루는 경우가 있다 한다. 이에 국가는 소민(小民)을 보호할 뜻을 가지고 있다. 고로 샤먼에 보상국(保商局)을 설치하고 공정한 신동(紳董, 지방의 유력자)을 선발해 업무를 맡기고자 한다. 따라서 출양했다가 귀국하는 자는 공히 국(局)에 가서 신고하지 않으면 안 된다. 이는 고향으로 돌아오는 자에게 편의를 제공하기 위함이다. 그래도 여전히 불편함이 있다면 피해자는 국(局)에 신고할 수 있다. 그리하면 즉시 조사하여 조치를 취함으로써 상민(商民)을 보호하고 위로에 도움이 되고자 한다.[39]

이렇게 설치된 샤먼보상국(厦門保商局)은 귀국화교를 받아들이는 기관으로서는 최초의 것이었다. 이듬해인 1900년에는 광동에 광저우보상총국(廣州保商總局)이 설치되었다. 이 보상국의 경비는 그 지역 신동(紳董)이 제공했다. 여기에 날인된 여권을 해외 각지의 회관에 보내면 귀국자는 여기에 성명 등을 기입하고 입국 시에 제시하는 방식이었다. 그러나 이 방법도 지방관의 축재의 원천이 되어 해외중국인의 귀국에는 여전히 어려움이 따랐다.[40]

39) 莊國土, 앞의 책(1989), 260－261쪽.
40) 莊國土, 앞의 책(1989), 260－261쪽.

5. 본서의 과제

중국인의 해외도항의 자유가 허용된 것은 앞서도 말한 바와 같이, 1860년 베이징조약에 의해서였다. 바로 그 1860년부터 1874년 사이에 홍콩에서 해외로 도항한 중국인의 행선지 별 통계표[41]에 따르면, 총 19만 58명(남성) 가운데 북미로 11만 7,228명(61.7%), 중남미로 6,617명(3.5%), 오세아니아로 2만 2,109명(11.6%), 동남아시아로 4만 4,104명(23.2%)이 간 데 비해 일본, 조선 등 동북아시아로는 거의 가지 않은 것으로 되어 있다. 1854년에 개국한 일본의 경우, 중국인의 이러한 이주 흐름은 전전(戰前) 내내 기본적으로 변하지 않았다. 이는 일본의 식민지였던 조선과 타이완에 있어서도 마찬가지였다. 뿐만 아니라 일본과 한국에 있어서는 전후인 1980년대 중반까지도 동일한 추세를 유지하여 거주 중국인이 10만을 넘어선 경우는 없었다. 중국문화의 수용이 상대적으로 적었던 동남아시아나 그것이 거의 없었던 남미나 북미에 중국인이 보다 많이 이주하게 되고 문화적으로 보다 가까운 일본과 조선으로의 이주는 오히려 적었던 것이다.

일본은 1895년(메이지 28년) 타이완을 영유(領有)하고, 1910년(메이지 40년) 한국을 병합하여 식민지로 삼았다. 이에 따라 많은 중국인과 조선인이 대일본제국의 신민으로 변화되면서 일본(내지) 뿐만 아니라 타이완, 조선에도 중국 국적의 사람들 이른바 화교들이 거주하기 시작했다. 그럼, 일본제국 통치 하에서는 대관절 어느 정도의 화교가 거주했고, 그들은 어떠한 사회와 조직을 구성했으며 어떻게 생활하고 활동하고 있었던 것인가? 근대 동북아시아, 제국일본의 통치 하에 있어서의 중화세계,

41) 可兒弘明, 앞의 책(1979), 30-31쪽.

구체적으로 화교는 어느 정도의 범위를 가지고 있었던 것일까? 또 반면에 제국일본은 그 화교들을 어떻게 통치하려고 했던 것인가? 일본(내지), 타이완, 조선이라고 하는 세 지역에 있어서 이러한 문제들에 관한 공통점과 차이점을 구체적으로 검토해 보고자 한다. 특히, 일본(내지) 화교에 있어서는 고베화교를 중심으로 다루고자 한다. 이는 필자 자신의 지금까지의 연구대상이 고베화교이기 때문이기도 하지만 제국일본 시대의 고베화교는 수적으로나 그 역사적 역할에 있어서 일본화교의 특징을 설명하는 데에 가장 적합한 존재라고 생각되기 때문이다.

화교화인 연구는 그 주요 대상이라는 측면에서 ① 물품과 돈에 주목할 것(교역, 금융 등), ② 사람에 주목할 것(아이덴티티, 이민, 노동력이동, 개인 등), ③ 조직 · 단체에 주목할 것(종족 宗族, 회관 會館 · 공소 公所, 교교 僑校, 방 幇, 상회 商會 등), ④ 정책(중국, 거주국)에 주목할 것 등 네 가지로 나누어진다. 본서는 ②와 ④를 중심으로 하지만 ①과 ③에도 관련되어 있는 것이라 할 수 있다.

자료에 관해 말한다면 ① 화교 자신이 써서 남긴 것(개인, 가족, 종족, 상호 商號, 조직, 단체 등), ② 관방 측의 것(외교, 내무, 상공 등), ③ 신문, 잡지 등으로 나뉜다. 나가사키의 태익호(泰益号) 문서 등을 별도로 한다면 양적으로는 ②의 관방 측의 것이 많다. 특히, 이민 · 노동자 문제에 있어서는 '화공' 즉, 중국인 노동자가 자신의 기록을 남긴 것은 거의 없는 것이 실정이라 관방 측(중국 외교부, 일본 내무성 등)의 자료를 활용하는 것을 제외하고는 없는 경우가 많다. 본서도 관청 문서에 많은 것을 의지하고 있다. ③의 신문, 잡지의 기사는 중요하지만 이번에는 아주 조금밖에 이용하지 못했다. 특히, 타이완과 조선의 신문에 있어서는 거의 손이 미치지 못했다.

그런데 중일 간의 교류는 첫째로 한자, 유교, 불교, 역사서, 문학, 서

화(書畵) 등의 문화, 둘째로 견(絹), 금(錦), 동전(銅錢), 전복(鮑) 등의 산물 그리고 셋째로 이러한 것을 담당한 사람(유학승, 유학생, 화교 등)에서 보듯, 크게는 세 분야에서 지속되어져 왔다. 본서는 앞에서 서술한 바대로 그 중 세 번째인 사람의 분야 특히, 화교(주로 '화공')의 문제에 주목하여 검토하는 것을 과제로 하고 있다.

짐작컨대, 19세기 동북아시아 삼국의 개항을 계기로 이러한 세 분야에서의 상호 교류는 전쟁과 식민지 지배, 침략과 저항을 동반하면서 역사상 초유의 규모로 전개되어 왔다고 할 수 있다. 그리고 이러한 교류는 1949년에 일시적으로 중단되었지만 중일국교 정상화, 중국의 개혁개방 정책으로의 전환, 타이완의 민주화, 한국의 민주화와 한중국교 수립 등에 의해 20세기 말부터 새로운 기반 위에서 보다 대규모로 교류가 시작되었다고 할 수 있다. 이것이 '동북아시아 공동체'의 형성으로 이어질지 어떨지에 대해서는 아직 명확한 길은 보이지 않지만 그것이 중요한 과제로서 인식되기 시작하고 있다는 것은 분명하다.[42] 이러한 검토 과제에 접근하기 위해서라도 본서를 통해 근대에 있어서의 중화세계와 제국일본의 교섭의 역사에 있어서 그 한 단면이라도 떠올려 볼 수 있기를 바란다.

42) 安井三吉, 「東北アジアの地域協力と歴史問題」, 東アジア地域研究會・赤木攻・安井三吉 編, 『東アジア近現代史 5・東アジア政治のダイナミズム』, 青木書店, 2002 ; 谷口誠, 『東アジア共同體－經濟統合のゆくえと日本』, 岩波新書, 2004.

1

일본의 개국과 중국인

1. 중국인의 도래

나가사키(長崎)의 중국인

중일관계를 이야기할 때, 일본에서는 "2000년 동안"이라든가 "일의대수(一衣帶水)"[1]라는 말로 시작하는 경우가 많다. 반면, 중국에서는 일본화교의 역사를 종종 "서복동도(徐福東渡)"라는 말로 시작한다.[2] 사마천(司馬遷)의 『사기(史記)』「진시황본기(秦始皇本紀)」에 처음 등장하는 이 '서복동도', '입해구선인(入海求仙人)' 등의 전설은 이후 『한서(漢書)』, 『삼국지』, 『후한서(後漢書)』 등에도 유사한 말로 기록되어 있다. 실제로 와카야마현(和歌山縣) 신구시(新宮市)에는 「진서복지묘(秦徐福之墓)」라고 쓰인 비석이 건립되어 있기도 하다. 그러나 이 전설에 관해서는 예로부터 중일 양국에서 의론이 끊이지 않았다.[3] 서복의 일본도래 설은 사람들에게 다양한 로망을 불러일으켜 온 게 사실이지만, 일본화교와의 관계 그 중에서도 특히, 수당(隋唐) 및 근대 화교와의 관계에서 본다면, 16세기에 시작된 나가사키(長崎) 화교 언저리에서 그 기원을 찾는 것이 타당할 것이다.

주지하다시피, 나가사키는 에도(江戶)시대를 통해 마쓰마에(松前), 쓰시마(對馬), 류큐(琉球)와 더불어 쇄국 일본의 대외창구로서 중요한 역할을 담당해 왔다. 그러나 나가사키를 통한 중국인(당인 唐人)의 일본 도래는 이미 16세기부터 활발해지고 있었다. 왜구의 활동, 명나라의 해금정책 완화 나아가서는 명말 청초의 동란에 따른 이주자의 증대 등이 거듭된 것이 그 이유이다. 이러한 상황 속에서 일본에 온 중국인의 일부가 정주하게 되었다. 중국인의 도래는 규슈(九州)가 중심이었지만, 도요토미

1) 아주 가까이 있는 이웃이라는 의미이다(역자 주).
2) 羅晃潮, 『日本華僑史』, 廣東高等教育出版社, 1994, 4-9쪽.
3) 山本紀綱, 『徐福東來傳說考』, 謙光社, 1975

히데요시(豊臣秀吉), 도쿠가와 이에야스(德川家康) 시대가 되면 나가사키에 집중되기에 이른다. 그들은 동향방(同鄕幇)을 중심으로 사원(寺院)을 건립하고 그것을 핵으로 활동을 전개하며 정주화(定住化)하게 되었다. 1602년 푸젠성 장저우의 화상(華商)이 정토종(淨土宗)인 고신지(悟眞寺)를 자신들의 보리사(菩提寺)로 한 것을 시작으로, 1623년 삼강방(三江幇, 長江 중하류 유역 출신자들의 모임)의 발기에 의한 고후쿠지(興福寺, 속칭 南京寺), 1628년 취엔저우·장저우방에 의한 후쿠사이지(福濟寺, 속칭 泉州寺, 漳州寺), 1629년 푸저우방 사람들을 중심으로 한 소후쿠지(崇福寺, 속칭 福州寺)등 당삼사(唐三寺)가 건립되었고 여기에 1678년에는 나중에 광동방의 보리사가 되는 쇼후쿠지(聖福寺, 속칭 廣東寺)까지 더해 이른바 당사사(唐四寺)가 건립되었다.[4] 나가사키에 내항한 중국인은 주로 무역이 목적이었는데 이들 중에는 푸젠성 출신이 제일 많았고, 나가사키의 화교사회도 푸젠방 세력이 가장 강했다. 나가사키에 있어서 바쿠후(幕府)의 중국인 대책은 메이지 시기 이래 근대 일본 화교정책의 특징을 선취(先取)하고 있는 측면이 있다. 가령, 다음과 같은 점이다. ① 중국에 대한 창구를 나가사키라고 하는 개항장에 한정했다(1635년). ② 중국인의 거주 지역을 도우진야시키(唐人屋敷, 당관 唐館)라고 하는 개항장 내의 일정한 장소로 한정했다(1689년). ③ 통상교역은 인정하지만 노동자로서 일하는 것은 엄격히 제한했다. 즉, '화상'은 허가하지만 '화공'은 제한한다고 하는 것이다.[5]

---

4) 內田直作, 『日本華僑社會の硏究』 前·後, 同文館, 1949, 前 51－66쪽 ; 中村質, 「近世の華僑」, 箭內健次 監修, 『九州文化論集2 外來文化と九州』, 平凡社, 1973

5) 나가사키와 고베의 연관성에 대해서는 다음과 같은 지적이 있다. "메이지 초기부터 중기에 걸쳐 에도 시절의 나가사키 무역에 있어서, 닝보방(寧波幇), 푸젠방(福建幇), 광동방(廣東幇) 3방(幇)의 협력 시스템이 인재, 자본, 기술 등의 측면에서 고베 화교사회에 직접적으로 이식되었고 나아가 계승, 발전되었다고 하는 여러 사실들이 확인되었다." 中村哲夫, 「吳錦堂 寧波幇の主導した實業愛國の革命」, 神戶華僑華人硏究會 編, 『神戶と華僑－この150年の步み』, 神戶新聞總合出版センタ

|표 1-1| 일본주재 외국인 수(1874~1944년)

연도	사람 수	연도	사람 수	연도	사람 수
1874	-	1898	6,130	1922	16,936
1875	-	1899	6,359	1923	12,843
1876	2,499	1900	6,890	1924	16,902
1877	2,393	1901	7,330	1925	20,222
1878	2,996	1902	8,027	1926	22,272
1879	3,521	1903	7,423	1927	23,934
1880	3,620	1904	9,411	1928	25,963
1881	3,571	1905	10,388	1929	29,500
1882	3,746	1906	12,425	1930	30,836
1883	4,983	1907	12,273	1931	19,135
1884	4,143	1908	10,847	1932	17,819
1885	4,071	1909	9,858	1933	19,932
1886	4,130	1910	8,420	1934	22,741
1887	4,209	1911	8,145	1935	26,203
1888	4,805	1912	-	1936	27,090
1889	4,975	1913	11,867	1937	15,526
1890	5,498	1914	-	1938	14,807
1891	5,344	1915	12,046	1939	17,043
1892	5,574	1916	11,869	1940	19,453
1893	5,343	1917	13,755	1941	-
1894	1,576	1918	12,139	1942	-
1895	3,642	1919	12,294	1943	-
1896	4,533	1920	14,258	1944	-
1897	5,206	1921	15,056		

출전 : 中華會館 編, 『落地生根-神阪中華會館と神戶華僑の百年』, 研文出版, 2000, 398-399쪽.

그런데 전근대 중일관계에는 두 가지 특징이 있었다. 하나는 원구(元寇)와 왜구(倭寇) 같은 무력분쟁의 사례가 있기도 했지만 이 기간 중일관계는 대체로 일관되게 평화적이고 우호적이었다는 것이다. 둘째는, 문

―, 2004, 15쪽.

화교류라고 하는 점에서 본다면, 중국에서 일본으로 문화가 전래되는 것이 기본적인 흐름이었다. 유학(留學)이라 하면 일본에서 중국으로 가는 것이었고 감진(鑑眞, 688~763) 같은 도래승(渡來僧)도 일본에 불교를 전하는 것이 목적이었다. 이는 현장(玄奘, 600/602~664)처럼 불전(佛典)을 구하러 인도에 가는 것과는 다른 것이다. 그러나 이러한 중일관계는 19세기 중반 일본의 개국을 시작으로 크게 바뀌게 된다.

고베 개항과 메이지유신

1854년 일본은 미일화친조약에 의해 개국을 했다. 그 결과, 나가사키를 비롯해 요코하마, 츠키지(築地), 오사카, 고베(효고 兵庫), 니가타(新潟) 등의 항구를 서양 각국에 개방하게 되었다. 중국인은 각지의 개항과 동시에 입항했다. 다만, 니가타 등으로의 내항은 얼마간의 시간이 흐른 후의 일이었다. 고베에 있는 화교묘지 중화의장(中華義莊)의 유래에 대해 밝히고 있는 「일본고베의원기(日本神戶義園記)」(1887)에는 다음과 같은 대목이 있다.

> 일본은 동문(同文)의 국(國)으로, 화인이 이곳에 이주한 지 여러 해 되었다. 갑신년(1884) 겨울, 나는 칙명에 따라 내일사절(來日使節)의 통역으로 고베에 주재하게 되면서 중화삼방(中華三幇, 三江, 福建, 廣東)의 이사(理事)들과 교우(交友)할 기회를 갖게 되었다. ……그들은 일제히 나에게 말했다. 이전 동치(同治) 10년(1871년) 여름에 성기(成記), 상기(祥記), 광원흥(廣源興), 동부태(同孚泰), 동안태(東安泰), 덕창(德昌), 동태(同泰), 원태(源泰) 등 각 호(戶)들이 나서 고베 근교 우지노무라(宇治野村)의 토지 6백 평을 구입, 의원(義園)을 건설하여 객서(客逝)한 화인으로 관(棺)이 조국으로 돌아가지 못한 자를 위해 경비를 모아 잠시 매장하는 것으로 했다.[6)]

여기에서 '나'란 「의원기(義園記)」의 저자인 쟝수성(江蘇省) 우현(吳縣) 출신의 쉬광쿤(徐廣坤)이다. 중화의장의 발단이 되는 묘지 구입은 일본 측 자료에는 1870년으로 되어 있다. 다시 말해 고베 개항으로부터 불과 2년 뒤에 고베주재화교가 한데 힘을 합쳐 효고현(兵庫縣)에 묘지 용지의 구입을 신청하여 허가를 받은 것임을 알 수 있다. 또한 당시 이미 화교가 삼강・푸젠・광동 세 개의 방으로 나뉘어 정리되어 있었고 화상들이 공동으로 묘지구입에 나섰다는 것을 엿볼 수 있다. 그런데 청일수호조규가 발효된 것은 1873년이기 때문에 그때까지 중국인은 '무조약국민' 취급을 받았다. 따라서 개항 초 중국인은 '조약국' 서양인의 '소사(召使)', '사용인(使用人)' 등의 신분으로 밖에는 입국할 수 없었다.[7]

고베에서는 효고현 지사(知事) 이토 슌스케(伊藤俊輔, 1841~1909, 이토 히로부미 伊藤博文)가 이러한 중국인을 장악, 관리하기 위해 〈청국인취체임시규칙(淸國人取締仮規則)〉(1871년)을 제정했다. 즉, '적패(籍牌)'(성명, 연령, 본관, 직업 등을 기재한 표)라고 하는 등록 제도를 만들고 심지어는 화교를 세 개의 조(組)(닝보, 광동, 푸젠)로 나누어 각 조에 총대(總代), 부총대를 두어 관리하도록 했던 것이다. 한편, 이 시기에는 푸젠성 출신자에 의해 팔민공소(八閩公所, 1870년)가, 광동 출신자에 의해 광업공소(廣業公所, 1876년)가 조직되었고, 얼마 후 장강(長江) 중하류 지역 출신자에 의해 삼강공소(三江公所, 1883년)가 만들어졌다.

6) 中華會館 編, 『落地生根－神阪中華會館と神戸華僑の百年』, 研文出版, 2000, 364쪽.
7) 나가사키의 경우에는 소사(召使), 부속(附屬), 기타 등으로 구분되어 있었다. 기타는 재단사, 요리사, 제과점, 첩(妾) 등을 가리킨다. 또한 부속이란 여기에서는 당관부속(唐館附屬), 공사부속(公司附屬)에 대비되는 외이부속(外夷附屬), 외국인 부속을 가리킨다(菱谷武平, 『長崎外國人居留地の研究』, 九州大學出版會, 1988, 738－739쪽, 764－765쪽).

2. 공사 · 영사의 방일

리홍장(李鴻章)의 영사파견론

한편, 싱가포르에 이어 도쿄에 청국공사관이 설치된 것은 1877년 12월의 일이었다. 초대 공사로는 허루장(何如璋, 1838~1891)이, 참찬(參贊)으로는 황준셴이 부임했다. 우선, 일본에 영사를 파견하는 것에 관해 처음으로 검토되기 시작한 것은 1870년대 초였다. 리홍장(李鴻章, 1823~1901)은 1871년 1월, 때마침 교섭 중에 있던 일본과의 조약체결에 즈음해 일본에 영사파견을 고려하기 시작했다.

> 조약체결 후에 도쿄에 대관(大官)을, 나가사키에 위원(委員)을 각각 파견하여 각 항(港)의 영사를 겸하게 하고, 이들에게 평소부터 (일본의) 국풍(國風)을 연구, 이해토록 하여 이를 상습(相習)하도록 한다면 향후 하루하루 정의(情宜)를 쌓게 되어 혹여 시의(猜疑)를 일으킨다든지 하는 일도 없게 될 것이다.…서양은 수만 리 밖에 있어 화인들이 장사를 하는 경우가 적어 중국은 아직 영사를 파견하지 않고 있다. 허나 일본에 가서 주재하는 경우에는 팔꿈치와 겨드랑이처럼 가깝고 화상도 비교적 많아 당연히 상황이 다르다. 인원을 파견하여 주재토록 한다면 추세는 서로를 대함에 도움이 되고 힘은 거리를 좁힐 수 있다. 대세에 도움이 될 수 있을 것이다.[8]

리홍장은 이렇게 일본에의 영사파견 필요성에 관한 생각을 피력하고 있다. 1871년 9월 23일에 조인된 청일수호조규는 쌍방의 개항장에 '상민(商民)의 왕래무역'(제7조)을 허가하고 '양국의 개항장에는 피차 이사관

---

8) 李鴻章, 「議日本換約」, 同治9年11月28日(『李文忠公全集』 5, 台北, 文海出版社), 1871, 6-7쪽.

을 두어 자국 상민의 취체를 행하도록 한다.'(제8조)고 정했다. 여기에서 '영사관'이 아닌 '이사관'으로 되어 있는 것은 이 당시 청조 측이 중일관계는 서양 각국과의 관계와는 다르다는 것을 보이기 위해 바꾼 것이라고 한다.[9] 주지하다시피, 이 조약은 서구 열강들로부터 제2조가 '공수동맹'을 의미하는 것이 아닌가 하는 의혹을 받았고 또 일본 측이 중국 측에 '최혜국대우' 조항을 포함시키도록 수정을 요구하는 등의 이유로 인해 비준이 계속 미루어지다가 결국 1873년 4월 30일에 이르러서야 겨우 비준서를 교환하게 되었다. 이러는 동안 일본에의 공사·영사 파견 문제는 방치되었다. 그러나 리훙장은 1874년 일본의 타이완 출병과 그에 뒤이은 해방논의(海防論議)를 기회로 다시 일본에 공사와 영사의 파견을 분명하게 내세웠다. 1875년 리훙장은 재일화교가 억압받고 있다는 사실에 접하면서 통상(通商) 각국에의 영사파견의 필요성과 그 어려움에 관해 아래와 같이 서술하고 있다.

> 일본은 서양인을 존경하는 반면에 화민을 멸시, 학대하고 있다. 그 각각에 관해 물어보니 모두 사실이었다. 이유인즉슨, 중국은 이사관(영사)을 파견하여 그 나라에 주재토록 하고 있지 않기 때문에 화민의 불이익은 자연히 이 점에 있는 것이었다. 그런데 중국은 인원을 파견하는 데에도 곤란한 점이 있다. 그 하나는 경비가 충분치 않다는 것이고, 또 하나는 저쪽에 인원을 파견하더라도 한두 척의 군함을 가지고 왕래토록 함으로써 통제나 보호를 할 수 없기 때문에 성위(聲威)가 크지 않고 일을 처리함에 있어 매우 힘이 든다. 이것이 파견이 수년 동안 지체되고 실행될 수 없었던 이유이다. 은밀

9) 箱田惠子, 「清末領事派遣論－1860, 1870年代を中心に」, 『東洋史研究』 第60卷 第4号, 2002, 67쪽, 주 23)

히 살펴보니, 서양은 중국의 각 구(口)에 영사관을 두고 있는데 상인들은 인원수를 계산, 돈을 추렴해 이를 영사의 경비로 충당하고 있다. 각국별로 그 많고 적음에 차이가 있지만 통례로 되어 있는 것은 확실하다. 현재 일본화상에 의하면 영국 영사관에 이름이 올라있는 자는 매년 1인당 3 양엔(洋円)을 상납하고 재판과 세금신고 등의 건을 처리하는데 사용한다고 한다. 현재 화상이 제출해 온 것을 보면, 일본의 관리가 적패비(籍牌費)를 착취하고 있다는 말이 있다. 요코하마, 나가사키, 고베 세 곳에 화민이 제일 많은데 각 구의 화인은 한 성(省)에서 하나의 방(幇)을 만들거나 혹은 몇 개의 성에서 하나의 방을 만들고 있다. 경륜이 있는 자를 뽑아 방의 공사(公事)를 담당케 하고 있다. 그들이 요청하고 있는 이때를 빌어 인원을 파견하여 일본에 가도록 함으로써 각 방과 공사(公司, 동족의 사당 祠堂과 비밀결사 등)를 소집해 화인이 생각한대로 어느 정도 이것과 부합하는 장정을 가지고 있는지 혹은 고정전(古丁錢)에 따를 것인지 혹은 매년 돈을 내는 각국의 통례를 따를 것인지 명확히 해야 할 것이다. 화상은 관의 보호가 있다면 반드시 용약하여 납입할 것이다. 각 방 내의 협력경비를 합친다면 이사 등의 세비(歲費)를 조달할 수 있을 것이다. 즉시 총이사관을 파견하여 가장 중요한 항에 주재토록 하고 기타 각 구에는 각 방을 선발하여 공정하게 일을 맡기고 임시 관리직으로 부이사관을 두어 문제가 발생했을 때 협의하여 처리토록 하며 순조롭게 일이 추진되도록 한다. 그 후에 푸젠, 상하이에 있는 군함 한두 척을 파견하여 부근을 순번으로 항행케 한다. 일이 있으면 일본으로부터 귀국시킬 수 있다.[10)]

---

10) 李鴻章, 「論遣官駐日本」, 光緖元年8月25日(『李文忠公全集』 5, 台北, 文海出版社) 1875, 101-102쪽.

나아가 리훙장은 1875년 11월 11일 일본에 있는 화인이 입국과 무역에 있어 서양인에 비해 차별대우를 받고 있는 것에 관해 다음과 같이 서술하고 있다.

> 이 나라(일본)에서는 무슨 일이 있을 때마다 화인의 입항을 금지하거나 아편을 가지고 들어와 폭리를 취하고 있다는 등으로 선전하고 있다. 일본은 제멋대로 서양인의 배에 달하는 엄벌을 가하고 있다. 우리 쪽은 할 수 없이 서양의 사례를 원용하여 상쟁(相爭)함으로써 우리 백성을 보호하고 타고 온 배를 출항시킨다든지 하여 화인을 구금, 송환하여 처벌하는 것은 확실히 나라 전체를 고려하는 것이다. 결단코 이웃 나라에 해를 주지 않는다. 그러나 일반적으로 이것은 단지 당면한 억제책이 될 뿐으로 향후에 혹시 사(使)를 파견하여 이사관을 설치함으로써 시비를 분명히 가리고 처치하지 않으면 결국은 장기적으로 적용할 수 있는 길은 되지 않는다. 홍장(鴻章)은 앞서의 서한에서 이에 관해 상세하게 논한 바 있다. 목하 재일화민의 실제 수와 그 무역의 쇠왕(衰旺)의 대략은 결국 아직 깊게는 알지 못한다. 서둘러 인원을 파견하여 일본으로 가도록 하고 각방의 간부를 소집하여 대강의 내용을 명확히 하고 차례대로 처치해 간다면, 우리 범위 내의 것에 관해서는 일본 측도 손대중으로 어림하는 정도일 것이다.[11]

허루장(何如璋)

청조가 공사 및 영사의 파견을 결단하게 된 데에는 재외중국인이 처한 상황에 대한 바로 이러한 심각한 인식이 그 배경에 깔려 있었다. 이

---

11) 李鴻章, 「議改日本約章」, 光緒元年10月14日(『李文忠公全集』 5, 台北, 文海出版社) 1875, 102쪽.

는 청조가 외국으로 공사를 파견하기로 결정한 해가 바로 이 1875년이었다는 점에서도 알 수 있다. 청조는 각국에 파견할 공사 9명을 선발했는데, 그 중의 한 명이 허루장(何如璋)이었다. 허루장이 일본에 파견될 흠차대신(欽差大臣) 부사(副使)로 임명된 것은 1876년 9월 30일이었고 출사일본흠차대신(出使日本欽差大臣)이 된 것은 1877년 1월 15일이었다. 그리고 허루장 일행이 상하이를 출발, 일본으로 간 것은 그 해 11월 27일이었다. 정사(正使) 허루장, 부사 장스꿰이(張斯桂), 참찬 황준셴, 외국인 고문, 정부영사(正副領事), 통역 등 19명에 가족 5명까지 더해져 총 인원 24명이었다. 11월 30일 나가사키에 도착했을 때 이들은 화인들의 열렬한 환영을 받았다. 당시 화인들은 삼방(三幇)으로 나뉘어 있었고 그 수는 약 700명에서 800명에 달했다. 여기에는 전조(前朝, 명 明) 유신(遺臣)들의 후예도 점포를 가지고 있었다. 그들은 12월 4일 히라토(平戶)를 출항하여 12월 7일 고베에 도착했다. 여기에서는 작은 깃발을 든 아이들의 환영을 받았고 상인(화상)들과 만나 간담회도 열었다. 그리고 오사카, 교토(京都)를 유람한 뒤, 다시 12월 12일 요코하마로 가는 배에 몸을 실었다. 요코하마에 도착해서 출장소에 여장을 푼 것은 12월 16일이었다. 이들이 마침내 도쿄에 도착한 것은 12월 24일이었고 국서(國書)를 봉정(奉呈)한 것은 동월 28일이었다. 그리고 이듬해 1월 23일에는 도쿄 시바야마게카이소인(芝山月界僧院)으로 행선지를 옮겼다.[12] 허루장은 바로 이때부터 1882년 2월 리슈창(黎庶昌)에게 자리를 넘겨줄 때까지 공사로서 특히, 류큐 문제 해결에 심혈을 기울였다. 또한 그는 재임기간 중인 광서 4년 11월 15일 즉, 1878년 12월 8일에는 일본의 각 개항장에 영사를 둘 것을 다음과 같이 제안하고 있다.

12) 何如璋, 『使東述略(坿雜詠)』(『近代中國史叢刊』 第59輯, 沈雲龍 主編, 文海出版社), 1878.

작년 11월(1877년 12월) 동(東, 일본)에 온 이후, 각 구의 화상은 계속해서 의견을 올려 관(官)을 설치하여 보호해 줄 것을 요청했다. 조사해 보니, 일본의 통상항은 여덟 곳이었다. 이중 니가타와 에비스(夷港, 사도 佐渡) 두 항구에는 상인이 없는 관계로 이사관 설치를 논할 필요가 없었다. 이를 제외하고 요코하마, 츠키지 양 항구에는 정(正)이사관 1명을 두기로 했는데 이미 금년 정월에, 같이 와 있던 정이사관의 후선동지(後選同知, 임관대기 중인 보좌관) 판진펑(范錦朋)을 이곳에 파견해 충원했다. 고베, 오사카 두 항구에도 정이사관 1명을 두기로 하고 5월에 후선동지 류셔우껑(劉壽鏗)을 이곳에 파견해 충원했다. 나가사키에도 5월에 정이사관으로 부이사관 내각중서(內閣中書) 위시(余瓗)를 파견했다. 하코다테(箱館)의 경우에는 화상이 이삼십 명에 불과하기 때문에 이사관을 두는 것이 적절하지 않아 파견하지 않기로 했다.[13)]

청나라는 일본에의 공사파견에 이어 쿠바, 샌프란시스코, 호놀룰루 등에 영사관을 설치했다. 이렇듯 해외 각지에 재외공관이 설치되자 당연히 해당 지역의 중국인과 접촉할 기회가 많아졌다. 정관잉이 후에 동남아시아에서 경험한 것은 이미 세계 각지에서 벌어지고 있던 일이었던 것이다. 이렇듯 세계 각지에 주재하고 있는 중국인과의 교류가 빈번해지면서 청조의 재외중국인에 대한 인식에도 커다란 변화가 일어났다.

13) 何如璋, 「何如璋等奏請在日本橫濱等處分設理事官摺」, 光緒4年11月15日(『淸光緖朝中日交涉史料』 上冊, 台北, 文海出版社), 1878, 14－15쪽.

3. 북양함대(北洋艦隊)의 내항(來航)

나가사키사건

청일전쟁에서 일본이 싸운 상대는 딩루창(丁汝昌, ?~1895)이 이끄는 북양함대였다. 일본은 이 함대를 격파하고 그 기지인 뤼순(旅順)과 웨이하이웨이(威海衛)를 함락함에 따라 승리를 거두었다. 이 승리를 계기로 일본인의 중국관은 존경에서 멸시로 완전히 바뀌게 되었다. 그런데 사실 청일전쟁에 앞서 북양함대가 두 차례 일본에 내항한 적이 있었다. 첫 번째는 1886년 8월이고, 두 번째는 1891년 6월부터 8월까지였다. 당시 일본인이 이 함대를 어떻게 맞이했는가는 청일전쟁 이후 일본인의 중국관의 변화가 얼마나 컸던 것인가를 확인하는데 하나의 참고가 된다.

북양해군은 북양육군과 함께 리훙장이 창설한 것이다. 여기에는 태평천국(太平天國, 1851~1864)과의 전쟁이 그 계기가 되었다고 한다. 이후 타이완, 류큐, 조선을 둘러싼 일본과의 대립과 베트남을 둘러싼 프랑스와의 전쟁을 겪으면서 그에 대한 정비가 진행되었다. 청국의 해군 건설은 1875년 영국으로부터 포함(砲艦) 네 척을 구입하는 것으로부터 시작되었다. 뒤이어 창장(長江) 중하류 지역, 푸젠, 광동에도 차례로 해군이 건설되었지만 가장 강력했던 것은 역시 북양해군이었다. 북양해군은 1881년 쉐푸청에 의해 〈북양해방수사장정(北洋海防水師章程)〉이 작성되면서 그 창설이 본격화되었다. 1885년에는 해군아문(海軍衙門)이 창설되고 뤼순 군항(軍港) 건설이 착수되었다. 전함의 배치가 시작된 것도 바로 이때였다.

1886년 8월 10일 딩루창 수사제독(水師提督)의 지휘 하에 정원(定遠)을 기함(旗艦)으로 진원(鎭遠), 제원(濟遠), 위원(威遠) 등으로 구성된 북양함대는 블라디보스토크로부터의 귀항 길에 나가사키에 입항했다. 그런데 13일 나가사키에 상륙하자마자, 청국 수병(水兵)과 일본인 순사가 충돌하는 사건이 발생하더니 급기야 15일 밤에 이르러서는 큰 난투극이 벌어지는 상황으로까지 비화되었다. 나가사키공소원(長崎控訴院) 검사장(檢事長) 하야시 세이이치(林誠一)가 작성한 나가사키 이사(理事) 차이쉔완(蔡軒宛) 구형서(求刑書)(8월 24일부)에 따르면, 중국인 수병 백 수십 명과 경관이 충돌하여, 일본 측 사망자 2명, 부상자 27명(모두 순사 등 경찰관계자)이 발생했다고 되어 있다. 일본 측 신문보도에 따르면, 중국 측 사망자는 5명이라고 되어 있다. 또 난투극에는 일부 화교도 참여한 듯 보이며, 수병이 화교의 집에서 뛰쳐나왔다라고 되어 있다. 하야시(林)는 구형서 말미에서 "엄밀한 재판을 통해 엄중한 처분을 내려달라."[14]고 판사에게 요청하고 있다. 물론 중국 측은 이에 대해 사건은 일본 측에 의해 계획적으로 일어난 것이라고 반박하는 동시에 중국 측 사망자는 8명, 부상자는 40명에서 50명에 이른다고 주장했다.[15] 이 사건의 처리는 당시 진행 중에 있던 영국 선박 노만턴(Normanton)호 사건[16]의 심리와 더불어 그 향방이 주목되었다.

사건은 그 후 나가사키에서 양국조사위원회가 설치되어 심의가 진행되었지만 결국에는 도쿄에서 열린 이노우에 가오루(井上馨, 1835~1915) 외무대신과 쉬청주(徐承祖) 청국공사와의 협의에 위임되었다. 그리하여 결

---

14) 中山泰昌 編, 『新聞資料集成 明治編年史』第6卷, (再版), 財政經濟學會, 1959, 363−364쪽.

15) 擔文, 「擔文與日狀師克爾沃問答」, 光緒12年8月19日(李振華 編, 『淸光緒朝中日交涉史料』上冊, 文海出版社, 1970年), 1886, 187−188쪽.

16) 1886년 10월 기슈만(紀州沖)에서 일어난 동 선박의 침몰사고에서 선장이 영국 선원만을 구출함에 따라 일본인 승객 25명 전원이 익사했다. 영국 주고베영사가 선장을 무죄 처리한 것에 대해 일본정부 및 국민이 항의하자, 12월 영국 주요코하마 영사는 선장을 금고 3개월에 처함으로써 사태를 마무리했다.

국 주일독일공사 폰 헬레벤(Von Helleben)의 중재를 통해 청국과의 조약개정 교섭을 고려했던 이노우에의 결단으로 1887년 2월 8일 상대방 측의 사망자와 부상에 따른 장애자에 대해 양국정부가 각기 무휼금(撫恤金)을 내놓는 것으로 하고 책임자 처벌에 관해서는 쌍방이 자국의 법에 따라 처리하는 것으로 합의를 보았다.[17] 이 과정에서 9월말, 쉬(徐) 공사는 이노우에 외상이 일본 측의 잘못을 인정하지 않고 있을 뿐만 아니라 향후 '실화(失和)'(국교단절)에 이르게 될지도 모르겠다고 말한 것을 두고, 일본은 합의가 이루어지지 않을 것을 예감하고 출병을 준비하고 있으니 중국 연해 각 성 및 타이완, 펑후도(澎湖島)의 관리들에게 명해 타이완, 펑후도 및 옌타이(煙台)에 각기 2개 대대(大隊)를 주둔시켜 대비하도록 지시를 내릴 것을 북양대신에게 요청했다.[18] 반면, 이노우에는 이러한 해결을 받아들인 배경에 관해 다음과 같이 술회하고 있다.

> 청일양국 간에는 조약개정 등 아직 해결되지 않은 사안들이 해결을 기다리고 있기에 이와 같은 작은 일에 구애되어 양국의 교의(交誼)를 해치는 것은 본시 바라던 바가 아니다. 또한 이후에 나온 그 쪽의 보고에 의하면, 우리 순사에게도 당시 그 직무를 집행함에 있어 다소간 직권(職權)과는 관련 없는 행위가 있었고 11월 7일의 내신(內信)에도 언급되었다시피, 청국수병의 사상도 적지 않았다는 실제 정황도 발견되었다. 고로 언제까지나 8월 13일의 소요만을 근거로 우리의 일방적인 주장을 펼칠 수도 없는 일인 것이, 적어도 15일 사건에 관해서는 우리에게도 일부 잘못이 없다고는 할 수 없

---

17) 井上馨, 「長崎ニ於ル清國水兵暴行事件ニ關シ本邦駐箚清國公使トノ談判筆記送付ノ件」, 明治20年1月13日(外務省調査局 編, 『日本外交文書』 第20卷 國際聯合研究會, 1957年), 1887, 590−592쪽.

18) 北洋大臣, 「北洋大臣來電」, 光緒12年9月初2日(李振華 編, 『清光緒朝中日交涉史料』 上冊, 文海出版社, 1970年) 1886, 189−190쪽.

기 때문이다.[19]

이에 따르면, 청국과의 조약개정 교섭 문제와 더불어 사건에 있어서 일본 측에도 잘못이 있다는 것이 일본으로서는 불만이 없지 않았지만 교섭을 타결하기로 결단을 내린 이유라고 하고 있다.

1891년의 친선방문

이후, 북양함대는 1889년에 편성을 완료함으로써 동북아시아 제일의 위용을 자랑하게 되었다. 1890년 4월부터 6월까지 딩루창은 북양함대를 이끌고 싱가포르, 마닐라, 사이공 등 '남양'을 방문했고[20] 이듬해인 1891년 6월에는 재차 일본에 내항했다. 이번에도 딩루창은 기함인 정원과 진원, 경원(經遠), 정원(靖遠), 내원(來遠), 치원(致遠) 등 다섯 척의 군함과 선원 2,000명을 이끌고 나가사키, 고베, 요코하마, 도쿄를 친선 방문했다. 6월 30일 고베에 입항했을 때는 화교들의 열렬한 환영을 받았다. 7월 4일 요코하마를 향해 출항했다가 19일에 다시 고베항에 입항했을 때에도 화교들의 환대는 이어졌다. 24일 고베항을 출항해 이후 구레(吳)와 나가사키에 기항(寄港)한 후에 웨이하이웨이 기지로 귀환했다.

이번의 경우, 고베에서는 수병의 상륙을 금지했고 요코하마에서는 사관(士官)이 인솔하는 등으로 5년 전 나가사키에서의 충돌이 재발하지 않도록 경계함으로써 수병과 시민의 접촉을 적극 제한했다.[21]

---

19) 井上馨, 「長崎事件ニ關於ル淸國水兵暴行事件ニ關シ本邦駐箚淸國公使トノ談判筆記送付ノ件」, 明治20年1月13日(外務省調査局 編, 『日本外交文書』 第20卷 國際聯合硏究會, 1957年), 1887, 590-592쪽, 594쪽).

20) 青山治世, 「淸末における'南洋'領事增設論議-淸佛戰爭後の議論を中心に」, 『歷史學硏究』 第800号, 2005, 7쪽.

21) 나가사키사건의 협의에서 1886년 11월 15일 이노우에 외상은 쉬 공사에게 재발방지를 위해 〈청일양국이 정하는 군함취체규칙〉(井上馨, 「長崎ニ於ル淸國水兵暴行

일본 측이 이 함대의 친선방문을 적극 환영했다는 것은 각지에서 행해진 교환회(交歡會)에 출석한 면면을 보더라도 알 수 있다. 고베에서는 7월 3일 오전, 딩루창 제독이 현청(縣廳)으로 스후 고헤이(周布公平) 효고현(兵庫縣) 지사(知事)를 방문해 경의를 표했고 같은 날 오후, 이번에는 스후 지사가 기함인 정원으로 딩루창 제독을 방문했다. 7월 20일에는 귀국길에 다시 고베에 기항 중이던 딩루창 제독을 스후 지사가 숙소인 오리엔탈호텔로 방문했고 이에 대해 딩 제독도 다음날인 21일 현청으로 스후 지사를 방문했다. 22일 스후 지사는 와다미사키(和田岬)에 있는 와라쿠엔(和樂園)으로 딩 제독 등을 초대하여 한유(閑遊)했고 그날 밤에는 관저에서 연회를 베풀었다. 쌍방 모두 최고의 극진한 대접이었다. 7월 3일 딩 제독이 스후 지사를 방문했을 때 양자 사이의 교환(交歡) 모습이 다음과 같이 기록되어 있다.

> 귀국(貴國)과 폐방(弊邦)은 공히 동양의 독립된 구(舊) 제국(帝國)으로서 그 관계는 보차순치(補車脣齒)와 같을 뿐만 아니라 고래(古來)로 제도문물(制度文物)이 거의 같습니다. 아무쪼록 금후 가일층 친밀히 교제함으로서 선린(善隣)의 의(誼)를 성실히 다질 것을 희망합니다, 라고 말하자, 스후 지사는 두말할 것 없이 이에 동감을 표하며 융숭한 대접을 했고 딩(丁)씨는 그 후의(厚意)에 기뻐했다. ……[22)]

事件ニ關シ本邦駐箚淸國公使トノ談判筆記送付ノ件」, 明治20年1月13日(外務省調査局 編, 『日本外交文書』 第20卷 國際聯合硏究會, 1957年), 1887, 544-545쪽)을 제안했다. 이 규칙에 청국 측이 동의했는지에 관해서는 불명확하지만, 이 당시 북양함대의 행동은 이 규칙에 따른 것이었다.

22) 『神戶又新日報』, 1891年 7月 24日.

또한 도쿄에서의 교환(交歡)은 이보다 훨씬 대규모였다. 7월 10일 에노모토 다케아키(榎本武揚, 1836~1908) 외무대신 주최의 원유회(園遊會)가 딩 제독 등을 초대한 가운데 고이시카와(小石川)의 고라쿠엔(後樂園)에서 개최되었다. 같은 날 밤에는 아세아협회(亞細亞協會) 주최의 환영회가 시바코엔(芝公園)의 고요칸(紅葉館)에서 개최되었다. 여기에는 딩 제독과 각 함장(艦長)들도 참석했다. 청과 조선 양국의 공사, 에노모토 외무대신, 히지카타 히사모토(土方久元) 궁내대신(宮內大臣), 가츠미 마코토(勝海舟, 1823~1899), 소에지마 다네오미(副島種臣, 1828~1905) 등도 자리를 같이했다.[23] 이에 대해 14일, 이번에는 딩 제독과 리징팡(李經芳) 공사가 주최한 초연(招宴)이 요코하마항에 정박 중인 기함 정원에서 개최되었다. 기타시라카와 요시히사(北白川能久) 신노(親王), 마츠카타 마사요시(松方正義, 1835~1924) 수상, 고토 쇼지로(後藤象二朗, 1838~1897) 체신대신(遞信大臣), 에노모토 외무대신, 가바야마 스케노리(樺山資紀, 1837~1922) 해군대신(海軍大臣), 히지카타 궁내대신 등 각료들을 비롯해 차관, 장교, 고지마 이켄(兒島惟謙, 1837~1922) 대심원장(大審院長), 그리고 가츠미 마코토를 비롯한 귀족(華族)들 등 총 200여 명이 출석했다.[24] 청일전쟁 전에 일본 측이 이 정도의 면면들로 중국에서 온 내방객을 환대하는 일은 드문 것이 아니었을까?

북양함대에 대한 일본 측의 환영이 이상과 같았다고 한다면 화교의 환영은 어떠했겠는가? 6월 30일 북양함대가 고베항에 입항하자, 고베 거류 중국인은 그 즉시 함대를 방문했다. "부둣가에는 온통 청인(淸人)들로 북적거려 사실 근자의 해안은 오로지 청인들을 위해 만들어 놓은 게 아닐까 하는 정도로 보였다."[25]고 할 정도였다. 딩 제독은 7월 1일

23) 『大阪朝日新聞』, 1891年 7月 14日.
24) 『大阪朝日新聞』, 1891年 7月 17日.

상륙하자마자 바로 청국이사부(淸國理事府)를 방문한 후 신상(紳商)인 더신(德新)의 별장을 방문했다. 고베화교들의 환영에 대해 『고베유우신일보(神戶又新日報)』는 다음과 같이 보도하고 있다.

> 거류 청국인의 희색(喜色)과 향연(饗宴)
>
> 청국 군함의 우리 고베항 입항이 분명 이번이 처음이라는 이유로 내지인조차 색다른 기분이 들 정도인데 하물며 거류 외인(外人)이 해외에 있으면서 처음으로 자국의 군함 즉, 자신들의 보호성(保護城)이 여섯 척이나 입항했다면 그 희열도 무리는 아닐 것이다. 따라서 당항(當港)에 거류하는 청인 가운데 동부태(同孚泰), 천태(天泰), 덕심(德心), 포석(鮑錫) 등의 거물들이 약정하여 딩루창씨 이하 각 포함주(砲艦主) 및 기타 사관 등을 초대하여 성대한 향응을 베푸는 것은 목하 당연한 경우라 할 것이다. 다만 모임의 장소가 문제였는데 숙소인 81번지 오리엔탈호텔 아래 우치가와(宇治川) 근처에 있는 도키와로우(常盤樓)나 스와야마(諏訪山)에 있는 도키와나카미세(常盤中店) 중에 적당한 곳을 고르자는 의견이 다수였다. 하지만 도키와로우의 서양요리로는 주연이 너무 빨리 끝나버려 흥미가 반감될 수도 있으니 차라리 도키와나카미세에서 일본요리로 주연을 베풀자는 쪽으로 의견이 모아졌다. 그리하여 결국 스와야마에 있는 도키와나카미세에서 모임을 갖는 것으로 결정했다. 아마도 그 기일은 금일이 될 것이라고 한다.[26]

여기에는 북양함대의 고베 방문에 대한 화교들의 환영 모습이 잘 드러나고 있다. 딩 제독은 고베 체재 중에 오리엔탈호텔을 나와 이쿠타신

---

25) 『神戶又新日報』, 1891年 7月 2日.
26) 『神戶又新日報』, 1891年 7月 2日.

사(生田神社) 뒤에 있는 더신(德新)의 별장에 숙박하는 일도 있었다. 6월 30일 고베 도착 후 딩 제독은 다음과 같이 말했다.

> 동일(同日) 오후 누노비키(布引)로 유람을 나갔다. 유람을 마치고 온천에서 목욕을 한 후에 이쿠타신사 뒤편에 있는 청국 호상(豪商) 더신(德新)씨의 별장에 가서 삼강(三江)의 신상(紳商)이 마련한 만찬의 향응을 받았다. 연회석에는 미색 중에 미색을 뽑은 예기(藝妓) 열 명이 수만리 파도를 넘어 내항한 우리의 노고를 위로하고자 대기하고 있었다. 여기에서 우리 일행은 그날 밤 귀함(歸艦)할 생각이었지만 끝내 그러지 못하고 그곳에서 유숙(留宿)했다. 어젯밤에도 역시 우리는 귀함하지 못했다. 그리고 모두 두 차례에 걸쳐 나온 요리는 전부 누노비키의 후루키로우(富貴樓)에서 배달되어 왔다.[27]

이곳에서 접대를 한 화교들 대부분이 청국정부에 "납품하는 일을 맡은 상인들"[28]이었다는 말도 있기는 하지만, 딩 제독 등의 호화판 술자리가 이어지는 속에서 고베화교들은 이번 북양함대의 최초의 내항으로 얼마나 마음 든든하게 느꼈을지 또 얼마나 자랑스럽게 받아들였을지 눈에 선하다. 북양함대를 가리켜 "자신들의 보호성"이라고 했던 것은 일본인 기자가 자기 임의대로 표현했던 것은 아니었다. 군함을 파견해 해외에 있는 '상민'을 '보호'하자는 것은 이미 1870년대에 청조 관료들이 지속적으로 주창해 왔던 것이다. 따라서 북양함대의 일본 파견은 이러한 임무를 띠고 있었다고 할 수 있다. 이는 왕조가 해외 중국인을 기민시하고 있던 때와는 상황이 완전히 바뀐 것이라 볼 수 있다. 한마디로 중국이란 국가와 재일화교 간에 새로운 상호관계가 형성되었음을

27) 『神戸又新日報』, 1891年 7月 3日.
28) 『神戸又新日報』, 1891年 7月 4日.

여기에서 확인할 수 있다.

한편, 북양함대를 맞이한 일본인의 반응은 복잡했다. 이미 보았다시피, 정부나 지방관료 차원에서는 환영일색이었던 것으로 보이지만, 실제로 그 이면에는 복잡한 상황이 존재했다. 일본 국내에는 일종의 중국위협론이라고도 할 수 있는 분위기가 팽배해 있었던 것이다. 여기서는 두 개의 발언내용을 언급하기로 하겠다. 첫째는 『고베유우신일보』(7월 2일)의 사설로, 북양함대의 고베입항 3일째 되던 날 쓰인 것이다.

> 지금 이 여섯 척의 군함을 보면, 지나 정부가 해군에 얼마나 역점을 두고 있는지 또 동양의 대국이 얼마나 안심할 수 없는 존재인지를 능히 알 수 있을 것이다. 우리가 이 함대를 보고 곧바로 우리의 군함을 움직여 그 우열을 가리고자 함은 충정어린 애국심의 발로이다. 이에 그저 두고만 볼 수 없어 지면을 통해 분명히 밝혀두는 바이다. 현재 우리나라에 있는 나니와(浪速)나 다카치호(高千穗)[29]와 같은 자매함(姉妹艦) 여섯 척으로 지나를 종횡하여 상하이나 홍콩에 닻을 내릴 수 없음이 그저 한스러울 뿐이다. 지난 날 지나 중부 즉, 안후이(安徽), 장수(江蘇), 장난(江南), 장시(江西), 저장(浙江) 등지에서 완민(頑民)[30]이 봉기하여 창장(長江) 일대에 사는 외인(外人)들이 위험에 빠졌을 때, 그 실상에 대한 시찰과 거류민 보호를 위해 출발한 것은 야마토함(大和艦) 한 척에 불과했다. 또한 이 조차도 제때에 도착하지 못했다는 것은 실로 유감이 아닐 수 없다. 지금 저 여섯 척의 북양함대를 바라보는 우리의 감정은 당연히 편할 수 없다. 간절히 바라건대, 정부와 의회가 일치단결하여 해군 증강에 배가의 노력을 경주하여 국방에 만전을 기함으로써 유사시에 외모

29) 규슈(九州) 미야자키(宮崎)현에 소재한 지명.(역자 주)
30) 통치에 잘 따르지 않는 백성을 말한다.(역자 주)

(外侮)를 당하는 일이 없어야 할 것이다. 요컨대, 더욱 더 신형의 군함을 증강하여 항시 해외를 순항하게 함으로써 일본 해군의 위엄을 세상에 널리 떨쳐야 할 것이다. 우리는 북양함대를 보며 더욱 더 이러한 느낌을 강하게 받게 된다. 이에 일언(一言)하는 바이다.[31]

여기에는 당시 일본인들의 생각이 잘 드러나 있다. 즉, 북양함대의 내항을 직접 목격하게 되면서 일본인들은 다음과 같은 생각을 가지고 있었던 것이다. 첫째, 해군력에서는 일본이 청국에 뒤져있다. 둘째, 북양함대가 일본에 내항한 것처럼 일본도 똑같이 청국에 군함을 파견해야 한다. 셋째, 그러기 위해서 일본은 해군력 증강을 서둘러야 한다. "북양함대를 보며 더욱 더 이러한 느낌을 강하게 받게 된다."는 것은 『고베유우신일보』의 논설위원 한 사람만의 생각은 아닐 것이다. 그러나 한편으로 청국의 군사력을 위협으로 느끼는 국내의 분위기를 비판한 사람도 있었다. 바로 오쿠마 시게노부(大隈重信, 1838~1922)가 그렇다.

이번에 내항한 정원호는 강철의 두께가 12인치이고 속력은 14노트, 용량은 7,000톤이 넘는다. 그리고 나머지 다섯 척의 군함도 속력이나 톤수에 있어서 대동소이하다. 요즘 세인들 가운데에는 이러한 지나 해군의 당당한 위엄을 두고 경계하는 자들이 있다. 이에 감히 한 마디 하지 않을 수 없다. 나는 본시 일본 사람들이 어떤 일에 지나치게 일희일비하는 것을 보면서 늘 안타까움을 금할 수 없었다. 이번에 지나 해군이 왔을 때에도 일본인들은 너무 걱정이 앞서는 것처럼 보인다. 평소에 분별력이 있다고 하는 사람들까지 지나 해군이 오자 성급히 걱정을 토해내고 있는데 이러한 자들은

31) 『神戸又新日報』, 1891年 7月 2日.

아무리 봐도 시야가 너무 좁다고 하지 않을 수 없다. 지나의 군함은 오늘날 새로 만들어진 것이 아니라 적어도 5, 6년 전에 나온 것들이다. 여섯 척의 군함을 직접 보지 않았더라도 해군에 대해 약간의 식견만 있는 사람이라면 능히 알 수 있는 일이다. 따라서 성급히 걱정할 필요도 없고 놀랄 필요도 없다. 지금의 지나 군함은 우리 것과 비교해 그 강대함에 있어서 큰 차이가 없다. 단지 그 강대함만을 두고 본다면 놀라는 것도 어쩌면 당연한 일이다. 그러나 우리도 돈만 있다면 2년 안에 충분히 지나에 필적할만한 군함을 제조하는 것은 문제가 되지 않는다. 또한 지금은 우리도 군함을 제조할 재원이 충분하다. 우선 국회와 현 정부가 가지고 있는 650만 엔을 내놓는다고 하면 정원에 필적할 군함 두 척 정도는 충분히 제조할 수 있다. 일본 사람들은 입만 열면 일본이 가난한 나라라고들 하는데 내가 보기에는, 일본은 결코 가난한 나라가 아니다.……내가 걱정하는 것은 군함보다도 인물이다. 인물은 2년이나 3년 안에 만들어지는 것이 결코 아니다. 군함은 만들었지만 그것을 사용할 줄 아는 사람이 없다고 한다면 이는 방탕한 자식에게 많은 재산을 남겨주는 것과 다름이 아니다. 일본은 모름지기 인물을 만들어내야 한다. 지나의 군함을 두려워할 필요가 없다.[32)]

과연 오쿠마 시게노부이다. 그는 군사력을 돈과 사람으로 치환해 계산하고 있었던 것이다. "지나의 군함을 두려워할 필요가 없음"은 3년 후에 일어난 청일전쟁에서 증명되었다.

32) 『神戸又新日報』, 1891年 7月 25日.

4. 고베(神戶)항과 화교

삼방(三幇)과 중화회관

고베 고속전철 하나쿠마(花隈)역 서쪽 출입구를 나와 똑바로 롯코산(六甲山) 방향으로 15분쯤 올라가면 주홍색 담으로 둘러싸인 커다란 사당(廟)에 다다르게 된다. 관제묘(關帝廟)이다. 관제묘는 1995년 1월 17일 새벽, 이 지역 일대를 강타한 한신(阪神)·아와지(淡路) 대지진으로 크게 훼손되기도 했지만 화교들의 온갖 노력으로 지금은 훌륭하게 복구된 상태이다. 고베의 관제묘는 1888년 당시 가와치노쿠니(河內國) 후세무라(布施村)(현재의 히가시오사카시 東大阪市)에 있던 폐사(廢寺)를 이곳으로 이전한 것이 그 시초였다고 한다. 본당(本堂)에는 주신(主神)인 관제성군(關帝聖君, 관우 關羽)과 관음보살 그리고 푸젠, 타이완, 동남아시아 화교화인들의 독실한 신앙의 대상인 천후성모(天后聖母, 마조 媽祖)를 모셔놓았다. 용문(龍門)을 빠져나가면 오른쪽에 '中華會館創設の記'(중화회관 창설 기념비)라고 쓰인 커다란 비석이 세워져 있다. 비문이 쓰인 것은 청나라 광서 임신년 음력 12월(淸光緖壬申嘉平月) 즉, 1893년 1월부터 2월경이고, 찬(撰)한 것은 제7대 고베주재 정이사(正理事, 총영사)였던 홍시아창(洪遐昌)이다. 비문에서도 알 수 있듯이, 이 비석은 3월에 완공될 예정이었던 중화회관의 낙성을 기념하여 세워진 것으로 당시 중화회관 창설의 과정과 더불어 개항 이래 고베화교의 일면을 엿볼 수 있는 중요한 자료이다.

> 경인년(庚寅年, 1890년), 허페이(合肥)의 리(李) 선생이 일본에 사절(使節)로 파견되었다. 나 시아창(遐昌)은 황공하게도 리 선생에게 인정을 받아 천명(賤名)이 천자(天子)에게 보고되었고, 앞서 설치되어 지금은 공석으로 있는 고베와 오사카의 정이사관(正理事官) 자리에 충원되었다.

여기서 말하는 리 선생이란 리홍장의 아들인 리징팡(李經芳) 주일공사이고, 홍시아창은 그 연줄에 힘입어 정이사관으로 고베에 부임해 왔던 것이다.

> 짐작컨대, 고베에 거주하는 화교는 7백을 넘고, 오사카는 3백에 가깝다. 그 원적(原籍)은 오월민월(吳越閩粵) 외에는 없다. 오월(吳越)인 자를 특별히 삼강(三江)이라 하고, 민(閩)을 푸젠방(福建幇, 建幇), 월(粵)을 광동방(廣東幇, 廣幇)이라 칭하는 것은 그 원적에 따른 것이다. 이들 삼방(三幇)은 각기 이사를 선출한다. 이사는 대체로 부유하고 예의작법(禮儀作法)을 아는 자들로서 도의(道義)를 즐기는 인사(人士)가 많다. 나는 오랫동안 사귀어 오면서 그들이 통속적 습관을 물리치는 것은 좋아하지만 파벌로 나뉘는 것에 대해서는 동의할 수 없다. 대저, 오늘날의 세계에서는 중국도 외국도 한 가족과 같은 것이다. 더욱이 중국을 떠나 이 나라에서 함께 생활하는 자는 본디 한 가족이다. 어떻게 서로들 타인 취급할 수 있단 말인가?

고베의 중국인은 이미 700명이고, 오사카에는 300명을 헤아리지만 그들의 출신은 푸젠, 광동 그리고 오월 즉, 삼강이다. 삼강이란 쟝수, 저쟝, 쟝시, 안후이 등 창쟝(長江) 중하류 일대를 가리킨다. 저마다 방을 형성하고 있고 이사를 뽑고 있다. 이 이사는 물론 청조정부가 각국에 파견한 이사가 아니라 고베화교 각 방의 대표를 가리킨다. 이렇듯 "파벌로 나뉘어"져 있어서 여러모로 활동하는데 지장이 있었다. 홍시아창 이사는 이것을 난처한 사태로 생각하고 있었던 것이다.

> 고베 · 오사카 지역에서 원래부터 공소(公所)를 가지고 있었던 것은 삼강뿐으로 건(建) · 광(廣)과 공동으로 사용한 것은 아니었다. 게

다가 건물은 겨우 몇 개의 방뿐이고 그것도 자신들이 지은 것이 아니라 사람들로부터 협소하다고 말해져왔다.

공소는 동향 또는 동족을 단위로 한 조직 혹은 그것이 소유한 건물로써, 당시는 푸젠방은 팔민공소(八閩公所), 광동방은 광업공소(廣業公所)라는 자신들의 조직을 가지고 있었지만 고유한 건물을 가지고 있지는 않았다.

> 요코하마에는 중화회관이 있어 이것을 참고할 수 있다고 나는 생각했다.……나는 우리 급여에서 500엔을 갹출하여 이 약간의 기금을 시작으로 모금하고자 한다고 리 선생에게 청했을 때, 선생은 감동하여 나에게 배가 되는 금액을 기부하며 나의 제안에 찬동해 주셨다. 그리고 우리 교포 중에 기꺼이 동의를 해준 인사들이 며칠도 안 되어 2만 엔이라고 하는 거액의 기부금을 보내주었다. 요코하마의 화교도 역시 그 십분의 일이 되는 자금을 보내주었다. 회관 건설에 대한 논의는 이로 인해 결정되었고 명칭은 또한 중화회관 외에는 없다고 결정했다.[33]

아시아무역과 고베화상

사람과 물건 그리고 그것들과 함께 문화도 배를 타고 왔다. 중일 간의 항로는 먼저 구미계의 해운회사에 의해 개설되었다. 영국의 P&O는 1859년 상하이-나가사키 항로를, 1864년에는 상하이-요코하마 항로를 개설했고, 프랑스의 프랑스우선(佛國郵船)은 1865년에 상하이-요코하마 항로를 개설했다. 또 미국의 태평양우선(太平洋郵船, PM)은 1867년 샌프란시스코-요코하마-홍콩 항로와 1869년 요코하마-고베-나가사키

33) 中華會館 編, 앞의 책(2000), 368-369쪽.

–상하이 항로를 개설했다. 이에 대해 일본은 1875년 미쓰비시회사(三菱會社)가 요코하마–상하이 항로를 개설했고 1885년에는 공동운수회사(共同運輸會社)를 흡수하여 일본우선(日本郵船)을 설립했다. 일본우선은 국가의 지원을 받아 항로를 확장하게 됨으로써 1886년 나가사키–톈진 항로, 1889년 고베–톈진 항로, 1893년 인도 항로, 1896년 타이완 항로, 1899년 고베–베이칭(北淸) 항로를 차례로 개설했다. 한편, 오사카상선(大阪商船)도 1896년 타이완 항로, 1899년에는 베이칭 항로(고베–톈진(즈푸芝罘)–뉴좡 牛莊)를 개설했다. 중국 측에서는 1872년 윤선초상국(輪船招商局)이 창립되어 상하이를 중심으로 항로 개척에 나섰다. 화교의 활약은 이러한 항운의 확대 및 발전에 의한 측면이 컸다.

이제 무역에 대해 보기로 하자. 1880년대 일본의 대외무역에 있어 최대 거래액을 차지하고 있던 것은 요코하마 항이었다. 이곳에서는 구미 무역상이 주요한 위치를 점하고 있었다. 요코하마 항 수출의 68%를 차지하고 있던 생사(生絲) 수출 취급액을 보면 "스위스인 42%, 영국인 20%, 미국인 12%, 독일인 10%, 프랑스인 9%, 일본인 5%"[34]였다. 그에 비해 고베 항의 경우, 1890년 수출 취급액을 보면 화교상인이 25%를 차지했고 영국인 27%, 독일인 25%를 차지했다. 이것으로 보아 화교가 구미인과 어깨를 나란히 할 정도의 위치를 차지하고 있었음을 알 수 있다. 대 아시아 관계만을 본다면, 화교상인의 취급 비율은 53%로 절반 이상을 차지했다. '상하이 네트워크'의 존재는 이미 1870년대에 확인되었지만, 고베를 중심으로 하여 "일본제품을 중국에 수출하는 화교 통상망(通商網)은 1880년대에 형성된 새로운 존재였다."[35]고 한다.

34) 籠谷直人, 『アジア國際通商秩序と近代日本』, 名古屋大學出版會, 2000, 66쪽.
35) 籠谷直人, 앞의 책(2000), 66쪽.

|그림 1| 동아시아의 주요항로(1900년경)

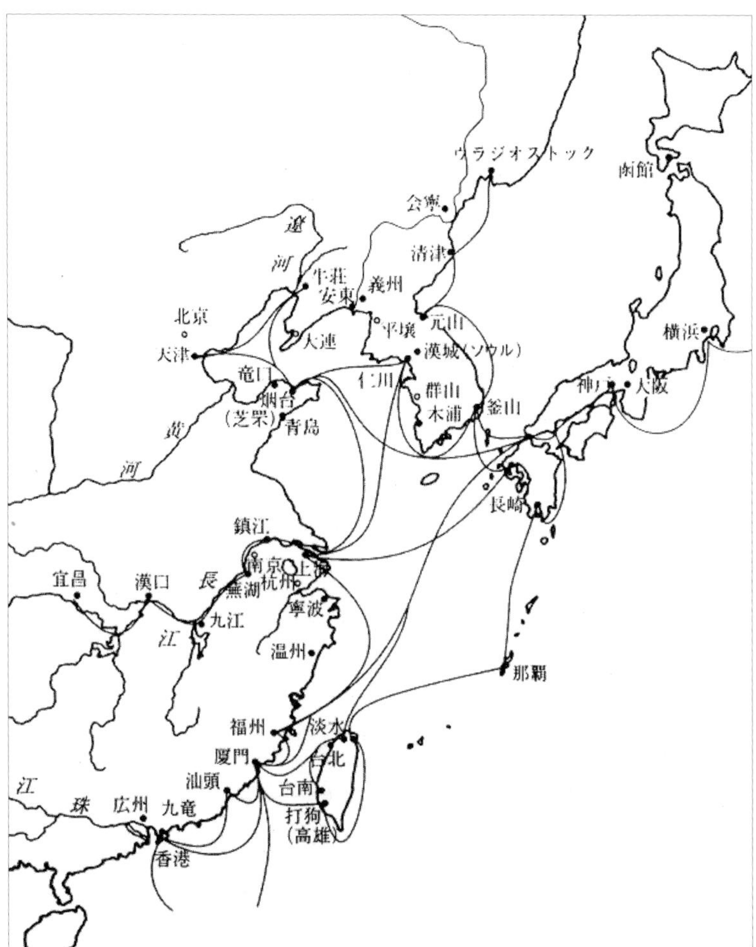

(中華會館 編, 2000, 31쪽을 기초로 작성)

이번엔 일본화교가 중요한 역할을 담당하고 있던 고베와 오사카를 보기로 하자. 메이지 초기 수출은 차, 쌀, 금속, 건어물, 납 등 주로 일차 산품이었고, 수입은 면제품, 금속, 모직물제품, 염료, 도료 등 주로 공업제품으로 후진국형 구조를 가지고 있었다. 청일전쟁 직전이 되면,

수출에서는 쌀, 차, 금속, 장뇌, 해산물 등 일차 산품이 여전히 큰 비중을 차지하고 있기는 했지만 면제품과 성냥 등 공업제품도 증가하고 있었다. 수입에서는 면사, 면제품, 기계 등 공업제품에 더해 면화가 증대되었다. 이는 후진국형에서 선진국형으로 이행되는 과도기에 있었다는 것을 보여준다. 면제품을 보게 되면, 처음엔 면포 수입이 많았지만 이것은 점차 감소되고 대신에 면사 그리고 면화로 그 내실이 변화되었다. 면화는 당초 중국 면(綿)이 중심이었는데, 1890년대에 들어오게 되면 인도의 면이 주류를 차지하게 된다. 설탕은 타이완 산이 중심이었는데 얼마 후 홍콩 제품이 주가 되면서 영국 상인의 비중이 커졌다. 쌀은 수출, 수입 양 측면에서 일본의 무역에 있어 중요한 산품이었다. 수입면에서는 화교가 커다란 역할을 담당하고 있었다. 건포(乾鮑, 말린 전복), 곤포(昆布, 다시마), 패주(貝柱, 가리비 등의 조개관자를 말린 포), 한천(寒天, 우무), 전해서(煎海鼠, 말린 해삼), 말린 새우, 목이버섯 등의 해산물 수출은 화교의 독무대였다.

고베 항 무역을 나라별로 보면, 1885년에는 수출 선(先)이 미국이 1위였고 중국은 2위였다. 동(銅, 구리), 역(鰑, 말린 오징어), 추용(椎茸, 표고버섯), 장뇌, 목랍(木蠟) 등이 주요 수출품이었다. 수입에서는 영국, 인도에 이어 3위였고, 설탕, 생면(生綿), 조면(繰綿)이 주요 수입품이었는데, 1893년이 되면 중국(홍콩을 포함)은 최대 수출입 상대국이 된다. 수출에서는 성냥, 양산이 크게 신장되었다. 고베, 오사카에서는 중국무역이 커다란 비중을 차지했다. 1891년 통계에 따르면, 화교의 취급이 가장 높은 것은 수입에서는 쌀, 콩, 콩깻묵(大豆糟), 깻묵(油糟)이었고, 수출에서는 성냥, 한천, 유황(硫黃), 판(板), 피혁, 램프 등이었다. 잡화, 해산물에 있어서는 화상이 중요한 위치를 차지했다. 1880년대 이후, 일본의 대외무역에 있어서 대아시아무역 특히, 대중국무역의 비중이 높아졌고 그 일을 떠맡은

사람들로서 일본화교 특히 고베화교의 역할이 중요해졌다.[36]

일본의 개국은 구미에 대해서 뿐만이 아니라 아시아에 대한 개국이기도 했다. 이러한 통상 상의 역할과 함께 중국인은 고베에 다양한 문화를 가져왔다. 청일수호조규가 발효된 1873년까지는 재류중국인은 '무조약국민'이라서 많은 중국인은 서양인의 '사용인' 등이라고 하는 자격으로 밖에 거주가 인정되지 않았다. 그러나 실제로 무역을 하는 중국인은 조약체결 전부터 고베에 와서 일을 하고 있었다. 그들의 직종은 다양해서 무역상을 시작으로 금융 및 외국상사와의 중개자로서의 매판(買辦, 거래계약에 따라 중국인과 외국인을 중개하는 상인), 양체(兩替, 환전), 계수원(計數員), 후에는 '산바다오(三把刀, 세 자루의 칼)업'이라고 합쳐 불리는 요리, 양복재단, 이용(理容) 등이었다.

36) 籠谷直人, 앞의 책(2000), 65−71쪽.

2

청일전쟁과 화교

1. 청일전쟁과 고베화교

중국과 일본의 선전포고

1894년 7월 25일 일본 해군은 풍도 앞바다에서 북양함대에 기습공격을 감행했다. 청일전쟁은 이렇게 시작되었다. 또한 8월 1일에는 중일 양국 공히 선전포고를 단행했다. 역사적으로 볼 때, 일본이 중국에 대해 선전포고를 한 것은 이때가 유일했다. 그런데 양국의 선전포고는 공교롭게도 일본과 조선, 중국과 조선의 관계를 보여주고 있다는 점에서 매우 흥미롭다. 우선 일본의 선전포고부터 살펴보기로 하자.

> 조선(朝鮮)은 제국(帝國)이 처음으로 계유(啓喩)하여 열국(列國)의 오반(伍伴)에 올려놓은 독립국이다. 그럼에도 청국(淸國)은 매번 조선을 속방(屬邦)이라 칭하면서……

1876년 〈조일수호조규(朝日修好條規)〉[1]에 따라 일본이 조선을 '독립국'(조약에서는 '자주국')으로서 '열국의 오반에 올려놓았음'에도 불구하고, 청은 여전히 조선을 '속방' 취급하며 음으로 양으로 내정간섭을 해왔다는 것이다. 이에 일본은 다음과 같이 청에 선전포고를 하게 된다.

> 청국의 의도는 조선국의 치안책임을 제국이 전적으로 맡는 것에 명확히 반대하는데 있다. 이는 제국이 솔선하여 그것을 명시한 조약을 완전히 무시하는 처사로써 제국의 권리와 이익을 손상시키고 이로써 동양의 평화를 영원히 담보할 수 없게 할 의도가 다분하다고 의심하지 않을 수 없다.

1) 강화도조약(역자 주)

즉, 청국의 의도는 조선이 치안 상에서 일본에 의존하지 못하도록 함으로써 〈조일수호조규〉를 무효화하고 일본의 권익을 훼손하려는데 있다고 일본 측은 파악한 것이다. 다시 말해 일본은 조선을 독립시켜 열국의 대열에 낄 수 있도록 했는데 이를 청이 무효화하려는 것은 일본의 권익을 훼손하고 동양의 평화를 위협하는 것이라 생각한 것이다.

한편, 청의 선전포고는 다음과 같다.

> 조선은 대청(大淸)의 '번속(藩屬)'으로, 2백년 넘게 해마다 직공(職貢)을 봉납해 왔음은 중외(中外)가 모두 아는 바이다.

이는 조선이 청의 '번속'임을 재차 강조한 것이다. 이 점에서는 일본의 지적과 일치한다. 청일전쟁의 경우, 청으로서는 조선을 '번속'의 위치로 묶어두려 한 것이고 일본은 그와 같은 조청(朝淸)관계를 단절함으로써 조선을 청으로부터 '독립'시키려 했던 것이다. 청일전쟁은 이듬해인 1895년 4월 〈청일강화조약〉[2]에 의해 종식되었다. 〈청일강화조약〉 제1조에는 다음과 같이 되어 있다.

> 청국은 조선국이 완전무결한 독립자주국임을 확인한다. 고로 조선국에서 청국에 대해 행하던 공헌전례(貢獻典禮) 등은 향후 완전 폐지토록 한다.

'공헌전례' 즉, 조공(朝貢)을 '폐지'한다는 것은 다시 말해, 청이 당시까지 유지해왔던 조선과의 번속관계를 단절하게 되었다는 것이며, 이는 약 2천 년에 걸쳐 동아시아의 느슨한 국제질서의 핵심이 되어왔던 책봉체제에 종지부를 찍는다는 것을 의미한다. 한편, 일본은 강화조약 첫

2) 시모노세키조약(역자 주)

머리에 조선의 '독립'을 지지한다고 하는 조문을 삽입하기는 했지만 곧 바로 조선의 식민지화 책동에 착수하게 된다. 사실, 청일개전의 결단을 내린 것과 동시에 일본정부 내부에서는 이미 조선의 보호국화[3]를 위한 검토가 시작되고 있었다.[4]

칙령 제137호

이렇듯 동북아의 국제질서는 완전히 변화했지만 그렇다고 해서 동북아시아에서 중국인의 경제적 네트워크가 이로 인해 단절된 것은 아니었다. 오히려 청조정부 등을 비롯한 중국본토와 해외중국인 간의 관계는 청일전쟁을 계기로 더욱 활발해졌다. 청조정부는 자신들의 체제유지를 위해, 개혁파는 청조의 체제개혁을 목표로, 또 혁명파는 청조타도를 위해 각기 그 추구하는 목적은 달랐지만 하나같이 해외중국인과의 제휴를 중시했고 그 관계를 현격하게 비약시켰다.

청일개전 당시 재일중국인은 대략 5천 명이었다. 7월 9일, 청국주일공사 왕펑자오(汪鳳藻)는 미국공사 던(E. Dun)을 방문해, 개전이 될 경우 청국공사관 문서의 보관과 재일중국인의 보호를 요청했다.[5] 일본 측도 마찬가지로 재청(在淸) 일본외교기관과 재청일본인의 보호를 미국에 요청했다. 미국정부는 양국의 요청을 모두 받아들였다.

청일 간 일촉즉발의 급박한 정세로 말미암아 일본에 거주하고 있던

---

3) 운노 후쿠쥬(海野福壽)는 1901년 게이타로(桂太朗, 1847~1913) 수상이 제시한 〈정강(政綱)〉 중에 "한국을 보호국화하는 목적을 달성할 것"이라고 되어 있는 것을 "공적 목표로 한국을 보호국화할 것을 명시한 것은 아마도 이것이 최초일 것이다."라고 평가했다(海野福壽, 『韓國併合史の硏究』, 岩波書店, 2000, 87쪽).

4) 海野福壽, 『韓國併合』, 岩波新書, 1995, 125－126쪽.

5) 岩壁義光, 「日淸戰爭と居留淸國人問題－明治27年 '勅令第137号'と橫濱居留地」, 『法政史學』 第36号, 1984, 61－62쪽.

화교들은 금방이라도 도망을 칠 태세였다. 당시 효고현 주재 중국인은 1천 명이 넘었다. 고베에서는 7월 20일, 정샤오쉬(鄭孝胥) 이사(영사)가 화교들에게 정식으로 귀국을 권고했다. 또 7월 29일에는 청국 군기처(軍機處, 실제상의 최고기관)가 재일공사관 관원들에게 본국 귀환을 명령했다. 곧이어 7월 31일, 청은 일본에 국교단절을 통고했다. 이로부터 〈청일수호조규〉는 무효가 되고 재일중국인은 무조약국민이 되었다. 본시 1871년에 체결된 〈청일수호조규〉는 청국에서 일본의 영사재판권을 인정하고 반대로 일본에서 청국의 영사재판권을 인정한다고 하는 상호주의에 입각한 것이었다. 이에 따른다면, 구미에 대해 일본에서의 영사재판권 철폐를 요구하게 되면 마찬가지로 청국에 대해서도 일본에서의 영사재판권 철폐를 요구하지 않으면 안 된다. 또 그렇게 되면 청국에서의 일본의 영사재판권 철폐를 청국으로부터 요구받는 것은 불가피한 일이었다. 따라서 일본이 구미와 같은 수준으로 청국에서의 영사재판권을 유지한 채 일본에서의 청국의 영사재판권은 철폐하겠다는 속셈은 사실상 성사되기 어려운 문제였다. 이렇게 하지 않으면 구미 열강은 최혜국조건에 따라 여전히 일본에서의 영사재판권을 계속해서 유지하게 되는 것이다. 청일개전은 일본이 직면한 이러한 문제를 일거에 해결해 주었다. 〈청일수호조규〉를 필두로 청국과의 사이에 맺은 조약은 이미 모두 철폐되었기 때문이다.[6)]

청일 양국이 각기 상대방에게 선전포고를 한 것은 8월 1일이었다. 이 선전포고로 인해 일시에 무조약국민이 되어버린 중국인의 재판 관할권은 모두 일본 측이 장악하게 되었다. 요코하마에서는 미국영사 맥키버(N. W. McIvor)가 주요코하마영사 스주펀(石祖芬)과 협의해 아편과 상

6) 原敬, 「新條約實施準備」, 大阪每日新聞社(稻生典太郎 編, 『內地雜居論資料集成』 4, 原書房, 1992年), 1898, 50-56쪽.

습도박자 등 일본의 법률에 저촉되는 자나 혹은 치안상의 문제가 있는 중국인 명단을 작성해 이들 500명과 자유의사로 귀국을 희망하는 자 222명을 8월 4일, 미국 선박 오셔닉호에 태워 귀국시켰다. 그들의 귀국에는 요코하마 중화회관이 자금 측면 등에서 커다란 역할을 했다.[7] 고베에서도 청국 재고베이사부(清國在神理事府)의 기능과 거류 중국인의 보호는 미국 부(副)영사 핸더에게 위탁했다. 청국인의 귀국에는, 유력 화교인 푸젠방 동사(董事, 이사) 차이니엔팅(蔡念庭)이 초상국(招商局)에 선임(船賃)을 반액으로 하도록 제의했고, 광동방 동사 황화이산(黃槐三)은 귀국 전용선의 전세비용 부족분을 중화회관이 부담하도록 요청해서 실현시켰다. 고베화교의 일부는 7월 말 독일과 캐나다의 선박으로 귀국했고 정샤오쉬는 8월 13일 프랑스 선박으로 귀국했다.[8]

8월 4일, 일본정부는 칙령 제137호를 공포해 무조약국민이 된 거류 중국인에 대한 취체를 강화했다. 그 주요한 내용은 아래와 같다.

> 제1조 청국신민은 본령(本令)이 규정한 바에 따라 종래에 제국(帝國) 내 거주가 허용된 장소에 한해 신체 및 재산의 보호를 받을 수 있고 향후에도 계속 거주할 수 있다. 또한 다른 지역에 있어서 평화롭고 적법한 직(職)에 종사할 수 있다.
> 단, 제국재판소의 관할에 복종해야 한다.

거류지와 잡거지(雜居地)에서의 거주 및 취업 등에 관해서는 종래의 권리를 인정하되, 거류 중국인은 '제국재판소의 관할에 복종해야 한다.'라고 함으로써 그동안 인정되어 왔던 영사재판권은 인정하지 않겠다는

7) 岩壁義光, 앞의 논문(1984), 1984, 64쪽.
8) 中華會館 編, 앞의 책(2000), 104－105쪽.

것이다.

> 제2조 전조(前條)에 따라 제국 내에 거주하는 청국신민은 본령 발포일로부터 20일 이내에 해당 거주지의 부현지사(府縣知事)에게 신청하여 주소, 직업, 성명 등록을 요청해야 한다.

일본에 거류하는 중국인은 본 칙령 공포일로부터 20일 이내에 '거주지의 부현지사'에게 '주소, 직업, 성명'을 등록하지 않으면 안 된다는 것이다.

> 제3조 부현지사는 제2조의 등록을 받은 청국신민에 대해 등록증을 교부해야 한다.

이는 부현지사가 '등록증'을 교부하는 것으로 정한 것이다.

> 제5조 부현지사는 본령 규정의 등록을 요청하지 않은 청국신민을 제국 판도(版圖) 밖으로 퇴거시킬 수 있다.

이는 등록하지 않은 중국인의 경우, 부현지사가 국외로 퇴거시킬 수 있다는 규정이다.

> 제6조 청국신민으로 제국의 이익을 해하는 행위를 한 자, 범죄 행위가 있는 자, 질서를 문란케 한 자 또는 이상의 혐의가 있는 자는 각 법령에 따라 처분하는 외에 부현지사는 이에 따라 그들을 제국 판도 밖으로 퇴거시킬 수 있다.

이는 '불법' 중국인의 국외 퇴거를 가능하도록 한 규정이다.

제9조 본령 발포 후에 청국신민이 제국판도에 들어오는 것을 허가할 경우에는 부현지사를 경유해 내무대신의 특허를 받은 자에 한한다.

이는 중국인의 일본 체재를 인정함에 있어 반드시 부현지사를 거쳐 내무대신의 허가를 득하지 않으면 안 된다는 수속상의 규정이다.

이노우에 가오루 내무대신은 8월 11일, 이 칙령 제137호의 실시세칙(實施細則)으로 훈(訓) 제605호를 공포했는데, 여기에는 칙령 제137호가 노리는 바가 보다 구체적으로 명시되어 있다. 즉, 이 칙령은 재일중국인의 '보호'를 위해 공포된 것이 아니었다. 이 칙령에는 '청국신민은 교전(交戰)의 결과 일반 무조약인민에 비하면 한층 제한된 지위에 처해 있다고 하지 않을 수 없다.' 아울러 '신분의 등록은 경찰의 취체 상 일종의 편의법(便宜法)에 지나지 않는다.'라고 되어 있다. 그리고 구체적으로 등록내용을 다음과 같이 세세하게 규정하고 있다.

제4조 등록증서는 1인당 1부로 하고, 아래와 같은 양식에 따라 본적지명, 현주소지명, 직업, 연령, 성별, 성명을 기입하고 한 가구당 여러 명이 있는 경우에는 가족관계를 명기한다. 이를 등록원부(登錄原簿)와 계인(契印)해야 한다.

이는 한마디로 재일중국인의 '호적'이라고도 할 수 있는 것이었다. 개항 초기 재일중국인에게는 '적패' 제도가 적용되었다. 원래 이것은 부현지사가 발급하는 것이었지만 〈청일수호조규〉의 발효와 공사의 부임 및 이사의 배치에 따라 거류지의 청국 이사(영사)가 처리하는 것으로 되어 있었다. 그러나 이 칙령으로 인해 재차 일본 측이 직접 재일중국인을 한 사람 한 사람 또는 한 가구를 단위로 파악하게 되었다. 더욱이 이러한 제도의 목적이 사실상 재일중국인의 보호라기보다는 '경찰의 취체 상'의 편의라고 하는 관점에서 자리매김 되어 있다는 점에서도 특징적이라 할 수 있다. 이것은 전시 하의 교전국 인민에 대한 것이었지만 그 후에는 중국인에 대한 출입국관리의 원형이 되었다. 칙령 제137호는 1899년 7월, 칙령 제352호가 발표될 때까지 효력을 가지고 있었다.

이 칙령에 대해 재일중국인은 강하게 반발해 아예 귀국을 해버리거나 기한이 임박할 때까지도 등록을 하지 않는 자가 속출했다. 이로 인해 재일중국인의 수는 개전 전년인 1893년에 5,343명이었지만 1894년에는 29.5%인 1,576명으로 감소했다. 효고현에서도 1893년에는 1,004명이던 것이 1894년에는 45.3%인 455명으로 격감했다. 청일전쟁 중 재일중국인에 대해서는 적국인이라는 것과 심지어는 일본이 압도적으로 청군(清軍)을 격파하고 있기도 해서 중화회관이 습격되는 등 적대와 우월의 감정이 일거에 고조되었다. 어느덧 3년 전 북양함대의 위용과 환영이 거짓말처럼 되어 버린 것이다.

〈청일강화조약〉에 뒤이어 1896년 7월 베이징에서 〈청일통상항해조약(清日通商航海條約)〉이 조인(공포는 동년 10월)되었다. 이 조약은 일본 측에만 영사재판권을 인정한다고 하는 편무적(片務的)인 것이었다. 즉, 제3조에는 일본 측과 관련해 다음과 같이 되어 있다.

> 전조(前條)의 영사는 청국관리에 맞먹는 예우를 받고 최혜국 영사관에게 현재 부여하고 있고 미래에 부여해야 할 모든 자격, 직권(職權), 재판관할권, 특권 및 면제를 향유할 수 있도록 한다.

이는 청국정부가 재청일본영사에게 구미와 같은 수준의 권리를 부여해야 한다고 규정하고 있는 것이다. 그러나 반면 일본정부는 청국재일

영사에 대해서는,

> 전조의 영사관은 일본국에 있는 청국신민과 재산에 대한 일본제국재판소의 재판 관할권에 속하는 사항을 제외하고 통상 영사관에 부여하는 권리와 특전을 향유하도록 한다.

라고 함으로써 '일본제국재판소의 재판 관할권에 속하는 사항을 제외' 한다고 하는 제한이 가해져 있었다. 요컨대 청국 측에는 영사재판권을 부여하지 않겠다고 하는 것이다. 이는 종래에는 재일중국인의 사법(司法) 관련문제는 청국영사의 관할 하에 있었지만 이후로는 일본의 사법 하에 두게 되었다는 것을 의미하는 것이다. 또한 이 조약은 일본인의 경우에는 여권만 휴대하면 중국 내지 여행의 자유를 인정하겠다는 것이지만, 중국인의 일본 국내 여행의 자유는 인정하지 않겠다는 것이었다. 이 점만 보더라도 이 통상조약은 불평등한 것이었음을 알 수 있다.

2. 내지잡거문제와 칙령 제352호

칙령 제352호

한편, 청일전쟁 직전인 1894년 7월 16일, 일본은 영국과 〈영일통상항해조약〉을 체결했는데 이는 영사재판권 철폐를 포함한 조약의 개정을 실현한 것이었다. 이 조약은 '조인된 날로부터 적어도 5년 내에는 실시되지 않는 것으로 한다.'(제21조)고 규정함으로써 그 실시 시기를 5년 이후로 미루고 있다. 그래서였을까? 조약이 실시된 것은 바로 〈영일통상항해조약〉 체결일로부터 정확히 5년째가 되는 1899년 7월 17일이었다. 같은 날, 고베에서는 거류지가 반환되었다.

이 영사재판권의 철폐와 거류지의 반환은 외국인의 내지잡거에 대한 승인에 따른 것이었다. 그런데 여기에서 중국인은 다른 외국인과는 차별되어 있었다. 외국인의 내지잡거 문제는 조약개정 문제와 더불어 당시 일본 국내에서 찬반양론이 팽팽하게 맞서고 있었다. 시기 문제와도 관련된 것이지만, 일반적으로 구미인의 내지잡거는 인정하되 중국인의 경우에는 제한 혹은 금지해야 한다는 의견이 다수였다. 그 이유로 들고 있는 것은 첫째, 중국인 노동자는 일본인 노동자의 일자리를 빼앗는다. 둘째, 중국인 상인과의 경쟁에서 이기지 못한다. 셋째, 중국인 노동자의 풍속습관은 일본 사회를 문란케 한다. 넷째, 일본인과의 '잡혼(雜婚)'은 일본인의 혈통에 영향을 준다는 등등이었다. 이 가운데 특히 커다란 영향력을 가졌던 것은 첫째와 셋째 이유였다.

〈영일통상항해조약〉이 규정한 '적어도 5년'이 임박했던 1899년 6월, 아오키 슈조(青木周藏, 1844~1914) 외무대신은 야마가타 아리토모(山縣有朋, 1838~1922) 수상에게 청일전쟁 시기 중국인의 등록 등을 정한 칙령 제137호의 폐지와 중국인의 내지잡거를 인정할 것을 골자로 하는 청의서(請議書)를 제출했다. 이에 대해 사이고 츠구미치(西鄉從道, 1843~1902) 내무대신은 중국인의 〈내지잡거불승인안(內地雜居不承認案)〉을 제출했다. 그 주된 이유는 앞서 지적한 바와 마찬가지로, 일본인 노동자의 일자리를 빼앗고 풍속위생을 훼손한다는 것이었다. 6월 30일 '요코하마 · 고베 · 나가사키 · 하코다테 청국상인 총대'로서 요코하마 총대 바오쿤(鮑焜), 뤄허셩(羅和聲), 콩쟈오청(孔兆成), 쾅만(鄺滿), 뤄팅천(羅廷琛), 루야오팅(盧耀庭), 고베 총대 란쥬어펑(藍卓峰), 나가사키 총대 린잉쟝(林英江), 하코다테 총대 주잉뱌오(朱英表) 등 9명의 연명(連名)으로 아오키 외상 앞으로 중국인의 내지잡거를 인정해 달라는 진정서가 제출되었다. 그 이유로 다음의 네 가지를 들고 있다. 첫째, 청국인 배척은 '동양의 상무(商務)' 확장의 기회를 저해한다. 둘째, 청국인의 자본을 이용하면 일본의 '상공업 발달'에 도움이 된다. 셋째, 청국인 배척은 '대국(大國)의 도량(度量)'을 해치며, '양국의 감정'을 해한다. 넷째, '황색인종의 자격'을 해치며 '동양의 위기'를 재촉한다. 아울러 '일본의 풍속 및 위생에 해'를 준다는 비판에 대해서는, 그것은 노동자에 관한 것이고 상인에게는 해당되지 않으며 게다가 청국의 노동자는 '십분의 일, 이'에 지나지 않는다고 응대했다. 또한 중국인은 축재하면 본국으로 가지고 돌아간다는 비판에 대해서는, '일본에서 소비하여' '일본의 유통에 도움이 될' 것이며 중국인 노동자의 '공임이 저렴'하다는 것은 말할 것도 없고 일본인 노동자와 큰 차이가 나지 않는다고 했다. 그러니 내지잡거를 인정해달라고 진정을 했던 것이다.[9] 노동운동 분야에서도 이 문제에 대해 의견이 제출되었지만 전체적으로는 청국의 '하등(下等) 노동자'에 대해서는 내지잡거를 제한해야 한다는 것이 다수였다.

결국, 7월 11일 내각안(內閣案)이 결정되었다.[10] 이는 내지잡거 원칙불가(原則不可)였던 내무성 안(案)을 원칙가(原則可)로 바꾸고 특정한 자에 한해서만 제한을 가하겠다고 하는 것이었다. 여기에서 '특정'이란 '노동자와 행상'을 가리키는 것으로 이들에 대해서는 '행정관청의 허가를 받을

---

9) 〈淸國人內地雜居の件に關し在橫濱中華會館董事鮑焜外四名陳情書の件〉, 「公文雜纂·明治32年·第9巻·外務省四」, 1899, JACAR(アジア歷史資料センター) 資料(로마자와 아라비아 숫자는 레퍼런스 번호이고, 괄호 안의 한자로 된 숫자는 키워드 '화교' 중의 번호이다), A04010051500, 山脇啓造, 『近代日本と外國人勞動者−1890年代後半と1920年代前半における中國人·朝鮮人勞動者問題』, 明石書店, 1994, 64쪽.

10) 다음의 심의경과에 대해서는 許淑眞의 「日本における勞動移民禁止法の成立−勅令第352号をめぐって」, 『布目潮渢博士古稀記念論集·東アジアの法と社會』, 汲古書院, 1990과 「勅令352号と留日福淸幇」, 日本孫文硏究會·神戶華僑華人硏究會編, 『孫文と華僑』, 汲古書院, 1999 참조.

것을 요하는' 것으로 했다. 7월 17일 추밀원(樞密院)에서는 이 문제에 관한 위원회를 설치하고 19일에 동 위원회 안을 작성하여 추밀원 의장에게 제출했다. 여기에서는 '노동자와 행상은 종전의 거류지 및 잡거지 이외의 지역에 거주하거나 또는 그 업무를 행하는 것을 금지한다.'고 했고 '노동자와 행상'에 대해서는 지금까지와 마찬가지로 구(舊)거류지 및 잡거지 이외에서는 거주도 노동도 할 수 없다고 했다. 이 안은 7월 21일 추밀원 본회의에서 심의되었다. 이 자리에서 마츠바라(松原) 내무차관은 그 취지를 설명함에 있어, 여기에서 말하는 외국인이란 '청국인'을 가리킨다는 것, 그러나 이를 적시하여 말한다면 '청국에 대해서도 감정적으로 바람직하지 않으니' 외국인이라 기록하겠다는 것, '한국인'은 다른 외국인과 마찬가지로 '관행' 상 '자유를 갖는다고' 함으로써 이 규정의 대상 외로 했다는 것 등을 밝혔다. 요컨대 문제는 중국인 노동자에 있었다. 심의 결과, 위원회 안은 부결되었고 7월 27일 내각안이 일부 수정되는 선에서 채택되었다. 이것이 칙령 제352호였다. 이것은 다음과 같은 내용으로 되어 있다.

> 제1조 외국인은 조약 혹은 관행에 따라 거주의 자유를 갖지 못한다 하더라도 종전의 거류지 및 잡거지 이외의 지역에서 거주, 이전, 영업 및 기타 행위를 할 수 있다. 단, 노동자는 특별히 행정관청의 허가를 받지 않으면 종전의 거류지 및 잡거지 이외의 지역에서 거주하거나 그 업무를 행할 수 없다. 노동자의 종류 및 본령 시행에 관한 세칙은 내무대신이 정한다.
>
> 제2조 전조 제1항의 단서에 위배된 자는 100엔 이하의 벌금에 처한다.

여기에서는 기존의 안이 '노동자와 행상'으로 되어 있던 것을 '행상'을 삭제하고 '노동자'만으로 한정하고 그들의 구거류지 및 잡거지 이외에서의 거주, 이전, 취업에 관해서는 '행정관청'의 허가에 의하는 것으로 했다. 여기에서 '행상'이 대상에서 제외된 것은 일본화교 역사의 이후 전개에 있어서 중요한 결과를 초래하게 된다. 왜냐하면 첫째, 푸젠성 푸칭현 출신자가 이 제외규정을 활용하여 일본에서 포목(反物) 행상을 축으로 '푸칭방(福淸幇)'을 형성하게 되기 때문이다. 그리고 또 하나는 1920년대에 이 '행상' 제외규정을 이용하는 형태로 적지 않은 중국인이 일본으로 이입해 왔기 때문이다. 제2조에서 말하는 '노동자'의 범위에 관해서는 7월 25일 내무성령 제42호가 각의(閣議)에서 결정되었다. 그것에 따르면 노동자는 다음과 같이 정의되어 있다.

> 제2조 ……노동자란 농업, 어업, 광업, 토목건축, 제조, 운반, 만차(挽車, 인력거), 하역업(仲仕業), 기타 잡역에 관한 노동에 종사하는 자를 말한다. 단, 가사에 사용되거나 취사 혹은 급사에 종사하는 자는 이에 해당되지 않는다.

그리고 7월 28일 칙령 제352호와 내무성령 제42호가 공포(8월 4일 시행)되는 날, 내무대신훈령(훈 제728호)도 동시에 공포되었다. 여기에서는 이 칙령과 내무성령의 목적이 '주로 청국 노동자에 대한 취체를 주지(主旨)로 한다.'라고 되어 있고, '성령(省令) 제2조에 해당하는 노동자는 잡역에 종사하는 자를 제외하고는 모두 종전의 거류지 및 잡거지 이외의 지역에 거주하거나 그 업무를 행하는 것을 허가할 수 없다.'고 하는 것이 언명되어 있다. 이 칙령 제352호는 내무성령 제42호 및 내무대신훈령과 더불어 일본에 있는 중국인을 크게 두 측면으로 규정하고 있다. 첫째는 중국인 '노동자'의 거주와 취로의 지역적 범위를 엄격하게 제한함에 따라 일본화교의 인구를 크게 억제하게 되었다는 것이다. 당시 일본에서는 중국인노동자가 플러스 요인은 적고 오히려 마이너스 요인으로 파악되었다. 전전에 재일중국인 인구가 절정에 달했던 것은 1930년으로 그해 재일중국인 총수는 30,836명이었다. 동남아시아가 당시 이미 수백만에 달했던 것과 비교해 그 수가 적은 것이 눈에 띈다. 둘째는 첫 번째 점과 연동되는 것인데, "청국인은 일반 노동자로 고용되는 것이 곤란해짐에 따라 앞서 말한 가사사용인, 취사급사 외에 요리업, 이발업[11], 양복재단, 비단행상 등에 종사하는 자가 많아졌다."[12] 셋째로 화교 중에서 무역상 등 상인(화상)의 비중이 높아졌다는 점이다. 이에 따라 비교적 높은 교양을 갖춘 층이 일본화교의 중핵을 형성하게 되었고 또한 그것이 일본인의 화교관 형성에 일정한 영향을 미치게 되었다.

또한, 칙령 제352호의 공포에 앞서 7월 8일 내무성령 제32호 〈숙박 및 기타에 관한 건〉이 공포(7월 15일 시행)되었는데, 이는 외국인의 거주 신고를 정한 것으로 다음과 같은 규정이 있다.

> 제3조 한 가구를 구성하여 거주하거나 혹은 한 가구를 구성하지 못하더라도 90일 이상 동일한 시정촌(市町村)에 거주할 목적으로 거주하는 외국인은 자신과 자신에게 딸린 가족에 관해 성명, 국적, 직업, 연령, 주소, 생년월일, 외국에 있어서의 주소 및 자신에게 딸린 가족의 족병(族柄)을 거주일로부터 10일 이내에 관할 경찰관서에 신고해야 한다.……

---

11) 이발업은 다이쇼(大正) 원년의 훈령에 의해 본성(本省)의 품의(稟議)를 필요로 하지 않고 부현청(府縣廳)에서 허가할 수 있게 되었다.

12) 宮崎繁樹, 「戰前のわが國における 外國人の處遇」, 『國際法外交雜誌』 72卷2号, 1973, 13-14쪽.

이것은 일본에 있어서 외국인등록제의 원형이라고 할 수 있을 것이다.[13]

내지잡거와 한국인

또한 칙령 제352호 심의 과정에서 한국인에 대한 적용이 문제가 되었는데, 한국인에 관해서는 '조약' 상의 권리가 아니라 단순한 '관행'에 의해 내지잡거를 용인하게 되었다.[14] 당시 하라 다카시(原敬, 1856~1921)가 집필한 '신조약실시준비(新條約實施準備)'는 당시 이 문제에 대한 일본정부 측의 생각을 단적으로 드러내고 있다.

> 우리 국내에서 조선인만큼 자유를 얻은 인민도 없다. 물론 그 자유는 우리나라 단독의 의사에 의해 허여된 것으로, 그들은 조약상으로 얻은 권리에 의한 것이 아니라면 그것을 주장할 수 없다 하더라도 오늘에 이르기까지 조선인은 어느 지역에 거주하더라도 또 어떠한 일을 하더라도 전혀 구속을 받지 않았다. 따라서 모두 알다시피 그들은 내지의 어떠한 곳도 왕래하거나 거주할 수 있으며 법률명령에 위배되지 않는 한에 있어서는 어떠한 일도 할 수 있었다. …… 오늘날까지 이처럼 관용해온 까닭은 두말할 나위 없이 조선을 부식(扶植)하여 개명(開明)으로 이끌겠다는 최초의 주지를 시종일관 관철시키겠다는 것이다. …… 무릇 우리의 법률명령에서 각 외국인에게 허여해야 될 권리와 이익은 균등하게 조선인에게도 허여하는 것이 필요하다. 다행히 조선인에 대한 우리나라 사람들의 의향에 있어서는 지나인을 대할 때와 같은 감정을 갖고 있지 않을 뿐더러

13) 山脇啓造, 앞의 책(1994), 58쪽.
14) 金永達, 「在日朝鮮人社會の形成と1899年勅令第352号について」, 小松裕 · 金永達 · 山脇啓造 編, 『'韓國併合'前の在日朝鮮人』, 明石書店, 1994, 18쪽.

현재 각지에 잡거하더라도 특별히 이의를 제기하지도 않는다. 오늘에 있어서 근소하기는 하지만 이미 조선노동자를 사용하고 있을 정도가 되면 신조약실시 후에도 이러한 정황을 변경할 필요가 없다. 아울러 조선인은 그 성정에 있어서 다소의 결점이 없다고는 할 수 없지만 지나인처럼 악습도 없고 다른 미개인처럼 폐풍(弊風)도 없다. 특히 법률명령의 눈으로 보면, 그 순종적이고 고분고분함이 거의 유례를 찾아보기 힘든 인민이어서 조약 실시 후에 이르러서도 우리 법률명령에 있어 다른 외국인에게 주는 모든 권리와 이익을 주더라도 하등의 지장이 없을 것이다.[15]

19세기 말 조선인의 이미지는 중국인에 대한 이미지에 비해 양호했다. 그리고 그 수적인 면에서도 아직 소수에 머물러 있었기 때문에 이러한 이미지를 만드는 것이 가능했고 내지잡거 용인에까지도 이를 수 있었다고 생각된다. 무엇보다도 하라 다카시는 같은 보고서에서 중국인의 풍속습관에 관해 엄격하게 비판을 가하면서도 결론에서는 내지잡거를 인정해야 한다는 주장을 폈다.[16]

3. 타이완화교(台灣華僑)의 탄생

타이완주민의 국적선택

청일강화조약에 의해 타이완과 펑후열도(澎湖列島) 그리고 랴오둥반도(遼東半島)는 일본에 할양되는 것으로 결정되었다(제2조). 그러나 랴오둥반도는 1895년 11월 러시아, 독일, 프랑스의 삼국간섭으로 인해 청국으로

15) 原敬, 「新條約實施準備」, 大阪每日新聞社(稻生典太郎 編, 『內地雜居論資料集成』 4, 原書房, 1992), 1898, 62-64쪽 ; 山脇啓造, 앞의 책(1994), 55-56쪽.
16) 原敬, 앞의 보고서(1898), 61쪽.

부터 고평은(庫平銀) 3천만 냥을 받고 청국에 다시 돌려주어야 했다. 타이완과 평후열도는 1895년 5월 8일 동 조약의 비준서가 교환됨으로써 정식으로 일본의 영토가 되었다. 그런데 청일강화조약 제5조 제1항에는 타이완주민의 국적에 관해 다음과 같이 규정되어 있다.

> 일본에 할양된 지역의 주민 가운데 할양된 지역 밖에 주거하고자 하는 자는 자신이 소유한 부동산을 자유롭게 매각하고 퇴거할 수 있도록 한다. 이를 위해 본 조약의 비준이 교환된 날로부터 2년간 유예하도록 한다. 단, 위의 기한이 만기하였음에도 여전히 해당 지역을 떠나지 않은 주민의 경우에는 일본국의 편의에 따라 일본국 신민으로 간주할 수 있도록 한다.

다시 말해 청국 국적을 취득하고자 한다면 비준서 교환일로부터 2년 이내(1897년 5월 8일 이전)에 부동산을 처분하고 타이완을 떠나지 않으면 안 된다는 것이다.[17] 그리고 만일 2년 이내에 타이완을 떠나지 않는 경우에는 '일본국의 편의에 따라 일본국 신민으로 간주할 수 있도록 한다.'라고 되어 있는데 이는 하나의 원칙으로서 자동적으로 '일본국 신민'으로 간주하겠다는 것이다.

1895년 5월 8일, 타이완총독부가 타이베이(台北)에 설치되었다. 총독부는 이후 귀화법취조위원회(歸化法取調委員會)를 설치하고 타이완주민의 국적문제에 관한 구체적 조치들을 검토한 끝에 1896년 8월 〈타이완주민에 관한 국민분한령(國民分限令)〉을 제정, 총독부 평의회(評議會)와 내각의 심의를 거쳐 1897년 3월 19일 〈타이완주민분한취급수속(台灣住民分限

17) 2년간의 유예기간을 두게 된 것은 "타이완주민에 의한 할양 저지운동과 대일항전"에 따른 것이라고 한다(許淑眞, 「第二次世界大戰後在日台灣出身者の國籍取得について」, 『近百年日中關係の史的展開』(科硏報告書), 1997, 36쪽).

取扱手續)〉을 공포했다. 이는 전문(全文) 6조로 되어 있는데, 다음과 같다.

제1조 메이지 28년 5월 8일 이전에 타이완 및 평후열도에 일정한 주소를 가진 자를 타이완주민으로 한다.

제2조 메이지 30년 5월 8일 전에 타이완총독부 관할구역 이외의 지역으로 퇴거하지 않은 타이완주민은 시모노세키조약(下關條約) 제5조 제1항에 따라 일본제국 신민으로 간주하도록 한다.

제3조 일시 여행을 목적으로 현재 타이완총독부 관할구역 내에 주거하지 않는 타이완 주민으로서 메이지 30년 5월 8일자로 일본제국 신민이 되려고 하는 자가 있을 경우에는 전조(前條) 제1항에 준해 일본제국 신민으로 간주하도록 한다.
전항(前項)에 해당하는 자는 사전에 조사하여 두도록 한다.

제4조 호주(戶主)가 일본제국 신민이 되었을 때는 그 가족도 역시 일본제국 신민으로 하고, 호주가 일본제국 신민이 되지 않았을 때는 그 가족도 또한 일본제국 신민이 되지 않는다.
단, 메이지 30년 5월 8일 전에 분가하여 별도로 호주가 된 자는 이 제한을 두지 않는다.

제5조 일본제국 신민이 되지 않은 타이완주민은 호적부(戶籍簿)에 의해 그것을 제거하고 별도로 장부를 만들어 그 호적을 등사하여 두도록 한다.

제6조 일본제국 신민이 되지 않은 타이완주민이 소유한 부동산을 처분함에 있어서는 별도로 훈시하도록 한다.

제1조에서는 타이완주민에 대한 정의가 내려져 있다. '메이지 28년 5월 8일' 다시 말해 1895년 5월 8일이란 강화조약 비준서가 교환된 날이다. 제2조는 메이지 30년(1897년) 5월 8일 이후에도 타이완에 거주하는 자는 이미 일본제국 신민으로 간주하겠다고 하는 규정이다. 단서로는

그 이전에라도 일본제국 신민의 신분을 취득하기를 희망하는 자에게는 원서를 수리하겠다고 하는 것이다. 제3조는 거취결정일 시점에 대륙에 일시 거주하고 있는 자로서 타이완으로 돌아올 의사가 있는 자에게 '일본국 신민'이 되기 위한 문호를 열어두겠다고 하는 것이다. 제4조, 제5조는 호적제도 도입에 따른 조치를 정해 놓은 것이다. 제6조는 일본제국 신민이 될 것을 희망하지 않는 자의 부동산 처분에 있어서는 별도로 정한다는 것이다.

총독부는 타이완주민의 거취결정에 대비하여 우선 호적조사에 착수했다. 그 최초는 1895년 7월 7일 헌병대가 타이베이 시내에서 실시한 것이다. 이듬해 1896년 2월 총독부는 타이완 전역에 걸쳐 타이완 군(軍)에 의한 '총기탄약'의 압수활동과 더불어 민정관(民政官)에 의한 '호구조사'를 실시하도록 했다. 그러나 이 조사는 군사행동과 더불어 실시된 것이기 때문에 그 성과는 충분하지 못했다. 8월 총독부는 〈타이완주민호적조사규칙〉을 공포하고 9월부터 12월 31일까지의 기간에 '헌병 분대장, 분대 부장(副長), 경찰서장, 분소장(分所長)'에 의해 호적조사를 실시, 호적을 편제하는 것으로 했다. 타이완주민 측에서 본다면 호적조사는 최초의 경험이라 조사에 대한 협력에 있어 어려움이 있을 것이라 생각했지만, '그 결과는 아직 완전을 기대할 수는 없었지만 대략의 수는 조사할 수 있었다.'[18]고 한다.

거취결정에 있어 외국인과 중국인이 함께 어울려 살고 있는 잡거지에 거주하는 타이완주민의 처리가 문제가 되었는데, 이 역시 일반 타이완주민과 동일하게 처리하는 것으로 되었다. 그리고 총독부는 변발(辮髮), 전족(纏足)의 경우 본인의 자유의사에 맡기는 것으로 하고 아편 흡

18) 台灣總督府, 『警察沿革誌 第2篇 領台以後の治安狀況』(『日本統治下の民族運動(上卷)−武力抵抗篇』 復刻, 風鈴書房, 1969), 1938, 663쪽.

인에 있어서는 시간을 두고 서서히 취체하는 것으로 방침을 세우는 등, 주민의 불안해소에 진력했다. 그 결과, 1897년 5월 8일 이전에 타이완에서 퇴거를 희망하는 자는 6,456명으로 당시의 총인구 약 260만 명 중에 불과 0.3%에 지나지 않았다.[19)]

퇴거이유로는 다음과 같이 네 가지의 이유를 들고 있다. ① 대륙에 재산을 가지고 있는 자 ② 거주부정의 노동자 ③ 유언비어에 현혹된 자 ④ 페스트 회피[20)]. 그러나 타이완에 오래 살았다든지 혹은 재산이나 대륙으로의 선편(船便), 대륙이주비용 등의 문제 때문에 간단히 퇴거할 수 없었던 것이 주민 대부분의 입장이었다. 이렇듯 압도적 다수의 타이완주민은 청국 신민에서 일본제국 신민으로 '국적'을 변경하는 길 외에 다른 방법이 없게 되었다. 하지만 일본의 국적법은 1899년 4월에 제정되었고 중국의 국적법은 1909년 3월에야 비로소 〈대청국적조례(大淸國籍條例)〉로써 제정되었다. 따라서 청일 양국 모두 국적법 제정 이전에 타이완주민의 '국적'을 정하게 된 것이다.

이렇게 1895년 5월 8일을 기준으로 타이완해협이 일본과 중국의 국경선이 되면서 타이완주민의 대륙으로의 도항에는 원칙적으로 타이완 각 지방 지청(支廳)의 '증명서'가 필요하게 되었지만[21)] 얼마동안은 주민의 왕래가 가능했다. 그러나 1897년 5월 8일을 기준으로 타이완주민의 거취가 결정되면서 타이완과 대륙 간의 인적 왕래에는 엄격한 제한이 두어지게 되었다. 거취결정을 목전에 둔 1897년 4월 21일 총독부는 '제

19) 許淑眞, 앞의 논문(1997), 36쪽. 쉬슈쩐(許淑眞)은 1897년 당시 타이완의 총인구는 258만 7,658명이었고, 그 중에 일본인이 1만 584명, 타이완 퇴거 희망자는 6,456명이었다고 했다.

20) 台灣總督府, 앞의 책(1938), 668쪽.

21) 台灣總督府, 앞의 책(1938), 668쪽.

국 신민인 타이완주민에게 외국여권을 교부하는 것을 승낙한다.'라고 발표하게 된다. 그 제1조에 '제국 신민인 타이완주민으로서 상용(商用) 및 기타 사용(私用)을 이유로 청국으로 도항하고자 하는 자에 대해서는 내지인의 예에 준해 취조하고, 사정이 여의치 않은 자에게는 여권을 교부하도록 한다.'[22]고 함으로써 타이완주민이 대륙으로 건너갈 시에는 여권이 필요하게 되었다. 그리고 여권발급에는 사진 2매를 필요로 하는 것으로 정했는데, 당시의 타이완주민에게 사진을 찍는 게 습관이 되어 있지 않은 것을 고려하여 '인상서(人相書)'를 첨부시키는 것으로 끝내자는 의견도 있었지만 결국 사진 1매를 첨부하는 방식으로 낙착되었다. 이러한 규정은 타이완주민으로서는 타이완과 대륙 사이의 왕래가 극히 자유로웠던 시기에 비한다면 엄청난 부자유를 초래한 것이지만 청국인이 대륙에서 타이완으로 넘어올 때의 규정에 비한다면 이 규정은 오히려 비교적 느슨한 것이었다.

타이완화교의 시작

다음으로 청국인이 대륙에서 타이완으로 넘어올 때의 수속이 어떻게 바뀌었는지를 보기로 하자. 이는 타이완화교의 시작에 관한 문제이다. 주지하다시피, 일본의 타이완 지배는 타이완주민의 격렬한 저항에 부딪혔다. 일본은 이를 진압하기 위해 대군을 투입하지 않으면 안 되었다. 1895년 10월 말, 일본군은 타이완주민의 무력저항을 일단 '평정'하기는 했지만, 여기에 소요된 병원(兵員, 군부 軍夫를 포함)은 무려 8만에 이르렀다. 반면에 타이완주민 가운데 사망자는 1만을 넘었다. 타이완총독부는 패잔병 등 대륙으로 돌아가는 자의 귀환을 서둘렀다. 이러한 타

22) 台灣總督府, 앞의 책(1938), 670쪽.

|그림 2| 타이완 · 푸젠 · 광동

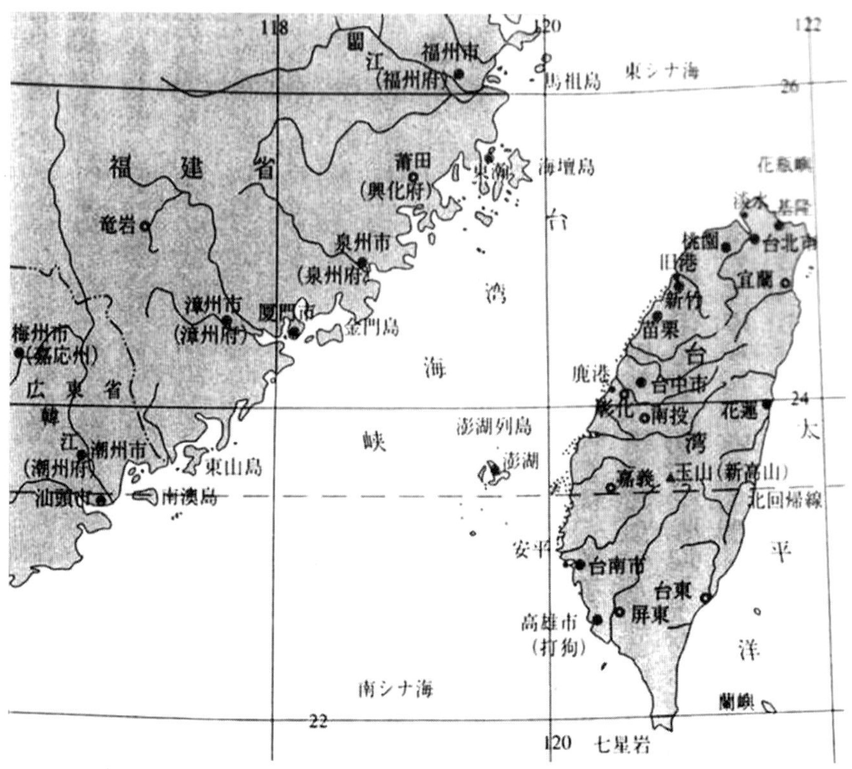

『台灣省地圖冊』, 地圖出版社, 1981年, 第6圖를 기초로 작성

이완 정세에도 불구하고 대륙에서 타이완으로 도항하는 자는 다수에 이르렀다. 일본 측은 그들의 입경에 규제를 두어 극력 저지하고자 했다. 이러한 상황 속에서 일찍이 1895년 6월 딴쉐이(淡水) 공사관 일등 서기관이던 시마무라 히사시(島村久)는 다음과 같은「지나인상륙규칙설정의 상신(支那人上陸規則設定の上申)」을 썼다.

소관(小官)이 본(本) 딴쉐이(淡水) 항에 도착한 지 그럭저럭 3주째에 접어들고 있습니다. 그동안 본 항(港)에 폭주하는 지나 병사 및 기타 무뢰한을 기선이나 지나 범선을 세내어 원저우(溫州), 푸저우, 샤먼, 홍콩 등으로 속속 송환시킨 것만 해도 그 수가 실로 수만에 달합니다. 현재 무뢰한의 폭주는 점차 그 수가 감소하고 있고 따라서 본 항 및 인근 촌락의 토착민은 점차 안도의 한숨을 쉬게 되었습니다. 그러나 반면에 날마다 기선 또는 지나 범선에 실려 지나 지역으로부터 입항하는 지나인은 속속 끊이지 않고 있고 그 수가 적지 않습니다. 이를 제어할 방법이 없기에 전문(前文)과 같이 전력을 기울여 무뢰한의 퇴거를 계획했지만 그에 소요되는 공로비용(功勞費用)이 만만치 않아 결국 그 계획은 수포로 돌아가고 실제로는 아무런 비익(裨益)이 없었습니다. 따라서 부디 지나 정부에 조회하여 타이완으로 항행하고자 하는 자에게는 지나 지방청에서 성명, 직업을 증명토록 하고 여권을 부여하게 하든가 또는 제국 정부가 타이완상륙조례를 만들어 조항을 열기하고 그 조건을 구비하지 않는 경우 상륙을 허가하지 않는 규칙을 설정하는 것이 필요합니다.[23)]

여기에 '지나인은 속속 끊이지 않고 있다'는 말이 있는데, 이에 대비해 총독부는 일본정부와 협의하여 11월 〈청국인타이완상륙조례(淸國人台灣上陸條例)〉를 제정(1896년 1월 1일 시행)하게 되었다. 이 조례는 아래와 같다.

제1조 타이완에서 청국인이 상륙할 수 있는 곳은 아래의 네 곳으로 한다.

지룽(基隆) 항, 딴쉐이 항, 안핑(安平) 항, 다커우(打狗) 항(지금의 가오슝 高雄)

제2조 청국인으로서 상업 및 기타 사용(私用)을 위해 타이완에 상

23) 台灣總督府, 앞의 책(1938), 673쪽.

륙하고자 하는 자는 자신의 향관(鄕貫), 성명, 직업, 연령 및 도항 목적을 기재하고 청국 해당 관청의 여권 혹은 증명서를 휴대해야 한다.

제3조 청국 관리 또는 청국정부의 공용(公用)을 띠고 타이완에 상륙하고자 하는 청국인은 청국정부로부터 파견 통고를 받아 상륙할 수 있는 권리를 갖는 것으로 한다.

제4조 청국 관청의 여권 혹은 증명서를 휴대하고 온 자는 상륙지에 있는 지방관청의 검사를 거쳐 상륙허가를 받아야 한다.

제5조 타이완의 안녕질서를 유지하기 위해 당분간 청국인 노동자 및 일정한 직업이 없는 자의 상륙을 금한다.

제6조 종래에 타이완에 거주한 자로서 타이완과 청국 사이를 왕래하는 자는 타이완총독부의 증명서를 가지고 있는 자에 한해 청국 관청의 여권 혹은 증명서가 없어도 상륙 및 거주할 수 있다.

제7조 제3조와 제6조에 기재한 것을 제외하고, 청국인으로서 타이완에 상륙 허가를 얻은 자는 제1조에 정해진 네 곳에 한해 거주할 수 있고, 만일 그 구역을 넘어 타이완 내지를 여행하고자 할 시에는 타이완총독부 지방관청에 내지 여행권의 교부를 신청해야 한다.

이 조례는 제5조에 '타이완의 안녕질서를 유지하기 위해 당분간 청국인 노동자 및 일정한 직업이 없는 자의 상륙을 금한다.'라고 정해놓고 있는데 이는 '당분간'이라고 기간에 한정을 두어 '청국인 노동자'의 타이완 상륙을 전면 금지시킨 것이다. 이러한 조치에 가장 먼저 항의한 것은 영국 영사였다. 타이완에서 차(茶) 제조를 하고 있는 영국인 상인 및 '청국인 노동자'의 수송을 맡고 있는 선박회사에게 있어서 대륙 출신 노동자의 존재는 매우 중요하고 불가결한 것이었기 때문이다. 이것은 영국 상인만의 문제가 아니라 차 제조업 전체에 관계된 문제이기도 했다.

당시 타이완의 차 제조 노동자(차공 茶工)의 내역을 보면, 차 제조 노동자 2,000명 이상, 차상(茶箱) 제조, 연엽작(鉛葉作) 및 시채자(施彩者) 1,000명, 차 감정인(鑑定人) 200명 내외, 적차부녀(摘茶婦女) 1만 명이었다고 하고, 기타 사무원까지 더하면 차 제조업 종사자는 약 2만 명 가까운 것으로 되어 있다.[24] 그 가운데 차 제조 노동자와 차 감정인은 거의 대부분 푸젠 출신의 노동자들이었다. 그들은 샤먼, 푸저우 등으로부터 매년 봄에 타이완에 와서 차 제조에 종사하고 가을이 되면 대륙의 고향으로 돌아가는 생활 패턴을 가지고 있었다. 따라서 그들의 타이완 도래가 전면 금지된다면 타이완 차의 제조는 일시에 곤란에 빠지게 될 것은 불을 보듯 뻔한 일이었다. 이에 차 제조업자들은 총독부에 다음과 같은 탄원서를 제출하여 규제를 완화해 줄 것을 요청했다.

> 본도(本島)의 차 제조 직공은 대개 지나인에 의존하고 있는데 그 수요를 충당하기 위해 오는 그들 직공의 타이완 도래를 금지하는 것은 본도 차업(茶業)의 성쇠에 관한 것일 뿐만 아니라 차 무역에 있어서도 중대한 영향을 미치게 될 것입니다. 차 제조 직공을 일종의 기능을 가진 자로 생각한다면 일반 노동자와 동일시해서는 안 됩니다.[25]

결국 총독부도 이 요청을 받아들여 1897년 10월 다음과 같은 총독훈령을 발표했다.

24) 松尾弘, 『台灣と支那人勞動者』, 南支南洋硏究, 第28号, 1937, 11쪽.
25) 松尾弘, 앞의 책(1937), 12쪽.

청국인 차 제조 직공을 고용하려는 자가 있을 시에는 그 도항 전에 피고용 직공의 원적(原籍), 주소, 성명, 연령 및 고용기간을 상세히 기록하고 그 신원(身元)을 보증하겠다는 원서를 제출해야 하며, 부적합한 자에 한해 그것을 허가하지 않도록 한다.[26]

또한 이 훈령에 앞서 미국영사대리로부터 미국 상회(商會)가 고용한 중국인의 재(再)도래 증명 교부의 요청이 있자, 이에 대해 총독부는 이 사무를 타이베이현(台北縣) 지사(知事)에게 위임했다. 동 지사는 이 훈령에 따라 '차공권(茶工券, 타이완 재도래 허가증)'을 미국영사대리에게 발급했다. 이것이 '차공권'의 시작이었다고 한다.[27] 이 '차공권'은 1898년 3월 최초 훈령에 의해 그 제도화를 시험해 보았던 것인데, 동년 10월 정식으로 〈차공권규칙〉으로 공포되었다. 그것에 따르면, 먼저 타이베이현에서 차공의 고용주에게 '차공권'을 발급한다. 그러면 고용주는 그 '차공권'을 대륙에 거주하는 차공에게 우송한다. 차공이 그 권(券)에 필요사항을 기입하여 일본영사관에 제출하면, 영사관은 서류를 심사하여 증명인(證明印)을 날인하여 차공에게 돌려준다. 이렇게 되면 차공은 이것을 가지고 타이완에 건너오게 되는 것이다. 이 수속은 대단히 엄격하여 실제로는 다음과 같이 되었다.

규칙의 공포와 동시에 당국에 대장(臺帳)을 비치하고 그곳에 그 상륙을 허가하는 자의 인상(人相) 및 주소, 성명, 연령, 허가증의 번호 등에 이르기까지 상세히 기록한다. 또한 그것을 샤먼의 제국영사(帝國領事)에게 송부하여 본인이 샤먼에서 타이완으로 오려고 하는 자는 샤먼영사의 점검을 거쳐 재차 증명서를 교부하고 상륙 시

---

26) 松尾弘, 앞의 책(1937), 12-13쪽.
27) 松尾弘, 앞의 책(1937), 13쪽.

에는 당국에서 일일이 대장과 대조한 후에 상륙을 허가하는 수속이 었다.[28)]

이렇듯 청국인의 타이완 도항과 취업은 우선은 차공에 한해 영국, 미국 등의 차 제조업자와 그들을 수송하는 해운회사의 요청을 받아 계속 유지되었다. 그러나 그 도항수속은 매우 엄중하고 복잡했다.

그렇다면 차공 이외의 중국인 노동자(화공)를 받아들이는 것은 어떻게 시작된 것일까? 그것은 1899년 3월 공포된 〈타이완사업공채법(台灣事業公債法)〉과 1900년부터 시작된 철도건설, 토지조사, 축항(築港), 관청청사 건설이 그 계기가 되었다.[29)] 이러한 사업을 진행하기 위해서는 대량의 노동력이 필요했다. 그러나 타이완주민과 일본 내지 출신의 노동력은 이에 맞지 않았다. 왜냐하면 그들을 쓰게 되면 임금 상승은 불가피했기 때문이다. 그래서 결국 염가인데다가 타이완의 기후에도 익숙하고 고역(苦役)도 마다하지 않는 노동력으로서 대륙의 노동자가 요구되었던 것이다. 이러한 타이완의 노동력 수요에 호응이라도 하듯 이미 대륙으로부터는 정크선을 이용한 밀항자가 증가하고 있었다. 따라서 총독부로서도 이러한 청국인 노동자의 입국을 취체하기 위한 규칙을 공포하지 않으면 안 되었다. 〈청국노동자취체규칙〉(1899년 8월 시행)이 그것이다. 여기에서 주목되는 것은 '노동자 청부인'이라고 하는 제도이다. 노동자 청부인이 되려면 '보증금'을 내고 타이완총독의 허가를 얻지 않으면 안 된다(제2조). 노동자 청부인은 청부받은 노동자에 대해 ① 성명, 향관, 연령 ② 도항 목적 ③ 노동자 청부인의 씨명족적(氏名族籍) ④ 고용계약이 성립된 일자 및 장소 ⑤ 타이완의 상륙지점을 명기한 '증명서'를 교부한

28) 松尾弘, 앞의 책(1937), 15쪽.
29) 松尾弘, 앞의 책(1937), 25쪽.

다(제3조). 청부인은 노동자의 '병재구제(病災救濟)를 위한 상당한 비휼(備恤) 규정'(구제준비)을 준비하지 않으면 안 된다(제5조). 라고 되어 있다. 중국인 노동자에 대한 보장, 보호, 송환 등 전부를 이 '노동자 청부인'이 책임지도록 하고, 이러한 의무를 이행할 수 없을 경우 벌금을 부과하던지 경우에 따라서는 자격을 취소한다고 하는 것이다. 이러한 규정이 생겨난 데에는 청부 시에 노동자로부터 거액의 수수료를 챙기고도 정작 질병이 생겼을 때는 그에 대한 보장을 해주지 않는 청부인이 있었기 때문이라는 것이 그 배경에 깔려 있었다. 이는 노동자 청부인에게 있어서는 매우 엄격한 규정이었다. 또한 타이완에 상륙할 때 필요한 증명서로는 차공권, 노동자 타이완 상륙 증명서(勞動者渡台證明書), 상용·사용도항증명서(商用·私用渡航證明書) 이렇게 세 종류가 있었다. 그런데 이것들이 종종 대륙에서 밀매되기도 하고, 이를 관리하는 관리가 수수료를 임의로 착복하는 경우도 빈번하게 일어났다. 이러한 여러 가지 제약과 모순 때문에 청부인이 취할 수 있는 이익이 얼마 되지 않았기 때문에 실제로 청부인으로 등록한 자는 십여 명에 지나지 않았다. 마지막까지 남은 청부인으로는 미츠이물산(三井物産) 타이베이 지점장이었던 후지와라 긴지로(藤原銀次郎) 한 명뿐이었다.[30] 노동자 청부인에 관해 자세한 규정을 정해 놓은 이 〈취체규칙〉은 기본적으로 '치안' 확보라고 하는 관점에서 만들어진 것이었다.

결국 차공을 시작으로 하는 이러한 중국인 노동자야말로 타이완화교의 시작이자 그 대부분을 구성하는 인자들이었다. 청일전쟁은 타이완 주민의 거의 대부분을 청국인에서 일본인으로 전환시킴과 동시에 새로이 타이완화교를 만들어낸 것이다. 또한 타이완화교라는 말은 후술하

30) 台灣總督府, 앞의 책(1938), 685-690쪽.

겠지만 타이완 출신 화교를 가리키는 것이기도 하지만 여기에서는 1897년 5월 이후 중국 국적을 가진 채 타이완에 정주하고 있는 사람들을 가리킨다.

4. 청일전쟁과 조선화교

조청상민수륙무역장정(朝淸商民水陸貿易章程)

청일전쟁 발발로 조선에 있는 청국 상무기관(商務機關)이 철수를 시작하면서 재조중국인(在朝中國人)은 영국 영사의 보호 하에 놓이게 되었다. 1894년 8월 26일, 일본은 조선과 공수동맹인 조일맹약(朝日盟約)을 체결함으로써 조선반도에서의 군사행동의 자유를 획득했다. 조선정부는 그대로 존속하기는 했지만 사실상 일본의 군사적 관리 하에 놓이게 된 것이다. 이러한 환경 하에서, 조선정부는 기존에 청국과 체결한 모든 조약 및 협정을 파기하게 된다. 1882년에 체결된 조청상민수륙무역장정(朝淸商民水陸貿易章程)도 그 중의 하나였다. 그렇다면 이러한 변화는 조선에 거주하는 중국인 즉, 조선화교의 지위에 어떠한 변화를 가져왔을까? 이 문제를 검토하기에 앞서 먼저 조선화교의 행적에 관해 간단히 되돌아보기로 하겠다.

조선화교의 기원을 어디에서 찾아야 하는가의 문제는 일본화교의 기원과 마찬가지로 한마디로 확정하기는 어렵다. 최근 중국의 조선화교 연구를 대표하는 양쟈오취엔(楊昭全), 쑨위메이(孫玉梅) 두 사람은 『상서(尙書)』와 『사기』 등에 기술된 바에 의해 기원전 1066년 주(周)나라 무왕(武王)이 은(殷)을 토벌했을 때, 은나라 왕자인 기자(箕子)가 오천 명을 이끌고 조선으로 도망한 것에서 중국인의 해외이주가 시작되었다고 보고 있다.[31] 또 이들은 자신들의 책에서 조선화교 역사를 청나라 중기를 분

기점으로 하여 고대와 근대로 양분하고 각각 다음과 같이 시기를 구분하고 있다.

고대 : 은나라 말기, 주나라 초기~청나라 중기
① 은나라 말기~남북조 ② 수나라~송나라 ③ 원나라~청나라 중기

근대 : 아편전쟁~중화인민공화국 건국
① 1882년~1910년(한일합방 이전) ② 1910년~1931년(한일합방~9 · 18사변) ③ 1931년~1949년(9 · 18사변~중화인민공화국 건국)

근대의 ③에서, 9 · 18사변 및 류탸오후사건(柳條湖事件)으로부터 1949년까지를 하나의 시기로 포괄한 것은 다분히 중국사를 기준으로 한 것이라 볼 수 있다. 그러나 이 점은 일단 차치하더라도, 일반적으로 중국에서는 근대 조중관계(朝中關係)의 기점을 1882년으로 보고 있는데 이는 근대 조선화교사의 기점이 되기도 한다. 1882년이란 해를 돌아보면, 7월 23일 한성(漢城)에서 구군(舊軍) 병사들의 반란(임오군란)이 일어나 일본인 고문 호리모토 래이조(堀本禮三)가 살해되고 하나부사 요시모토(花房義質, 1842~1917) 공사가 영국 군함을 타고 나가사키로 피신하는 일이 있었다. 결국 이 난은 청국 군이 출병함으로써 진압되었는데, 이때 청국 군의 파병은 충청도에 피난해 있던 명성황후(明成皇后, 1851~1895)의 요청에 의한 것이었다. 이 요청에 따라 청나라는 8월 9일 북양수사제독(北洋水師提督) 딩루창(丁汝昌)에게 출동을 명했고, 아울러 8월 20일에는 광동수사제독(廣東水師提督) 우창칭(吳長慶)에게도 출동을 명했다. 한성에 진주한 청국 군은 국왕의 부(父)인 대원군(大院君, 李昰應, 1820~1898)을 체포해 톈진

31) 楊昭全 · 孫玉梅, 『朝鮮華僑史』, 中國華僑出版公司, 1991, 6쪽.

으로 압송하고 병사들의 반란을 진압함으로써 명성황후의 권력을 보장했다. 이 당시 청나라는 종래의 조공관계만으로는 조선에 대한 영향력을 확보하기 힘들었기 때문에 서구 열강이 하던 것처럼 조약을 체결하지 않으면 안 된다고 생각했다. 그래서 10월 4일, 청나라는 조선과 〈조청상민수륙무역장정〉을 체결하기에 이른다. 이 조약 전문(前文)을 보면, '조선은 오랫동안 번봉(藩封)의 열(列)에 있었고 전례(典禮)에 관한 일체의 모든 것이 제정되어 있기에 갱의(更議)의 필요성은 없다'고 되어 있다. 이는 조선이 청나라의 '번봉' 다시 말해 제후국임을 규정하고 있는 것이다. 또한 이 장정을 체결한 것은 '중국이 속방(屬邦)을 우대한다는 의미이며, 각국은 본디 균점(均霑)의 예는 없다'고 함으로써 타국에는 그 적용을 금했다. 전문(全文)은 8개 조로 되어 있는데 마지막 연호(年號)를 기재함에 있어 '광서 8년 8월'이라고 되어 있는 것으로 보아 중국의 원호(元號)가 사용되고 있음을 알 수 있다. 그럼, 각 조항에 관해 개관해보기로 하겠다.

제1조 쌍방은 상호간에 개항장에 관원(상무위원)을 파견할 수 있다.
제2조 중국 측은 (상무위원에 의한) 영사재판권을 갖는다(조선 측은 없다).
제3조 상호간에 상선이 개항장에 입항하여 교역을 할 수 있다.
제4조 양국 상민은 개항장에서 교역할 수 있고, 토지 및 가옥을 조차할 수 있다.
제5조 압록강 대안(對岸)의 책문(柵門), 의주(義州), 두만강 대안의 훈춘(琿春), 회령(會寧)에서는 수시로 왕래하며 교역할 수 있다.
제6조 화약과 무기 탄약을 제조하여 매매하는 것은 금지한다. 조선에서 조선 인삼을 반출하여 매매하는 경우에는 관세를 부가하거나 혹은 몰수의 조치를 취한다.
제7조 매월 1회, 수선초상국(輪船招商局)의 배가 중국과 조선 사이

를 왕복한다. 군함의 조선 연안의 항행 및 각 항으로의 입항 정박 시의 비용은 중국 측이 부담한다.

제8조 개정에 관해.

이 조약에 따라 청은 첫째, 조선을 '번속(藩屬)' 또는 '속방'으로 위치시켜왔던 종래의 책봉관계를 서구적 국제질서의 핵심 중의 하나인 조약에 의해 재확인했다. 둘째, 쌍방이 상대국에 영사에 해당하는 상무위원을 파견하게 되었다(다만, 영사재판권은 중국 측만이 가질 수 있었다). 셋째, 육로, 해로 양 방면을 통해 무역을 확대하는 것이 가능해졌다. 종래에는 압록강을 사이에 두고 작은 규모의 교역이 행해진 것에 지나지 않았는데, 청나라 중기 이후, 함경북도의 회령, 경원(慶源) 등에 매년 12월, '청시(淸市)'라고 하는 시장이 20일 정도 서게 되었다. 이때 중국 측은 견직물, 면포, 금은세공, 약재, 찻잎 등을 갖고 들어왔고, 조선 측은 조선인삼, 건해삼, 종이, 우마(牛馬), 건어(乾魚) 등을 갖고 와서 상호 교역을 했다. 시장에선 청나라 군인이 경호를 맡았다.[32] 넷째, 상호 간에 개항장에서의 거주를 인정하게 되었다. 이상에서와 같이 이 장정은 상호주의적 조항도 포함되어 있었지만 중국 측만 영사재판권이 인정되는 등 당시 양국의 역학관계에 있어 분명히 중국 측에 유리한 것이었다. 또한 이 조약에 이어 국경무역에 관한 〈길림조선상민수시무역장정(吉林朝鮮商民隨時貿易章程)〉, 〈봉천여조선변민교역장정(奉天與朝鮮邊民交易章程)〉이 체결되었다. 이듬해인 1883년 1월 청나라는 한성에 설치되어 있던 당시까지의 총리내무아문(總理內務衙門)을 통리군국사무아문(統理軍國事務衙門)으로, 총리아문을 통리교섭통상사무아문(統理交涉通商事務衙門)으로 개편했다. 8월

32) 秦裕光, 『旅韓六十年見聞錄－韓國華僑史話』, 中華民國韓國硏究學會(台北), 1983, 10쪽.

에는 한성에 상무공서(商務公署)(총이사부 總理事府)가 설치되어 천슈탕(陳樹棠)이 상무위원(주조판리통상사무대신 駐朝辦理通商事務大臣)으로 파견되어 왔다. 또한 1884년 5월에는 인천, 부산, 원산에 상무공서분서(商務公署分署)(이사부)가 설치되었다. 1884년 4월에는 〈인천구화상지계장정(仁川口華商地界章程)〉에 따라 인천에 화상을 위한 전관조계(專管租界)가 설치되었고 7월에는 부산에, 1888년에는 원산에도 조계가 설치되었다. 김옥균(金玉均, 1851~1894) 등 개화파가 내정개혁을 목적으로 일으킨 쿠데타가 실패한 갑신정변 이후인 1885년 11월에는 위엔스카이(袁世凱, 1859~1916)가 주차조선총리교섭통상시의(駐箚朝鮮總理交涉通商時宜)에 임명되면서 조선에 대한 대책이 강화되었다. 또한 1888년에는 인천과 상하이 간에 윤선초상국(輪船招商局)에 의한 항로가 개설되었다.

조선화교의 시작

이렇듯 장정이 체결되고 상무공서와 그 분서 및 조계가 설치되고 항로가 정식으로 열리게 되면서 중국에서는 상인(화상)과 농민, 노동자(화공)의 조선으로의 이주가 본격적으로 시작되었다. 당시 조선화교의 상황을 개관하면 다음과 같다.

|표 2-1| 조선의 중국인, 일본인, 서양인(1893년)

(단위: 명)

	중국인	일본인	서양인	합계
한성	1,254	828	126	2,208
인천	711	2,560	24	3,295
부산	142	4,778	8	4,928
원산	75	716	5	796
합계	2,182	8,882	163	11,227

출전: 楊昭全, 孫玉梅 1991, 131쪽을 근거로 작성.

인구 : 1883년 당시, 조선 주재 중국인은 총 162명에 지나지 않았지만 청일전쟁 직전인 1893년에는 이미 2,182명이나 되었다. 재일중국인은 같은 해 5,343명에 달했는데 조선과 중국 간에는 육로가 개설되어 있다는 걸 생각하면, 이 수치는 상당히 적은 편이었다. |표 2-1|은 1893년의 조선 주재 외국인의 통계이다. 이를 보면, 일본인은 중국인의 4배 이상이었다.[33)]

분포 : 처음에는 한성, 인천, 원산, 부산 등 네 곳의 개시(開市)·개항장이었지만 얼마 후 목포, 진남포, 군산, 청진, 대구, 신의주 등으로도 확대되면서 결국 중국인은 조선의 어디에서도 거주가 가능해졌다.

출신지(籍貫) : 산동(山東)이 제일 많았고 나머지는 저장, 광동 등이었다. 산동은 두말할 것 없이 조선반도의 대안에 위치해 있어 당시에 이미 조선 주재 중국인의 반수 이상을 점하고 있었다.

직업 : 상인이 많았고 그 다음으로 농민과 노동자였다. 이는 동남아시아와 다른 점이다. 노동자가 많다는 점에서는 타이완과 상통하고 농민이 적지 않다는 점에서는 일본이나 타이완과는 다르다.

단체 : 1883년 당시, 산동, 저장, 광동 등의 동향방이 이미 성립되어 있었고, 1894년에는 한성에 상회(商會, 중화회관 中華會館이라 칭했다.)가 성립되었다.

1876년 조선이 개국되면서 일본, 조선, 중국 사이에는 상하이, 인천, 나가사키, 고베 등을 거점으로 조선화교를 매개로 한 통상 네트워크가

33) 楊昭全·孫玉梅, 앞의 책(1991), 131쪽.

형성되었다. 조선으로부터는 고려인삼, 건해삼, 상어지느러미(상기 鱶鰭), 말린 전복 등 이른바 '표물삼품(俵物三品)'이 중국으로 수출되었다. 나가사키와 부산 간의 항로는 1876년에 개설되었지만 조선, 중국 간에는 직항로가 없었다. 그래서 얼마 동안은 의주를 경유하는 육상교역을 제외하면, 해로는 산동의 옌타이(烟台), 리다오(俚島), 웨이하이웨이, 스다오(石島) 등으로부터 조선 서해안의 미개항장으로 연결되는 항로뿐이었고 그것도 '민선(民船)'(재래형 선박)에 의한 교역에 불과했다. 1884년 이후, 조선정부는 200톤 이하의 선박에 한해 인천에서 입항세를 지불하면 한성의 마포나루로 입항하는 것을 허가했다.[34] 나가사키는 중국, 조선 간의 중계무역항의 역할을 부여받았다. 조선 어민 혹은 일본의 잠수기(潛水器) 어민이 생산 가공한 것을 부산에서 일본 상인이 매입하거나 아니면 일본 어민이 직접 나가사키로 운반하여 그것을 나가사키의 판매상이 모으면 다시 그것을 나가사키의 화상이 수매하고 광동 상인은 홍콩으로, 푸젠 상인은 상하이로 수송하는 루트였다.[35]

1886년에 나가사키(후에 고베)-조선 각 항-톈진 간 항로가 일본우선에 의해 뚫리고, 다시 1889년에 부산수산회사(釜山水産會社)가 설립되면서 일본 상인에 의한 부산으로부터 중국으로의 직수출이 본격화되었다. 이른바 부산-즈푸-톈진 루트이다. 이에 따라 나가사키의 중계무역항으로서의 역할은 저하되었다.

한편, 중국으로부터 조선으로 수출되는 물품은 상하이에서 인천으로 들어오는 면(綿), 마(麻), 견제품(絹製品) 및 잡화 등인데 이 가운데 면은 영국제 면제품이었다. 이는 1888년의 상하이-인천 항로의 개설 이후

34) 秦裕光, 앞의 책(1983), 16쪽.
35) 石川亮太, 「19世紀末東アジアにおける國際流通構造と朝鮮-海産物の生産・流通から」, 『史學雜誌』 第109編 第2号, 2000, 9-10쪽.

크게 발전되었다.

인천과 한성 간의 물자 수송은 주로 한강을 이용하는 수로에 의해 이루어졌다. 처음의 루트는 1892년 일본인 호리 규타로(堀久太郎)가 설립한 소기선회사(小汽船會社)가 독점하고 있었는데 화상들도 위엔스카이의 지원을 받아 1893년 독자적인 기선회사를 설립했다. 이 회사는 명의상으로는 조선인과의 공동출자 형태였지만, 설립자금 2만 5천 달러 가운데 실제로는 위엔스카이와 탕쟈오이(唐昭儀, 1860~1938)가 1만 달러, 나머지는 인천의 동순태(同順泰)[36]가 8천 달러 등 광동 화상이, 그 다음으로 이생호(怡生號) 등이 3천 달러, 그리고 북양통상대신이 매년 3천 달러를 갹출하여 운영에 관여했다고 한다.[37] 이생호는 고베화상 삼강방의 우진탕(吳錦堂, 1855~1926)이 경영하는 회사였다.

또한 고베 화상으로는 1883년 10월 공홍호(公興號)의 지배인 황야오동(黃曜東)이 사원(社員)이었던 정웨이셩(鄭渭生), 정이즈(鄭翼之) 형제를 부산에 파견해 덕홍호(德興號)[38]를 개설하고 무역과 잡화 판매를 하도록 했다.[39] 그 상점이 일본조계 내에 있었기 때문에 일본영사로부터 퇴거를 요구받았는데, 정씨 형제가 이것을 받아들이지 않아 분쟁이 일어나게 되고 급기야 일본 상인의 방해를 받게 되자 상무위원인 천슈탕이 부산에 가서 교섭을 했다. 천슈탕은 이를 빌미로 조선정부에 중국인 조계 설치를 요구했고, 1884년 〈인천화상조계장정(仁川華商租界章程)〉이 체결되었다.[40]

---

36) 동순태와 그 관련문서에 관해서는 石川亮太, 「ソウル大學校藏『同泰來信』の性格と成立過程－近代朝鮮華僑硏究の端緒として」, 『東洋史論集』 32, 2004 참조.
37) 秦裕光, 앞의 책(1983), 29쪽.
38) 덕홍호의 조선에 있어서의 활동에 관해서는 石川亮太로부터 가르침을 받았다.
39) 中央硏究院近代史硏究所 編, 『淸季中日韓關係史料』 第3卷, 1972(793号).
40) 秦裕光, 앞의 책(1983), 14쪽.

|그림 3|　20세기 초 조선

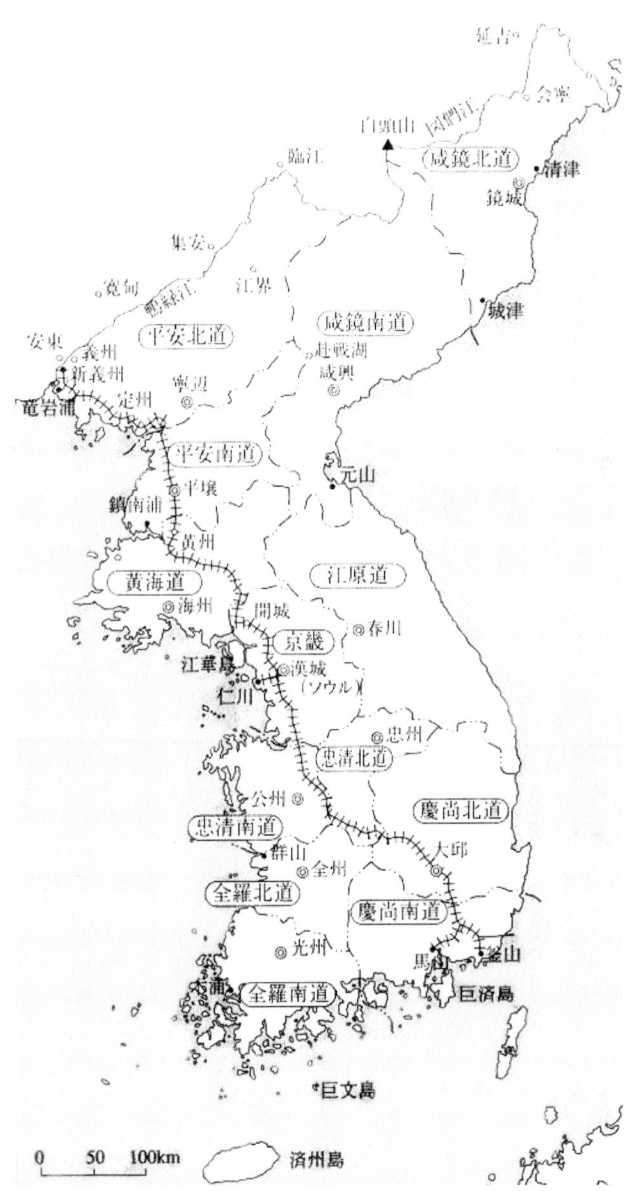

糟谷憲一, 『朝鮮の近代－世界史リブレット43』, 山川出版社, 1996, 71쪽을 근거로 작성

또한 공홍호는 1888년 고베거류청국민조사(神戶居留淸國民調査)에 자본 1만 냥 이상의 화상으로 기록되어 있는데 광동계이다. 또한 덕홍호는 고베오사카중화회관(神阪中華會館) 창건 때에 4백 엔을 기부했다.[41] 고베·오사카 화교 중에 광동방[42](공홍호, 덕홍호, 상륭호 祥隆號), 삼강방(이생호) 등이 동순태 등 광동방의 네트워크를 통해 일본·조선·중국(상하이, 홍콩) 사이의 무역을 전개하고 있었던 것으로 짐작된다.[43] 또한 무역활동에 불가결한 전신(電信)은 1884년 이전에는 한성·인천 간 뿐이었지만 1885년에 의주·상하이 간에, 1888년에 부산·일본(나가사키) 간에 개통되었다.

청상보호규칙(淸商保護規則)

청일전쟁에 앞서 일본은 조선의 내정개혁의 일환으로 조선과 청나라 간의 '종속'관계 폐지를 내세웠다. 1894년 7월 5일, 서울에 도착한 아와노(粟野) 정무국장(政務局長)은 6월 28일 날짜로 공표된 무츠 무네미츠(陸奧宗光, 1844~1897) 외상의 훈령과 사신(私信)을 오토리 게이스케(大鳥圭介, 1832~1911) 공사에게 전달했는데, 그 속에 '조선에 체류하는 청국 상민이 향유하는 특권을 균점할 것'[44]이라고 되어 있었다. 또한 7월 10일 오토리 공사 등이 조선 측에 제안한 〈내정개혁방안〉 중에는 다음과 같은

41) 中華會館 編, 앞의 책(2000), 102쪽.
42) 19세기 말 20세기 초의 고베 광동방에 관해서는 (陳來幸, 「國産品製造工業への華商資本の轉化について－20世紀初頭神戶廣東系貿易商社同孚泰の系譜を中心に」, 中華民國海外華人硏究學會, 『東北亞僑社網絡與近代中國』, 2002)에 상세하게 나와 있다.
43) 石川亮太, 「開港後朝鮮における華商の貿易活動－1894年の淸國米中繼貿易を通じて」, 京都大學人文科學硏究所硏究報告(森時彦編) 『中國近代化の動態構造』, 2004, 178－180쪽 ; 中華會館 編, 앞의 책(2000), 102쪽.
44) 田保橋潔, 『日淸戰役外交史の硏究』, 東洋文庫, 平凡社, 1965, 164쪽.

내용이 들어 있었다.

一. 조일조약(朝日條約) 안에 "조선은 자주국으로서 일본국과 평등한 권리를 갖는다."라고 하는 주의(主義)를 강조함으로써 종래에 청나라와 조선 간에 존재했던 종속관계를 일체 혁파해야 한다. 그러나 청나라와 조선의 종속문제는 본인이 직접 제기할 수 있는 것이 아니라 그 뜻을 미리 전화를 드려 천황께 고하고 이의 승낙을 기다림과 동시에 이를 조선에 제출하는 것은 구태여 지장을 주어서는 안 된다고 생각하기 때문이다.

一. 최혜국조관(最惠國條款)에 따라 지나 정부 인민에게 허여(許與)된 권리(그 중에서도 조선인민을 재판할 권리 및 전선 電線 가설 등)를 본인에게 요구한다.

이상 두 조항의 실행을 보증할 때까지 본인이 군대를 파병하여 한성 및 왕궁의 모든 문을 지키기로 한다.[45)]

여기에는 청나라와 조선의 '종속'관계, 그 구체적 표현으로써 청국의 특권을 일본에 부여하고 이를 위해 왕궁을 점거한다는 협박이 기록되어 있다. 오토리 공사의 이러한 제안에 대해서는 정부 내에서도 이론이 있었지만 무츠 외상은 이를 지지했다. 단지 어떻게 구실을 만들어 청일전쟁에 끌어들일 것인가라는 점에서 차이를 보일 뿐이었다.

7월 19일, 위엔스카이는 한성을 떠나 인천에서 군함 양위(揚威)를 타고 톈진으로 돌아갔고, 탕자오이가 새로이 대리교섭통상사의(代理交涉通商事宜)에 임명되었다. 7월 20일 오토리 공사는 사실상의 최후통첩이라 할 수 있는 요구를 조선정부에 들이밀었다. 회답 기한은 7월 22일 오후

45) 田保橋潔, 앞의 책(1965), 170-171쪽.

12시로 정해져 있었다. 이 통고에서 드러나는 기본적인 생각은 조일수호조규 제1조에 '조선은 자주국으로서 일본국과 평등한 권리를 갖는다.'라고 되어 있음에도 불구하고 청나라는 이를 침범하고 있다는 것이었다. 이 중에서 오토리는 특히 '종속'문제에 관련된 것으로 조청상민수륙무역장정 등 세 개 조약을 들어 그 폐기를 요구했다.

> 종래 귀국(貴國)과 청국(淸國) 간에 체결된 중국조선상민수륙무역장정, 중강통상장정(中江通商章程), 길림무역장정은 모두 귀국을 청국의 번봉 혹은 속방으로 간주하는 가운데 청국의 군주권(君主權)으로 이를 제정한 것이 사실입니다. 따라서 예로부터 지금까지 줄곧 귀국 스스로 내치와 외교를 주재토록 했다는 것은 실정에 비추어 사실과 전혀 다릅니다. 이에 우리 정부는 이상의 각 장정을 전부 사문화된 것으로 간주하고 감히 그 취지에 동의할 수 없음을 고지하였습니다. 그럼에도 청국정부는 이번에 속방을 보호한다는 미명하에 귀국에 군대를 파견함으로써 이 각 장정들이 여전히 사문화되지 않았다고 판단하고 있는 것 같습니다. 이에 정황을 파악해보니, 과연 이 각 장정들은 사문화되지 않은 채 여전히 효력을 발휘하고 있었습니다. 이리 된다면 귀국의 자주독립의 권리는 완전히 침해받게 되는 것입니다. 아울러 일조수호조규에 기재되어 있는 조선국은 자주국이며 일본국과 평등한 권리를 가지고 있다는 구절은 철저히 무시되는 것입니다. 따라서 귀 정부는 귀국의 자주권을 보호하고 더불어 우리나라에 대한 조약 준수의 의무라는 점에서 하루속히 청국정부에 이 장정들의 폐기를 선언하고 그 결과를 우리정부에 통고해야 할 것입니다. 이 점에 대해 귀의(貴意)를 기다리겠습니다.[46]

46) 田保橋潔, 앞의 책(1965), 178쪽.

과거에는 최혜국조관에 근거하여 일본에도 청국과 동일한 권리를 부여할 것을 요구하였는데 이제는 여기서 한발 더 나아가 조선과 청나라 간에 맺은 세 조약을 완전히 폐기할 것을 요구하고 있는 것이다.

선전포고로부터 대략 한 달이 지난 8월 26일, 일본은 조선에게 청국에 대적하는 공수동맹조약을 체결할 것을 요구하여 이에 대한 맹약을 맺었다. 이 조약 제1조에는 '이 맹약은 청병(清兵)을 조선국의 국경 밖으로 철수시키고 조선국의 독립자주를 공고히 함으로써 조일 양국의 이익을 증진하는 것을 그 목적으로 한다.'고 되어 있다. 훗날 청일강화조약의 제1조에 나와 있는 조선의 '독립자주'라는 말이 이미 여기에 삽입되어 있는 것이다. 이 '맹약'에 따라 조선화교도 이제 조선에게 있어서는 '적국(敵國)' 인민으로 바뀌게 된 것이다.

청일전쟁 발발로부터 석 달이 지난 1894년 11월 12일, 조선정부는 조선 주재 중국인에 대한 새로운 규정인 〈청상보호규칙(清商保護規則)〉을 공포했다. 그 주요 내용은 다음과 같다.

> **제1조** 청국 인민으로 한성을 비롯하여 인천, 부산, 원산 등 세 개항에 거주하고 있는 자는 그대로 그곳에 거주하여 영업해도 좋다.
>
> **제2조** 상기한 청국 인민은 거주에 앞서 성명, 주소, 직업 등의 사항을 각 지방에 신고하고 허가를 얻어야 한다. 전거(轉居), 전업(轉業)한 자는 다시 허가를 받지 않으면 안 된다. 전거의 경우에는 3일 이내에 새로운 거주지의 지방관에게 신고, 등록하지 않으면 안 된다.
>
> **제4조** 청민(清民)으로서 이미 조선국에 거주하고 있으면서 전항(前項)의 혜택을 받기를 원하는 자는 본 규정 시행 30일 이내에 제2조에서 정한 방법에 따라 수속을 하지 않으면 안 된다.

금후 입국하는 청민에 있어서는, 이미 조선국 내에 점포를 가지고 있거나 혹은 영업을 회복하는 별도의 직업을 가지고 있어서 조선국에서 일을 하고 있는 경우 보증인을 세울 수 있는 자가 영업을 허가받는 것 이외에는 대체로 이 장정의 혜택을 입을 수 없다. 청국 인민으로 이미 입국 상륙을 허가받은 자는 2일 48시간 이내에 해당 지방관에게 등록하지 않으면 안 된다.

제5조 청민으로서 경성 · 인천 간을 왕래하는 경우, 수륙 어디라도 편리한 방법을 통해도 좋지만, 내지에 들어가서는 안 된다. 만약 이전에 내지에 남겨놓은 화물이 있다면 조선정부로부터 정상(情狀)을 참작하여 호조(護照)를 발급받아 그 화물을 인수할 수 있다.

제6조 영역 내의 청민으로 전항의 각 조항에 위반됨에도 불구하고 아직 처치(處置)되지 않은 자는 조선정부 스스로 구치(拘置)하고, 투옥하는 상례에 따라 처벌하여 국외로 퇴거시키는 권리를 갖는다.

제7조 전항 각 절(節)은 군아(軍衙, 군의 관청)가 청민을 취체할 것을 정한 각 장정에 저촉되지 않는다. 당해 각 장정에 비추어 군무 각 관(官)은 만일 청민이 문제를 일으켜 조선국의 평안을 해하거나 혹은 어딘가 의심된다고 판단한 경우에는 언제든지 그 청민을 구속하고 조선정부에 인도하여 사실을 명확히 밝힐 수 있는데 그들을 처벌하거나 국외로 추방하는 등 그 죄상은 그것이 어떻게 되는가에 따라 정한다.

제8조 대체로 국내의 청민은 모두 조선정부의 관할 하에 있기에 모든 청민의 범죄는 조선정부의 판단에 의해 처분되지 않으면 안 된다. 청민 상호 간에 혹은 조선과 청나라 양국 국민 간에 발생한 고소 건에 있어서는 조선정부는 소송을 재판하

여 공평하게 집행할 권한을 갖는다.[47]

이 청상보호규칙은 8월에 체결된 '맹약'에 기초하여 '교전' 상태에 있는 '적국' 인민으로서의 조선화교의 처리를 정한 것이다. 그리고 이 규칙은 필시 일본이 청일전쟁 발발 후인 8월 4일에 공포한 칙령 제137호를 기초로 하여 작성된 것으로 보인다. 따라서 이 청상보호규칙은 조청상민수륙무역장정과 비교해 분명한 차이가 있다. 그것은 조선 국내의 청민 처리에 관한 권한으로, 전자에서는 청나라의 조선 주재 상무위원의 관할 하에 두고 있었지만 후자에서는 '모두 조선정부의 관할에 귀속된다.'라고 되어 있는 것처럼 전적으로 조선정부의 관할 하에 두도록 되어 있다는 점이다.

청일강화조약에서 청나라와 조선의 관계는 기존의 종속관계로부터 보통의 주권국가 간의 관계로 바뀌었는데, 조선 주재 화교를 둘러싼 환경도 그에 따라 변화되었다. 위엔스카이를 대신해 상무위원이 된 탕자오이는 청일전쟁 종료 후인 1896년 8월, 다음과 같은 〈화상조규(華商條規)〉를 제정했다. 즉, ① 외상판매를 하는 문제가 발생한 경우, 관이 처리하는 것이 아니라 삼방(三幇)의 공의(公議)에 위임하고 벌금의 반을 당해 방(幇)의 회관 경비로 충당한다. ② 인천에 온 화상은 각 방을 통해 신고하여 보장을 받고, 만약 보장을 받지 못하면 귀국한다. ③ 내지에 들어가 토화(土貨)를 처리하기 위해 호조(여권)를 필요로 하는 자는 대상호(大商號)를 통해 수령을 신청한다. ④ 조선에 거주하는 자는 모두 필히 호조를 가져야 한다.[48] 이러한 규정은 한편으로 화상에 대한 감독의 강화를 의미하는 것과 동시에 화상에 대한 보호의 의미도 가지고 있는

47) 楊昭全 · 孫玉梅, 앞의 책(1991), 110−112쪽.
48) 楊昭全 · 孫玉梅, 앞의 책(1991), 112−113쪽.

것이었다.

한중통상조약(韓中通商條約)

조선은 1897년 10월 국호를 대한제국으로 바꾸고 국왕은 황제가 되었다. 1899년 1월, 청은 쉬서우펑(徐壽朋)을 한국에 파견하여 통상조약 체결을 위한 교섭에 들어갔고 결국 9월 11일 한중통상조약을 체결했다. 이는 조청상민수륙무역장정을 대체한 새로운 통상조약으로 이전의 '번속' 관계는 일소되고 상호 대등하고 평등한 관계가 되었음을 보여주는 것이었다. 다만, 상호 간에 최혜국대우를 인정하고 있지만(제2조, 제3조), 다른 한편으로는 상호 간에 조계의 설치를 인정하고(제4조), 영사재판권을 인정하고 있다(제5조). 평등이기는 하지만 상호 간에 주권을 제한하는 등 1871년 조인한 청일수호조규와 유사했다. 이러한 한계를 가지고 있기는 했지만 이는 분명 조선과 중국 양국 관계에 있어 최초의 대등하고 평등한 관계를 규정한 것이며 또한 한국이 체결한 최초의 평등조약이기도 했다.

이러한 조(한)중관계의 대변동은 한국화교의 동향에 어떠한 영향을 미치게 되었을까? 청일전쟁 발발에 따라 조선과 중국 사이의 통상 루트는 차단되었고 새로운 중계항으로서 나가사키가 중요한 역할을 담당하게 되었다. 가령, '표물삼품' 등은 부산으로부터 나가사키에 수출되었고 그로부터 중국에 재수출되었다. 그러나 청일전쟁이 종결되면서 중국·조선 무역이 부활하고 1900년에는 전쟁 전의 수준으로 회복되었다.[49] 또한 고베 항이 중계항으로서 부상하게 되었다.

49) 石川亮太, 앞의 논문(2000), 23쪽.

3

타이완총독부와 타이완화교

1. 타이완화교의 구성

화공

1905년 현재 타이완화교의 수는 8,973명이었다. 다음 |표 3-1|은 1905년 이후 5년마다 그 증감을 표시한 것이다.

|표 3-1| 타이완화교 인구

(단위 : 명)

연도 \ 힝별	남성		여성		합계
	인구	%	인구	%	
1905	8,527	95.0	446	5.0	8,973
1915	15,597	84.2	2,928	15.8	18,525
1920	18,688	79.6	4,779	20.4	23,467
1923	23,380	76.6	7,131	23.4	30,511
1930	35,578	71.9	13,878	28.1	49,456
1935	38,964	68.1	18,254	31.9	57,218
1940	29,516	64.6	16,145	35.4	45,661
1945	33,090	63.8	18,795	36.2	51,885

주 : 1925년 국세조사(國勢調査)에 따르면, 타이완 거주 외국인의 총수는 34,101명이다. 그 중에 남성은 25,105명, 여성은 8,996명으로 되어 있는데, 화교와 기타 각국 교민의 수가 세분되어 있지는 않다. 기타 각국 교민은 200명이 채 되지 않지만 이 통계표에서는 채택하지 않았다.

출전 : 吳文星, 『日據時期在台'華僑'硏究』, 學生書局, 1991, 152쪽에 기초해 작성.

이것만을 보면, 1935년이 57,218명으로 제일 많은 것으로 나오는데 사실은 1936년이 60,191명으로 가장 많았다.[1] 타이완화교는 크게 노동자(화공)와 비(非)노동자로 구분된다. 1935년 말 통계에 따르면, 총

1) 『外事警察關係雜纂』 K.3.6.0.1, 1937, 外交史料館(外務省) 所藏資料.

54,800명 중에 노동자는 41,651명(76.0%), 비노동자는 13,149명(24.0%)으로, 전체의 사분의 삼이 노동자였다. 출신 성별(省別)로 보면, 푸젠성이 44,618명(81.4%), 광동성이 5,311명(9.7%), 쟝시성(江西省)이 1,782명(3.2%)이고 기타가 3,139명(5.7%)으로, 푸젠성이 압도적인 비율을 차지하고 있다.[2] 남녀별로는 남성이 36,926명(67.3%)인데 비해 여성은 17,924명(32.7%)으로, 2.1 대 1의 비율을 보이고 있다.[3]

노동자의 경우, 초기에는 차공(茶工, 취엔저우가 중심)이 제일 많았다. 1905년 타이완에 상륙한 중국인 노동자의 총수는 4,482명이었는데 그 가운데 차공은 1,496명(33.4%)이었다. 이후 상륙한 차공은 매년 1,000명을 넘었지만 1919년에는 788명으로 1,000명에 미치지 못했고 이후로는 점차 감소하게 된다. 이는 타이완이 독자적으로 차공을 양성할 수 있게 되었기 때문이라고 한다.[4] 그들은 일반적으로 3월이나 4월에 타이완으로 왔다가 일이 끝나는 11월 이후에는 대륙의 고향으로 돌아갔다.

1936년 말 직업별 통계(|표 3-2|)에 의하면, 총 22,009호(戶) 중에 제일 많은 것은 잡역 쿨리로 4,581호(20.8%)이고 다음으로는 대공(大工, 대목수)·지물공(指物工, 소목수) 2,202호(10.0%), 탄광부 2,161호(9.8%), 재봉공 1,401호(6.4%), 인력거부 1,034호(4.7%) 순이다.[5] 총독부는 이러한 구성을 다음과 같이 개괄하고 있다.

---

2) 『外事警察關係雜纂』 K.3.6.0.1, 1937, 160쪽, 外交史料館(外務省) 所藏資料.
3) 松尾弘, 앞의 책(1937), 43쪽.
4) 松尾弘, 앞의 책(1937), 40-42쪽.
5) 『外事警察關係雜纂』 K.3.6.0.1, 1937, 外交史料館(外務省) 所藏資料.

|표 3-2| 타이완화교 직업별 호수(戸數)(1936년 말 현재)

(단위 : 호)

직업	호수	%	직업	호수	%
잡역쿨리	4,581	20.8	양복재단사	709	3.2
대공·지물공	2,202	10.0	이발사	698	3.2
탄광부	2,161	9.8	인삼행상	571	2.6
재봉공	1,401	6.4	요리사	562	2.6
인력거부	1,034	4.7	기타	6,456	29.3
음식물행상	915	4.2			
화공(靴工)	719	3.3	합　계	22,009	100

출전: 台灣總督府警務局保安課, 『昭和十一年中ニ於ケル外事警察概況』(外交史料館 1937, 『外事警察關係雜纂』, K.3.6.0.1)에 기초하여 작성. 참고로, 차공(茶工)은 268호(1.2%)였다.

중국인 거주자의 대다수는 지식이 저급한 노동자로서 총 60,192명 중 49,412명을 차지하고 있다. 그 중에 잡역 쿨리, 탄광부, 인력거부 등의 수가 가장 많았고 잡화상, 비단상(吳服商), 시계상, 양복재봉업과 같은 독립영업자는 극히 적었다. 따라서 생활수준도 자산(資産) 100엔 미만인 자가 10,516명(호를 표준으로 한 것)으로 전체의 절반을 차지했고, 5,000엔 이상의 자산을 가진 자의 경우에는 그것의 약 이십분의 일에 지나지 않는 상황이라 일부 소수를 제외하고는 겨우 자신의 생계를 영위하는 것 말고는 아무것도 할 수 없는 극히 저층의 하층계급이라 할 수 있다.[6]

이렇듯 타이완화교 중에 노동자가 차지하는 비율이 눈에 띄게 높다는 것은, 그들이 조직한 단체의 종류와 그 구성 및 요구 등을 규정하고 아울러 이들의 교육문화와 관련된 과제가 얼마나 중요한지를 시사해주는 것이라 볼 수 있다.

6) 『外事警察關係雜纂』 K.3.6.0.1, 1937, 外交史料館(外務省) 所藏資料.

「타이완 중화총회관 성립 10주년 기념선언(台灣中華總會館成立十年紀念宣言)」에서는 타이완화교의 특징으로, ①거주의 역사가 짧고 ②경제적 지위가 낮고 ③문화수준이 떨어지고 ④국민의식이 강하다는 네 가지 점을 들고 있다. 이에 반해, 총독부 측에서는 범죄문제에 있어 중국인 즉, 타이완화교가 차지하는 비율이 매우 높다는 점을 지적하고 있다.

> 거주 외국인의 범죄 상황을 보면, 중국인은 형사범 1,488명, 특별사범 2,463명, 계 3,951명이고 기타 외국인은 형사범 4명, 특별사범 7명, 계 11명으로 태반이 중국인에 의한 범죄라고 할 수 있다. 그리고 그 거주인구에 대한 비율에 있어서도 쇼와 10년도 범죄 통계에 따르면, 인구 10,000명 당 내지인 356명, 본도인(本島人) 793명인데 비해 중국인은 3,312명으로 비약적으로 높은 비율을 보여주고 있다. 그것을 다시 범죄 종류별로 본다면, 중국인은 형사범의 경우 천성적으로 사행심이 많은 관계로 도박(상습도박을 포함)이 987명으로 가장 많고 다음으로 상해(傷害) 151명, 절도 131명, 사기 80명, 횡령(업무상 횡령 및 유실물 횡령을 포함) 49명 순이다. 특별사범의 경우에는 특수사건으로 치안유지법 위반자 9명, 군기보호법(軍機保護法) 위반자 2명, 요새지대법(要塞地帶法) 위반자 1명 그리고 한족(漢族) 특유의 아편마약류의 밀수 또는 흡입에 따른 타이완아편령(台灣阿片令) 위반자 392명, 타이완마약류취체규칙(台灣痲藥類取締規則) 위반자 65명, 그밖에 금의 밀수출에 따른 위체관리법(爲替管理法) 위반자 27명이다. 이를 제외하고는 모두 일반 행정규칙을 위반한 자들이다.[7)]

7) 『外事警察關係雜纂』 K.3.6.0.1, 1937, 外交史料館(外務省) 所藏資料.

중국인 노동자의 타이완 도항이 ‘지속적으로 끊이지 않았던’ 데에는 다음과 같은 이유가 있다. 그들 대다수는 푸젠성 출신이었고, 그들의 선조는 이미 명말 청초부터 타이완에 왔었기 때문에 혈연, 지연 등에서 타이완인과 관계가 밀접했으며 말과 풍속습관 측면에서도 공통점이 많았다. 더불어 푸젠은 본시 가난한 지역으로 해외 도항의 전통과 기풍이 강했다. 또 다른 한편으로, 타이완에서는 개발의 필요성이 높아 다수의 노동력이 요구되고 있었음에도 불구하고 농촌이 호황을 누리고 있었기 때문에 농민의 노동자로의 전화가 진행되지 않았다. 아울러 기후 등의 측면에서 일본인 노동자의 이주도 기대하기 어려웠고 더군다나 임금마저도 대륙보다 높았다. 따라서 당초 총독부는 중국인 노동자의 타이완 이주를 허용하는 것을 단지 ‘치안’ 문제로만 생각하고 있었지만 결국은 ‘노동력’ 문제로도 대응하지 않으면 안 되게 되었던 것이다.

청국노동자취체규칙(淸國勞動者取締規則)

1904년 9월, 타이완총독부는 종래의 〈청국인차공권규칙(淸國人茶工劵規則)〉(1897년 10월 부령 제98호)과 〈청국노동자취체규칙〉(1899년 8월 부령 제75호)을 폐지하고 새로이 〈청국노동자취체규칙〉(부령 제68호)을 공포했다(10월 1일 시행). 이 규칙은 이후 중국인 노동자의 타이완 입경(入境)에 관한 원칙을 정한 것이기도 했다. 1920년(다이쇼 9년) 9월 12일부터는 〈지나노동자취체규칙(支那勞動者取締規則)〉으로 그 명칭을 바꾸었다.

이 규칙에서는 우선 노동자에 관해 ‘농업, 어업, 광업, 토목건축, 제조, 운반, 인력거, 하역, 기타 잡역에 관한 노동에 종사하는 자’(제2조)로 정의했다. 이는 1899년 7월 내무성령 제42호의 정의와 동일하다. 1899년 8월 시행한 〈청국노동자취체규칙〉에서는 아직 이러한 정의가 내려지지는 않았다. 아마도 당시에는 아직 일본(내지)과 타이완의 규정 사이에 조정이 이루어지지 않은 것으로 보인다. 시간적으로 내무성령에서는 '가사에 사용되거나 혹은 취사 또는 급사에 종사하는 자는 이에 해당하지 않는다.'라고 함으로써 가사, 취사에 종사하는 자와 급사를 '노동자'의 범위에서 제외시키고 있는데 비해, 여기에서는 그러한 단서는 없다. 중국인 노동자는 타이완 상륙 시, 「청국노동자취급인」이 발행한 「도항증명서」(성명, 향관, 연령, 노동의 종류, 상륙지점 등을 명기)를 휴대하지 않으면 안 되었다(제3조). 상륙 시에 노동자는 이 「도항증명서」를 제시하고 상륙지점의 지방관으로부터 「상륙허가증」을 받았다. 이때 수수료는 1엔으로 했다(제4조). 「상륙허가증」을 발급받은 자는 타이완 내에 거주할 수 있고 여행도 자유로웠다(제5조). 「청국노동자취급인」이 되는 데에는 타이완총독의 '허가'가 필요했고 보증금을 총독부에 납입하지 않으면 안 되었다(제8조). 또한 노동자의 병재(病災) 구조 및 송환의 의무도 져야 했다(제11조).

내무성령과 비교해 볼 때, 노동자의 정의가 동일하다는 점에서 이 규칙이 내무성령에 준거하고 있음을 알 수 있다. 그러나 한편으로 도내(島內)의 거주 및 여행의 자유를 인정하고 있다는 점, 그리고 무엇보다도 총독부와 중국인 노동자 사이에 「노동자취급인」이라고 하는 중개자를 두고 있다는 점 등은 식민지 타이완의 독자적인 규정이라 할 수 있다. 1897년의 〈취체규칙〉에는 「노동자청부인(勞動者請負人)」이 있었지만 새로운 규칙에서는 「노동자취급인」으로 바뀐 것이다. 그러나 그 역할에 있어서는 기본적으로 동일했다. 중국인 노동자 다시 말해, 타이완화교는 타이완인과 마찬가지로 보갑제(保甲制)에 편입되었다. 10호를 1갑(甲), 10갑 즉, 100호를 1보(保)로 하고 각기 갑장(甲長), 보장(保長)을 정하며, '인민들로 하여금 각 연좌의 책임을 갖도록 하고 그 연좌인은 벌금 혹은 과료에 처한다.'(보갑조례 保甲條例, 1898년 8월 30일 율령 제21호)고 함으로써 상호감시 및 연좌제를 채택했다. 이것은 외국인 중에서도 서양인에게는 적용되지 않았고 오로지 화교에만 한정하여 적용되었다.

남국공사(南國公司)

이 「청국노동자취급인」으로는 남미이민대륙식민합자회사(南美移民大陸植民合資會社)(총재 스기야마 시게마루 杉山茂丸)의 지배인 고토 다케타로(後藤猛太朗) 한 명만이 선임되었고, 이 회사만이 단독으로 중국인 노동자의 타이완 수용을 취급하게 되었다. 따라서 이 회사는 1904년 11월 타이화식민합자회사(台華植民合資會社)를 별도로 설립하고 중국인 노동자 수용을 전문적으로 취급했다. 사장은 고토 다케타로가 맡았고 본사는 타이베이에, 지점은 딴쉐이, 지룽, 다꺼우, 샤먼 등에 설치했다.

타이화식민합자회사는 다음과 같은 조건으로 「청국인노동자취급인」으로 인가되었다.

① 타이완에 상륙할 수 있는 노동자 정원은 1만 명을 원칙으로 한다. 단, 당국은 필요에 따라 그 수를 증감한다.
② 회사는 보증금으로 1만 엔을 당국에 납부한다. 취급노동자가 5,000명을 넘는 경우에는 추납금(追納金)을 요구할 수 있다.
③ 노동자로부터 징수하는 수수료는 당국이 사전에 정한다.
④ 기타, 당국의 명령에 따른다.

이상의 조건 중에 노동자로부터 징수하는 수수료는 1인당 타이완 상륙 시 4엔 40센, 귀국증명용으로 1엔, 도합 5엔 40센으로 결정되었고 선임(船賃)과 제 관청의 수수료를 합해 총 5엔 86센을 징수하는 것으로 했다.[8] 동 회사는 1915년 3월 합자회사인 남국공사로 조직이 개편되었고 본사는 타이베이, 지점은 샤먼과 푸저우에, 지룽, 딴쉐이, 타이난(台

南), 산터우(汕頭), 도쿄에 출장소를 두었다.

노동자의 타이완 도항은 다음과 같은 수속에 의해 이루어졌다.

① 중국 지점에 매판(買辦)을 두고 실제 노동자의 모집, 신원조사, 도항증명서의 교부를 취급한다.

② 노동자는 보증인을 세우고 매판에게 보증서를 제출한다. 이에 대해 매판은 임시증명서를 교부한다.

③ 노동자가 수수료와 선임을 지불하면 남국공사는 임시영수증을 발행한다.

④ 노동자는 사진을 찍어 공사에 제출한다.

⑤ 공사는 사진을 첨부한 신청서를 두 통 작성하여 한 통은 취급사무소에 보관하고 나머지 한 통은 노동자 편에 타이완으로 보낸다.

⑥ 노동자는 출발 당일 임시증명서와 교환한 도항증명서를 받는다. 이 증명서에는 상륙지점이 지정되어 있다.

⑦ 지정된 항에서는 남국공사의 사원이 대기하고 있다가 배가 도착하면 승선하여 증명서 등과 대조한다. 합치되면 상륙수속을 대행한다.

⑧ 그곳에서 당국은 본인이라고 인정된 상륙허가서를 교부한다. 귀국할 시에는 마찬가지로 남국공사의 귀환증명서를 필요로 한다.

⑨ 남국공사는 노동자의 타이완 체재 중에는 질병이나 기타 사고 등의 비용 전부 혹은 일부를 부담한다.

그리고 1921년 1월 〈청국인타이완상륙조례(淸國人台灣上陸條例)〉가 폐지되면서, 타이완 상륙 후 노동에 종사하는 경우에는 도항증명서가 없어도 노동자로 취급되었고 또한 잡화상, 종업원(手代), 가게 지배인(番頭),

8) 松尾弘, 앞의 책(1937), 32쪽.

15세 미만의 자도 취급인이 발행한 증명서를 휴대할 경우에는 상륙을 허가하는 것으로 했다.

화민회관(華民會館)

1903년 4월 22일 타이베이에서 화민회관(華民會館) 창립대회가 개최되었다. 이 회관 설립에는 타이베이 화상 룽치니엔(容祺年), 양화이진(楊懷瑾), 린부윈(林步雲), 천쥬어루(陳焯如) 그밖에 일본인으로 후지와라 긴지로(藤原銀次郎), 다니 노부치카(谷信近), 하라 도메키치(原十目吉) 등이 발기인으로 참여했다. 대회 참석자는 50여 명이었고, 룽치니엔을 회장, 우원슈(吳文秀)를 부회장으로 선출하고 각 성(省)에서 회원 비율에 따라 「상의원(商議員)」 44명을 선출했다. 6월에 나온 '화민회관창설모금'에 대한 취지서에서는 다음과 같은 내용을 호소하고 있다. 즉, "화민이 있는 세계 어디라도 영사가 있어 화민의 보호를 담당하고 있지만 유독 타이완에만 없다(중국영사관이 타이베이에 설치된 것은 1931년). 따라서 회관을 설립하여 자신의 보호와 이익의 보장을 꾀하고자 한다." 이러한 취지에서 본다면, 세계 각지에 설치된 중화회관과 성격이 유사하다 할 수 있지만 다만, 발기인과 명예회원, 고문에 일본인(여기에는 타이완인도 포함)이 참여하고 있어 이 모임은 오히려 총독부의 화교관리를 보조하기 위해 만들어진 성격이 짙다고 할 수 있다.[9] 남국공사 경유로 타이완에 건너온 중국인은 이미 입회금(50센)을 납부하고 화민회관에 입회했다. 왜냐하면 이 회원증 소지자는 타이완과 대륙 사이를 자유롭게 왕래할 수 있었기 때문이다. 그러나 1940년 남국공사가 해산되면서 이 화민회관도 해산되었다.

9) 吳文星, 『日據時期在台「華僑」硏究』, 學生書局, 1991, 28-29쪽.

2. 중화회관(中華會館)과 공우회(工友會)

중화회관

타이완의 화공(노동자)은 줄곧 타이완화교의 약 80%를 점하고 있었고 나머지 20%는 대부분이 화상(상인)들이었다. 1919년 당시 화공이 타이완에 올 때에는 우선 남국공사에게 지불하는 수속대금 등 약 6엔이 필요했는데, 실제로는 여기에 선임과 인두세 등이 부가되어 화공 1인당 28엔이 필요했다.[10] 화공은 이 비용을 남국공사 등으로부터 빌리고 타이완에 온 이후에 매월 얼마씩 갚아나가는 식이었다. 일종의 '계약화공'인 셈이었다. 입국허가증은 상시휴대를 의무화했고 이를 위반한 자에게는 벌금이 부과되었다. 또한 화공은 어디까지나 화공으로서만 체류할 수 있었고, 장사나 속임수 따위로 돈벌이를 하는 것은 허락되지 않았다. 임금도 일본인 노동자의 삼분의 일, 타이완인의 오분의 사 밖에는 되지 않았다. 또한 일반 외국인과는 달리 보갑제 하에 있었다는 점에서는 타이완인과 같은 취급을 받았다.

이러한 타이완화교에 대해 처음엔 청조 정부나 중화민국 북양정부(北洋政府, 베이징) 어디도 보호나 지원에 적극 나서지 않았다. 타이완화교 스스로도 자신들의 처지를 개선하는 데에 그다지 적극적이지 않았다. 그러나 이러한 상황은 역시 제1차 세계대전 이후에 변화된다. 이렇게 변화한 데에는 우선 타이완 지식인의 민족운동 고양을 들 수 있다. 이것은 일본유학생들이 선도한 것으로, 1919년 도쿄에서 성응회(聲應會), 계발회(啓發會), 신민회(新民會) 등의 단체가 결성되고 1920년 7월에는 잡지 『타이완청년(台灣青年)』이 창간되었다. 1921년 10월에는 타이베이에서

10) 吳文星, 앞의 책(1991), 45쪽.

타이완문화협회가 결성되었고 이후 다양한 정치단체, 노동단체, 사회단체 등이 탄생했다. 이상은 타이완화교에 심대한 영향을 끼치게 되었다. 둘째로는 중국의 민족운동, 노동운동, 농민운동, 사회주의운동의 고양을 들 수 있다. 가령, 1921년에는 중국공산당이 창건되었고 1924년에는 제1차 국공합작이 본격적으로 출범했다. 또 1926년에는 북벌(北伐)이 시작되어 국민혁명의 고양을 맞이했고 1927년 국공이 분열되어 내전으로 돌입하기는 했지만 1928년에는 결국 국민정부에 의해 전국통일이 실현되었다. 이러한 본국의 새로운 동향도 타이완화교의 민족의식을 크게 높여 주는 한 요인이 되었다.

화교단체로는 여러 개가 있었지만 그 가운데 가장 중요한 역할을 담당했던 것은 중화회관(中華會館)과 화교공우회(華僑工友會) 두 단체였다. 특히, 후자의 존재는 타이완화교의 특색을 잘 보여주는 것이었다. 타이완화교의 약 80%가 화공이었다는 것은 중화회관의 구성 및 활동 등 모든 방면에도 커다란 영향을 끼쳤다.

총독부는 타이완화교를 외국인으로 취급하여 타이완인과 다른 대우를 하면서도 한편으로는 타이완인과 똑같이 보갑제에 편입시켜 태형령(笞刑令)을 적용했다. 또 토지소유권은 인정하지 않고 주식회사 설립도 인정하지 않았다. 한편, 화교 자신들의 문제로는 식자율의 저하 등 문화수준의 문제가 중요한 과제로 떠올랐다. 이 때문에 식자를 비롯한 문화 · 교양의 수득(修得) 그리고 무엇보다도 자녀들의 교육문제가 심각했다. 그럼에도 불구하고 총독부는 이들 중국인 노동자와 그 자녀들이 총독부가 설립한 공립학교에 입학하는 것을 엄격히 제한했고 나아가서는 화교가 독자적으로 학교를 설립하는 것도 인정하지 않았다. 이것은 고베화교동문학교(神戶華僑同文學校) 등의 존립을 인정한 일본 국내의 대 화교정책과도 다를 뿐 아니라 조선총독부의 대응과도 달랐다. 타이완총독부가 이렇게 한 데에는 화교와 타이완인의 결합에 대한 두려움이 있었기 때문이다.

그렇다면, 이러한 상황에 맞서 화교들은 스스로 어떻게 대응하고자 했는가? 20세기 초에 이미 푸저우계의 삼산회관(三山會館), 광동계의 타이베이공회(台北公會) 등이 동향조직으로서 활동하고 있었는데 묘지와 제사에 대해 도움을 주는 것이 그들의 주요 활동이었다.[11] 화공을 대상으로 한 단체로는 화민회관(華民會館)이 있었는데 상술한 바와 같이, 그들의 처우개선과 차별해소에 전념한 것은 아니었다.

제1차 세계대전 이후 세계적으로 불어 닥친 민족운동의 파고는 타이완화교에게도 밀려왔다. 1923년 1월 13일, 타이베이에서 광동 출신 바오동파(鮑東發)의 제창으로 기존의 광동인구락부(廣東人俱樂部)를 확대한 화교구락부(華僑俱樂部)가 탄생했다. 화교 간의 친목과 단결을 목표로, 출신지에 상관없이 만들어진 화교 자신의 최초의 단체였다. 이 단체가 모체가 되어 2월 20일 중화회관주비처(中華會館籌備處)가 결성되고 곧바로 회원모집을 실시하게 되었다. 드디어 5월 20일, 492명의 회원이 참가한 가운데 임원선거가 실시되고, 이 자리에서 광동인 룽여우환(容有煥)이 회장, 푸저우인 황헝타이(黃亨泰)가 부회장, 광동인 바오동파가 간사장에 선출되었다. 이렇게 하여 10월 10일 쌍십절(우창기의기념일 武昌起義記念日)에 정식으로 타이완중화회관이 발족하게 되었다. 룽여우환은 오사카상선(大阪商船)의 매판이었다.[12] 이 당시 회원은 510명이었는데, 이는 당시 타이완화교가 약 2만 명이었음을 고려해 볼 때 고작 3% 남짓에 불과한 수치였다. 그리고 그 구성을 보면, 노동자 378명(74.1%), 상인 120명

11) 許雪姬, 「台灣中華總會館成立前的「台灣華僑」: 1895~1927」, 『中央研究院近代史研究所集刊』 卷20, 1991, 118-119쪽.

12) 台灣總督府, 앞의 책(1938), 3쪽.

(23.5%), 학생 · 교원 12명(2.4%) 등이었다.[13] 이 모임의 취지는 다음과 같다. ①회원 상호 간의 커뮤니케이션 ②교육의 발전 ③자선사업. 그러나 이 모임은 얼마 후 부회장이었던 황헝타이가 병사하게 되자, 그 후임으로 같은 푸저우 출신의 린양촨(林揚川)이 부회장 자리에 앉게 되었다. 이번 창립대회에는 타이완문화협회의 장웨이쉐이(蔣渭水, 1891~1931)가 출석하여 연설을 하기도 했는데, 장문의 글이기는 하지만 상당히 의미심장한 내용이라서 아래에 소개해 보기로 하겠다.

> 오늘은 중화민국의 혁명 기념일입니다(국경기념일이라 하지 않고 특별히 혁명기념일이라고 함으로써 혁명을 특히 강조했다. 그는 이어지는 연설에서 계속 혁명이란 말을 반복한다). 그렇다면 이 혁명은 대관절 어떤 연유로 일어났는가요? 당시 한족(漢族)을 정복한 만족(滿族)이 한족에 대해 차별대우를 행하고 억압을 하였기 때문입니다. 그 불만과 분노가 결국 혁명을 보기에 이르게 된 것입니다. 만족은 본시 한족을 정복하는데 무력만을 사용한 것은 결코 아니었습니다. 오히려 그들은 문화의 힘을 함께 사용했습니다. 그러나 그럼에도 불구하고 그 결과는 이와 같았던 것입니다. 이는 통치하는데 있어 차별대우를 경계해야 하는 좋은 예증이라 할 것입니다. 우리 한(漢)민족은 항시 평화를 사랑해 왔습니다. 종래의 역사를 보더라도 무력으로 남을 침략하거나 횡탈(橫奪)한 일이 없습니다. 우리 한민족이 지닌 문화의 힘은 실로 위대하여 이에 필적할 만한 민족은 세상에 없을 것입니다. 지나(支那)는 한때 만주족에 정복당했지만 문화적 측면에서는 오히려 한민족에 감화되었습니다. …… 지나인으로서 아메리카에 살고 있는 사람들이야말로 진짜 화교입니다. 남양의 경우에도 마찬가지입니다. 그러나 타이완에 있어서는 결코 그렇지 않습니다. 본

13) 許雪姬, 앞의 논문(1991), 120-121쪽.

시 화(華)라고 하는 것은 지나를 뜻하는 말이고, 교(僑)라고 하는 것은 임시로 거주한다는 뜻입니다. 우리는 한민족으로서 지나의 영토인 타이완에 사는 사람들입니다. 그런데 타이완이 일본의 영유(領有)에 들어가게 되면서 정치적으로 일본적민(日本籍民)이 되었습니다만 결단코 일본인은 아닌 것입니다. 말하자면 넓은 의미의 화교라고 할 수 있습니다. 여러분은 좁은 의미의 화교에 지나지 않습니다. 그런 의미에서 우리는 다 같은 화교입니다. 화교란 이름은 단지 여러분 같은 지나인의 전유물만은 아닌 것입니다. 여러분은 오해하지 말기를 바랍니다. 따라서 우리도 또한 일본을 모국이라 부르지 않을 수 없지만 동시에 지나에 대해서는 조국이라 부르지 않으면 안 되는 것입니다. ……현재의 일본은 자신의 영토인 타이완에 살고 있는 넓은 의미의 화교라 할 수 있는 우리 타이완 사람들에게조차도 친선(親善)의 길을 강구할 줄 모르면서 어떻게 다른 나라인 지나와 친선할 수 있겠는지요. …… 우리 타이완에는 현재 3백 5십만에 달하는 한민족이 있습니다. 그 중 일본인은 겨우 15만에 불과합니다. 스물세명 중에 한명 꼴인 셈입니다. 이러한 대중들을 보면서 일본이 어떻게 우리를 동화시킬 수 있겠는지요. 오히려 지나 한족 4억만이 일본을 동화시키지 않으면 안 되는 것입니다. 따라서 동양의 평화를 유지하는 것은 사실 우리 한민족의 사명이라 할 것입니다.[14]

장웨이쉐이는 이후에도 일관되게 타이완화교의 운동을 지원했다. 그것은 이 연설에서 보는 바와 같이, '지나인' 혹은 한민족으로서의 강렬한 민족의식과 함께 스스로도 '넓은 의미의 화교'라고 하는 연대감에 기초한 것이었다.

14) 台灣總督府警務局保安課, 『台灣中華會館の沿革並に現狀概況』, 1927, 6-8쪽.

이듬해인 1924년 5월, 중화회관의 제2기 임원 선거가 치러져, 다수파인 푸저우 출신의 린양촨이 회장이 되었고 광동인 바오동파가 부회장에 선출되었다. 린양촨은 ① 회원 확대 ② 초등교육을 위한 강습소 설치 ③ 회보(會報) 발행 ④ 회칙(會則) 개정 준비기관으로 간부부(幹部部) 설치 등을 제기했는데 회관의 창립자를 자임하던 룽여우환 등 광동계는 회칙개정과 중일친선 방침을 이유로 린양촨의 방침에 반대했다. 한편, 1925년 3월 12일 쑨원(孫文, 1866~1925)이 서거하자 중화회관은 3월 29일 추도대회를 개최했다. 그 조사(弔詞)에서 쑨원을 "자유평등의 국가를 달성"할 것을 목표로 한 인물이었다고 하면서 그의 정신을 기리고 그의 죽음을 애도했다.[15] 1925년 6월, 린양촨이 회비 미납을 구실로 룽여우환 등 일부 광동계 회원의 선거권을 박탈하는 강경한 수법으로 제3기 회장으로 재선되자, 광동계 회원은 일제히 중화회관을 탈퇴했다. 그래서 같은 해 10월 10일 쌍십절에는 푸젠계와 광동계가 따로따로 경축하는 사태가 벌어지기도 했다. 이때, 부회장으로 취엔저우계인 안시(安溪) 출신 가오밍훙(高銘鴻, 1885~1950)이 선출되자, 이번에는 푸젠계 내부에서 영사관 설치 추진 등을 둘러싸고 린양촨과 가오밍훙 즉, 푸저우계와 취엔저우계의 대립이 노골화되었다. 결국, 1926년 6월 가오밍훙은 린양촨의 회장 사임이란 틈을 노려 보선 기회를 잡을 수 있었고 끝내 제4대 회장으로 취임, 회관의 실권을 장악하게 되었다. 1924년부터 1926년에 걸쳐 화교단체가 속속 결성되었다. 이에 중화회관도 가오슝, 타이쭝(台中), 지룽 등 각지에 15개의 지부(支部)를 설치하고 독립된 중화회관(타이난)을 결성했다. 회원 수는 총 3,500명을 넘어섰다.[16] 그러나 조직은 분산적이어서 내부에서는 지역적인 대립이 끊이지 않았다. 이에 이들을

15) 台灣總督府警務局保安課, 앞의 책(1927), 4쪽.
16) 許雪姬, 앞의 논문(1991), 124쪽.

통일할 필요성이 제기되었다.

1927년 3월 10일 가오밍홍은 린양촨의 지원을 등에 업은 푸저우계의 극심한 반대를 무릅쓰고 타이완 각지에서 46명의 대표를 모아 타이베이에서 전도화교대표대회(全島華僑代表大會)를 개최했다. 타이베이 본부, 란양(蘭陽), 지룽, 먀오리(苗栗), 타이쭝 등의 14개 중화회관 대표 외에 지룽상공유지회(基隆商工有志會), 타오웬상공회(桃園商工會) 등의 상공업자 단체, 타이베이화교선면공우회(台北華僑線麵工友會), 타이베이화교양복공우회(台北華僑洋服工友會) 등의 노동조합 대표도 참여시켰다.[17] 이것은 가오밍홍의 의도에 따른 것으로, 이에 따라 전도화교대표대회는 "일거에 전(全) 타이완 각지의 화교직공단체를 편입시키게 되었다."[18] 회의에는 베이징의 북양정부대표인 스원치(施文杞), 타이완문화협회의 장웨이쉐이, 황싱민(黃醒民) 등이 참가했다. 특히, 장웨이쉐이는 회관의 규약을 기초했는데 스원치가 하나하나 트집을 잡았기 때문에 정식 규약은 끝내 제정되지 못했다. 모임의 명칭에 있어서도 일단은 타이완화교연합회로 하기로 결정했는데 스원치가 연합회로는 향후 활동에 지장을 가져올 것이라는 지적을 함에 따라 타이완중화총회관으로 변경하기로 했다. 스원치는 풋내기 젊은이였기 때문에 회의 본연의 모습에 정통하지 못했다. 그럼에도 불구하고 그의 발언이 중용되었다는 것은 당시 타이완 화교계에 있어서 여전히 북양정부와의 관계가 중요했다는 것을 보여주는 것이라 할 수 있다. 스원치의 타이완 방문은 본래 타이완 화교의 실태조사를 목적으로 한 것이었다.[19] 가오밍홍 본인은 위원장 취임 이후

17) 陳漢光, 「日據時期台灣中華總會館之沿革」, 『台灣文獻』 19卷 3期, 1968, 79쪽.
18) 高松壽(述) · 章君穀(執筆), 『過庭錄』, 國軍官兵文庫編輯委員會, 1971, 54쪽.
19) 許雪姬, 「台灣中華總會館與日據時期的華僑 : 1929~1937」, 『史聯雜誌』 22期, 1993, 7쪽.

에도 북양정부에 줄곧 영사관 설치를 요청했다. 그는 북양정부의 교무국(僑務局) 고문이기도 했다.

타이완중화총회관의 경우, 지도부는 집단지도체제를 취했고, '회장'제가 아니라 '중앙상무위원(中央常務委員)'제로 되어 있었는데 가오밍홍은 「중앙위원장」이란 속칭으로 불렸다. 지방의 회관은 타이베이중화회관 혹은 타이쭝중화회관 등처럼 모두 지명 밑에 중화회관이란 명칭을 사용하는 것으로 했고 지부(支部)로 자리매김이 되었다. 1929년 5월 총회관은 난징(南京)의 국민당 중앙교무위원회(中央僑務委員會)의 승인을 얻었다.[20]

회관의 운영 방법에 있어서는, 일본 혹은 총독부에 대한 대응을 둘러싸고 출신지역에 따른 대립이 계속되었다. 1932년 제6회 전도화교대표대회를 계기로 이러한 파벌대립(푸젠과 광동, 푸저우와 장저우·취엔저우)의 해소를 목표로 한 움직임이 시작되었다. 이는 전년(前年)에 중화민국총영사관이 개설되어 화교문제의 지도에 착수한 결과라고 생각된다. 이듬해인 1934년 1월 제7회 전도화교대표대회에서는 총장(總章, 규약)이 정식으로 제정되어 중앙과 지방의 관계가 명확해지는 등 조직적 개선이 진행되었다. 이에 "타이완의 화교운동은 점차 확립되었다."[21]고 한다. 1936년 3월 11일 개최된 제9회 전도화교대표대회에는 19명의 회관대표, 1명의 직속지부(直屬支部) 대표가 출석했다. 당시의 조직상황은 다음과 같았다.

20) 台灣中華總會館, 『台灣中華總會館十年紀念特刊』, 台灣新民報社, 1936, 57쪽.
21) 台灣中華總會館, 앞의 책(1936), 26쪽.

현재 보유 회원은 3,688명이며, 웬린(員林), 쭝리(中壢), 위리(玉里) 세 회관의 회원은 현재 정리중이기는 한데 약 1백여 명으로 추정된다. 이 외에 각지 회관의 지도하에 있는 각 청년단, 동향회, 공우회 등의 경우에는, 일부는 회원으로 되어 있지만 그 나머지는 통계에 들어있지 않다. 그 수는 대체로 1천명에 이른다.[22)]

일본 측이 파악한 바로는, 1936년 말 현재 회관 28개소, 분관(分館) 1개소, 지부 6개소, 통신소(연락소) 2개소(|표 3-3|), 회원 수 5,202명으로 되어 있다.[23)] 그러나 1937년 7월의 루거우차오사건(盧溝橋事件)을 계기로 하여 일어난 중일전면전은 이러한 회관의 활동 움직임을 완전히 붕괴시켜 버렸다.

22) 台灣中華總會館, 앞의 책(1936), 83쪽.
23) 『外事警察關係雜纂』 K.3.6.0.1, 1937, 外交史料館(外務省) 所藏資料.

|표 3-3| 台灣 中華會館一覧表 (1936年)

명 칭	창립연월	회원수	명 칭	창립연월	회원수
全島			台南州		
台灣中華會館	1927.3	5,106	台南中華會館	1926.3	150
台北州			同 曾文支部	1930.9	10
台北中華會館	1923.10	312	同 白河分館	1926.4	40
基隆中華會館	1926.1	399	北港中華會館	1927.4	83
蘭陽中華會館	1926.6	101	嘉義中華會館	1929.8	64
羅東中華會館	1929.2	97	虎尾支部		
淡水中華會館	1931.4	120	嘉義中華會館	1926.6	258
台北中華會館 山峡支部	1929.7	20	斗六中華會館	1927.5	92
新竹州			高雄州		
新竹中華會館	1931.5	106	高雄中華會館	1926.7	329
中壢中華會館	1931.3	35	中華總會館 直屬東港支部	1930.6	153
桃園中華會館	1927.6	57	鳳山中華會館	1932.12	402
同 大溪支部	1934.9	35	旗山中華會館	1927.1	180
苗栗中華會館	1926.10	130	屛東中華會館	1926.8	219
台中州			恒春中華會館	1927.12	97
台中中華會館	1925.7	312	花蓮港廳		
大甲中華會館	1931.5	114	花蓮港中華會館	1926.6	205
彰化中華會館	1928.1	237	花蓮港 馬太鞍支部	1935.11	102
員林中華會館	1931.6	130			
竹山中華會館	1931.4	54	玉里中華會館	1926.6	270
埔里中華會館	1926.7	84	台東港		
中華總會館 豊原通迅所	1936.11	69	台東中華會館	1927.7	112
中華總會館 新高通迅所	1936.9	25			

출전 : |표 3-2|와 같다. 단, 각 회관의 대표자 성명은 생략.

잡지 · 신문의 발간

잡지와 신문의 발행도 이 시기 중요한 발전 중의 하나였다. 1924년에는 타이완중화회관에서 『타이완중화회관회간(台灣中華會館會刊)』(1년 2회 발간)과 『호조(互助)』라는 잡지를 간행했다.[24] 1926년에는 중화회관의 롱여우환 등 광동파가 푸젠계에 대항하여 『타이완화교잡지』(부정기)를 창간했지만, 1928년 설에 제4호를 출판한 것을 끝으로 총독부에 의해 발행금지처분을 받았다.[25] 1927년 3월 전도화교대표대회에서는 『타이완중화신보(台灣中華新報)』의 발간을 결의하고 총독부와의 교섭을 통해, 보도는 상공업에 관한 것으로 한정하고 타이난에서 발행하는 것 등을 조건으로 발행을 허가받았다. 1928년 4월, 사장인 가오밍홍은 6,000원의 자금을 거두어 역사학자 롄야탕(連雅堂)을 주필로 7월 초 『중화신보』라는 주간지를 창간할 계획이었지만 총독부의 인가를 받지 못했다. 마침 당시 샤먼에 있던 가오밍홍은 7월 19일 샤먼에서 『샤먼중화신보(廈門中華新報)』를 창간하여 타이완에 가지고 들어와 배포하려고 했다. 창간호는 하나의 견본으로 타이완에 가지고 들어오는 데에 성공했지만 후속(後續)은 지룽해관(基隆海關)에 압수되었다. 총독부가 이것이 타이완신문지령(台灣新聞紙令)에 저촉된다하여 타이완으로의 반입을 금지했던 것이다.[26]

---

24) 許雪姬, 「高銘鴻與日據時期台灣的僑運 : 日據時期台灣華僑研究之二」, 『海外華人研究』 2期, 1992, 2쪽.

25) 吳文星, 앞의 책(1991), 115−116쪽.

26) 그 후 8월 11일, 총독부의 인가를 받았지만 자금이 이어지지 않아 결국 정간되었다고 한다(高松壽(述) · 章君穀(執筆), 앞의 책(1971), 65−68쪽) ; 吳文星, 앞의 책(1991), 116쪽.

청년의 조직화와 훈련

1928년 4월 중화총회관의 지도하에 화교청년들의 단결을 도모하고 '사상적 전진과 생활의 향상'을 목적으로 타이완화교청년회(台灣華僑青年會)가 결성되었다. 이 청년회는 후에 청년단(青年團)으로 개칭되었다. 1930년 4월 제4회 전도화교대표대회에서는 총회관에 청년부를 설치하고 각 지방의 회관에 청년과(青年科)를 두어 청년운동을 추진하기로 결정했다. 청년단은 조직상으로는 중화회관으로부터 독립되어 있었지만 여전히 회관의 지도와 감독을 받고 있었다. 청년단은 군사훈련도 실시했다. 1931년 4월 타이쭝화교청년단(台中華僑青年團) 60명이 청천백일기(滿地紅旗)를 앞세우고 행진함으로써 지방경찰의 저지를 받는 일도 있었다. 화교대표대회는 청년운동을 중시했다. 1934년에는 청년부를 총회관 6부(部)의 하나로 위치 지웠지만 실제 활동은 중일관계의 악화 등 객관적 정세가 긴박해짐에 따라 더 이상 진전되지 못했다.[27]

타이완인의 반응

중화회관에 대한 타이완인의 반응은 비교적 호의적이고 협력적이었다. 1923년 중화회관이 창립될 당시에는 앞서 소개한 바와 같이 타이완문화협회 이사인 장웨이쉐이 등도 참가하여 열띤 연설을 하기도 했다. 그 밖에 타이완민중당(台灣民衆黨), 공우회, 농민조합 및 각 지방의 명사들도 각지 회관의 활동을 지원했다. 총독부는 타이완화교와 타이완인의 이러한 결합에 신경을 곤두세우고 집회 등에 경찰관을 파견하여 임검(臨檢)을 실시하거나 종종 연사들의 연설까지 중지시키기도 했다. 그러나 『타이완민보(台灣民報)』 같은 신문은 타이완화교에 대한 호의

27) 吳文星, 앞의 책(1991), 119−120쪽.

적인 보도를 지속적으로 내보냈다. 총독부의 『타이완중화신보(台灣中華新報)』 창간에 대한 방해 등 이러저러한 억압정책에 대해서도 『타이완민보』는 비판을 가했다. 반면, 중화회관 측은 타이완인의 사회운동과 그 단체에 대해 우호적이기는 했지만 비교적 중립적인 입장을 견지하려고 애썼다. 이는 화교라고 하는 입장을 의식해서 총독부와의 관계를 고려한 탓이었다. 이러한 태도에 대해 타이완인 측에서는 불만이 표출되었고, 『타이완민보』도 간혹 중화회관을 가리켜 '총독부의 꼭두각시(傀儡)' 등으로 비판을 가하는 일도 있었다.[28)]

공우회(工友會)

타이완화교의 노동단체는 1923년 12월 타이베이화교양복공우회(台北華僑洋服工友會)가 결성된 것을 그 시작으로 한다. 이후, 타이베이화교선면공우회(台北華僑線麵工友會), 타이베이화교목공공우회(台北華僑木工工友會) 등 각 직종별로 공우회가 결성되었다. 공우회의 활동은 〈지나노동자취체규칙〉의 개정, '신분증명서'의 폐지, 일반 화교와 동일한 '패스포트'로의 교체, 남국공사 폐지 등 처우개선과 권리보장 등의 실현을 목표로 하는 것이었다. 1927년은 공우회가 잇달아 결성된 해로써 열 개의 단체가 새롭게 탄생했고, 1928년에는 21개 단체로 늘었다.[29)] 회원 수는 약 2,000명을 헤아렸고 이는 화공의 약 7%를 점하는 수치였다. 그 중에는 잡역, 제의(製衣), 목공이 제일 많았다. 1929년에 공우회는 29개 단체로 늘게 되는데 회원은 오히려 1,886명으로 감소했다. 그 내역을 살펴보면, 잡역이 6개 단체에 회원 410명, 재봉공이 6개 단체에 389명, 목공이 4개 단체에 437명이었다.[30)] 1928년 2월 타이완민중당 장웨이쉐이의

28) 吳文星, 앞의 책(1991), 123−127쪽.
29) 山邊健太朗 編, 『現代史資料(21) 台灣』, みすず書房, 1971, 514−515쪽.

호소에 응해 선면(線麵), 요리, 통(桶), 양복 등 10개의 공우회가 연합하여 타이베이화교총공회(台北華僑總工會)(회원 약 800명)를 결성하여 강연, 교섭, 스트라이크, 사보타지 등의 방법으로 일정한 성과를 획득했다.[31]

타이완의 화공운동은 타이완인의 사회운동 특히, 타이완민중당과의 관계가 밀접하여 민중당과 타이완인 노동운동의 성쇠와 거의 궤를 같이했다. 1930년은 타이완인 노동운동이 가장 극성했던 시기로, 화공운동도 절정을 맞이하여 23개 단체에 4,376명의 구성원을 가지고 있었다.[32] 1931년 타이완민중당이 비합법화되고 노동단체도 유명무실화되면서 화공운동도 후퇴했다. 18개 단체, 1,346명으로 감소했고 타이완화교총공회(台湾華僑総工会)의 회원도 300명으로 결성 당시의 반 이하로 줄었다. 또한 화공과 타이완인 노동자의 합작에 의한 공우회도 결성되었다. 1927년에는 타이베이에서 화타이양복공우회(華台洋服工友會)가 성립되었는데, 회원 200명 중에 타이완인 노동자는 80여명이었다. 타이난에서는 중타이신발공회(中台靴鞋工會)가 결성되었다.[33] 1928년 전체 합동공우회(合同工友會) 중에 민중당계 단체는 5개였고, 문화협회 계열은 3개였다.[34]

중일간의 긴장이 고조되면서 총독부는 타이완인의 사회운동에 대한 억압을 강화하는 쪽으로 나아갔다. 동시에 타이완화교에 대한 취체도 강화되었다. 이와 관련하여 타이완경보국(台灣警保局)에 특별고등과(特別高等課)가 설치된 것은 1928년 7월의 일이었다.[35] 타이완의 사회운동은 한편으로 중국 국민혁명의 영향을 받았고 다른 한편으로는 일본의 무

30) 山邊健太朗 編, 앞의 책(1971), 501쪽.
31) 吳文星, 앞의 책(1991), 56−57쪽.
32) 山邊健太朗 編, 앞의 책(1971), 500쪽.
33) 중타이(中台)란 명칭이 타당하지 않다는 이유로 경찰로부터 변경 명령을 받았다.
34) 吳文星, 앞의 책(1991), 58−59쪽.
35) 若林正丈,『台灣抗日運動史硏究』, 硏究出版, 1983, 279쪽.

산운동으로부터도 영향을 받아 활동을 활성화하게 되었다. 이에 총독부 측의 경계심을 고조시켰다. 상술한 바와 같이, 타이완중화총회관과 화공노동운동에 가장 깊숙이 관련된 타이완인은 장웨이쉐이였다. '타이완의 쑨중산(孫中山)'이라 불리는 장웨이쉐이는 1927년 7월 타이완민중당 결성에 참여했고 '타이완의 민족독립', '전민운동(全民運動)'을 지향하는 노선을 걸었다. 1928년 3월 29개 단체, 6,367명으로 타이완공우총연맹(台灣工友總聯盟)을 결성했지만, 1931년 2월 타이완민중당은 타이베이 경찰에 의해 해산되었다. 장웨이쉐이 자신도 장티푸스로 쓰러져 8월 5일 끝내 사망했다.[36)]

아울러 타이완공산당(혹은 일본공산당 타이완지부)이 1928년 4월 15일 상하이에서 결성되었지만 결성 직후부터 극심한 탄압에 시달리더니 결국 1931년에는 이미 괴멸상태에 놓이고 말았다.

3. 영사관의 개설

타이완화교는 그들이 처한 상황을 개선하기 위해서는 자신들 나름의 조직을 구성하여 요구를 하고 총독부와 교섭하지 않으면 안 되었다. 그러나 이러한 방법은 민간단체라는 점에서 한계가 있었다. 중국정부를 통해 일본(총독부)에 대한 요구를 실현하는 길이 고려되었지만 이를 위해

---

36) 若林正丈, 앞의 책(1983), 280−282쪽. 와카바야시 마사히로(若林正丈)는 장웨이쉐이의 죽음이 타이완 사회운동에 있어 갖는 커다란 의미를 다음과 같이 기술하고 있다. "타이완공산당을 가혹하게 탄압한 당국은 같은 해 타이완민중당도 해산시켰다. 그리고 이 해산의 고통이 아직 관계자의 기억에 생생할 무렵, 동(同) 당의 걸출한 지도자 장웨이쉐이가 장티푸스로 뜻을 이루는 도중에 쓰러졌던 것이다. 장(蔣)의 개인적 신망이 컸던 탓에 남은 사람들이 입은 타격은 심대했다. 민족주의자들은 결합의 중심을 잃고 흩어졌으며, 타이완 항일운동은 이를 기화로 거의 완전히 몰락해가는 상황으로 빠져 들어갔다." 若林正丈, 앞의 책(1983), 330쪽.

서는 영사관 설치가 반드시 필요했다. 영사관 개설 요구의 구체화는 타이완화교가 하나로 통합을 이루는 시기 즉, 중화회관의 성립 및 발전 과정과 병행하여 진행되었다.

본래, 〈청일통상항해조약〉 제3조의 규정에 따르면, 청국과 그것을 계승한 중화민국정부는 타이완에 영사관을 설치할 권리를 갖고 있었지만 중국의 역대 정권은 타이완문제에 대한 관심이 적었고 영사관 설치와 유지에 필요한 비용 문제 등이 뒤얽혀 타이완에 영사관을 설치하는 것에 소극적이었다. 문제는 타이완화교 측에서 제기되었다. 1925년 8월 타이베이중화회관 회장 린양찬은 임시총회에서 베이징 북양정부를 향해 영사관 설치를 청원할 것을 제기하여 승인을 받았다. 이것이 타이완화교가 영사관 개설에 본격적으로 움직이는 첫 걸음이었다. 린양찬은 마침 그때 타이완에 와 있던 상하이공회유지(上海工會維持) 회장 왕쥬링(王九齡)의 중개로 베이징 북양정부에 영사관 설치를 적극 요청했지만 성공하지 못했다.[37] 부회장 가오밍홍은 부담해야 될 경비문제 때문에 처음부터 영사관 설치를 시기상조라고 생각했지만, 1926년 7월 제4대 타이베이중화회관 회장에 취임하면서 8월에 간부부회(幹部部會)를 소집해 재차 북양정부에 영사관 설치에 관한 청원을 할 것을 결정했다. 북양정부는 가오밍홍 등의 요구를 받아들임과 동시에 가오밍홍을 교무국(僑務局) 고문에 앉히는 한편, 타이완화교의 상황을 조사하기 위해 스원치를 타이완에 파견했다. 스원치는 상술한 바와 같이, 1927년 3월 타이완중화총회관 설립을 위한 전도화교대표대회에 출석하여 회의의 기본 방침 책정에 커다란 영향을 끼쳤다. 북양정부는 1927년 1월 일본 측과 영사관 개설문제에 관해 협의를 진행했지만 타결에 이르지는 못했다.

37) 台灣中華總會館, 앞의 책(1936), 20−22쪽.

여기에는 주로 일본 측에 문제가 있었지만 중국 측도 영사관 설치에 따르는 경비 문제가 걸려 있었다.[38]

1927년 3월 중화총회관이 창립될 때에 영사관 설치를 북양정부에 촉구하는 결의가 이루어졌다. 1928년 6월 북벌이 완료되면서 북양정부를 대신해 난징의 국민정부가 중국을 대표하는 정권이 되었다. 1929년 3월 중국국민당 제3회 전국대표대회에 타이완중화총회관은 장시치(張錫琪), 왕다취엔(王達全), 우여우롱(吳有容) 등 3명을 파견하여 타이완총영사관 개설, 국민당지부 설치, 총독부에 대한 불평등규칙 해소 요구 등 3개 항목의 결의안을 제출했다. 국민정부는 타이완의 영사관 설치 문제는 일본과의 외교관계 수립 교섭과 동시에 해결하기로 하고 공사관·영사관의 개설 계획을 입안했다. 그 가운데 타이완의 경우에는 타이베이에 총영사, 타이난에 부영사를 배치하기로 했다.[39] 6월에 일본은 국민정부를 중국을 대표하는 정권으로 인정했다. 이듬해인 1930년 2월 국민정부 입법원은 〈주외영사관조례(駐外領事館條例)〉를 공포하고 이에 따라 타이완영사관 설치는 국민정부의 방침으로 확정되었다. 3월 제4회 전도화교대표대회는 다시 한 번 영사관 설치 요구 결의를 하고 국민정부에 하루속히 영사관을 개설할 것을 요청했다. 그래서 국민정부도 5월에 린샤오난(林紹楠)을 총영사, 웬쟈다(袁家達)를 부영사로 하고 타이베이에 총영사관, 타이난에 영사관을 설치하는 방침을 결정했다. 또한 같은 달, 일본은 중국의 관세자주권을 승인했다.

본래 국민정부는 타이베이, 타이쭝, 타이난 세 곳에 영사관을 둘 계

38) 許雪姬, 「日據時期中華民國台北總領事館 : 1931~1937」, 『日據時期台灣史國際學術硏討會論文集』, 1993, 500쪽.
39) 外交部長王正廷, 「附增設駐外領館提案」, 『外交部公報』(中國第二歷史檔案館 編 『南京國民政府 外交部公報』, 江蘇古籍出版社, 1990) 第2卷 第3号, 1929. 7, 65쪽.

획을 세웠는데 일본 측이 이에 대응해 정저우(鄭州), 타오난(洮南, 吉林), 마오얼산(帽兒山, 黑龍江) 세 곳에 영사관을 둘 것을 요구해 왔다. 국민정부는 타오난과 마오얼산에 영사관을 설치하는 것에는 강력히 반대했다. 또한 경비문제도 있어서 결국 1930년 12월 중국은 타이베이에, 일본은 정저우에 한정하여 영사관을 설치하는 것으로 타결을 보았다. 우선, 1931년 1월 웬쟈다 부총영사가 부임하여 판사처(辦事處)를 개설하고 4월 6일에는 타이베이에 중화민국총영사관이 개설되었다. 초대 총영사는 린샤오난이었다.

총영사관 개설 후, 중화총회관은 영사관과 적극적으로 교류를 진행하면서 화교의 국적등기와 영사관 관사 건설자금 모집 등에서 커다란 역할을 담당했다. 그러나 영사관의 활동은 화교보호에 있어서는 회관 측의 기대에 충분히 부응하지 못했고 국민당지부 설치는 현실화되지 못했다.

4. 화교운동

차별철폐운동

타이완총독부의 화교에 대한 대응에는 두 가지 특징이 있었다. 첫째, 화교는 중국인으로 외국인이기는 하지만 구미 계열의 외국인과는 구별한다고 하는 점이다. 둘째는 타이완의 개발과 산업 발전에 있어 화교 특히, 그중에서도 화공의 노동력이 필요하지만 치안과 사회운동 차원에서는 그들의 활동을 취체 대상으로 본다고 하는 점이다.

우선 첫 번째 점에 있어서, 화교의 경우 구미계 외국인도 포함한 외국인 일반에 적용되는 〈외국인관리규칙〉 외에 〈중국노공관리규칙(中國勞工管理規則)〉, 〈비노공중국인입경관리내규(非勞工中國人入境管理規則)〉 등의 특별한 규칙을 마련하여 관리를 엄중히 했다.

1927년부터 매년 개최된 전도화교대표대회에서는 매번 총독부를 향해 화교에 대한 차별대우의 개선에 관한 결의를 했다. 1927년 대회에서는 화민회관의 해소, 〈중국노공관리규칙〉 철폐 등의 요구를 내걸었다. 화민회관은 1903년에 개설된 것으로, 화공은 전원 입회시켰고, 회비도 거두었지만 활동은 거의 없었다. 1928년 대회에서는 남국공사의 해산, 보갑제도의 폐지가 제기되었다. 남국공사는 화공의 타이완 입경을 독점 도급하면서 수수료의 대부분을 가져가는 반면, 화공의 보호라는 면에서는 충분한 역할을 하지 못했다고 비판받아왔다. 보갑제도는 본래 타이완인을 관리하기 위해 제정된 것임에도 불구하고 외국인인 화교에게도 적용되어 왔다. 그러나 이 제도의 실시에 있어서 1929년 가오슝, 동강(東港), 타이난 등에서는 각각의 지역에 있는 중화회관의 관할로 옮겨졌다. 1931년 대회에서는 이 방식을 타이완 전역에 미치도록 하자는 결의를 했다. 남국공사 문제에 관해서는 1928년 가오슝중화회관이 푸젠교무위원회에 남국공사의 화공에 대한 착취와 학대에 대해 호소하고 지원을 요청했다. 1931년에 중화민국 총영사관이 설치되면서 중화총회관은 총영사관이 처우개선, 차별철폐에 관해 총독부와 교섭하도록 요청했다. 1936년 제9회 전도화교대표대회에서는 '퇴거명령의 개선', '남국공사에 의한 화공 인수 의무 위반 교섭의 폐지', '상륙허가증취체법의 개선', '근로화교의 퇴거명령을 받을 시의 여비문제'[40]에 관한 결의를 했는데 이러한 결의안의 명칭에서부터도 타이완화교 그 중에서도 특히 화공이 처한 상황이 어떠했는가가 엿보인다.

이 가운데 총독부가 대응했던 것은 첫째로 '추방출국명령'에 관한 것

40) 台灣中華總會館, 앞의 책(1936), 79쪽.

으로, 각지의 관계기관에 조건의 완화를 지시하고 '화공의 추방출국 시의 여비' 문제에 관해서는 각지의 주관기관에게 그러한 경우에는 남국공사에 부담시키도록 지시하는 정도였다. 화공의 타이완으로의 출입을 완화한다든지 혹은 관리를 중국 측에 위임하게 되면 대량의 중국인이 타이완에 상륙하여 치안 등의 측면에서 문제가 발생하는 것은 아닌가 하고 우려하고 있었던 것이다. 한마디로 총독부의 대응은 소극적이었다고 할 수 있다.

총독부의 화교문제에 대한 기본적 태도는 타이완의 치안 안정, 산업의 육성을 위한 노동력의 확보라고 하는 점으로 집약될 수 있다. 총독부가 특별히 경계한 것은 화교의 처우개선, 차별철폐 운동과 타이완인 사회운동과의 결합이었다. 다른 한편으로 중국정부의 타이완화교에 대한 관심은 1926년 베이징정부 교무국이 4개월에 걸쳐 타이완화교의 조사를 실시한 것이 최초였다.

문화교육문제

타이완화교에게 있어 교육문제는 대단히 중요한 위치를 차지하고 있었다. 그것은 두 개의 측면에서 비롯된다. 첫째는, 타이완화교의 약 80%가 화공이라는 점이다. 그들 대부분은 본국에서 보통교육도 받지 못한 자들이었다. 1936년 제10회 전도화교대표대회에서 판원안(潘文安)은 다음과 같이 교육문제 해결의 중요성을 호소했다.

> 화교동포로서 타이완을 출입하는 자는 매월 수천 명을 웃돌고 있지만, 도처에서 본도(本島)의 법규에 저촉되어 처벌이나 상륙금지 등의 사건이 잇달아 발생하고 있다. 이렇게 된 데에는 우리 화교동포의 대다수가 노동자나 농민 등으로 일하는 형제들이라 문화수준

이 매우 낮고 이주에 대한 상식도 여러모로 부족할뿐더러 어디에도 얽매여 있지 않고 제멋대로 살아가는 것이 보통이기 때문에 어디에 구속된다든지 규율이나 어떤 제도에 얽매이게 되면 그것을 어떻게 받아들여야 하는 것인지 혼란스러워하며, 많은 경우 그 실마리조차 잡지 못하고 있다.[41)]

판원안은 이러한 사정들이 타이완 입경 시에 충돌하게 되는 원인이고, 화공 자신에게도 정신적 고통을 초래할 뿐만 아니라 '국가와 민족의 체면'을 더럽히는 것이기도 하므로, 하루빨리 지룽과 가오숑(다꺼우) 등의 입경지에 「화교출입구지도처(華僑出入口指導處)」를 설치할 것을 제안했다.

판원안이 제기한 것은 타이완 입경 시의 응급조치에 관한 것이지만, 당연히 입경 후의 교육문제도 커다란 과제가 되었다. 문화수준의 저하가 그들의 노동조건을 비롯한 다양한 권리의 저하를 야기해 왔던 것이다. 또 하나는 화교 자녀들의 교육문제이다. 타이완화교의 약 20%가 학령아동(學齡兒童)으로 추측되는데 타이완의 공학교(公學校, 6년제 소학교)에 입학하는 경우는 그 중에 불과 2, 3할에 지나지 않았다. 그 나머지는 입학할 수가 없었던 것이다. 이른바 실학(失學)의 문제이다.[42)]

이러한 과제에 대한 최초의 대처는 1924년 2월 타이베이중화회관이 중국어와 영어를 가르치는 야간학교를 개설한 것으로 시작되었다. 그러나 총독부의 엄격한 규제와 경비문제 심지어는 화공 자신의 이 문제에 대한 인식의 결여로 인해 타이완에서의 화교교육의 진전은 매우 힘들었다. 타이완화교는 1928년 전도화교대표대회 때부터 매년 화교소학

41) 台灣中華總會館, 앞의 책(1936), 48쪽.
42) 台灣中華總會館, 앞의 책(1936), 48쪽.

교 창립을 방침으로 내걸었다. 그들은 한편으로 국민정부에 이 문제에 대한 협력을 요청하는 동시에 총독부와 각지 행정기관에 진정을 계속했다. 국민정부의 경우, 화교학교 설립에는 교무위원회의 심사를 필요로 했고 타이완에서 화교학교를 설립함에 있어서는 총독부와 국민정부 쌍방의 인가가 필요했던 것이다. 국민정부는 당연히 타이완에 화교소학교를 설립하는 것을 승인했지만, 우선은 영사관 설치가 선결과제였다. 1930년 3월 제4회 전도화교대표대회에서는 "당국에 대해 화교가 (학교를) 자유롭게 세우는 것을 허가하도록 교섭한다."[43]는 것을 결의했지만, 실제로 당국과의 교섭에까지 이르지는 못했고, 각지의 중화회관에서 보습반이나 강습회 등 보조교육기관의 설립요구를 제출하는 데에 그쳤다. 1931년 4월 타이베이에 총영사관이 개설되자, 이듬해인 1932년 10월 제6회 전도화교대표대회에서는 학교설치 문제에 관해 총영사관이 총독부와 교섭에 나서줄 것을 요청하기로 결의했다. 그러나 1934년 총독부는 화교소학교 개설을 허가하지 않았을 뿐 아니라 기존에 설치된 강습회와 야학도 금지하는 조치를 취했다. 당시까지는 1년을 기한으로 매년 심사를 거치는 방식으로 강습회와 야간학교 개설을 인정해 왔지만 이 해부터는 그마저도 금지되었던 것이다.

1936년 2월, 중화총회관은 1년제 학술강습회 설립인가신청서를 타이베이 주지사에게 제출했다. 이는 "화교민(華僑民)에게 일본어, 베이징어(北京語) 및 한문을 습득시킴으로써 일화친선(日華親善)에 일조하도록 한다."는 것을 목적으로 1년 기한에 정원 100명으로 한다는 것이었지만 결국 이 정도의 구상도 총독부는 인가하지 않았던 것이다. 이 일과 관련하여 타이완의 외사경찰(外事警察)은 다음과 같이 서술하고 있다.

---

43) 台灣中華總會館, 앞의 책(1936), 77쪽.

화교소학교 설치안과 마찬가지로 인가하지 않기로 했다. 따라서 현재 화교 취학아동은 수용 가능한 범위 안에서 본도인 공학교에 수용되었고(현재 입학률은 1% 내지 3%), 본국으로 귀향하여 취학하는 일부를 제외하고는 무(無)취학 상태에 있다.[44)]

또 동 문서에서는 계속해서 불인가의 배경과 향후 조치에 관해 다음과 같이 해설하고 있다.

다소의 제한이 있다 해도 내지와 달리 중국인 노동자의 상륙이 허가되고 다수의 중국인이 거주하고 왕래하는 등 특수한 관계 하에 놓여있는 본도의 경우에는 그 자녀들의 교육문제에 대한 대책은 향후의 과제로 남겨질 수밖에 없다.[45)]

향후의 '중요한 문제'라고 하는 인식이 있기는 했지만, '다소의 제한' 정도로 생각하고 있었다는 것은 화교 측의 절박감과는 커다란 차이를 보이는 것이었다. 이러한 일본 측의 제한조치는 화교 측에 스스로 자신들의 학교를 설립하지 않으면 안 된다는 인식을 강하게 심어주었다. 그러나 이에 대한 총독부의 대응도 만만치 않아 결국 화교학교 설립은 실현될 수 없었다. 일본화교보다도 한층 엄혹한 환경이었는데, 이는 총독부가 타이완인에 대한 동화정책, 구체적으로는 일본어에 의한 일본 중심의 교육을 진행하고자 했고, 아울러 이와는 별도의 목표를 내건 교육기관이라 할 수 있는 것들을 꺼려했기 때문이었다.

남국공사 폐지, 출국명령 개정과 화교학교 설립은 타이완화교의 3대 요구사항이었고, 총영사관의 총독부에 대한 활동에 있어서도 핵심이었

44) 『外事警察關係雜簒』 K.3.6.0.1, 1937, 外交史料館(外務省) 所藏資料.
45) 『外事警察關係雜簒』 K.3.6.0.1, 1937, 外交史料館(外務省) 所藏資料, 280-282쪽.

다. 1936년 3월 타이완중화총회관 성립 10주년 기념식 때 발표된 「동지 교포들에게 고하는 글」의 슬로건은 다음과 같았다.

> 타이완에 거주하는 전 화교는 단결할 지어다! 국민도덕을 고양할 지어다! 회무(會務)의 이성화(理性化)를 높일 지어다! 화교교육을 실현할 지어다! 조국의 통일과 건설을 지지할 지어다! 중화회관 만세! 중화총회관 만세! 중화민국 만세![46]

이렇듯 중국과의 일체성을 강조함과 동시에 '화교교육의 실현'이 회관 활동의 중요 핵심 중의 하나로 평가되고 있었던 것이다.

중국과의 유대

화교의 국적 증명은 본래 영사관의 업무이지만 타이완에 영사관이 설치된 것은 1931년 4월의 일이었다. 영사관 개설 이전 타이완화교의 국적 증명은 중화민국 주고베겸오사카총영사가 담당했다. 1927년 7월 북양정부교무국(北洋政府僑務局)은 가오밍에게 「국적증서판사처주타이완전원(國籍證書辦事處駐台專員)」 위임장을 발행했다.[47] 국적 증명의 수속은 다음과 같았다. 첫째, 증명을 필요로 하는 화교는 1원(元)에 용지(用紙)를 취득하여 여기에 필요사항을 기입, 총회관에 제출한다. 회관은 증명자 명부를 작성하고 그것을 고베오사카총영사관에 보내면 총영사관에서 증명인(證明印)을 날인하고 총영사의 사인을 첨부하여 총회관에 돌려보낸다. 총회관은 이것을 화교에게 내준다. 가오밍홍은 1930년에 타이완에서 푸젠으로 돌아올 때까지 사실상 영사대리의 역할을 담당했다.[48] 또

46) 台灣中華總會館, 앞의 책(1936), 6쪽.
47) 高人瑞, 『楓樓故家』, 自印, 1984, 23쪽.
48) 高人瑞, 앞의 책(1984), 23쪽.

한 타이완중화회관이 청천백일기를 내건 것은 1928년 10월의 일이다.[49]

1931년 4월 총영사관이 개설되자마자 총영사관은 화교 등기(登記)의 실시에 착수했다. 당초에는 화교에게 영사관에 와서 등기하도록 했지만, 문맹의 화공이 많았고 또한 영사관까지 가는 것도 곤란했다. 결국, 각지의 중화회관에 위촉함으로써 겨우 목적을 달성할 수 있었다. 이때 등기한 사람은 30,062명으로 화교 전체의 삼분의 이였다.[50] 1936년 국민정부는 호구조사를 실시했는데 타이완화교에 있어서도 동일한 조사를 실시하게 되어 6월 총영사관과 중화총회관의 대표가 회합하여 실시방법에 관해 협의했다. 그 결과, 다음과 같은 방법을 취하게 되었다.

① 조사사무원을 채용하여 개별방문을 통해 상륙허가증 또는 여권을 제출하도록 하고 그것에 의해 등기할 것.
② 타이완 영주자(永住者) 또는 타이완 태생으로 여권 또는 상륙허가증이 없는 자는 경찰서에 호구초본(戶口抄本)을 청구하고 그것에 따라 등기할 것.
③ 각 경찰관리파출소 혹은 초우메(丁目)마다 조사보조원을 두어 조사의 보조를 하도록 할 것.
④ 조사비용은 영사관의 부담으로 할 것.
⑤ 등기수수료로 1엽(葉)에 20센(錢)을 징수할 것.
⑥ 호구사무, 등기사무에 관한 규정 및 취급수속 등은 장영사(張領事)가 입안하고 근일 간에 협의할 것.[51]

49) 許雪姬, 앞의 논문(1992), 24쪽.
50) 台北總領事館, 「台灣華僑登記報告」, 『外交部公報』 第5卷 第2号, 1932. 4-6月, 82쪽.
51) 『外事警察關係雜纂』 K.3.6.0.1, 1937, 外交史料館(外務省) 所藏資料.

중화총회관 측은 조사에 있어 경찰의 협조가 없이는 불가능하다고 생각했지만 그다지 적극적이지는 않았다고 한다.

10월 10일 쌍십절에는 국기를 게양하고 총독부와 일본인 명사를 초청하여 축하회를 개최했다. 화교는 이날 하루 종일 가게 문을 닫고 경축했다. 쌍십절 외에 쑨원 서거일(3월 12일)과 탄생일(11월 12일)에는 매년 기념행사를 거행했다. 1930년 중원대전(中原大戰)[52] 때에는 장제스(蔣介石)를 지지하는 입장에서 집회를 열고 또한 1931년 5월 국민회의 개최 때에도 장제스 지지를 표명했다. 1936년 6월 국민정부는 국기사용조례를 제정하여 중국의 각종 기념일에는 국기를 게양토록 하고 이를 타이완 각지의 중화회관에 통고했다. 이러한 일련의 행동은 타이완화교의 중국과 국민정부로의 구심력을 높일 뿐만 아니라 타이완인의 중국적 정체성을 고양하는 데에도 일정한 역할을 담당했다. 타이완총독부는 이 중에 5월 3일의 지난사건(濟南事件), 5월 9일의 21개조 수락일, 9월 7일의 신축조약(辛丑條約) 체결 등 일본에 관계된 국치기념일에 있어서는 국기 게양, 전단 살포 그리고 야간 제등행렬을 금지했다.[53]

1936년 9월 국민대회에 참여할 대표선출을 위한 제1차 선거(후보자선거)가 타이완 각지의 중화회관에서 일제히 실시되었다. 정원은 일본, 조선과 마찬가지로 1명이었다. 중국 국내에서는 100만 명 당 1명이었다. 또한 후보자를 선출하는 것은 교무위원회가 지정하는 단체의 성원이어야 했기에 타이완에서는 중화회관 회원만이 선거권을 가질 수 있었다. 제1차 선거에서 중화회관 회원이 3명을 후보자로 선출하고 이 가운데 2명을 지정후보자로 중앙정부에 보고하면, 이 2명 중에서 제2차 선거에서 1명을 선출하는 방식이었다. 중화회관이 제출한 명부에 기초하여

52) 옌시산(閻錫山)·펑위샹(馮玉祥) 등과 장제스(蔣介石) 간의 전쟁.
53) 『外事警察關係雜纂』K.3.6.0.1, 1937, 外交史料館(外務省) 所藏資料.

총영사관은 593명의 유권자를 확정하고 3인 연기(連記)로 투표를 진행했다. 그 결과, 당선은 린우춘(林梧村, 中華總會館總務) 391표, 궈야오팅(郭耀庭, 彰化中華會館常務) 233표, 정핀총(鄭品聰, 台東中華會館常務) 113표, 차점(次點) 천파리(陳發梨) 106표로 제2차 선거는 중화회관에서 20세 이상의 약 500명에 의해 이루지게 되었는데 중일관계의 악화에 따라 1937년으로 미루어졌다.[54]

푸저우부흥기차공사(福州復興汽車公司)

1929년 10월, 중국국민당교무위원회는 〈화교귀국실업진흥장려법(華僑歸國實業振興獎勵法)〉을 제정하여 각지의 화교에게 귀국해서 실업진흥에 협력할 것을 호소했다. 가오밍홍은 1928년에 타이베이중화회관 회장직에서 물러났고 이듬해인 1929년 3월에는 타이완중화회관 중앙위원장직도 그만두었다. 그리고 1930년 5월에는 그동안 열심히 경영해 왔던 타이베이자동차회사(台北自動車會社)를 타이베이 시정부가 거의 막무가내로 매수해 버렸고 더군다나 화교운동 지도자에 대한 감시도 가일층 강화됨에 따라 타이완에서의 활동을 접고 푸젠성 푸저우시로 돌아갔다. 푸저우시 당국의 중국 국적 확인을 거친 후, 가오밍홍은 부흥제일기차주식회사(復興第一汽車股份公司, 버스회사)의 경영에 본격적으로 참여했다. 1931년 7월 가오밍홍은 자본 투입과 더불어 타이완에서 사용했던 자동차 기자재를 반입하고 숙련된 운전수, 사무직원 등을 사원으로 영입했다. 그러나 1931년 9월 류타오후사건이 일어나면서 반일감정이 고양됨에 따라 타이완에서 불러온 운전수들 가운데 일부는 일본 국적을 가지고 있기도 해서 결국 그들을 해고하지 않으면 안 되었다. 12월이 되자,

54) 『外事警察關係雜纂』 K.3.6.0.1, 1937, 外交史料館(外務省) 所藏資料.

동사(同社) 버스에서 무임승차와 차량 파손 등이 잇따르게 되면서 회사가 막대한 손해를 입기도 했지만, 전체적으로 볼 때 회사의 실적은 전보다 높아졌다. 1932년 2월 타이완화교는 9,000엔을 모아 푸저우부흥기차공사의 190주(株)를 구입하는 등 시세 변동을 억제하고자 했다. 9월, 가오잔룽(高占龍) 등과의 사내(社內) 분쟁에서 가오밍훙이 횡령 혐의로 체포되는 사건이 일어나자 이번에는 타이완화교의 투자 회수가 문제가 되었다. 1933년 타이완화교는 궈야오팅을 푸저우로 파견해 사태를 조사하고 7월 재판을 통해 가오밍훙의 무고가 입증되자 가오잔룽의 불법을 고소함과 동시에 타이완화교의 투자 회수에 힘썼다. 그러나 푸젠사변(福建事變)의 발발 등이 있었고, 또한 피고 가오잔룽이 그 지역 사법계와 결탁하여 재판의 연기 및 판결의 경감을 꾀했기 때문에 가오잔룽에 대한 형(刑)은 가벼워졌고 또한 타이완화교의 투자는 30% 정도밖에 회수될 수 없었다.[55)]

화교의 질병, 부상, 사망 등의 경우에 있어 구제활동은 회관의 중요한 활동 중에서도 핵심이었다. 한커우(漢口)의 수해, 푸젠의 이재민 구제, 타이완의 지진 등에 있어서는 화교구제기금과 자선의연금 등을 모아 회관창립 이래 총 15,539엔을 모았다.

55) 許雪姬, 「'台灣華僑'投資福州復興汽車公司始末」, 『台灣史硏究』 卷2期, 1995.

4

한국병합과 조선화교

1. 러일전쟁 이후의 한국화교

한국보호조약

일본은 청일강화조약을 통해 청나라에 조선의 '완전무결한 독립자주'를 인정하도록 강제함으로써 오랫동안 동아시아 국제질서를 규정해왔던 책봉체제에 마침표를 찍었다. 조선은 1897년 10월 국호를 대한제국(한국)으로 바꾸고 국왕을 황제라 칭했다. 청일전쟁 발발과 동시에 일본 외무성 내에서는 상술한 바와 같이, 향후 조선을 어떻게 처리할 것인가에 관한 검토에 착수했다. 그 중에는 조선을 '보호국'화하자는 구상도 상당히 유력한 안의 하나로 떠올랐다. 1904년 2월 일본은 러시아 극동함대 기지였던 블라디보스토크와 뤼순에 기습공격을 감행함으로써 러일전쟁을 개시했다. 개전과 동시에 일본은 한국정부에 요구하여 〈한일의정서〉를 체결하고 한국의 '독립과 영토 보전'을 '보증'해주는 대신에 일본군이 한국 영내의 '군 전략상 필요한 지점을 임시 수용할 수 있도록 할 것'을 요구했다. 나아가 같은 해 8월에는 〈제1차 한일협약〉을 체결함으로써 한국정부에 일본인 또는 일본정부가 추천한 외국인을 고문으로 받아들일 것을 인정하도록 했다. 이렇듯 러일전쟁은 일본의 한국지배를 구체화하는 과정이기도 했다. 1905년 5월 일본해(日本海) 해전[1]에서 승리한 일본이었지만 처음부터 전비 조달을 위해 영미(英美)로부터 외채를 끌어들여 전쟁을 치러왔고 러시아 역시도 국내의 혁명정세가 날로 심각해짐에 따라 러 · 일 양측은 미국의 중개로 전쟁을 중지하고 강화(講和)를 진행했다. 강화 과정에서 일본은 한국에 대한 '정사(政事),

1) '일본해 해전'은 쓰시마 해전이라고도 하는데 이는 일본의 표현이며, 한국에서는 동해 해전이라고 한다(역자 주).

경제, 군사' 전 부문에 걸쳐 '탁월한 권리'를 갖는 것을 열강으로부터 인정받게 되었다. 7월에 게이타로(桂太郞, 1847~1913) 수상은 미국의 태프트(W. H. Taft, 1857~1930) 육군 장관과 비밀리에 '각서'를 교환하여, 일본이 미국의 필리핀에 대한 지배권을 인정하는 대신 미국이 일본의 한국에 대한 특권을 용인하도록 했다. 8월에는 영국과 영일동맹을 개정하여, 일본이 영국의 인도 지배를 확인하는 한편으로 영국에게는 일본의 한국에 대한 특권을 승인케 했다. 이러한 상황에 기초하여 러일강화조약을 진행함으로써 러시아에게 일본의 한국에 대한 특권을 승인하게 한 것이다. 미국, 영국, 러시아 등 열강의 승인을 받아낸 일본은 같은 해 11월, 이토 히로부미(伊藤博文)를 단장으로 하는 대표단을 한성에 파견하여 한국정부에 대한 교섭을 개시했다. 일본은 거의 협박에 가까운 매우 고압적인 자세로 교섭에 임했다. 결국 한국 측의 저항을 누른 일본은 〈한국보호조약(제2차 한일협약)〉을 체결했다.[2] 이 협약에서는 ① 일본은 '한국의 외국에 대한 관계 및 사무를 감리 지휘'하고 '외국으로부터 한국의 신민(臣民) 및 이익을 보호한다.' ② 한성에 일본의 통감부를 둘 것 등을 정하고 있다. 이후 한국은 외국과 조약을 체결할 수 없게 되었고 국외의 한국인은 모두 일본의 출선(出先) '외교대표자'와 영사가 관할하도록 되었다. 한마디로 외교권의 박탈이고 보호국화였다. 통감부의 장관인 통감은 한국 황제를 알현할 권리를 가졌고 외교뿐만이 아니라 실제로 내정문제에 관해서도 일본의 요구를 반영시킬 수 있게 되었다. 또한 일본은 1907년에 한국 황제가 네덜란드 헤이그에서 개최된 만국평화회의에 밀사를 파견하여 한국에 대한 일본의 가혹한 지배의 실상을 세계에 알리려고 한 것을 구실로 고종(재위 : 1863~1907) 황제를 퇴위시키고 순

2) 海野福壽, 앞의 책(2000), 200－217쪽.

종(재위 : 1907~1910)을 즉위시켰다. 아울러 〈제3차 한일협약〉을 체결하여 한국군을 해산했다. 이에 직(職)을 잃어버린 한국 군인들과 관료층을 중심으로 각지에서 의병이 궐기하여 일본의 지배 강화에 격렬하게 저항했다. 일본은 이러한 의병 투쟁을 탄압하면서 한국의 식민지화를 급속히 진행해 나갔다. 외교뿐만이 아니라 내정에서도 일본의 지배는 심화되었다.

보호국 하의 한국화교

청은 1906년 2월 3일 주한공사를 폐지하고 한성에 있던 공사관을 총영사관으로 격하시켰다. 그리고 주한공사의 역할은 도쿄 주재 공사가 겸임토록 했다. 1906년 당시 재한화교의 수는 3,361명이었고 1908년에는 9,978명으로 거의 1만 명에 육박했지만 이듬해인 1909년이 되면 그 수는 6,568명으로 감소하게 된다. 그러나 이는 곧 증가세로 바뀌어 한일합방이 된 1910년에는 11,818명으로 결국에는 1만 명대를 돌파하게 되었다. 청일전쟁에 의해 청조가 종주권을 잃게 되고 한국보호조약에서 일본이 한국의 외교권을 탈취하는 등 커다란 변화가 있었음에도 불구하고 중국인의 한국으로의 이주 흐름은 후퇴한 것이 아니라 오히려 급속한 증가를 보였다는 것에 주목해야 할 것이다. 책봉체제의 붕괴, 번속관계의 소멸은 조선화교에 있어서는 기존에 가지고 있었던 특권의 상실을 가져왔지만 그럼에도 불구하고 그들의 조선으로의 진출 추세를 제지할 수는 없었던 것이다.

이러한 중국인의 한국으로의 이주 흐름에는 몇 가지 요인이 있다고 생각된다. 우선, 중국은 한국과 압록강과 두만강이라는 두 개의 강을 사이에 두고 있고, 해상으로도 산동과 발해만을 사이에 둔 정도의 얼마 안 되는 거리에 인접해있다는 점이다. 또한, 예로부터 한자, 유교 등 문화 및 풍속습관이 유사했다. 이러한 점에 덧붙여 1899년부터 시작된 의화단 활동에 따른 화베이(華北)의 혼란, 나아가 러일전쟁에 의한 중국 동북지방 남부의 피해 등 또 다른 압박 요인이 더해진 것도 그 원인으로 들 수 있다.

|표 4-1| 조선 거주 중국인 수(1883~1943년)

연도	사람 수	연도	사람 수	연도	사람 수
1883	209	1914	16,884	1929	56,672
1884	354	1915	15,968	1930	67,794
1885	700	1916	16,904	1931	36,778
1886	468	1917	17,967	1932	37,732
1891	1,489	1918	21,894	1933	41,266
1892	1,805	1919	18,588	1934	46,334
1893	2,182	1920	23,989	1935	57,639
1906	3,661	1921	24,695	1936	31,711
1907	7,902	1922	30,826	1937	43,000
1908	9,978	1923	33,654	1938	45,533
1909	6,568	1924	36,653	1939	51,014
1910	11,818	1925	46,196	1940	63,976
1911	11,837	1926	45,291	1941	73,274
1912	15,517	1927	50,056	1942	82,809
1913	16,222	1928	52,054	1943	75,776

출전 : 崔承現, 「轉折中的旅韓華僑」, 『華僑華人歷史研究』, 1999(第4期), 42쪽

러일전쟁 이후인 1906년, 화교는 다음 11개 도시에 각각 분포되어 있었다. 한성(1,363명), 인천(714명), 진남포(369명), 군산(365명), 평양(268명), 원산(230명), 부산(144명), 목포(92명), 마산(68명), 대구(33명), 성진(15명) 등 도합 3,661명이었다. 그 중에 한성과 인천에 거주하는 화교의 수는 총 2,077명으로 전체의 56.7%를 차지하고 있었다.[3)]

다음으로 출신지(籍貫)를 보기로 하자. 1886년 한성과 인천의 중국인 통계에 따르면, 총수는 324명인데 그 가운데 산동(144명), 저장(65명), 광동(45명), 장수(22명), 후베이(23명) 기타(25명)로 되어 있다. 산동이 44.4%로 반수 가까이를 차지하고 있고, 저장, 장수, 후베이 등 창장(長江) 중하류 지역(넓은 의미로 삼강 三江) 출신은 111명으로 34.0%, 광동 출신은 45명으로 13.9%였다. 산동이 가장 많고 그 다음이 삼강, 그리고 광동 순이다. 모두 해로를 통해 왔다고 생각되는데, 공교롭게도 한국과 인접한 랴오닝(遼寧)에서는 거의 오지 않았다.[4)]

직업면에서는, 1906년 통계에 따르면 전체 3,661명 중에 상업이 1,468명, 농업이 641명, 공업은 276명, 쿨리는 335명 그리고 잡업(雜業) 941명이다. 상업이 40%로 가장 많고, 농업, 공업, 쿨리를 합해 1,252명 즉, 34.2%이다. 상업 내역을 보게 되면, 무역상, 견직물, 일용잡화, 음식점 등이다. 농업은 소채 생산자가 대부분이고 노동자는 광산노동자가 주를 이루었다. 의사, 교원 등은 소수에 지나지 않았다.[5)]

화교단체(僑團)로는, 처음에는 출신지에 따른 단체, 향방(鄕幇)이 주를 이루었고, 화교상인을 중심으로 방(幇)을 조직했다. 경(京, 베이징·직예), 광(廣, 광동), 남(南, 광동 이외의 삼강 등 남방), 북(北, 산동) 등 네 개 방이 중심이었다. 한성에는 1894년에 중화회관, 1901년에 중화상회가 결성되었다. 그 밖에 음업공회(飮業公會), 이발공회(理髮公會)가 있었다. 쿨리들의 방은 업계 혹은 동향의 방을 중심으로 결성되었다.[6)]

1910년 3월 통감부 외교부장 고마츠 미도리(小松綠)는 청국의 주한국

3) 楊昭全·孫玉梅, 앞의 책(1991), 130쪽.
4) 楊昭全·孫玉梅, 앞의 책(1991), 135－136쪽.
5) 楊昭全·孫玉梅, 앞의 책(1991), 133－136쪽.
6) 楊昭全·孫玉梅, 앞의 책(1991), 136－139쪽.

총영사 마팅량(馬廷亮)과 〈한국의 인천 · 부산 · 원산 중국조계장정〉을 체결했다.[7] 이는 내용적으로 볼 때, 청이 한국과 체결해 왔던 조약과 거의 동일한 것이기는 하지만, 다른 점이 있다면 그 체결대상이 일본이 되고 있다는 것이다.

2. 한국병합과 조선화교

한국병합조약

이토 히로부미는 1909년 10월 하얼빈 역에서 한국의 민족주의자 안중근(1879~1910)에 의해 사살되었다. 안중근은 현장에서 체포되어 다롄(大連) 형무소로 송치되었고 1910년 3월 뤼순에서 처형되었다. 그리고 그 해 8월 22일 한국병합조약이 체결됨에 따라 한국은 일본의 완전한 식민지가 되었다. '병합'이라는 말을 두고 외무성 정무국장 구라치 데츠키치(倉知鐵吉)는 후에 이렇게 술회한 바 있다.

> 한국이 완전히 패망하여 제국 영토의 일부분이 되었다는 뜻을 명확히 하면서도 그 어조가 지나치게 과격하지 않은 어휘를 고르기 위해 여러모로 고심해 보았지만 끝내 적당한 단어를 발견할 수 없어 당시로서는 아직 일반적으로 사용되지 않는 문자를 고르는 것이 상책이라 판단하여 병합이란 문자를 전기(前記) 문서에 사용했다.[8]

일본의 한국 병합은 중국인에게도 커다란 충격을 주었다. 쑨원도 그 중의 한 사람이었다. 그는 일본이 지금은 한국을 병합했지만 그 다음은

7) 楊昭全 · 孫玉梅, 앞의 책(1991), 121－124쪽.
8) 春畝公追頌會,『伊藤博文傳』下, 統正社, 1940, 1013－1014쪽.

중국을 침략해 들어오는 것은 아닐까라는 걱정과 두려움을 자신의 친한 벗인 미야자키 도텐(宮崎滔天, 1871~1922) 앞으로 보낸 편지 속에서 다음과 같이 호소하고 있다.

> 귀국 정부의 정책이 이미 변해 고려를 삼키고 다음으로 지나를 병합하려 하고 있습니다. 그리 된다면, 일혁명(一革命, 당원 黨員)을 국(國) 중에 남겨두지 않는 것이 당연하지 않을까 하는 우려가 있습니다.[9)]

1924년 쑨원의 「대아시아주의(大亞細亞主義)」 강연 때에 통역을 담당했던 따이지타오(戴季陶, 1891~1949. 일명 天仇)는 이 강연과 관련하여 일본의 잡지 『개조(改造)』 상에 한국병합이 뜻있는 중국인의 일본관에 얼마나 큰 충격을 주었는지를 날카롭게 지적한 바 있다.

> 중일전쟁 후에 상하이에서 동아삼국지도(東亞三國地圖)라고 하는 괘도가 발행되었다. 뜻있는 자들은 대부분 이 지도를 벽에 걸어놓고 있다. 매일 바라보는 삼국 중의 하나가 돌연 동양의 보전을 부르짖는 일본에 의해 사라졌다고 하는 사실은 얼마나 지나인의 마음을 격앙시켰을까? 다른 동방 제국(諸國)의 인민은 대부분 이미 백색인종의 강국에게 멸망당하고 또 압박당하고 있다. 그들은 모두 일본의 강성함에 힘입어 자신들의 독립운동을 원조할 것을 기대하고 있다. 그런데 일본 또한 서양 제국(諸國)과 마찬가지로 남의 나라를 멸망시키는 것을 보고 그들의 희망은 끝내 물거품이 되었다. 고로 일본은 러일전쟁에 의해 동방 제국 인민의 독립운동의 기운(機運)을 촉진했지만 일한병합에 의해 동방 제국 인민의 신뢰를 잃게 되었다

9) 廣東省社會科學院歷史研究室他 編, 『孫中山全集』 第1卷, 中華書局, 1981, 508쪽.

고 하는 것은 일본 국민이 통절하게 깨닫지 않으면 안 되는 것이다.[10)]

병합조약은 체결 후 곧바로 공표되지는 않았고 일주일이 지난 8월 29일이 되어서야 일반에 밝혀지게 되었다. 9월 2일 일본은 각국에 한국병합을 통지했다. 그리고 9월 30일에는 총독부관제(總督府官制)가 공포되었고 10월 1일에는 드디어 조선총독부가 설치되었다. 초대 총독으로는 데라우치 마사타케(寺內正毅, 1852~1919) 육군대장이 취임했다.

화교의 인구와 분포

1911년 10월 중국에서 신해혁명(辛亥革命)이 일어나고 이듬해인 1912년 1월 쑨원을 총통으로 하는 중화민국이 건국되었다. 그리고 마침내 2월에는 260여 년간 지속되었던 청조가 멸망했다. 이를 기화로 중국과 조선은 일본을 매개로 하여 전혀 새로운 관계로 접어들게 되었다. 1913년 10월 일본은 중화민국을 승인하고(그러나 국호는 「지나공화국」이라 칭했다) 이듬해 11월에는 총독부 외사국장(外事局長) 고마츠 미도리가 중국재조선총영사(中國在朝鮮總領事) 푸스잉(富士英)과 〈조선에 있어서의 지나공화국 거류지 폐지에 관한 협정〉을 체결하고 청말 한성과 인천 등에 설정되어 있던 청국의 조선 조계의 철폐에 관해 합의했다.

우선, 일본 통치 하에 있던 조선의 화교 동향을 인구의 추이로부터 살펴보기로 하자. 다만, 조선화교의 인구를 파악하는 과정에서 주의하지 않으면 안 될 것은 노동자(화공)의 문제이다. 그들은 봄에 조선에 왔

10) 戴天仇(季陶), 「日本の東洋政策に就いて」, 『改造』, 1925. 3(陳德仁 · 安井三吉 編, 『孫文 · 講演「大アジア主義」資料集－1924年 : 日本と中國の岐路』, 法律文化社, 1989), 220쪽.

다가 연말에는 중국으로 돌아가 새해를 맞는 것이 일반적인데 비해 통계는 12월 말에 나오기 때문이다. 따라서 실제 중국인 수는 이 통계에 나타난 것보다 훨씬 많다고 보아야 할 것이다. 타이완화교에 있어서도 유사한 특징이 보인다. 여기에서는 압록강을 사이에 두고 중국과 인접해 있는 신의주에 있어서의 실제 왕래 상황을 보기로 하자.

> 신의주 영사관 관할 구역은 조선의 평안북도인데, 이 지역은 우리나라 랴오닝성의 안동(安東), 콴디엔(寬甸), 지안(輯安), 린쟝(臨江), 창바이(長白) 등의 현과 인접해 있고 압록강을 그 경계로 한다. 신의주와 안동 사이에는 철교가 있고, 그밖에 각지에는 여름엔 배로 겨울엔 얼음으로 어디에서든 건널 수 있기 때문에 교통은 대단히 편리하다. 출입하는 데에는 패스포트가 필요하지 않아 왕래가 자유롭다. 아무도 검사하지 않는다. 가령, 행상이나 노천상(露天商), 잡업노동자 등은 아침에 국경을 넘어갔다가 저녁 무렵에 돌아오기도 했는데 그 수는 확실하지 않다. 또한 토목이나 농업에 종사하는 노동자들은 매년 겨울이 되어 날씨가 매우 추워지면 작업을 중단하고 고향으로 돌아와 새해를 맞이하는 자들이 많았다. 봄이 되어서야 압록강을 통해 겨우 한국으로 돌아가는 자들도 적지 않았다. 호구조사에서 가장 곤란을 느끼는 것도 이 때문이다. 영사관은 여태까지는 적패에 의해 교민 수를 조사해 왔는데, 생각해 보면 이러한 적패는 이전에 쉬통판(許同范) 영사가 그 일부를 중화상회에 넘겨 기입해 얻었고 그 수수료를 화교소학교 경비로 충당해 왔다. 그러나 매년 건네주는 것에는 한계가 있었다. 왜냐하면 상인들은 (조사표를) 수취하는 자들이 많았지만 노동자들의 경우에는 수취하러 오는 자들이 매우 적었고 주민들은 사방으로 흩어져 있어 본격적으로는 할 수 없었기 때문이다. 또한 일본의 경찰서에서는 주민 가운데 통

> 상항에 거주하지 않는 외국인에게는 거류증을 발급하는 규정이 있는데 이것을 수취하지 않아 처벌받는 자가 종종 있었다. 그래도 수취하지 않는 자가 적지 않았다. 이렇게 국경을 인접하여 왕래가 편리하고 패스포트가 불필요한 나라에서는 영사관이 이를 보고 상세하게 호구를 조사하는 것은 쉽지 않았기 때문에 아무리 (일본의) 경찰서, 분서(分署), 분소(分所)가 도처에 설치되어 있어도 아무 소용이 없었다.[11)]

이것은 1930년 1월에 발표된 국민정부(國民政府)『외교부공보』에 수록되어 있는 보고서의 내용이다. 이 보고서는 1929년에도 압록강을 사이에 둔 중국과의 인적 왕래를 완전하게 파악하는 것이 매우 힘들었다는 것을 보여준다. 해로로 산동의 옌타이, 웨이하이웨이에서 인천, 경성[12)]으로 오는 중국인에 있어서도 마찬가지 상황이었다는 것은 중국주조선총영사관의 보고에도 보인다.[13)] 다시 말해 옌타이, 웨이하이웨이에서 인천까지는 '만 하루'면 온다는 것, 패스포트가 필요하지 않다는 것, 토목과 농업에 종사하는 노동자는 봄에 왔다가 겨울에 고향으로 돌아간다는 것, 적패는 상회를 통해 기입했다는 것, 화교의 거주가 산재해 있다는 것, 농민과 노동자는 지식이 모자라 아무리 말해도 수속을 하려 하지 않는다는 것 등을 이유로 들고 있다.

재조중국인은 1910년에 인구 11,818명이었던 것이 1930년에는 69,109명으로 5.8배 증가하고 있다. 이와 관련하여 말하자면, 동시기

---

11) 新義州領事館, 『新義州華僑之工商事業及經濟狀況人數之增減』, 『外交部公報』 第2卷 第8号, 1930. 1, 70-71쪽.

12) 지금의 서울. 1910년 일본은 한국병합 후, 국호를 조선으로 바꾸고 한성을 경성으로 개칭했다.

13) 朝鮮總領事館, 「朝鮮曆年華僑人口調查統計」, 『外交部公報』 第5卷 第2号, 1931. 4-6, 83쪽.

일본에 거주하는 중국인은 1910년 8,420명에서 1930년에는 30,836명으로 증가하고 있는데 증가율은 3.7배이다. 또한 남녀비율은 조선화교의 경우, 1910년에 9.9 대 1.0이던 것이 1928년에는 5.3 대 1.0으로 거의 절반으로 축소되었다. 이는 조선화교의 정주성(定住性)이 높았다는 것을 보여주는 것이다.

분포 면에 있어서, 화교는 조선 전역에 퍼져 있었다. 1922년 말 통계를 보게 되면, 도별로는 총수 30,826명 중에 경기도가 6,786명(22.0%), 평안북도가 6,342명(20.6%), 함경북도가 3,244명(10.5%), 함경남도가 2,487명(8.1%)으로 되어 있다. 인천, 경성이 있는 경기도, 신의주를 포함한 평안북도 두 곳이 절반을 차지하고 있는 것으로 보아 분명히 황해 쪽에 편중되어 있는 것을 알 수 있다. 여기에 두만강을 사이에 두고 중국과 인접해 있고 블라디보스토크에 가까운 함경북도, 원산을 포함한 함경남도가 뒤를 잇고 있다. 다음으로 도시별로 보게 되면, 1,000명을 넘고 있는 도시로는 경성(3,407명), 신의주(2,958명), 인천(1,786명)이 있고, 500명 이상은 평양(658명), 청진(586명), 원산(568명), 진남포(539명) 등이다. 부산은 257명으로 비교적 소수였다.[14] 여타 도시로는 충청남도의 공주, 논산, 예산, 전라북도 군산, 전라남도 목포, 경상북도 대구, 황해도 황주, 평안북도 의주, 운산, 용주, 함경남도 원산, 함경북도 경성(鏡城) 등이 눈에 띈다. 중국인은 도시와 그 근교에 집중되어 있었다.[15]

다음은 출신지별로 보기로 하자. 1930년 말에는 총 68,761명 중에 산동 출신이 56,259명(81.8%), 랴오닝이 5,956명(8.7%), 허베이(河北)가 4,971명(7.2%)[16]이었다. 산동이 많은 것은 이전과 변함이 없지만 그 비중은 더

14) 朝鮮總督府, 『朝鮮に於ける支那人』, 調査資料 7輯, 1924, 13-22쪽, 30쪽.

15) 朝鮮總督府, 앞의 책(1924), 13쪽.

16) 朝鮮總督府警務局, 『外事關係統計 昭和6年10月』『在本邦外國人に關する統計調

욱 높아졌고, 광동, 푸젠, 저장, 장수 등 화중(華中), 화난(華南) 출신자의 비율이 저하된 것에 비해 허베이, 랴오닝 등 북방 출신자의 비율이 높아졌다. 1929년 인천 영사관 관내 화교에 있어서의 적관(籍貫)별 내역에 따르면, 총 3,258명 중에 산동성은 3,085명으로 94.7%로 압도적이었고 그 뒤를 이어 허베이가 89명으로 2.7%, 랴오닝이 36명으로 1.1%를 차지하고 있었다. 그리고 저장이 12명, 장수가 11명, 광동은 불과 3명, 푸젠은 1명이었다.[17] 랴오닝과 인접해 있는 신의주 영사관 관내의 경우 1934년 통계에 따르면, 총 13,374명 중에 산동성이 11,104명으로 전체의 83.0%, 허베이성이 1,227명으로 9.2%, 그리고 랴오닝성은 425명으로 3.2%, 후베이성(湖北省)이 155명으로 1.2%로 뒤를 이었다.[18] 산동이 압도적인 것에는 변함이 없지만 전술한 바와 같이, 압록강을 왕래하는 중국인이 다수였다는 점을 생각하면 랴오닝성 출신자는 실제로는 훨씬 더 많았을 것으로 추정된다.

청말 민초 시기 중국의 많은 지역은 혼란의 와중에 있었는데, 산동도 그 중의 하나였다. 그러나 이러한 점은 산동만이 특히 누드러진 것이 아니라 다른 성도 대동소이했다는 것을 미루어볼 때, 역시 산동과 조선반도의 지리적 인접성이 컸기 때문이라 할 수 있다. 또한 광동, 푸젠 등으로부터의 이주가 적은 것은 이 시기 조선의 화교사회가 이미 산동 출신자들에 의해 어느 정도 공고화되어 있었다는 것을 말해준다.

査雜件』, 第1卷, K.3.7.0.1.5, 外交史料館, 1931

17) 仁川領事館, 「駐朝鮮仁川領館轄區華僑職業統計表」, 『外交部公報』 第3卷 第3号, 1930.7.

18) 新義州領事館, 「駐新義州領事館管內僑民狀態」, 『外交部公報』 第8卷 第4号, 1935. 4, 76-77쪽.

화교의 직업

이번엔 직업을 보기로 하자. 1922년 통계에 따르면, 총 30,826 중에 상업 · 교통(인력거부, 운반업)이 15,967명(51.8%), 농업 · 교육 · 임업이 5,222명(16.9%), 광공업이 3,391명(11.0%)으로, 상업 · 교통이 절반 이상을 차지하고 있는데, 농업, 공업도 일정수를 차지하고 있다는 점이 주목된다.[19] 상업 중에는 무역, 견직물, 면포, 일용품 잡화, 음식점, 기성복, 운수, 이발 등이고 이외에도 식품, 통조림, 여관, 과일, 유리, 식료, 어(魚), 일반 부식(副食), 시계, 페인트 등 다양하다.

경성, 신의주, 인천의 경우 각 부(府) 인근 등을 포함하면 |표 4-2|와 같다.

경성에서는 직물 수입상인 금성동(錦成東)과 약재 수입상인 동순태(同順泰)가 유명했다. 동순태는 경성의 대표적인 화상이었다. 1923년도 경성 주재 중국인의 납세액을 보면, 동순태의 주인 탄지에성(譚傑生)은 시가지세(市街地稅) 2,461엔 95센(1인 평균 약 39엔), 가옥세(家屋稅) 1,355엔(1인 평균 약 21엔), 호별세(戶別稅) 1,576엔(1인 평균 35엔)으로 최고액을 기록했다. 탄지에셩이 재경성화교(在京城華僑) 중에 커다란 존재였음을 짐작할 수 있는 대목이다.[20] 비단상(吳服商)은 대부분 잡화도 취급했기 때문에 |표 4-2|에서는 양잡화 중에도 포함되어 있을 가능성이 높다. 빵집이 제일 많은데 이는 중국인, 조선인 노동자를 주요 대상으로 했다. 이발업은 '남청인(南淸人)' 즉, 상하이를 중심으로 하는 삼강방이다. 직공노동자(목수, 미장공, 와공 등)도 많았고 단순노동자로는 중국인이 경영하는 와부제조업(瓦釜製造業)에 종사하는 자들 외에 일본인, 조선인의 공장에서 일하는

19) 朝鮮總督府, 앞의 책(1924), 29-30쪽.
20) 朝鮮總督府, 앞의 책(1924), 52-53쪽.

|표 4-2| 조선의 3개 주요 도시 화교 직업별 호수(戶數)

(1923년 말 현재)

	경 성		인 천		신의주	
	직 업	호수	직 업	호수	직 업	호수
1	빵집	203	농업(야채)	135	노동자 등	332
2	음식점	120	빵집	35	농업	146
3	양(洋)잡화	62	점원	30	잡역	65
4	목수	58	음식점	27	잡화상	48
5	농업	54	무직자	21	목수	19
6	석공업(石工業)	49	잡화상	20	두부제조	17
7	요릿집	45	일용품잡화・과실	15	음식물제조	17
8	이발업	31	노동조(勞働組)	12	비단상	9
9	노동조(勞働組)	26	비단상(吳服商)	11	고물상	9
10	무직자	25	이발업	8	주물제조	7
	기타	248	기타	108	기타	96
합계		921		422		765

주 : 부(府) 인근을 포함.

출전 : 朝鮮總督府, 『朝鮮に於ける支那人』, 調査資料7輯, 1924, 49-51, 72-73, 175-176쪽에 근거해 작성.

노동자가 의외로 많았다. 1923년 말 통계에 따르면, 도요쿠니제분(豊國製粉, 일본인 경영)에 32명, 주물공장(鑄物工場, 조선인 경영)에 32명, 부영채석공장(府營採石工場)에 37명 등으로 되어 있다.[21]

농민은 조선인으로부터 토지를 빌려 경영하는 자와 일본인 농가에 고용된 자들을 합쳐 300명 이상이 되었다. 거의 대부분 산동인들이었다. 이밖에 행상이 45호 정도 있었다.

다음으로 인천을 보기로 하자. 인천에 중국인이 들어온 것은 1884년 경이라고 한다. 이곳에서도 동순태(잡화), 영래성(永來盛, 직물수입, 잡화도매), 덕순복(德順福, 직물수입, 잡화도매) 등이 커다란 지위를 점하고 있었다. 또한

21) 朝鮮總督府, 앞의 책(1924), 66-67쪽.

무역항이기도 해서 중국산 원염(原鹽)의 수입을 취급하는 정크(戎克) 도매상도 많았다.[22] 중국인은 소채 판매를 위해 인천농업공의회(仁川農業公議會, 회원 140명)라고 하는 야채시장을 설치하기도 했다.

신의주의 특징은 상인 가운데 도매상은 없고 소매상(잡화)만 있었다는 것과 노동자(직공, 공장노동자, 잡역인부, 차부 등)가 많았다는 점에 있다. 공장노동자로는 조선목재(朝鮮木材, 일본인 경영) 100명, 이시자키석재(石崎石材, 일본인 경영) 150명, 연와공장(煉瓦工場, 일본인 경영) 23명 등 대부분을 중국인 노동자에 의존하고 있는 곳이 적지 않았다.[23] 소채농원을 경영하는 산동 농민도 적지 않았다.

1930년 말 조선 전체의 중국인 노동자의 내역을 보면, 농업이 9,589명(27.1%), 토공(土工)이 4,212명(11.9%), 제조업이 3,152명(8.9%), 목공(木工)이 2,518명(7.1%)이었다.[24]

3. 화상과 화교단체

화교단체

경성에는 중화총무상회(中華總務商會), 북방회관(北幇會館), 광동동향회(廣東同鄉會), 남방회관(南方會館) 등의 화교단체가 있었다. 이 가운데 중화총무상회는 '거류민의 복리를 도모할 목적'으로 1901년경 창설되었다. 지도부는 회장, 부회장, 이사(동사)로 구성되었고 이사는 4명(산동 2, 광동 1, 남청 1)이었다. 회원은 다섯 등급으로 나뉘어 등급에 따라 회비를 징수했다. 북방(北幇)은 산동 출신자로 구성되었고, 남방회관은 광동 이외의

22) 朝鮮總督府, 앞의 책(1924), 106쪽.
23) 朝鮮總督府, 앞의 책(1924), 180-184쪽.
24) 朝鮮總督府警務局, 앞의 자료(外交史料館, 1931)

남방 출신자로 구성되었다.[25] 상인 단체로는 경성, 인천, 부산, 원산, 평양, 진남포, 신의주에 각각 중화(총무)상회가 있었지만, 조선 전역을 아우르는 중화총상회(中華總商會)는 없었다. 일본과 타이완에 있는 중화회관의 경우에는 한국병합 전에는 있었지만 병합된 이후로는 없어졌고 대신 중화상회가 그 역할을 담당했다. 상회의 역할과 관련해 친위광(秦裕光)은 신의주의 상황을 예로 들어 다음과 같이 말한 바 있다.

> 1909년 화교가 신의주에서 결성한 상인조합은 처음엔 '상무총회(商務總會)'라 칭했지만, 후에 '중화상회'로 바뀌었다. 이 조직은 1920년 내가 (조선을) 떠날 때 회원 수가 120호 이상으로 증가해 있었다. 당시 중화상회의 성격은 오늘날의 상업조합처럼 단지 상업사무만을 처리하고자 했던 것은 아니었다. 그것이 관할하는 사무는 매우 복잡해서 상업쟁의의 조정 및 판결, 상업 활동을 발전시킬 수 있는 방안 마련, 그리고 회원의 요청에 의한 재산정리, 학교관리, 화교의 수와 주소 조사, 화교의 관혼상제, 자선사업, 청조의 행정기관과 화교 간의 연대 및 제휴의 촉진 등을 담당했고 심지어는 영사관 업무까지 처리할 경우도 있었다. 조합비의 징수도 여덟 개의 등급으로 나누어 회원의 경제적 부담 능력에 따라 차등을 두는 등 비교적 합리적인 방법을 채택했다. 특급(特級)의 경우에는 매월 최대 12엔을 납부했고 최하급은 1엔을 냈다. 극빈자는 회비납입의 의무를 면제해 주었다. 당시 부친이 납부한 것은 3, 4 등급이었다. 중화상회의 활동범위는 매우 폭넓었고 상당히 적극적이었다. 가령, 1915년 당시에는 이미 화교와 상하이 등지의 상품 왕래 상황 조사에 착수했고 신의주, 초산, 강계, 정주 등에 분소를 개설하고 활동을 확대하고 있었다.[26]

25) 朝鮮總督府, 앞의 책(1924), 51쪽.

중국국민당 조선지부(朝鮮支部)란 명칭이 나온 것은 1928년이 되어서였다. 이 해에 "조선지부에 등록을 마친 당원은 442명"이었다고 한다.[27] 1929년 1월부터 3월에 이르는 시기에는 '분부(分部) 3개, 구분부(區分部) 11개'[28]를 설치했다. 또한 같은 해 3월부터 1931년 11월에 관한 보고서에 따르면, 조선지부는 1929년 8월 5일 제1회 대표대회를 개최하여 집행위원, 감찰위원을 선출하고 1930년 4월에 열린 제2회 대회에서는 집행위원, 감찰위원을 선출하는 외에 여섯 개의 분부를 두었으며, 당시 당원은 527명이었고 특별허가를 받아 입당한 자들은 42명, 예비당원은 891명이었다고 되어 있다. 그러나 당시까지만 해도 이 조직은 완전히 정비되지는 않았고 당원들의 의견도 일치되지 않았다.[29] 또한 다른 자료에 따르면, 당시의 상무위원(常務委員)은 정웨이펀(鄭維芬)으로 분부가 다섯, 구분부가 열다섯 개 있었고 당원은 532명이었다고 한다.[30] 1930년대 초 조선의 화교단체에 대해서는 |표 4-3|을 참조하기 바란다.

26) 秦裕光, 앞의 책(1983), 24-25쪽.

27) 李雲漢 主編,『中國現代史資料叢編 第13集 中國國民黨黨務發展史料-組織工作(上)』, 近代中國出版社, 1993, 126쪽.

28) 李雲漢 主編, 앞의 책(1993), 136쪽.

29) 李雲漢 主編, 앞의 책(1993), 205쪽.

30) 李雲漢 主編, 앞의 책(1993), 270쪽.

|표 4-3| 조선화교단체표(1930년)

명 칭	장소	회원 수	성립 연월일
중국국민당경성지부	경성	143	1927. 4. 7
중화총상회	경성	258	1907. 4
중화노공협회	경성	500	1929. 7. 20
인천중화상무총회	인천	38	1910. 7
군산중화상무상회	군산	107	1927. 9. 8
전주화상공회	전주	74	1912. 8
목포중화상회	목포	40	1907. 10. 1
광주중화상무회	광주	200	1927. 4. 7
장성중화상회	장성	19	1926. 12. 28
중화상회	대구	20	1928. 5 27
부산중화상회	부산	197	1910. 8. 18
중화상회	해주	28	1924
장연화교공회	장연	16	1929. 9. 10
송화화교공회	송화	85	1930. 10. 5
사리원중화상회	봉산	72	1924. 6. 13
평양화상상회	평양	35	1914. 3
계도장저동맹회	평양	25	1929. 6
평양화교열서보사	평양	45	1929. 6
중화농회	평남진	69	1929. 1. 12
신의주중화상회	신의주	22	1912. 2. 14
중화상무회	평북운산	22	1823. 8. 16
중국공의회	평북자성	16	1924. 12. 27
화교상조합	평북후창	40	1930. 11. 23
함흥화상상회	함흥	45	?
원산화상상회	원산	156	1930. 10. 25
청진화상상회	청진	98	1928. 4. 8
웅기화상상회	함북경흥	60	1930. 8. 3

주 : 분부(分部)의 등급은 게재하지 않았지만, 그 중에는 중국국민당 원산분부(元山分部)처럼 회원 수가 380명인 곳도 있다.

출전 : 外交史料館, 朝鮮總督府警務局, 『外事關係統計 昭和6年10月』, 『在本邦外國人ニ關スル統計調査雜件』 第1卷, K.3.7.0.15, 1931年에 근거해 작성.

화상과 무역

조선화상의 문제는 조선, 일본, 중국 삼국 간의 교역관계 및 화상의 네트워크라는 측면에서 중요한 지위를 차지하고 있었다. 조선총독부는 1910년 12월에 〈회사령(會社令)〉(1920년 폐지), 1915년 12월에 〈광업령(鑛業令)〉을 공포하고, 회사의 설립 및 광산개발에 있어서는 '조선총독부의 허가를 받아야만 한다.'고 했는데 이는 조선화교가 대규모의 기업을 세우는 것을 제한하게 되었다. 또한 총독부는 1923년 견직물과 하포(夏布, 라미)의 중국으로부터의 수입에 50%의 중과세를 부과했다(이듬해 세율은 100%가 되었다). 이에 따라 견직물과 하포의 중국으로부터의 수입은 두절되고 말았다.[31] 이것은 조선화상에게는 커다란 충격을 가져다주었다.

1923년 당시의 조선무역에 있어서 중국인 상인의 역할에 관해 조선총독부는 다음과 같이 보고 있었다.

> 한일병합 이후 내지인의 증가에 따라 점차 그 상권이 잠식되고, 특히 만주 방면에 대한 무역 일반의 수출무역의 대부분은 내지인의 손에 의해 이루어졌다. 이에 이르러 지나 상인에 의해 취급되는 수출품 중에 주요한 것은 단지 해산물 밖에는 없었다. 그리고 수입무역에 있어서는 지나 상인에 의한 것이 대부분이었는데 지나마포(支那麻布), 지나견포(支那絹布)와 같은 것은 그들이 독점했다. 기타 조, 땅콩, 참깨, 천일염과 같은 것도 대부분 지나 상인의 손을 거쳐 수출되었다. 또한 이들 무역상들은 지나 본국에 본점이나 지점 혹은 유력한 자본가를 가지고 있어 자본은 상당히 풍부했기 때문에 타국인에게 손을 빌리지 않아도 되는 상태였다. 또한 일본제품인 면포 및 잡화류 따위는 종래에는 재류(在留) 내지인 상점에 의해 매입되

31) 楊昭全 · 孫玉梅, 앞의 책(1991), 215쪽.

었지만 근년에 이르러서는 오사카와 고베에 재류하는 지나 상인에 위탁하여 직접 내지로부터 이입(移入)되는 경향이 있는데 그 액수는 상세하지 않지만 상당한 액수라고 추정된다.[32]

화교교육

조선의 화교학교는 1902년 인천에 설립된 것이 최초였고, 1910년에는 경성, 1912년에는 부산에도 설립되었다. 경성에서는 총영사관 내에 중화국민학교가 설치되었다. 학생 수는 심상과(尋常科, 보통과) 68명, 고등과(高等科) 31명이었다. 베이징어를 주로 하고, 일본어, 영어도 가르쳤다. 경비는 총영사관으로부터의 보조금, 수업료, 기부 등으로 충당되었다. 인천에는 심상과와 고등과로 이루어진 화교공립양등소학교(華僑公立兩等小學校)가 있었는데 학생 수는 93명이었다. 원산에는 중화국민학교가 있었고 학생 수는 약 30명이었다.

신의주에서 교교(僑校)라고 할 만한 것은 신의주소학교뿐이었다. 1915년 9월 신의주중화상회(新義州中華商會)가 교교를 창립하고 이사장(동사장) 겸 교장은 중화상회 회장이 겸직하고 이사도 상회의 상무위원이었다. 학교의 경비는 학비 외에는 신의주중화상회가 부담했다. 학생 수는 128명이었다. 신의주에서는 화공소학교(華工小學校)가 1930년 3월에 창립되었고 학생 수는 73명이었다. 화공의 공두(工頭)들이 학교의 이사를 맡았다.[33]

화교는 단신으로 온 경우가 많아 원래부터 아이들의 수가 적었다. 따라서 학교의 수도 적었고, 규모 또한 작았다. 경성, 인천, 신의주, 원

32) 朝鮮總督府, 앞의 책(1924), 30-31쪽.
33) 新義州領事館, 「駐新義州領事館管內華僑教育之狀況」, 『外交部公報』 第7卷 第7号, 1934.7, 35-40쪽.

산의 소학교는 영사관 내에 있었기 때문에 재정적으로는 영사관에 의존하고 있었지만 화교의 기부도 중요한 역할을 담당하고 있었다. 그러나 타이완처럼 총독부가 화교학교의 설립을 인가하지 않는다던가 하는 일은 없었다.

4. 화공과 총독부

부령(府令) 제52호

일본은 청일전쟁을 통해 책봉체제에 마침표를 찍었지만, 중국인의 대외활동은 그것 때문에 중단되지는 않았다. 오히려 일본제국의 확장이라는 조건을 역이용하여 자신들의 활동 범위와 규모를 확대시켰다고도 할 수 있을 것이다.

화공 즉, 중국인 노동자의 문제는 조선화교의 인구와 구성, 조선의 산업 발전, 조선인 노동자와의 관계, 나아가서는 조선총독부의 통치 측면에서도 중요한 위치를 점하고 있었다. 한마디로 이것은 노동력 이동의 문제였다. 1930년대 그들의 조선으로의 도래 상황은 다음과 같다.

> 대부분은 산동성 출신자였고, 다롄, 즈푸, 웨이하이웨이, 칭다오(青島) 등 각지에서 한 달에 열 번 정도 인천에 입항하던 공동환(共同丸), 이통호(利通號), 회령환(會寧丸), 경안환(慶安丸) 등의 배를 타고 많게는 500명 내외, 적게는 수십 명이 도래하는 것이 보통이었다. 계절에 따라 증감이 있었지만 매월 대략 천 명 내지 이천 명의 도래자가 있었다.[34)]

---

34) 朝鮮總督府警務局,『高等警察報』3号, 1934, 56-57쪽.

한편, 병합 직후인 1910년 8월 29일 통감부는 통감부령(統監府令) 제52호 〈조약에 따라 거주의 자유를 갖지 못한 외국인에 관한 건〉을 공포하여 조선 주재 외국인에 대한 다음과 같은 기본방침을 제시했다.

> 조약에 따라 거주의 자유를 갖지 못한 외국인으로서 노동에 종사하는 자는 특별히 지방장관의 허가를 받지 않은 경우에는 종전의 거류지 이외의 지역에 거주하거나 또는 그 업무를 행할 수 없다.[35)]

이 규정은 1899년의 칙령 제352호 규정을 조선에 적용한 것이라 볼 수 있다. 1910년 10월 1일, 총독부가 개설된 당일 총독부령 제17호(〈조약에 따라 거주의 자유를 갖지 못한 외국인에 관한 건〉)에 따르면 '노동자'를 다음과 같이 구체적으로 규정하고 있다.

> 메이지 43년 통감부령 제52호 제1항의 노동자는 농업, 어업, 광업, 토목, 건축, 제조, 운반, 인력거, 하역작업, 기타 잡역에 관한 노동에 종사하는 자를 말한다. 단, 가사(家事)에 관한 노동에 종사하는 자는 이에 포함되지 않는다.
>
> 전항(前項)의 노동자에게 부여되는 허가는 지방장관에 의해 공익상 필요하다고 인정될 시에는 그것을 취소할 수 있다.[36)]

이것은 명확히 1899년 7월 내무성령(內務省令) 제42호의 규정을 원용한 것이었다.

중국인 노동자 문제는 구(舊) 거류지 문제와 관련하여 규정되었다. 1916년 9월 총독부는 경무국보안과통첩(警務局保安課通牒)(保收6880號)에 근

---

35) 朝鮮警察協會 編, 『朝鮮警察法令聚』 中卷-1, 發行年不詳, 45쪽.
36) 京畿道警察部 編, 『京畿道警察例規聚』, 朝鮮警察協會京城支部, 1927, 46쪽.

거해 구 거류지의 범위에 관해 일정한 해석을 내렸다. 이것에 의하면 '구 거류지'는 다음의 지역에 한정된다.

> 일. 인천, 군산, 목포, 마산, 성진 및 진남포 등 구(舊) 각국거류지
> 일. 인천, 부산, 원산 등 구 중국인거류지
> 일. 경성, 평양의 일부, 청진, 신의주 등[37]

이 '거류지'에 관한 해석에 따라 중국인 노동자가 거주, 취로(就勞)할 수 있는 범위는 일단 신의주, 평양, 진남포, 인천, 경성, 군산, 목포, 마산, 부산, 원산, 성진, 청진 등 열두 곳으로 한정되고, 기타 지역에 있어서는 총독이 아닌 지방장관의 허가를 필요로 하는 것으로 되었다.[38]

총독부는 화공의 취로를 제한하기 위해 사용자를 통해 제어하려 했다. 그 하나가 관영사업(官營事業)에 있어서의 화공사용제한(華工使用制限) 조치였다. 1911년 5월 총독부는 정무총감통첩(政務總監通牒)(朝發秘 第660號) 〈관영사업에 청국인 사용을 금지하는 건〉을 공포하여 관영사업에 있어서는 '가급적 청국인을 사용하지 않도록' 하고 '특수 기능을 요하거나 또는 특별한 사정에 의해 청국인을 사용할 필요가 있는 경우에 있어서는 총독의 인가(認可)'를 받아 허가하는 것으로 했다.[39] 총독부는 이렇듯 다방면에서 중국인 노동자의 이입에 제한을 두고자 했다. 그러나 실제 문제에 있어서 항만, 철도, 도로 등 인프라 건설을 서두르는 총독부로서 중국인 노동자를 배척하는 것은 결국 자승자박의 꼴이 되고 말았다. 그래서 결국 다시 1917년에 〈관영사업에 지나인 노동자 사용에 관한

---

37) 京畿道警察部 編, 앞의 책(1927), 45－46쪽.
38) 堀內稔, 「植民地下朝鮮に於ける中國人勞動者(その2)－新聞社說に見る中國人勞動者問題」, 『むくげ通信』 192, 2002, 192－193쪽.
39) 朝鮮警察協會 編, 앞의 책, 47쪽.

건〉(保親收 第415號)을 발표하여 화공의 사용은 총독의 허가가 아니라 각 사업소 소관의 부국서장(部局署長)의 인가만 받으면 되는 것으로 바꾸었다. 또한 1일 30인 이상을 사용하는 경우에는 관할 도장관(道長官)의 동의를 얻는 것으로 조건을 완화했다.[40] 1918년 2월, 〈외국인 도래에 관한 건〉(府令 第14號)이 발표되어 국적증명서의 소지 유무, 치안을 해할 위험성의 유무 등의 조건을 만들어 중국인의 입국을 제한하려 했다. 이 부령은 1월에 발표된 내무성령 제1호 〈외국인 입국의 건〉을 그대로 조선에 적용하려 한 것이었다. 일본에서는 이것이 중국인 노동자의 입국 금지를 부현지사(府縣知事)가 행할 수 있도록 하고 중국인 노동자의 입국이 한층 엄해진 조치로서 평가되었지만 조선에서는 반드시 그렇게 되지는 않았다. 가령, 1922년 8월의 〈관영사업에 지나인 사용금지의 건〉(保 1068號)에서는 중국인 노동자의 '사용 인가에 관해서는 신청할 때마다 매번 총독의 결제를 기다리는 것으로 되어 있어 기다리는 데에 공연히 시일을 필요로 할 뿐만 아니라 왕왕 그 시기를 잃는 경우'가 있어서 향후에는 도지사가 인가를 정하는 것으로 하고 결제의 순위를 한 단계 낮추었다.[41] 이것은 사람 수에 관계된 것이 아니라 단지 앞으로는 도지사가 허가 및 인가할 수 있도록 한 것이기 때문에 오히려 중국인 노동자의 입국을 용이하게 하는 것이었다.

화공과 기업

총독부의 일련의 정책은 일본의 경우와 달리 조선에서는 중국인 노동자에 대한 수요가 커서 실제 규제는 미약했음을 보여준다. 중국인 노

40) 朝鮮警察協會 編, 앞의 책, 47쪽.
41) 朝鮮警察協會 編, 앞의 책, 48쪽.

동자의 경우, 1920년대까지는 일본(내지)처럼 관(官)이 직접 관리했다고 하기보다는 각 사업소를 통해 관리하는 방식이 채용되었다.[42] 일본 기업이 바라보는 당시 중국인 노동자에 대한 시각은 다음과 같았다.

> 지나인 노동자는 인내심이 많고 어려움을 잘 견디어내며 위험을 개의치 않고 작업에 종사한다. 특히 조선인처럼 풍우(風雨)를 두려워하고 천후(天候) 여하에 따라 출동을 태만히 하는 일이 없기 때문에 예정된 공사계획을 진행함에 있어 지장을 주거나 차질을 빚는 일이 발생하지 않는다. 특히, 토목공사와 같이 계절의 관계로 시행을 서두름을 예사로 하는 것에도 불구하고 조선인은 전술한 것처럼 한 달에 20일 정도 취로하는 것에 비해 지나인은 25일 내지 27일을 취로하기 때문에 청부업자 등이 이들을 환영하는 것은 당연한 것이다. 그들이 지나인을 고용하는 이유로 들고 있는 것은 농번기로 인해 조선인 노동자를 구하기가 어렵다거나 혹은 공사 준공기한이 임박해도 노동자가 적기 때문에 진행에 지장이 있다거나 혹은 지나인 특유의 기능을 필요로 하기 때문이라는 것이다. 이러한 각종 구실을 대어 가급적이면 다수의 지나인을 사용하고자 하고 심지어는 소요 예상 인부의 수를 과장함으로써 지나인 비율을 보고하는 자들이 있다는 혐의도 있으니 주의하고 있다.
>
> 조선토목협회는 지나인 노동자 사용제한 완화에 관해 재삼재사 진정하는 경우가 있더라도 전항에 기재된 취지에 따라 대체로 사업에 소요되는 인부의 삼분의 일 정도를 한도로 할 것을 허락하고 있다.[43]

---

42) 松田利彦, 「近代朝鮮における山東出身華僑－植民地期における朝鮮總督府の對華僑政策と朝鮮人の華僑への反應を中心に」, 千田稔 · 宇野隆夫 編, 『東アジアと『半島空間』－山東半島と遼東半島』, 思文閣出版, 2003, 322쪽.

43) 朝鮮總督府警務局, 『昭和2年 治安狀況』, 1927, 15쪽.

실제로는 "무제한으로 입국을 허용"[44]하고 있다는 것이다. 이는 일본에서의 중국인 노동자 입국규제방침과는 다른 것이다.

이러한 중국인 노동자의 입국 및 취로는 조선의 각 신문에서도 간혹 문제가 되기는 했지만 중국인 노동자 그 자체에 대해서는 당초에는 그 '신용과 근면'을 평가하고 반대로 조선인의 나태함을 비판하는 논조도 하나의 흐름으로 자리 잡았다. 일본인 노동자의 경우에는 총독부라고 하는 권력을 배경으로 하여 유리했지만 중국인의 경우에는 전혀 그러한 권력적 배경이 없어서 주권을 상실하고 나라가 혼란함에도 불구하고 조선에 와서 취로하고 경제적 이익을 올리는 것은 개인으로서의 자질이 높기 때문이었다. 그들과 경쟁하여 지는 것은 조선인의 중국문화를 배우는 방법에 결함이 있는 것이고 조선인 노동자의 자질이야말로 문제라고 하는 의미이다.

> 생각해 보면, 일본인과 우리들은 입장이 다르기 때문에 그들에게 직업을 빼앗기는 것에 우리들의 책임은 없지만, 우리보다도 오히려 역경에 처해 있는 중국인에게 매번 구축(驅逐)되는 것은 아무리 우리가 핑계를 대더라도 어느 누구에게 책임을 전가할 수 있는 일은 아닐 것이다. …… 오늘날 중국인이 우리들의 직업을 침탈하는 무기는 강력한 것도 우연한 것도 아니다. 그것은 단지 신용과 근면일 뿐이다. 지금 우리가 중국인과 함께 경쟁하여 우리가 실패했다고 한다면 그것은 강력함에 의한 실패나 우연에 의한 실패가 아니라 분명히 부정직과 태만에 의한 실패일 뿐이다.[45]

44) 堀內稔, 앞의 논문(2002), 4쪽.
45) 「중국인의 직업침탈」, 『동아일보』 1924년 9월 22일, 堀內稔, 앞의 논문(2002), 5쪽에서 인용.

그러나 1920년대 말부터 불황이 심각해지면서 조선인 노동자의 일본으로의 도항이 증대하게 되자, 이를 억제하기 위해서라도 조선 내에서 조선인 노동자가 취로할 수 있는 장을 보장할 필요가 있었기 때문에 총독부로서도 화공의 유입을 억제할 필요성에 직면하게 되었다.

조선인 노동자와 화공

각지에서 조선인과 일본인을 대신해 중국인 노동자를 고용하는 움직임이 나타남에 따라 중국인 노동자의 입국을 제한해야 한다는 목소리가 높아졌다. 1930년 12월 총독부는 관영사업의 경우 중국인 노동자는 총 노동자수 혹은 연 총 노동자수의 십분의 일 이하를 기준으로 하고, 민간의 경우에는 오분의 일 이하를 기준으로 할 것을 규정하고 이를 초과할 경우에는 매번 총독부의 승인을 거치도록 했다.[46] 이렇게 함으로써 중국인 노동자 입국을 기업이 아니라 총독부가 직접 규제하는 방침으로 전환했다. 이러한 총독부의 중국인 노동자 고용제한에 관해서는 중국주부산영사관(中國駐釜山領事館)의 다음과 같은 보고[47]에서도 그 실상을 알 수 있다.

> 조선총독부는 조선인의 실업을 구제하기 위해 특별히 지방채(地方債) 2,500만 엔을 발행하고 그 중에 1,900만 엔은 토목사업에, 600만 엔은 사방공사(砂防工事)에 충당하도록 했다. 그러나 현재 조선 각지에 4만여 명이 넘는 중국인 노동자가 많은 임금을 조선인으로부터 빼앗고 있기 때문에 실업구제는 효과를 보지 못하고 있다. 때문에 관계당국은 중국인 노동자의 고용을 제한하여 조선인의 실업

46) 朝鮮總督府警務局, 앞의 책(1934), 63쪽.
47) 釜山領事館, 「朝鮮總督府限制雇用中國勞動者」, 『外交部公報』 第3卷 第7号, 1930.11, 114-115쪽.

> 을 완화시키려 하고 있다. 이는 현재 중국인 노동자의 고용은 무제한이라 향후 엄격한 제한을 하지 않으면 안 되는 까닭이다. 가령, 관영사업의 경우 중국인 고용은 최대 10명으로 제한하고 10명 이상은 절대로 인정하지 않으며, 민간에서 중국인을 고용하는 경우, 이러한 조치를 실행할 수 없을 시에는 많은 제한을 가하기로 한 것이다. 이처럼 실시되게 되면 조선 각지의 노동력시장에서 중국인 노동자가 기존에 차지하고 있던 세력은 약해지게 되고 동시에 그 절반은 잃게 될 것이다. 조선인의 실업구제는 영향이 매우 크다.

이러한 정책을 실행함에 있어 총독부는 이전에 공포는 했지만 반드시 엄정하게 실시되었다고는 볼 수 없는 부령 제52호 〈조약에 따라 거주의 자유를 갖지 못한 외국인에 관한 건〉에 따라 중국인 노동자의 고용을 제한하려 했다.[48] 총독부에 의한 이러한 고용제한정책은 상당한 효과를 거두어 중국인 노동자의 취로율(就勞率)이 "종래에 비해 약 3할의 감퇴"[49]를 보였다.

화공의 스트라이크

1926년경부터 수력발전소 건설을 중심으로 하는 대규모 수리공사가 시작되었다. 이 사업을 추진하기 위해서는 대량의 노동자가 필요했다. 그 가운데에 조선질소(朝鮮窒素)가 추진한 부전강수력발전소 건설공사에 관해 살펴보기로 하겠다. 1925년부터 시작된 일본질소의 조선 진출로 말미암아 함경남도의 한촌, 흥남 등지에는 대규모 공장지대가 출현하게 되었다. 이 부전강수력발전소 건설공사는 바로 이러한 공장지대의

---

48) 朝鮮總領事館, 「濬案與旅韓華僑之影響」, 『外交部公報』 第4卷 第7号, 1931.11, 51쪽.

49) 朝鮮總督府警務局, 앞의 책(1934), 64쪽.

전력을 공급하기 위해 동해로 흘러드는 부전강의 물을 해발 1,200미터의 고원에 댐을 건설하여 막고 이 물을 27킬로미터 길이의 터널을 뚫어 황해로 흐르도록 함으로써 그 낙차를 이용해 20만 킬로와트의 발전을 시도한다는 거대한 플랜이었다. 이 공사는 1926년 철도부설로부터 시작해서 1932년에 완성을 보았다. 이 공사에 필요로 하는 노동자는 전부 6,000명으로 예상되었고 이를 위해 '도일노동자(渡日勞動者)'(도항 제한에 따라 부산에서 발이 묶여 있던 조선인 노동자) 2,500명, 함남(공사현지)지방 출신 1,500명 그리고 중국인 2,500명으로 충당한다는 게 애초의 구상이었다. 그러나 실제로 모집해 보니 중국인이 제일 많았다. 조선인의 경우에는 임금 및 안전성 측면에서 응모하고도 그냥 돌아가 버린 자들이 속출했고, 대부분(4,000명 중 약 2,000명)은 "인내심이 있고 저임금을 감수하는" 중국인 노동자(산동 출신)로 채워지는 상황이 되었다. 이것이 조선인, 일본인 노동자의 반감을 사서 현장은 일시에 험악한 분위기에 휩싸이는 일도 있었다. 중국인 노동자의 일은 조선인 노동자가 굴착한 흙을 밖으로 운반하는 일이었다. 임금이 지불되지 않는 일도 있었고 혹한 속에서 노숙하는 바람에 동사자가 나오는 등 노동조건은 지나치게 가혹했다.[50] 당시 현장에서 함께 일했던 한 일본인의 증언을 인용해보기로 하자.

> 제가 제일 놀랐던 것은 지나인 쿨리들에 대한 대우입니다. 그들은 대부분 공사할 수 있는 기간에만 와서 일하는 그야말로 완전한 계절인부인 셈이었어요. 5월이 다 되어서야 겨우 오는 건 아무 소용이 없어서 3월말부터 4월에 걸쳐 한꺼번에 500명, 1,000명이 와서 이곳에 살았지요. 헌데 그들은 몸을 녹일만한 불기 하나 없고 오두막 한 채 없는 허허벌판에 그대로 버려진 것과 같았어요. 지나

50) 堀内稔, 「赴戰江水電工事と中國人勞動者」, 『むくげ通信』 183, 2000.

인 함바(飯場)는 왜 그렇게 하나도 없었던 것일까요? 조선인 인부의 경우에는 급하게 대충 파서 만든 오두막 함바라도 이곳저곳에 있었고 화전민 민가에서 묵기도 했거든요. 또 날씨는 어땠게요? 보통이 영하 20도, 25도이고 한파라도 한번 확 몰아치면 영하 30도는 훌쩍 넘었어요. 자기들 합숙소에서 공사현장 사무소로 갈 때에는 두꺼운 옷에 눈만 나온 방한모를 뒤집어쓰고 가지만 그 틈 사이로 숭숭 들어오는 바람을 어쩌겠어요? 일본인 합숙소에는 페치카가 한가운데 떡하니 자리하고 있었거든요. 허허벌판에서 자는 지나인은 서로를 꽉 끌어안고 앉아서 조금이라도 사람들 틈바구니 속으로 들어가 보려고 하지만 거기서 밖으로 밀려나면 그 자는 그대로 얼어 죽고 마는 거지요. 그러면 아침이 되서 목두(木頭)가 와서 쓱 한번 훑어보고 이것도 가망 없고 이것도 가망 없다고 하면 시체를 1킬로인가 2킬로인가 아래에 있는 강으로 실어다 텀벙텀벙 던져버리는 거지요. 그리고 나머지 살아 있는 자들만 일을 시키는 겁니다. 인간으로 대우하는 게 아니라 돼지나 뭐처럼 취급하는 거예요. 목두라고 하는 건 지나인 인부의 우두머리를 말하는 거예요. 한파가 몰아칠 때마다 그렇게 죽어가는 사람이 한 100명쯤은 될 겁니다. 내 이 눈으로 똑똑히 보았다니까요. 지금도 가면 죽어 자빠진 머리가 여기저기 데굴데굴 굴러다닐 겁니다.

지나에는 4억 명이나 살고 있다더니 쿨리는 어디서인지는 몰라도 화차(貨車)에 실려 계속 오더군요. 죽더라도 아무도 관심이 없고 찾아오는 사람도 없고요. 일본인, 조선인은 그 수를 분명히 알 수 있지만 지나인은 그 수도 정확히 몰라요. 기록하는 건 아니니까요. 그렇게 와서 공사 중엔 쭉 허허벌판에서 먹고 자는 겁니다.

그렇게 다들 몰려왔지만 결국은 아침부터 저녁까지 매일같이 두들겨 맞으며 일을 하고 임금도 한 푼 받지 못하고. 먹는 거라곤 한 끼에 조그만 만두 두 개에 기름투성이 스프가 차 종지로 한 잔뿐이

> 없어요. 소금과 기름으로 된 스프인 셈이지요. 먹을 수 있을 정도면 되니까 언젠가는 임금을 주겠지 기다리고 있는 거지요. 그러나 9월 말경이 되어 더 이상 공사를 할 수 없게 되어 돌아가야 할 때는 일주일 분의 만두를 한 끼에 두 개씩 끈으로 연결하여 등에 지고 화차에 타고는 떠납니다. 살아남으면 그나마 다행이지요. 폭동 같은 걸 일으킨다든가 하는 그런 힘은 없습니다. 그 대신 한번 온 사람들은 다시는 오지 않습니다. 이듬해 3월, 4월이 되면 또 새로운 사람들이 착착 옵니다.[51)]

중국인 노동자가 저임금과 열악한 환경 속에서 일을 한 것은 분명한 사실이지만 그렇다고 해서 어디에서도 "폭동 같은 걸 일으킨다든지 하는 그런 힘은 없었습니다."라고 할 지경에 이를 정도는 물론 아니었다. 오히려 다수가 스트라이크 등 쟁의에 참가했다.

|표 4-4|에 의하면, 1915년에 1,100명, 1918년에 1,187명, 1930년에 1608명으로 참가인원이 증가하고 있음을 알 수 있다. 1918년의 경우, 겸이포철산(兼二浦鐵山) 및 동삼릉제철소(同三菱製鐵所)에서 4월과 9월에 중국인 노동자가 참가한 쟁의가 있었고 1930년에는 신의주제재조합(新義州製材組合), 신의주철공조합(新義州鐵工組合), 여수축항공사(麗水築港公事) 등 중국인 노동자가 관계된 쟁의가 잇달아 일어났으며 그 총 참가인원수는 1,000명을 넘었던 것으로 추정된다. 그러나 1915년에 많았던 것에 관해서는 불명확하다.[52)] 쟁의의 장소는 중국인 노동자가 비교적 많은 북부에 많았고 쟁의의 이유는 임금의 체불, 지연, 삭감에 관련된 것이

51) 岡本達明·松崎次夫 編, 『聞書 水俣民衆史 5 植民地は天國だった』, 草風館, 1990, 53-54쪽 ; 堀內稔, 앞의 논문(2000)

52) 堀內稔, 「植民地下朝鮮における中國人勞動者(その3)-中國人勞動者と勞動爭議」, 『むくげ通信』 199, 2003, 3쪽.

|표 4-4| 중국인 노동자의 스트라이크 참가인원 수 (1912~1933년)

구별 연도	건수	참가인원			합계
		일본인 (내지인)	조선인	중국인	
1912	6	–	1,573	–	1,573
1913	4	–	420	67	487
1914	1	–	130	–	130
1915	9	23	828	1,100	1,951
1916	8	8	362	88	458
1917	8	20	1,128	–	1,148
1918	50	475	4,443	1,187	6,105
1919	84	401	8,383	327	9,111
1920	81	533	3,886	180	4,599
1921	36	11	3,293	99	3,403
1922	46	38	1,682	79	1,799
1923	72	53	5,824	164	6,041
1924	45	30	6,150	571	6,751
1925	55	49	5,390	261	5,700
1926	81	203	1,648*	133	5,984
1927	94	16	9,761	746	10,523
1928	119	112	7,212	435	7,759
1929	102	49	7,412	832	8,293
1930	160	172	17,192	1,608	18,972
1931	205	131	16,854	129	17,114
1932	152	591	14,170	63	14,824
1933	176	213	13,599	23	13,835
합계	1,594	3,128	135,240*	8,092	146,460*

주 : *은 원문에 의거한 것이다.

출전 : 朝鮮總督府警務局, 『最近朝鮮治安狀況 昭和8年·昭和13年』 (復刻), 嚴南堂書店, 1966, 143-144쪽에 근거해 작성.

많았다. 그 중에는 여비지급계약에 관련된 것도 있었다. 노동단체로는 평양에서 1929년 10월 중화노공협회(中華勞工協會), 1930년 2월에는 중화공련회(中華工聯會)가 결성되었다. 경성에서는 1935년 6월 재경성중화공회(在京城中華工會)가 결성되었다.[53] 노동자의 쟁의 참가율이라는 점에서 볼 때는, 중국인 쪽이 조선인보다도 높았다. 이상과 같은 중국인 노동자의 스트라이크 참가는 화공이 적은 일본에서는 볼 수 없는 현상으로 일본제국 통치 하에 있던 조선의 특징 중의 하나였다고 할 수 있다.

5. 배화사건(排華事件)

1927년의 배화사건

1927년 12월 7일부터 12월 17일까지 조선 전역에서 대규모 화교배척 사건이 발생했다. 이것은 중국 동북부에 거주하는 조선인 이민이 중국 당국과 중국인에 의해 박해받고 있다는 보도가 계기가 되어 일어난 사건이었다. 사건은 12월 7일 전라북도 이리에서 처음 시작되어 충청남도, 충청북도로 북상하면서 점차 확대되더니 결국에는 경기도에까지 이르렀다.

12월 7일 이리에서는 500명에서 600명에 이르는 조선인들이 16곳의 화교상점을 습격, 화교를 구타하고 상품을 약탈해갔다. 이 때문에 30여 명의 화상과 100여 명의 노동자가 인천으로 피신해야 했다. 이튿날인 8일, 폭동은 더욱 확대되어 군산, 함열, 황등에서도 이와 유사한 사건이 일어났다. 9일에는 총리, 장성, 강경, 10일에는 정산, 사가리, 신태인, 공주, 논산, 11일에는 김제, 금의 등으로 파급되었고 12일에는 강경에서 재발했다. 습격을 받은 화교들은 배를 타고 귀국하기 위해 인천으로 피난했다. 그러나 15일에는 인천에서도 같은 습격사건이 발생했다. 차이나타운과 중국인 농원(農園) 등이 습격 대상이었다. 차이나타운에서는

53) 堀内稔, 앞의 논문(2003), 8쪽.

300여 명의 화교와 외지에서 피난해 온 화교 500여 명이 그에 대비해 방어를 하고 있었다. 이 사건으로 화교 2명이 죽고, 4명이 행방불명, 40여 명이 중상을 입었다. 13일부터 15일에 걸쳐서는 경성에서도 배화사건이 발생했다.[54] 이러한 습격사건에 대해 화교들은 총독부 및 조선인 대표와의 대화와 교섭으로 사태를 진정시키고자 했고, 영사관도 일정한 역할을 담당했다. 이 사건은 조선의 13개 도시에서 11일간 지속적으로 발생했다. 중국 내에서의 조선인 문제가 곧바로 조선 내의 화교문제로 파급되는 이 연쇄적 관계는 그 후에도 여러 차례 볼 수 있었다. 그러나 이러한 배화사건에도 불구하고 화교는 인구 면에서는 1927년에 50,056명이었던 것이 이듬해 1928년에는 52,054명으로 근소하게나마 증가하고 있었다.

완바오산사건(萬寶山事件)

1931년 7월 2일, 창춘(長春) 북방 약 25 킬로미터 지점에 위치한 완바오산(萬寶山)을 조선인 농민들이 개간하려 하자, 이를 제지하고 나선 중국농민들이 조선농민이 파놓은 수로를 매립해 버리는 일이 발생했다. 이를 기화로 중국농민들과 조선농민의 보호를 담당하고 있던 일본인 경관 사이에 충돌이 발생하여 급기야는 쌍방이 발포하는 사태에까지 이르게 되었다. 일본 측에선 다시로 시게노리(田代重德) 창춘영사의 지휘하에 약 500명의 경관을 현지에 파견하여 조선농민을 무장시키는 등 장기주둔을 기도했다. 반면, 창춘현 정부도 300여명의 경관을 현지에 파견했다. 결국 쌍방은 이러한 대치 상태에서 교섭에 들어갔다. 이 사건에서 조선인이나 중국인 모두 사망자는 발생하지 않았지만 신문지상

54) 私立嶺南大學附設華僑學校出版組, 『南大與華僑』 第2期, 1928, 80−88쪽.

에서는 다수의 조선인이 중국인에 의해 살상되었다든가 중국 측이 동북주재 조선인 전원의 국외 추방을 요구하고 있다는 등 과장된 보도가 잇달았다. 결국 이러한 보도가 계기가 되어 조선 각지에서는 조선인이 중국인을 습격하는 사건으로 비화하게 되었다. 7월 2일 밤 이미 인천에서는 수십 명의 조선인이 중국 요릿집과 상점을 습격하여 중국인을 구타했다. 이에 화교들은 차이나타운으로 피신하여 습격에 대비했다. 3일 밤, 그 수가 수천으로 급증한 조선인들이 차이나타운을 향해 일제히 공격을 개시했다. 이와 유사한 사건은 경성, 평양 등 다른 지역에서도 일어났다. 중국 측이 정리한 보고서에 따르면, 이때 일련의 습격에 의해 중국인이 받은 피해는 사망 141명, 부상 546명, 행방불명 91명이었고 재산상의 손실은 4억여 엔을 웃돌았으며 각지 영사관에 수용된 자들만 해도 16,800명에 달했다고 한다. 이는 실제로 재조선화교 67,794명의 24.8%에 해당하는 수치이다. 이렇듯 당시 조선화교가 입은 피해는 상당히 컸다.[55)]

일본의 식민통치라고 하는 엄혹한 환경에 처해 있음에도 불구하고 조선화교는 무역이나 노동 등을 위해 국경을 넘어 조선으로 들어와 활동하고 있었다는 것이 밝혀졌다. 특히, 노동자의 문제는 『동아일보』 등 조선의 각 신문이 논하는 바와 같이 중국 동북부의 재만(在滿) 조선인, 조선의 중국인, 일본(내지)의 조선인, 중국인 문제와의 비교 및 그 연관성에 관해 검토하는 것이 필요할 것이다.[56)]

55) 羅家倫 主編, 『革命文獻』第33輯, 中央文物供應社, 1964, 總672.
56) 松田利彦, 앞의 논문(2003), 335쪽.

5

제국일본의 확대와 화교

1. 신해혁명과 일본화교

러일전쟁과 중국동맹회(中國同盟會)

일본은 청일전쟁의 결과로 1895년 타이완을 영유하고 1910년 한국을 '병합'함으로써 대략 26만㎢의 영토를 확장할 수 있었고 아울러 약 330만 명의 중국인과 약 1,330만 명의 조선인을 일본 국적을 가진 사람들로 그 내부에 편입시킬 수 있었다. 그것은 해외에 있는 타이완인과 조선인을 일본영사관 관할 하에 두게 되었음을 의미하는 것이자, 타이완과 조선을 포함하여 새롭게 편성된 제국일본의 영역 안에 있는 중국인을 화교라는 이름으로 일본의 통치 하에 편입시키는 것을 뜻하는 것이었다. 다시 말해, 타이완의 중국인, 조선의 중국인을 각각의 총독부 통치 하에 두게 된 것이다. 타이완화교, 조선화교에 관해서는 이미 앞에서 서술한 바 있다. 그럼, 일본(내지)의 화교는 그 후 어떻게 되었을까?

청일전쟁 후 중일관계가 그전까지와 커다란 차이를 보이는 것은, 중국인에게 있어서 일본이 문화적 발신지로서의 역할을 담당하게 되었다는 점이다. 일본은 첫째로 쑨원, 캉여우웨이(康有爲, 1858~1927), 량치차오(梁啓超, 1873~1929) 등 중국 정치가들의 망명지가 되어 주었다. 청조타도를 외치는 혁명파만이 아니라 개혁을 주창하는 변법파(變法派, 立憲派)도 1898년의 무술정변(戊戌政變)을 계기로 일본을 무대로 활동을 전개했다. 둘째는, 대량의 중국인 유학생이 일본으로 오게 되었다는 것이다. 일본화교도 청일전쟁 이전인 1893년에는 5,343명이었던 것이, 1910년에는 8,420명으로 증가하게 된다. 유학생의 경우, 청일전쟁 후인 1896년 13명의 국비유학생으로부터 시작해서 러일전쟁 종결 후인 1905년에는 8천 명에서 1만 명에 달하게 된다. 이렇듯 많은 중국인이 일본으로 유학을 오는 현상은 2000년에 걸친 중일관계 역사상 처음 있는 일이었다. 이전까지는 일본인이 바다를 건너 중국으로 가서 중국의 문화를 배우고 흡수하여 일본에 전하는 것이 중일문화교류의 기본적 구도였다. 그것이 일대 전환을 이루기 시작한 것이다. 제국의 중심으로 향하는 사람들의 흐름이 방향을 전환한 것이다. 그러나 여기서 주목해야 할 것은 중국인이 일본에서 무엇을 배우려고 했던 것인가 하는 점이다. 일본의 전통문화(그 자체로 중국문화를 중요한 기초로 하고 있다)만이 아니라 일본인이 메이지시기에 정력적으로 번역하고 흡수해 온 서양문화가 그것이다. 서양문화의 정수를 일본인과 일본어를 매개로 하여(이때 한자와 중국어가 커다란 역할을 했다) 흡수하고자 했던 것이다. 물론 이 시대에도 일본인이 중국문화에 대한 관심을 끊은 것은 아니었다. 한자를 계속해서 사용하는 한, 중국문화와의 밀접한 관계가 단절될 수는 없는 일이기 때문이다. 그러나 서양문화의 급속한 유입과 침투 속에서 일본에 있어서 중국문화의 위상은 이전처럼 절대적인 위치를 계속해서 유지해 나갈 수는 없었다. 가령, 서학(西學)에 대한 한자의 위상이 그것이다. 또한 지식인의 교양에서 차지하는 중국문화의 위치가 점차 저하되고 있었다는 것은 부정할 수 없었다.

중국 스스로도 제국으로서의 지위를 잃고 쇠망의 길로 전락해가고 있는 마당에 좋든 싫든 간에 서양문화를 받아들이지 않으면 안 되었다. 이 점에서 일본은 선진적이었다. 청일전쟁과 러일전쟁이라는 두 차례 전쟁에서의 일본 승리는 중국인이 서양문화를 흡수하는데 심리적 갈등을 안고 있으면서도 일본의 선진성을 받아들이는 중요한 계기가 되었다.

제국 일본은 일본 자본주의의 발전과 함께 확대되었다. 면방적과 제분, 잡화 등의 경공업을 중심으로 한 국내산업의 발전을 기반으로 무역면에서의 확대도 두드러졌다. 그렇다면, 아시아의 교역이라는 점에서 커다란 역할을 담당해왔던 일본화교와 그 네트워크는 이러한 일본 자본주의 발전과 어떠한 새로운 관계를 구축해가게 되었는가?

러일전쟁 시기 일본화교의 움직임 가운데 주목해야 할 것은 첫째로 일본에 대한 협조적인 자세이다. 구체적으로는 일본의 전쟁에 헌금 등을 통해 협력했다. 고베화교의 경우, 러일전쟁 때의 국채[1]모집에 많은 유력자들이 응모했다. 그때 마침 신청된 중화회관의 사단법인 정관을 보면, 제1조에 일본의 산다이세츠(三大節, 즉, 원단 元旦의 시호우하이 四方拜, 기겐세츠 紀元節, 텐쵸세츠 天長節)를 경축할 것과 일본 유사시에 일본에 대한 자선공익(慈善公益)이 우선적으로 내세워져 있다는 것 등에서 그것을 알 수 있다. 이러한 자세는 중일전쟁 시기까지 이어졌다. 일본정부 혹은 효고현이나 고베시와의 협조관계를 중시하는 자세이다. 첫 번째 점과도 관련이 있는 것인데 이 시기 각지의 화교 지도자가 일본국적을 취득하여 귀화하고 있는 것도 주목된다. 고베의 우진탕, 왕징샹(王敬祥, 1872~1922) 등이 그 대표적인 예라 할 수 있다. 그 당시 청조에는 국적법이 없었지만, 이는 사실상의 이중국적으로 일본사회에서의 정착화 경향을 보여주는 것이라 할 수 있다.

또한 이 시기 중요한 양상 중의 하나는 대중무역에 있어서 오사카 항의 비중이 급속하게 증대했다는 점이다. 1900년 대중무역에 있어서 수출입 총액의 60.7%를 고베 항이 차지하고 있던데 비해 오사카 항은 고작 3.5%에 지나지 않았었다. 그런데 1907년이 되면 오사카 항이 차지하는 비율은 25.6%로 상승한다. 수출만 보면, 1906년에는 고베 항이 32.1%였던데 비해 오사카 항은 32.3%를 차지하여 고베를 능가하기에

1) 러일전쟁에 있어서 일본의 전비(戰費)는 대략 20억 엔이었고, 그 중 국채에 의한 수입은 4억 3,500만 엔이었다(井口和起, 『日露戰爭 世界史から見た「坂の途上」』, 東洋書店, 2005, 31쪽).

이르렀다.[2)]

1908년 2월 일본 선박 다이니다츠마루(第二辰丸)가 무기를 반입하려다 마카오에서 중국의 지방관헌에 의해 나포되는 일이 있었다. 이에 대해 일본 측이 항의하자 중국은 다츠마루를 석방시켰다. 이러한 사건이 발생하자 광저우에서는 입헌파를 중심으로 일본상품에 대한 보이콧운동이 일어났다. 그러나 일본화교 특히, 고베화교는 이에 호응하지 않았다. 중국이 청조와 이를 타도하려는 혁명운동과의 대항관계가 결정적 시기를 맞이하고 있던 당시, 일본화교의 본국 정황에 대한 태도 역시 복잡해지지 않을 수 없었다. 두 가지 점에 관해 보기로 하자.

첫째, 중앙정부와의 관계이다. 화교들이 타향에 살면서 자신들의 생활과 직업을 유지 발전시키려면 당연히 본국정부의 지원이 필요했다. 19세기 후반에 이르게 되면 본국정부 측도 자신들의 권력을 유지하려면 해외화교의 지지가 필요하다는 인식을 하게 되었다. 상회 설치는 의화단사건 이후 북양신정(北洋新政)의 상무진흥책의 일환으로 1903년에 제기되어 상부(商部)의 관할 하에 상인단체로서의 상회를 국내외에 설치한다는 구상으로, 국내에는 상무총회(중화민국 시기에 총상회로 개칭), 국외에는 중화상무총회(민국 시기에 중화총상회로 개칭)를 각각 결성하여 이를 상호 제휴시키겠다는 것이었다. 그리고 1918년에는 국내외에 1,400개 이상의 상회가 조직되었다.[3)]

둘째, 재야 정치세력과의 관계이다. 당시는 청조타도를 목표로 한 쑨원 등으로 대표되는 혁명파가 있었고, 다른 한쪽엔 청조의 개혁을 목표로 한 그룹으로 캉여우웨이, 량치차오 등의 변법파 즉, 후의 입헌파가

---

2) 陳來幸, 「中華總商會を通してみた大正期の阪神華僑と日中關係」, 『近百年日中關係の史的展開と阪神華僑』(科硏報告書), 1997, 246－247쪽.

3) 中華會館 編, 앞의 책(2000), 120쪽.

있었다. 혁명파는 1895년 10월의 광저우봉기 이후 청조와는 결정적으로 대립하고 있었다. 일본에서도 1895년 11월 흥중회(興中會) 요코하마 분부(分部)가 만들어졌고, 1905년에는 도쿄에서 혁명파의 대동단결을 꾀하기 위해 중국동맹회가 결성되었다. 이 운동은 주로 도쿄, 요코하마가 중심으로 고베와 나가사키에는 그 지부가 없었다. 일본인 중에는 도우야마 미츠루(頭山滿, 1855~1944), 미야자키 도텐(宮崎滔天, 1871~1922) 등처럼 일본정부와의 중개, 자금제공 등 다양한 측면에서 그들을 원조한 사람들이 있었다. 량치차오 등 변법파는 1898년 9월의 무술정변에서 청조 정부로부터 추방된 몸이 되어 일본으로 망명해 왔다. 그들은 과거(科擧) 합격자라는 신분과 고전적 교양을 가지고 있었고 청조 타도가 아닌 개혁을 외친다고 하는 점에서 본국정부와의 관계를 중시하는 화교사회와의 결합이 강했다. 화교학교에 있어서도 요코하마의 대동학교(大同學校), 고베의 화교동문학교 모두 량치차오의 영향력이 강했다.

신해혁명과 화교

이러한 상황이 크게 바뀐 것은 신해혁명의 발발로 인해서였다. 1911년 10월 10일 우창(武昌)의 신군(新軍, 서양식 군대)에 의한 무장봉기는 중국 각지에서 반청봉기를 불러일으켰고 이로부터 청조타도의 움직임은 중국 전역으로 확대되었다.

이 소식은 순식간에 세계로 퍼져나갔고 각지의 화교에게 커다란 충격을 가져다주었다. 고베에서는 입헌파의 영향력이 강했던 고베화교동문학교에서도 학생들 중에 혁명에 공감하는 자들이 나타나는 등, 고베 화교들 사이에 혁명 지지의 분위기가 고조되었다. 11월 26일에는 중화회관에서 중화민국교상통일연합회(中華民國僑商統一聯合會)가 결성되었다. 회장은 왕징샹이었다. 왕징샹은 푸젠성 진먼다오(金門島) 출신의 화교로 무역상인 부흥호(復興号) 점주(店主)이자 요코하마 쇼킨은행(正金銀行)의 매판을 맡고 있던 인물이었다. 모임 이름에 이미 중화민국이란 명칭을 사용하고 있는 것에서도 알 수 있다시피, 연합회는 청조를 부정하고 한족의 국가건설을 지지하는 단체였다. 결성대회 장소인 중화회관에는 700명이나 되는 사람들이 참석했다. 대회에서는 청나라 '황룡기(黃龍旗)'를 사용하지 않을 것, 청국 영사의 지배하에 있지 않을 것, 선통(宣統)이라는 연호를 쓰지 않을 것, '상회'의 호(号)를 폐지할 것, 민국군정부(民國軍政府)와 연락을 취할 것 등을 결의했다.[4] 구체적으로는 의연금을 모아 혁명파에 제공할 것, 화교 청년들에 의한 의용대를 조직하여 중국에 파견할 것, 일본 각지의 화교와 연락하여 전국적인 혁명지지 단체를 결성할 수 있도록 조치할 것 등이었다. 1912년 1월 1일 쑨원을 임시대총통으로 하는 중화민국이 난징에서 건국되었고 2월 12일에 청조가 멸망했다. 같은 달, 상하이에서 해외 각지로부터 화교 대표들이 모여 화교연합회가 결성되었다. 화교에게 있어서는 최초의 세계적인 조직으로, 얼마 후 중국 국회에 화교가 의석을 일정 수 확보하는 기반이 되었다. 고베의 교상통일연합회의 마핀산(馬聘三)과 황쥬어산(黃卓山)도 그 발기인에 이름을 올렸다. 고베의 연합회는 혁명이 일단락되는 것을 지켜보고 나서 3월말에 해산했다.

요코하마에는 일찍부터 쑨원 등 혁명파의 조직이 있었고 화교들도 여기에 참여하고 있었다. 그러나 고베에서는 양셔우펑(楊壽彭, 1881?~1938)이 신해혁명 전부터 열서보사(閱書報社)[5]를 경영하고 있었다는 것은 확인

4) 『神戸新聞』, 1911.12.4.

5) 고베의 열서보사(閱書報社)는 1907년에 성립되었다고 한다(華僑商業研究會, 「在內外協會關係雜件 在內の部」, JACAR, B03041027600, 第5巻(105), 1923). 만일 그렇다고 한다면 양셔우펑이 쑨원이나 중국동맹회와 신해혁명 전부터 어떤 연계를 맺고 있었을 가능성도 부정할 수 없다.

되었지만, 혁명파와 접촉이 있었는지는 확실치 않다. 그러나 고베에서는 미카미 도요츠네(三上豊夷, 1863~1942)라는 해운상(海運商)이 신해혁명 전, 늦어도 1907년부터 쑨원을 지원했다는 것은 확인되고 있다.

신해혁명은 고베화교만이 아니라 일본인과 쑨원의 관계를 보다 밀접하게 할 수 있는 기회가 되어주었다. 이것은 쑨원이 1913년 2월부터 3월에 걸쳐 게이타로(桂太郎) 등의 초청으로 방일했을 때의 환영 태도에서도 드러난다. 여기에는 쑨원이 위엔스카이 정부의 전국철로독판(全國鐵路督辦)이라는 공적인 직위에 올라 있었기 때문에 일본정부, 군, 재계도 대환영을 했다는 배경이 깔려있다. 따라서 일본화교도 안심하고 쑨원 지지를 표명할 수 있었던 것이다. 3월에 쑨원은 고베에 와 있었는데 이때 고베에서는 핫토리 이치조(服部一三, 1851~1929) 지사를 비롯하여 효고현, 고베시, 지모토(地元)의 정치가, 실업가 등이 모두 쑨원 환영을 표명했다. 고베에는 국민당(1912년 8월, 중국동맹회를 개조하여 성립) 교통부(1913년 1월 결성. 회장은 우진탕, 부회장은 왕징샹과 양셔우펑. 교통이란 통신 · 연락의 의미)가 있었는데, 교통부 주최에 의한 환영회도 열렸다.[6]

그런데 쑨원이 귀로에 나가사키에 들렀을 때, 국민당 중심인물 중의 한 명인 송쟈오런(宋教仁, 1882~1913)이 위엔스카이가 보낸 자객에 의해 상하이역에서 사살되는 사건이 발생했다. 이것은 중화민국 최초의 선거에서 국민당이 제1당이 된 후 새롭게 개원된 국회에서 송쟈오런이 총리대신으로 선출될 것을 두려워 한 위엔스카이가 꾸민 일이다. 게다가 위엔스카이는 열강으로부터 '선후차관(善後借款)'을 도입하려 했는데 이것이 쑨원 등을 탄압하기 위한 군사력 강화에 충당될 것을 두려워 한 쑨원 등은 7월 다시 한 번 위엔스카이 타도의 무장봉기(제2혁명)로 나

---

6) 蔣海波, 「神戸華僑と中華革命黨−「王敬祥文書」を中心に」, 孫文研究會 編, 『辛亥革命の多元構造』, 汲古書院, 2003, 161쪽.

아갔다. 이 혁명은 위엔스카이의 군사력 앞에 금세 패배로 끝났고 쑨원 등은 8월 고베로 망명했다. 야마모토 곤베에(山本權兵衛, 1852~1933) 내각은 위엔스카이 정부와의 관계를 중시하여 쑨원의 망명을 환영하지 않았다. 이에 쑨원에게 미국으로 가도록 관계자를 통해 설득하고자 했지만 도우야마 미츠루 등의 지원으로 쑨원의 고베 상륙, 일본 망명을 인정하게 되었다. 고베에서는 미카미 도요츠네, 가와사키조선(川崎造船) 사장인 마츠카타 고지로(松方幸次郎, 1865~1950), 핫토리 이치조 지사 등이 고베 상륙과 1주일간에 걸친 고베 체재에 있어 편의를 제공해 주었지만, 고베 화교의 눈에 띄는 움직임은 보이지 않았다. '도망자 신세의 쑨이시엔(孫逸仙)'[7]에 대해 사람들의 반응은 냉담했다. 3월의 환영 태도가 바로 그러했다. 그렇지만 왕징샹 등은 쑨원을 계속 지지했다. 이듬해 1914년 7월, 쑨원이 도쿄에서 중화혁명당을 결성하자, 왕징샹은 고베오사카 지부를 결성하고 주로 재정 면에서 쑨원의 활동을 지원해 나갔다.[8]

2. 제1차 세계대전과 중일관계

21개조 요구

중화혁명당이 결성된 1914년 7월 유럽에서는 전쟁이 시작되었다. 발칸반도에 위치한 사라예보에서의 사건을 계기로 오스트리아 · 헝가리 제국과 러시아가 처음 전단(戰端)을 열었고, 이에 독일과 영국, 프랑스가 각기 그들을 지원하게 됨으로써 유럽 열강의 대전으로 확대되었다. 나아가 일본과 미국이 이에 가세함으로써 전쟁은 세계대전으로 확대되었다. 일본이 참전하게 된 것은 참으로 기묘한 이유에서였다. 오쿠마 시

7) 『神戶新聞』, 1913.8.9. '逸仙'은 쑨원의 字이고, '中山'은 그의 號이다.(역자 주)
8) 蔣海波, 앞의 논문(2003).

게노부(大隈重信) 내각은 유럽에서 전쟁이 시작되자 참전의 이유를 찾아내려 했다. 영일동맹을 이유로 참전하려 했지만, 영국이 일본에 기대한 것은 고작 중국 연안에서의 영국 선박의 항행 안전을 확보해달라는 것이었지, 일본이 이 전쟁에 전면적으로 가세하는 것을 원한 것은 아니었다. 그러나 일본은 독일에게 산동반도의 독일 조차지인 자오저우만(膠州灣, 칭다오 青島)을 중국에 반환하기 위해 8월 23일까지 일본에 인도할 것을 요구했다. 최후통첩이었다. 독일이 거부하자, 일본은 이를 빌미로 독일에 선전포고를 하고 참전을 하게 된 것이다. 일본의 참전 목적은 첫째로 자오저우만을 일본의 조차지로 하고, 둘째로 마셜제도 등 적도 이북의 독일령 남양제도(南洋諸島)를 지배하는 데에 있었다. 후자는 10월 14일 독일군이 항복하고 일본군이 점령하게 됨으로써 목적이 달성되었고 중국에서의 전투는 11월 7일 독일군의 항복으로 겨우 끝나게 되었다. 그러나 일단 자오저우만을 점령한 일본은 중국으로의 인도를 거부했다. 일본이 피를 흘려 획득한 것이라는 이유에서였다. 이것이 이후 산동 문제의 시작이었다. 나아가 일본은 1915년 1월 「대중국21개조(對華二一か條)」 요구를 들이밀었다. 중국 동북부, 산동, 푸젠, 후난(湖南) 등의 지역에 걸친 광범위한 이권요구였다. 이에 반발해 중국 각지에서 항일운동이 일어났다. 결국, 위엔스카이 정부는 5월 9일 일부는 보류한 채 일본의 요구를 거의 그대로 받아들였다. 이 21개조 요구는 중국인의 대일감정을 악화시키는 커다란 계기가 되었다. 그 후 중국에서는 일본이 최후통첩을 들이민 5월 7일과 위엔스카이 정부가 수락을 표명한 9일을 국치일로 하게 되었다. 중일관계는 이 21개조 요구 문제를 계기로 격렬하게 대립하는 시대로 진입해 들어갔다. 이 사건에 관해 재일중국인유학생은 항의시위를 벌인데 반해 재일화교는 눈에 띄는 움직임이 없었다. 쑨원 등 중화혁명당도 망명지라는 점과 혁명당 자체가 비밀조직이라는 점을 들어 이에 대해 항의 같은 공개적인 행동은 하지 않았다. 오히려 1915년 3월 쑨원은 고이케 쵸우조(小池張造) 외무성 정무국장과의 사이에 〈중일맹약〉을 교환했다. 이는 일본이 중국에 대한 관세자주권의 회복, 영사재판권의 철폐 등 불평등조약을 개정하는 것을 인정하고 반면에 쑨원 등은 21개조 요구에서 위엔스카이 정부가 보류했던 중일 간에 육군의 무기탄약의 통일, 중국의 군과 정부에 일본인 고문을 배치하는 것을 인정한다는 내용으로 되어 있었다. 이러한 쑨원 등의 대응은 당시 위엔스카이 정부가 은밀히 쑨원의 인도를 요구하고 있던 것에 대항해서 일어난 일종의 정치적 흥정이라고도 할 수 있는데, 일본에서는 중화혁명당 차원의 21개조 반대의 움직임은 보이지 않았다.[9]

5·4운동

1916년 6월 위엔스카이가 사망하자, 중국은 각지에서 군벌들이 대두하여 서로 싸우는 혼란 상태에 돌입하게 되었다. 1917년 3월 돤치루이(段祺瑞, 1865~1936) 정부는 미국과 일본의 권고에 따라 독일, 오스트리아·헝가리 제국과 단교하고 8월에 선전포고를 함으로써 대전에 참가했다. 러시아에서는 11월 혁명에 의해 로마노프 왕조가 무너지고 사회주의정권이 탄생했다. 1918년 11월 독일의 항복으로 제1차 세계대전이 종결되고 이듬해 1919년 1월 파리에서 독일과의 강화조약을 체결하기 위한 강화회의가 시작되었다. 일본과 중국은 똑같이 전승국으로서 회의에 참여했지만, 일본이 영국, 미국, 프랑스, 이탈리아 등과 나란히 5대 전승국의 일원으로 참가한데 비해 중국은 기타 일반 전승국의 일원에 불과했다. 중국정부가 회의에서 제기하고자 했던 것은 ① 중국에 대

9) 藤井昇三, 「二十一ヵ條交涉時期の孫文と「中日同盟」」, 市古教授退官記念論集編輯委員會 編, 『論集近代中國硏究』, 山川出版社, 1981.

한 불평등조약의 철폐 ② 21개조 요구의 철폐 ③ 자오저우만의 독일 조차지 반환, 이 세 가지 문제였다. 그러나 ①은 열강의 이권에 관계된 문제였고 ②는 일본과의 문제여서 그 어느 것도 강화회의의 의제로는 부적합하다는 이유로 의제로 상정되지 못했다. ③은 열강들도 회피할 이유는 없었지만, 대세는 이미 회의 전에 결정되어 있었다. 영국, 프랑스, 이탈리아 삼국이 대전 중인 1917년에 일본과의 비밀협정에서 산동 문제에 관해서는 이미 일본의 입장을 지지할 것을 승인하고 있었기 때문이다. 문제는 미국의 대응이었다. 윌슨(T. W. Wilson, 1856~1924) 대통령은 당초 자오저우만 조차지의 중국 반환을 지지했지만 일본이 이 점에서 자신들의 요구가 받아들여지지 않으면 윌슨이 제창한 국제연맹규약을 지지하지 않겠다고 억지를 쓰는 바람에 4월말, 미국도 일본 지지로 돌아섰다. 이처럼 5대국이 모두 산동성에 있어서 일본의 독일 이권 계승을 승인한 결과 중국의 요구는 실현되지 못할 것이 분명해졌다. 이 소식이 중국에 전해지자, 5월 4일 베이징의 학생들이 항의시위에 나서게 되었다. 이른바 5·4운동의 시작이다. 이 운동은 대외적으로는 국권의 쟁취, 대내적으로는 국적(國賊)의 제거를 슬로건으로 하여 광범한 학생, 실업가 나아가서는 노동자들까지 포함된 일대 민족운동이 되었다. 학생들은 21개조 교섭 이후 대일교섭에 관계한 차오루린(曹汝霖, 1877~1966) 등 세 명의 '친일파' 고관의 파면과 중국대표의 강화조약 조인 거부라는 목표는 실현했지만 산동의 구(舊) 독일 조차권은 일본이 계승하게 되어 회수는 실현되지 않았다(1922년 워싱턴 회의 개최 중에 일본은 칭다오 반환에 동의하고 같은 해 12월 철병했다). 그러나 5·4운동은 중국의 민족운동이 새로운 단계에 이르렀음을 보여주는 것이었다.

3. 중국인 노동자 문제

내무성령 제1호

1918년(다이쇼 7년) 1월, 내무성령 제1호 〈외국인 입국에 관한 건〉[10]이 발표되었다. 이것은 1899년(메이지 32년)의 칙령 제352호와 함께 일본의 외국인 출입국 관리의 핵심적인 법령이었다. '본방(本邦)으로 건너오는 외국인으로 다음 각 호의 하나에 해당한다고 인정되는 자는 지방장관(도쿄부에 있어서는 경시총감 이하, 이에 따른다)에 의해 그 상륙을 금지할 수 있다.'(제1조)고 함으로써 '여권 또는 국적증명서를 소지하지 않은 자', '제국의 이익에 반하는 행동을 하거나 또는 적국의 편의를 도모할 우려가 있는 자', '공안(公安)을 해하거나 풍속을 문란할 우려가 있는 자' 등이란 항목과 함께 '심신상실자(心神喪失者), 심신모약자(心神耗弱者), 빈곤한 자, 기타 구조(救助)를 요할 우려가 있는 자'라는 항목이 들어 있다. 이 '빈곤한 자, 기타 구조를 요할 우려가 있는 자'라는 규정이 바로 '지방장관'(지사)이 중국인 노동자의 입국 허용 여부를 판단할 때 원용되었다. 이와 거의 동일한 규정이 같은 시기 타이완과 조선에서도 공포되었다. 중국인 노동자의 입국은 한층 엄격해졌다. 칙령 제352호는 노동자(실제로는 중국인 노동자)의 구 거류지와 잡거지 이외 지역에서의 '거주'와 '업무'에 관해 '행정장관의 허가' 없이는 안 된다고 규정하고 있다. 그리고 실제로는 이 칙령과 연관되어 나온 내무성령 제42호와 내무대신 훈령(訓第728号)에 의해 중국인 노동자는 구 거류지와 잡거지 외에서는 '거주나 그 업무를 행하는 것을 허가할 수 없다.'고 함으로써 거주와 취로는 금지

10) 내무성령 제1호 공포의 배경으로 1917년 2월 미국에서의 이민법의 성립이 있었다는 지적도 있다(許淑眞, 「勞動移民禁止法の施行をめぐって－大正13年の事例を中心に」, 『社會學雜誌』 第7号, 1990, 113쪽).

|표 5-1| 재류 중국인 직업별 표(1924년 7월 현재)

종별 \ 거주지별	구거류지/잡거지	구거류지/잡거지 외	계
영업자			
무역상	249	431	680
비단행상	36	1,266	1,302
잡화행상	2	194	196
우산(傘)행상	–	208	208
요리영업	24	151*	255
이발영업	29	198	227
음식점영업	9	111	120
재봉업	98	2	100
기타	226	514	740
계	673	3,155	3,828
노동자			
요리사	144	1,365	1,509
이발사	186	1,770	1,956
재단사	315	150	465
등(藤)세공직	119	33	152
페인트공	103	2	105
일용직인부	5	955	960
복비(僕婢)	267	95	362
기타	174	228	402
계	1,313	4,598	5,911
기타			
학생	5	916	921
은행원/회사원/상점원	877	504	1,381
무직(無職)의 가족	2,759	1,548	4,307
기타	98	83	181
계	3,739	3,051	6,790
합계	5,725	10,804	16,529

주 : 100명 이하의 업종은 '기타'로 일괄 분류했다.
* 151은 원문 그대로인데 231의 오기인 것으로 보인다.

출전 : 內務省社會局 「在留支那人大別表」(第一表), (社會局第一部 『勞動時報』 1924年 11月, 13쪽), 外交史料館, 『帝國勞動政策及法規關係雜纂－支那勞動者入國取締』, 3.7.1.5－1, 1924.

되었다. 그러나 이 규정은 역으로 말하면 구 거류지와 구 잡거지 내라면 중국인 노동자도 특별히 '행정장관의 허가' 없이도 거주하거나 취로해도 된다는 것을 규정한 것이라고도 할 수 있다. 또한 1912년(다이쇼 원년) 11월 내무대신 훈령에 따라 '잡역노동' 중에 '이발종사자'와 '요리종사자'에 대해서는 '행정장관의 허가'만이 아니라 '지방장관'이 그 '허용 여부'를 결정해도 되었다. 이러한 정책 하에서 내무성령 제1호가 공포되었던 것인데, 왜 1918년에 다시 중국인 노동자의 취체 강화를 의미하는 성령(省令)이 발표되었던 것일까? 중국인 노동자에 대한 구체적 대응에 있어서 문제가 된 것은 ① 일본으로의 입국 금지 ② 일본에 체류 중인 노동자의 국외 퇴거 ③ 대상이 되는 노동자의 범위(요리업 종사자 등), 이 세 가지인데, 1918년 당시 이 세 가지 어디에서도 커다란 문제는 발생하지 않았다.

실제로 중국인 노동자 문제가 사회적 · 정치적 문제로 부상하게 된 것은 3년 후인 1921년(다이쇼 10년) 이후이다. '무허가노동 지나인'의 '발견 수'는 1918년 243명, 1920년 438명이었던 것이 1921년에는 1,912명, 1922년에는 3,703명, 1923년에는 4,356명으로 증가했고, '지나인 입국금지 자' 수는 1920년에 20명이었던 것이 1921년에 102명, 1922년에 239명, 1923년에는 584명으로 급증했다.[11] 그러나 이것은 '무허가노동 지나인'이나 '지나인 입국금지자'가 급증했기 때문인지, 당국의 취체가 종래에 비해 엄중해진 결과인지는 명확하지 않다. 확실히 재일중국인 수는 1920년의 14,258명이 1922년에는 16,936명으로 3,000명 가까이 증대했지만 급증이라 할 정도는 아니었다. 그리고 1923년에는 간토대지진(關東大地震)의 영향으로 12,843명으로 감소했다. |표 5-1|에 따르면, 1924

11) 內務省警保局, 『外事警察報』 第1卷 第25号(復刻, 不二出版, 1987), 1924, 116-122쪽.

년 7월 현재 중국인 총수는 16,529명이었고 그 내역을 보면, 영업자가 3,828명(23.1%), 노동자가 5,911명(35.8%) 기타 6,790명(41.1%)으로 영업자보다도 노동자 쪽이 많다. 그 비율은 1대 1.5였다. 노동자 중에서 문제가 되는 것은 구 거류지 · 잡거지 이외 지역의 4,598명으로, 그들 대부분이 요리, 이발, 재단의 산바다오업(三把刀業)에 종사했는데 이들의 고용주는 중국인이었을 것이다. 만일 그렇다면 일본인 노동자의 고용과 충돌하는 경우는 적었을 것이다. 문제는 955명의 일용직 인부들일 것이다. |표 5-2|는 1926년 9월 현재의 통계인데, 무허가 노동자 2,746명 중에서 삼도업은 1,155명, 건설노동자는 799명이었다.[12)]

이 건설노동자는 확실히 일본인 노동자와 경쟁했다. 그들이 일본 전체에 분포되어 있다면 문제가 되지 않았을 것이다. |표 5-4|에 의하면, 무허가노동자는 경시청 관내인 도쿄에 집중되어 있었다. 그래서 일부 지역 가령, 도쿄의 후카가와(深川) 등에 집중되어 있어서 일본인 하층노동자, '도시잡업층(都市雜業層)'과 마찰을 일으키는 일도 있었다.[13)] 그러나 이러한 사건은 중국인 노동자만의 문제가 아니라 조선인 노동자 문제와 연관되어 발생했다.[14)] 간토대지진[15)] 때 일어난 조선인, 중국인에 대

---

12) |표 5-3|에 의하면, 1923년에서 1926년 사이에 입국이 금지된 중국인의 직업은 삼도업이 1,110명인데 비해 건설노동자는 불과 92명에 불과했다. 삼도업으로 위장하여 입국하려는 경우도 있는 것으로 보아, 이 표만으로는 일률적으로 말할 수 없지만 중국인 노동자의 취체에는 실태보다도 예방적 차원과 본보기를 보인다는 측면이 없다고는 할 수 없을 것 같다.

13) 山脇啓造, 앞의 책(1994), 268쪽.

14) 山脇啓造, 앞의 책(1994), 270-281쪽.

15) 1923년 9월 1일, 간토대지진이 일어났다. 지진에 즈음하여 6,000여 명의 조선인이 학살되었는데, 중국인도 왕시톈(王希天, 1896~1923) 등 학살된 자를 포함하여 "사망 474명, 부상 81명, 행방불명 11명"(仁木ふみ子, 『關東大震災と中國人大虐殺』, 岩波ブックレット, 1991, 75쪽.)이라 되어 있다. 도쿄와 요코하마의 화교는 중국으로 돌아가던지 아니면 오사카와 고베로 피난했다. 심지어 아예 그곳에서 귀국하여 일시 피난했다가 다시 간토로 돌아왔다. 고베로 피난한 자들은 약 4,000명에

한 학살사건이 그 비참한 예라 할 수 있다.

|표 5-2| 중국인 노동자 직업별 조사표(1926년 9월말 현재)

(단위 : 명)

종별 / 직업별	구거류지·잡거지 내 거주자	구거류지·잡거지 외 거주자			합계
		허가노동자	무허가노동자	노동허가 신청 중인 자	
이발사	124	2,176	273	177	2,750
요리사	245	1,282	692	106	2,325
양복재단사	402	1	190	–	593
건설노동자	34	100	799	–	933
페인트공	108	–	54	–	162
등(藤)세공직	142	1	12	–	155
급사	–	1	126	–	127
복비(僕婢)	10	–	61	–	71
기타	123	69	539	3	734
합계	1,188	3,630	2,746	286	7,850

주 : '거류지'라고 되어 있는 것은 '구 거류지'를 뜻한다.

출전 : 內務省警保局, 『外事警察事務要覽 大正15年·昭和元年度版』, 1926, 85-86쪽에 근거해 작성.

재일조선인 수는 1910년에 불과 2,600명이던 것이 1920년에 40,755명, 1922년에는 90,741명, 1923년에는 136,557명으로 그야말로 급증하는 추세를 보였다(|표 5-3|). 외국인 노동자 문제는 일반적으로 ① 일본인 노동자 일자리와의 관계 ② 치안문제 ③ 풍속문제 이 세 가지인데, 가장 큰 문제는 바로 ①의 문제였다. 이것은 외국인 노동자의 국적 즉, 중국인인가 조선인인가 하는 것은 사실 관계가 없다. 그러나 일본 통치하의 조선은 외국이라 할 수 없었다. 따라서 조선인은 외국인이 아니라 일본인(외지인)이었기 때문에 그들을 '외국인'으로 간주하여 취체 대상으

달했다. 고베에서는 고베화교구제(호)단이 결성되어 고베화교 모두가 지원활동에 나섰다.

|표 5-3| 중국인 노동자 입국금지 직업별 조사표(1926년 9월말 현재)

	1923	1924	1925	1926	계
이발사	278	177	109	163	727
요리사	46	158	72	52	328
건설노동자	1	45	2	44	92
송지직(鎹止職)	12	1	18	15	46
목부(牧夫)	–	32	2	–	34
목수	14	9	–	2	25
침금(針金)세공직	8	6	7	–	21
제과·제빵사	2	3	4	6	15
재단사	–	7	2	1	10
기타	400	819	391	628	2,238
계	761	1,257	607	911	3,536

주 : 1923년 아이치현(愛知縣)의 경우에는 기록이 빠져 계상하지 않았음.

출전 : |표 5-2|와 동일

|표 5-4| 중국인노동자 청(廳)·부(府)·현(縣)별 조사표(1926년 9월말 현재)

(단위 : 명)

종별 / 직업별	거류지/잡거지 내 거주자	거류지/잡거지 외 거주자			합계
		허가노동자	무허가노동자	노동허가 신청 중인 자	
홋카이도(北海道)	–	37	5	2	44
경시청(警視廳)	–	619	1,925	16	2,560
교토(京都)	–	351	147	58	556
오사카(大阪)	14	861	227	81	1,183
가나가와(神奈川)	579	509	76	46	1,210
효고(兵庫)	453	359	116	5	933
나가사키(長崎)	142	152	43	13	350
나라(奈良)	–	122	–	4	126
아이치(愛知)	–	98	–	13	111
기타	–	522	207	48	777
합계	1,188	3,630	2,746	286	7,850

주 : '거류지'는 '구거류지'의 의미.

출전 : |표 5-2|와 동일.

로 삼는 것은 제약이 있었다. 반면, 중국인은 외국인으로서 규제가 용이했다. 중국인 노동자 문제가 부상하기 시작한 것은 물론 중국인 노동자의 일정한 증가가 있었기 때문이지만 조선인 노동자의 급증에 따른 영향도 간과할 수 없다.

|표 5-5| 재일조선인 인구

(단위 : 명)

연도	재일조선인인구	연도	재일조선인인구
1910	2,600	1928	358,121
1911	5,728	1929	398,920
1912	7,796	1930	419,009
1913	10,394	1931	427,275
1914	12,961	1932	433,692
1915	15,106	1933	500,637
1916	17,972	1934	559,080
1917	22,218	1935	615,869
1918	34,082	1936	657,497
1919	37,732	1937	693,138
1920	40,755	1938	796,927
1921	62,404	1939	980,700
1922	90,741	1940	1,241,315
1923	136,557	1941	1,484,025
1924	172,130	1942	1,778,480
1925	214,657	1943	1,946,047
1926	247,358	1944	2,139,143
1927	308,685	1945	2,206,541[a)]

주 : a)는 8월 20일 현재이고, 나머지는 12월 말 현재이다.
출전 : 田村紀之, 1981, 58쪽에 근거해 작성.

이러한 일본의 취체 강화에 맞서 중국인의 항의운동이 일어났다. 1924년(다이쇼 13년)의 일이다. 그것은 고베에서 또 한편으로는 도쿄에서 시작되었다. 우선, 고베부터 보기로 하자. 발단은 같은 해 3월 효고현이 중국인 입국 시 신원(身元) 인수에 대해 다음과 같은 8개항의 조건을 내걸었던 데에 있었다.

1. 노동에 종사시키지 않을 것.(요리사인 경우에는 다른 노동에 종사시키지 않을 것)
2. 상륙당시의 고용주 이외의 고용인으로 근무시키거나 전직시키지 않을 것.
3. 본인을 고용함에 따라 동일하거나 유사한 목적을 위해 고용된 종전의 고용인을 해고하거나 전직시키지 않을 것.
4. 본인을 해고하거나 근무를 변경시키고자 할 때는 사전에 해당 관청의 허가를 받은 경우를 제외하고는 즉시 관할 경찰서 및 고베수상서(神戸水上署)에 그 취지를 전하고 본인을 귀국시킬 것. 단, 귀국에 필요한 비용 및 귀국까지 본인에게 필요한 일체의 비용 그리고 본인의 의무에 속하는 일체의 채무는 인수인이 부담할 것.
5. 본인이 도주, 사망하거나 행위불명(行衛不明)이 되었을 때는 5일 이내에 관할 경찰서에 신고할 것.
6. 본인의 주소, 성명, 국적에 변경이 생겼을 때에는 곧바로 관할 경찰서에 신고할 것.
7. 관헌의 요구가 있을 때에는 여비 및 기타 본인에 관한 일체의 비용은 인수인이 부담하고 즉시 귀국시킬 것.
8. 질병 및 기타 구조를 요할 때에는 인수인이 그에 상당하는 수당을 추가 부담함은 물론 만일 본인이 재방(在邦) 중에 구호를 위해 혹은 본인을 수사하기 위해 소요된 일체의 비용은 인수인이 승인한 것이 아님에도 불구하고 인수인이 부담할 것.[16)]

16) 內務省警保局, 앞의 책(1924), 112-113쪽.

이 8개항은 한신화교(阪神華僑)의 커다란 격분을 불러일으켰다. 5월 2일, 광동방의 광업공소에 고베화교의 주요 성원들이 모여 협의한 결과, 이 8개항은 "지나치게 가혹하여 사실상 지나인의 입국을 금지"[17]하려는 것으로 단정하고 고베총영사를 통해 일본 측과 교섭할 것을 결정했다. 4일, 중화회관에서 한신 거류민대회가 개최되었다. 여기에는 고베 중화총상회 회장 정주산(鄭祝三), 오사카 중화총상회 회장 장여우선(張友深) 등 300여 명이 모여 다음의 두 개 항목을 결의했다.

1. 효고현의 신원 인수 8개조는 불합리하고 가혹한 것으로 지나인 배척을 명백히 한 것으로 그것이 철폐되기를 바란다.
2. 일본에 있어서 지나인 상륙이 곤란해짐으로써 도항은 잠시 보류할 것과 지나 각지의 신문지상을 통해 여론을 환기할 것을 상하이, 광동의 자치회 및 상무총회에 타전할 것.[18]

5월 6일, 리자스(李家駟) 부영사는 우시지마(牛島) 효고현 경찰부장과 면담하고 "지나인의 입국완화, 인수서(引受書) 8개조 철폐" 요구서를 제출했다. 일본 국내의 거류 화교와 중국 각지에도 이와 같은 취지의 전단을 송부하여 선전하는데 애썼다.

주일화교연합회(駐日華僑聯合會)

도쿄에서는 린원쟈오(林文昭, 中華第一樓 店主) 등이 4월 말 중국인의 '입국저지 및 취체 철폐'의 방침을 결의하고 공사관에 협력을 요청했다. 그리고 동시에 외무성, 내무성에 대해 항의와 요청의 활동을 벌였다. 린원쟈오 등은 간토대지진 후인 1924년 주일화교연합회를 결성했다.

17) 內務省警保局, 앞의 책(1924), 110쪽.
18) 內務省警保局, 앞의 책(1924), 110－111쪽.

모임의 목적은 ①자선구제 ②8개조의 철폐 ③지진으로 인한 재해로 사망한 동포의 추도회 개최 ④대일국민대회 참가, 차오쿤(曹錕, 1862~1938)·우페이푸(吳佩孚, 1874~1939) 반대 ⑤"동포 취체에 관한 일체의 가혹행위에 대해 항의할 것을 공사관에 독촉" ⑥자치 ⑦국민회의 참가[19] 등을 내걸고, 요코하마, 오사카, 고베, 나가사키에도 성원들을 파견해 전국적인 조직을 만들어 낼 것[20] 등이었다.

5월 4일, 중국주일공사관 등은 일본 측에 조건의 완화를 바라는 요청서를 제출했다. 요청서에는 일본정부가 중국인 '노동자나 상인의 상륙을 일반적으로 거절하는 것'은 아니라는 점을 밝히고 있지만, 실제로는 '요코하마나 고베의 각 경찰서는 폐국(弊國)의 상공인에 대해 때때로 상륙을 금지하고 이미 상륙해 있는 사람들에 대해서도 노동을 허가하지 않고 있으며, 더불어 각종 제한을 두고 있다는 사실'[21]이 있다는 점을 지적하면서 이러한 일이 없도록 각지의 경찰서에 지시해 주었으면 좋겠다고 되어 있다. 이 중국주일공사관의 조회(照會)에 대한 경보국장의 회답(1924년 8월 2일 부)은 1899년의 칙령 제352호와 내무성령 제52호의 규정을 되풀이하는 것으로 내용은 대개 이렇다. 중국인 '노동자'는 '종전의 거류지 잡거지 이외에 있어서는 전혀 허가의 여지'가 없지만, '요리 종사자와 이발 종사자와 같은 기술노동자'는 지방의 실정에 따라 일본인과의 알력을 일으키지 않는 한, 최대한 관대하게 처리하겠다. 그러나 행상이나 비(非)노동자로 위장하여 입국하는 자들도 있어 '확실한 신원보증서가 없는 한' 1918년 1월의 내무성령 제1호 제6항('빈곤자 및 기타

19) 〈駐日華僑聯合會橫濱支部開設に關する件〉, 駐日華僑聯合會1, 「在內外協會關係雜件 在內の部」 第4卷(101), 1924, 0218, JACAR, B03041024100
20) 內務省警保局, 앞의 책(1924), 114-116쪽.
21) 內務省警保局, 『外事警察關係例規集』, 1931, 54쪽.

구조를 필요로 할 우려가 있는 자')에 따라 입국을 금지할 것이다. 따라서 중국인 노동자는 도래 전에 '종업 및 거주의 허가'를 취득하는 것이 좋겠다는 것이다.[22] 그런데 1924년 5월 미국에서 일본인 이민 배척법이 제정되자, 일본 국내에서는 반미감정이 고조되어 갔다. 이에 중국 국민당은 일본이 미국의 일본인 이민 배척에는 항의하면서도 중국인의 입국에는 엄격하게 대응하는 모순을 초래하고 있다는 점을 지적하면서 중국인의 일본 재입국의 조건을 완화해 줄 것을 요청했다. 그러나 입국 시 여권 또는 국적증명서의 제시 필요성의 유무에 관해 내무성령 제1호 제2조에는 다음과 같이 규정되어 있었다.

> 제국 신민의 입국에 있어, 여권 또는 국적증명서의 제시를 필요로 하지 않는 국가의 신민 또는 인민에 대해서는 특별히 전조(前條) 제1항 1호의 규정을 적용하지 않을 수 있고, 여권 또는 국적증명서에 해당국 관헌의 사증(査證)을 필요로 하지 않는 국가의 신민 또는 인민에 대해서는 동 조(條) 제2항 중의 사증에 관한 규정을 적용하지 않을 수 있다.[23]

'전조 제1항 1호의 규정'이란 지방장관이 상륙을 금지할 수 있는 경우인 '1. 여권 또는 국적증명서를 소지하지 않은 자'를 말하고, '동 조 제2항'이란 '2. 제국의 이익에 반하는 행동을 하거나 적국의 편의를 도모할 우려가 있는 자'를 말한다. 중국인은 '제국 신민의 입국에 있어, 여권 또는 국적증명서의 제시를 필요로 하지 않는 국가의 신민 또는 인민'에 해당했다. 다시 말해 일본제국의 신민이 중국에 입국하려 할 경우 '여권 또는 국적증명서의 제시를 필요'로 하지 않았던 것처럼 중

22) 內務省警保局, 앞의 책(1931), 56쪽.
23) 內務省警保局, 앞의 책(1931), 2쪽.

국인이 일본에 입국하려 할 경우에도 상호주의에 입각해 '여권 또는 국적증명서의 제시를 필요'로 하지 않았다는 것이다.

주일화교연합회는 재일중국인노동자 문제만이 아니라 중국의 국내정치 문제에도 운동의 목표를 두고 있었다. 그리고 도쿄에 본부를 설치하고 요코하마를 비롯해 고베, 나가사키에도 지부를 개설하고자 했다. 이 모임의 비서장인 하오자오시엔(郝兆先) 등은 1925년 11월 고베를 방문하여 고베지부 설치를 위해 노력했다. 그리하여 화교연위회(華僑聯衛會)와 화교양복상조합(華僑洋服商組合)을 해산하고 고베지부를 결성한다는 안이 제출되었지만, 결국 기존의 모임은 그대로 둔 채 새로이 화교연합회 고베지부를 결성하는 것으로 결정했다. 여기에는 노동자를 끌어들일 필요성이 있었기에 양복상과 이발업자의 의향이 작용한 듯하다. 그리고 지부설립위원으로는 양셔우펑, 양용캉(楊永康), 양치환(楊其煥), 장쥔셔우(張君壽), 꾸루이바오(顧瑞寶), 저우용즈, 허즈취엔(何子銓), 황싱탕(黃杏堂), 원셔우치(溫壽祺) 등이 이름을 올렸다.[24] 그러나 이 주일화교연합회는 회장인 린원쟈오파와 비서장인 하오자오시엔파가 대립하게 됨으로써 내분이 일어나 서로 격한 비난을 주고받는 상황에 이르게 되었고, 결국 흐지부지되고 말았다. 요리업자로서 중국인 노동자의 입국문제에 한정하여 활동하고자 했던 린원쟈오 등과 국민혁명의 일환으로 화교운동을 전개하고자 한 하오자오시엔 등의 노선 차이가 분열을 초래했다고 생각된다. 덧붙여 말하면, 하오자오시엔은 일본대학 고등전공과 국제법 연구생 출신으로 광동중앙통신사 일본지사 주임, 상하이민국일보 주일기자, 교일화공공제회(僑日華工共濟會)[25] 위원장을 지냈다.[26] 하오자오

---

24) 〈駐日華僑聯合會秘書長の行動〉, 駐日華僑聯合會3, 「「在內外協會關係雜件 在內の部」第4卷(103), 1925, 0325, JACAR, B03041024300.

25) 교일화공공제회(僑日華工共濟會)는 1922년 9월 도쿄 후카가와의 오시마쵸(大島

시엔, 린스루이(林斯瑞), 레이빙(雷昺), 왕슈성(王樹聲) 등은 중국 국민당 도쿄지부 내 좌파였고 또한 중국 공산당 당원이었다.[27]

이 외에도 다이쇼 시기에는 많은 화교단체들이 결성되었다. 고베의 경우, 당시 결성된 교단(僑團)은 동업단체가 대부분이었지만, 학생 등 지식인층의 지도하에 민주주의 사회 확립을 목표로 하는 단체로 고베오사카교토화교연위회(神阪京華僑聯衛會)와 같은 조직도 결성되어 있었다.[28] 타이완과 조선에서도 1920년대에 교단의 결성이 추진되었는데, 일본에서도 이와 유사한 움직임이 보였다. 이는 제1차 세계대전과 러시아혁명으로 촉발된 새로운 민족운동의 세계적 발흥과 연동되어 있는 것으로 볼 수 있다.

대아시아주의(大亞細亞主義) 강연

쑨원은 1924년 11월 장주어린(張作霖, 1875~1928), 돤치루이와 회담하기 위해 광저우를 출발해 해로로 북상했다. 그런데 그는 도중에 상하이에서 곧바로 톈진으로 가지 않고 일본으로 갔다. 도쿄에 가서 이누카이 다카시(犬養毅, 1855~1932) 체신대신 등 일본정부의 수뇌와 회담하고 불평등조약의 철폐(당면한 관세자주권의 회복)에 대해 일본의 지지를 얻고자 했기 때문이다. 그러나 이누카이를 포함한 가토 다카아키(加藤高明, 1860~1926) 내각은 쑨원의 일본방문을 환영하지 않았다. 당시 일본에게 중요한 것

町)에서 왕시톈 등에 의해 중국인노동자 지원을 위해 결성되었다. 중국인 노동자의 노동조건 개선, 의료지원, 일본어교육, 위생 · 풍속의 개량 등의 측면에서 활동했다.

26) 〈駐日華僑聯合會の內訌に關する件〉《其の二》, 駐日華僑聯合會3, 「「在內外協會關係雜件 在內の部」 第4卷(103), 1925, 0330, JACAR, B03041024300.

27) 呂芳上, 「中國國民黨改組前後東京支部黨務糾紛初探」, 衛藤瀋吉 編, 『共生から敵對へ―第四回日中關係史國際シンポジウム論文集』, 東方書店, 2000, 532−541쪽.

28) 內田直作, 『日本華僑社會の硏究』 後, 同文館, 1949, 355쪽.

은 동베이, 화베이의 이권이었다. 따라서 장주어린, 돤치루이를 중시했지, 화난(華南)의 한 구석을 지배하고 있는데 지나지 않았던 쑨원은 주요 교섭 상대가 아니었던 것이다. 하물며 당시 쑨원은 소비에트 러시아와 제휴하고 중국 공산당과 손을 잡고 있었으며 심지어는 중국, 일본, 러시아의 삼국동맹을 구상하고 있었다. 쑨원은 11월 24일에 고베에 도착했지만 결국 도쿄에 갈 기회는 얻지 못한 채 30일에 톈진으로 향하는 귀국길에 올랐다.

일본정부와 재계, 군부는 환영하지 않았지만, 고베의 각계 인사들은 쑨원을 환영했다. 그 선두에 섰던 인물이 고베상업회의소 회장인 다키가와 기사쿠(瀧川儀作, 1874~1963)이다. 다키가와 등의 요청을 받아 쑨원은 강연을 받아들이기로 했다. 강연 제목은 '대아시아문제(大亞細亞問題)'로 되어 있었는데, 이것은 일본 측의 요망에 의한 것이었다. 고베상업회의소 주최, 고베신문, 고베 유우신일보(又新日報), 오사카 아사히신문(朝日新聞), 오사카 마이니치신문(每日新聞) 후원으로 11월 28일 효고현립고베고등여학교(兵庫縣立神戶高等女學校) 강당에서 이루어졌다. 당일에는 3,000명이나 되는 시민들이 몰려들었다. 3시가 넘어 다키가와 회장의 인사말에 이어 시작된 강연은 따이지타오(戴季陶)의 유창한 통역까지 있어서인지 박수 때문에 몇 번이나 연설이 중단되기도 하면서 "4시 반이 지나서야 겨우 만세 속에서 산회했다."[29] 이 강연은 쑨원이 일본인 앞에서 한 마지막 강연이었고 사실상 그의 '유언'이 되었다. 그러나 이 강연의 주지에 관해서는 당시에도 이러저러한 견해들이 있었다. 일지제휴(日支提携), 불평등조약 철폐에 대한 호소, 중국, 일본, 러시아 삼국동맹의 제창 등 오늘날에 이르러서도 해석은 다양하다. 다만, 쑨원은 고베의 시민들

29) 『神戶又新日報』, 1924.11.29.

앞에서 일본비판을 극력 억제했다는 것은 분명하다. 다시 말해 그는 일본의 한국병합과 21개조 요구 이후 일본의 대중국 정책에 대한 비판을 적어도 강연에서는 하지 않았다. 이것은 당시 쑨원의 중국 국내에서의 발언과는 명확히 다른 톤이었다. 강연을 들은 조선의 『동아일보』 기자 윤홍렬이 쑨원과의 인터뷰에서 '동아연맹(東亞聯盟)'을 제창하면서 일본의 조선정책에 대해 언급하지 않은 것은 잘못이 아니냐고 비판하자, 이에 대해 쑨원은 "일본에서는 조선 문제를 건드리는 것을 회피했다."고 솔직하게 인정했다.[30] 만일 당시 쑨원의 대일관(對日觀)을 알고자 한다면, 정확히 1년 전인 1923년 11월에 쓴 「이누카이 다카시에 보내는 서신」을 꼭 읽어봐야 할 것이다.

쑨원을 맞이한 화교의 동향에 주목해 보기로 하자. 고베화교가 하나같이 쑨원을 환영했던 것만은 아니었다. 보통 중국에서 빈객이 오는 경우, 고베화교는 반드시 중화회관에서 환영회를 열어왔다. 쑨원이 고베항에 도착했을 때, 고베화교동문학교의 학생들이 항구까지 나가 환영했지만, 시내에는 철혈제간단(鐵血除奸團) 이름으로 쑨원을 비판하는 전단이 전신주에 나붙기도 했다. 누가 그리했는지는 분명하지 않지만 아마도 광동화교의 일부가 아닐까 추측되고 있다. 더 자세히 말하자면, 같은 해 10월 쑨원의 광저우정부는 시내에서 일어난 상단(商團)의 무장봉기를 진압했는데, 광동화교 중에는 이 상단과 관계가 있는 사람들이 있었기 때문이었다. 국민당 고베지부 주최의 환영회는 열렸지만, 고베화교로서 남의 이목을 끌 정도로 성대하게 쑨원을 환영하는 태세를 갖출 수는 없었다. 아울러 쑨원은 강연의 마지막을 다음과 같은 말로 끝맺었다.

30) 『동아일보』, 1924.3.30.

당신들 일본 민족은 유럽의 패도문화도 배웠고, 동시에 아시아의 왕도문화의 본질도 가지고 있습니다. 장차 세계 문화의 미래에 있어 결국 서방 패도의 주구가 될 것인지 아니면 동방 왕도의 간성이 될 것인지, 바로 그것을 당신들 일본 국민이 신중하게 선택해주시기를 바랍니다.

그러나 이 유명한 말은 귀국 후 국민당 기관지 『민국일보(民國日報)』(上海版) 12월 8일자에 강연의 전문을 발표할 때에 덧붙인 것은 아닐까 추측된다.

이 시기, 주일화교연합회의 하오자오시엔, 천진위(陳錦豫), 양무펑(楊睦鳳), 레이빙 등(모두 중국 국민당원)이 고베와 와서 쑨원과 만났다. 하오자오시엔 등의 호소에 대해 쑨원은 다음과 같이 답했다고 한다.[31]

현재, 민국의 형세는 각 외국에 대해 크게 경계를 요할 때로서, 이때 이웃나라인 일본과 특별히 제휴할 필요가 있고, 대아시아주의에 대해 설명해야 할 경우가 있다. 동아의 형세가 이와 같기 때문에 일본도 민국에 대한 태도에 있어 점차 양호해지고 있다. 고로 입국문제에 관해서도 머지않아 지진으로 인한 재해 이전 상태로 회복될 것이라 사료된다. 나는 당지에서 톈진으로 갈 것이지만, 톈진에서 만사가 잘 진행된다면 귀로에 반드시 도쿄에 들러 본 문제에 관해 평화롭게 교섭할 기회가 있을 것이다.[32]

31) 결국, 쑨원은 톈진에 도착하자마자 병상에 눕고 말았다. 따라서 윤홍렬과 하오자오시엔 등과 한 약속을 지키지 못한 채 죽고 말았다.
32) 山脇啓造, 앞의 책(1994), 152쪽.

4. 국민정부의 전국통일과 화교

북벌과 산동 출병

1925년 3월 12일, 쑨원은 "혁명은 아직 성공하지 못했다."라는 말을 남기고 세상을 떠났다. 국민당은 창업의 지도자를 잃기는 했지만, 1925년 5월 상하이 5·30 사건 이후 7월에 광저우에 국민정부를 수립했다. 이듬해인 1926년 7월에는 국민혁명군을 조직하고 장제스(1887~1975)를 총사령으로 하여 베이징 북양정부 타도를 목표로 북벌을 개시했다. 북벌군은 국공합작 하에 파죽지세로 북상을 계속하여 10월에는 우한(武漢)에 도달했고 이듬해 1927년 1월에는 국민정부도 우한으로 이전했다. 3월 북벌군은 상하이에 입성했다. 그러나 농민운동, 노동운동의 고양으로 위기감을 느낀 장제스는 4월 상하이에서 반공쿠데타를 강행하여 난징에 별도의 국민정부를 수립하여 우한과 대립했다. 7월 우한의 국민당 좌파인 왕징웨이(汪精衛, 1883~1944)마저 반공으로 선회하게 되면서 중국은 10년에 걸친 국공내전 시대로 돌입하게 되었다. 한편, 중국의 민족주의 고양에 위기감이 더해진 일본은 1927년 4월과 1928년 4월, 두 번에 걸쳐 산동 출병을 단행하고, 5월에는 지난사건(濟南事件)을 일으키는 등 북벌의 진행을 방해했다. 그러나 국민혁명군은 베이징에 도달했고 12월에는 동베이의 장쉐량(張學良, 1901~2002)이 '역치(易幟)' 즉, 난징으로의 합류를 단행함에 따라 국민정부는 마침내 전 중국을 자신의 지배하에 두는 데 성공했다. 쑨원이 죽은 지 불과 3년만의 일이었다. 1928년 7월에 미국, 12월에 영국, 이보다 약간 늦은 1929년 6월에 일본 등 열강들은 국민정부를 중국을 대표하는 정권으로 인정했다. 이렇게 하여 중국은 북양정부의 시대에서 국민정부의 시대로 대대적인 전환을 이루게 되었다. 그러나 국민정부의 전국통일은 내외의 도전을 받아 그 기반은 위태롭기 그지없었다. 국내적으로는 국민당 내부의 다툼이 치열했고, 중국공산당과의 극심한 내전에 대처하지 않으면 안 되었다. 그리고 탄생한 지 얼마 되지 않은 국민정부에 있어 최대의 장해는 일본에 의한 본격적인 중국침략의 개시였다. 쑨원이 '대아시아주의' 강연에서 선택을 강요했던 왕도와 패도 두 가지의 길 중에서 일본은 패도의 길을 선택했던 것이다.

중국국민당 고베직속지부

국민혁명으로부터 중일전쟁에 이르는 기간은 국민당과 국민정부의 조직과 기구가 정비되고 정책이 글로벌하게 확대되고 있던 과정이었다. '중화민국 교민의 이민 · 보호 · 교육 등의 사무'(〈僑務委員會組織法〉 1931년 12월 7일) 즉, 교무정책 추진을 위한 기구와 정책이 정비되던 시기였다. 고베화교는 국민당과 국민정부, 구체적으로 중국국민당 고베직속지부와 중화민국 주고베총영사관이라는 당정(黨政) 두 가지 계통을 통해 지금까지 이상으로 중국과 긴밀하게 결합되었다.

1924년 1월 국공합작의 출발이 된 국민당 제1회 전국대표대회(一全大會)에서는 화교 대표가 39명이 참여했는데, 그 중의 한 사람이 고베지부 대표인 류스무(劉士木, 1889~1952)였다. 그는 1월 28일 대회에서 요코하마의 국민당 활동과 더불어 양셔우펑을 중심으로 한 고베지부의 활동 상황에 대해 보고했다.[33] 류스무는 광동성 싱닝(興寧) 사람으로 네덜란드

33) 류스무는 '양(楊)군은 고베 출생의 화교'라고 적고 있다. 그러나 양(楊)의 경력에 관해서는 불명확한 점이 적지 않다. 일본의 관헌자료에는 양의 생년이 '광서 7년 5월'(JACAR 1923)이라고 기록되어 있다. '광서 7년 5월'은 1881년이다. 따라서 양셔우펑의 이름은 핑즈여우(馮自由, 1882~1956)의 '興中會組織史'와 '興中會會員人名事蹟考'에 나와 있는데, 그것에 의하면, 하노이의 '대상(大商)'으로 화상의 방장(幇長)으로 추대되었고 쑨원과 프랑스인과의 중개역을 담당했다고 한다. 또한

령 동인도(인도네시아)에서 중국동맹회에 입회하였고 후에 일본대학 경제학부에서 유학한 적이 있는 인물이었다. 류스무는 양셔우펑이란 사람과 그의 활동에 대해 다음과 같이 서술하고 있다.

현재 당원은 30여 명에 불과하고 그것도 실제 본 당을 위해 분투하는 자는 10여 명에 불과하다. 그러나 현재는 이름뿐인 당원은 그 정도에 불과하고 본 당에 동정을 표시하는 자는 매우 많다. 국내에서 모금을 하면, 당원, 비당원 구별 없이 각계 모두 앞장서서 그에 호응하고 있다. 그렇게 할 수 있는 이유를 찾아보니, 모두 현 지부장인 양셔우펑군 등의 인격에 감동하여 그리 한 것이다. 양군은 고베 출생의 화교로 지금까지 조국의 땅을 한 번도 밟지 못했지만 당사(黨事)와 국사(國事)에 대해서는 더없이 열심히 최선을 다해왔고 간난(艱難)을 두려워하지 않고 적당(敵黨)의 공격을 피하지 않았다. 평생 본 당의 총리를 신성(神聖)하다고 믿고 조국을 구원하기만 한다면 본 당 총리가 창안하신 삼민주의와 오권헌법(五權憲法) 외에 이것을 이길만한 것은 없다고 말했다.[34)]

1908년 윈난(雲南) 허커우기의(河口起義)에 참가했다가 실패한 후, 프랑스 당국에 의해 추방되었다고 한다. 또한 그는 광동성 난하이현(南海縣) 출신이라고 되어 있다(羅家倫 主編, 앞의 책(1964), 總325−326/362쪽). 뒤에서 후술할 고베화교 천더런(陳德仁)은 양셔우펑의 사위이다. 천더런의 부친인 천다원(陳達文)도 광동성 난하이현 출신이다(陳來幸, 「陳德仁 日中文化交流の橋渡し」, 神戸華僑華人硏究會 編, 『神戸と華僑 この150年の歩み』, 神戸新聞總合出版センター, 2004, 99−100쪽). 그러나 고베화교인 양셔우펑과 하노이의 양셔우펑이 동일인물인지는 이것만으로는 판단할 수 없다. 유감스럽게도 핑즈여우는 하노이 추방 후의 양셔우펑에 관해서는 전혀 언급하지 않았다.

34) 李雲漢 主編, 『中國現代史資料叢編 第17集 中國國民黨黨務發展史料中央常務委員會黨務報告』, 近代中國出版社, 1995, 65−67쪽.

신해혁명시기부터 쑨원의 활동에 적극적으로 호응했던 것은 왕징샹이었지만, 그는 1922년에 병사하고 말았다. 양셔우펑은 왕징샹과 함께 국민당 고베 교통부, 중화혁명당 고베오사카지부를 결성했고, 그가 죽은 후에도 중국국민당 고베지부의 중심인물로서 활약했다. 1918년에는 중화혁명당 일본총지부도 있었지만, 1919년 중국국민당으로 개조되었다. 그런데 1922년 4월에는 그에 따르지 않는 중국국민당 도쿄지부가 결성되었다. 그러나 6월 광저우에서 쑨원에 반대해 천지웅밍(陳炯明, 1878~1933)이 반란을 일으키자 이것을 밑천으로 도쿄지부에 내분이 발생했다. 8월에는 양셔우펑이 특별히 상경하여 조정에 임했지만 성공하지 못했다. 1923년부터 본격화된 국공합작의 진전에 호응하여 도쿄지부에도 중국공산당원이 가입하여 조직의 재건에 참여했다. 1925년에는 주일총지부가 결성되었다.[35] 그러나 1925년 3월 쑨원이 서거하자, 그 해 말에 주일총지부도 양분되었다. 한쪽은 우파인 '서산회의파(西山會議派)', 다른 한쪽은 좌파인 '청년회파(青年會派)'로, 여기에는 중공당원도 적지 않았다. 1927년 4월 장제스의 상하이 반공쿠데타를 계기로 하여 서산회의파가 우세를 점하게 되면서 국민당 내 중공당원의 제명이 이루어졌다.[36] 중국국민당 주일총지부가 도쿄에서 재건된 것은 1929년 3월 3일이었는데, 이 총지부 하에는 도쿄, 센다이, 요코하마, 고베, 히로시마, 나가사키 등 여섯 곳의 지부가 두어졌다. 국민당 삼전대회(三全大會)가 열려 장제스 독재체제 수립 움직임이 본격화한 시기였다. 그러나 1930년 4월, 일본총지부는 다시 내분을 계기로 해체되고 본국의 당과 관계를 밀접하게 하기 위해 도쿄, 고베, 나가사키, 요코하마, 센다이의 각 지부는 당 중앙의 직속지부가 되었다. 고베지부는 나고야(名古屋), 나라

35) 呂芳上, 앞의 논문(2000), 535쪽.
36) 呂芳上, 앞의 논문(2000), 538쪽.

(奈良), 교토, 오사카, 오카야마(岡山), 히로시마의 각 분부(分部)를 통괄하게 되었고, 1937년 루거우차오사건 이후 일본관헌의 탄압에 의해 괴멸할 때까지 중부, 관서(關西), 중국, 시고쿠(四國) 각지의 국민당 활동의 중심적 기관으로서 화교사회에 있어 활발한 활동을 전개해 나갔다.

교무기구(僑務機構)의 형성과 그 정책

1923년 12월 쑨원의 지도하에 광저우의 대원수부내정부(大元帥府內政部)는 〈교무국장정(僑務局章程)〉을 정했다. 그것은 화교보호, 화교교육, 화교선거 등에 관해 언급한 이후 국민당과 국민정부의 교무정책의 기초가 되었다. 이듬해 1924년 1월, 교무국이 발족했다. 여기에는 쑨원의 화교 중시가 표출되어 있다고 할 수 있지만 그의 생전에는 커다란 발전을 이룩하지는 못했고 그마저도 얼마 후 폐지되고 말았다. 그러나 1926년 1월의 국민당 이전대회(二全大會)에서는 화교대표로부터의 제안을 받아 화교보호기관의 설치 등이 제기되었고, 10월에는 국민정부 하에 교무위원회가 설치되었다. 이듬해 1927년 4월의 상하이 반공쿠데타 이후, 난징에 수립된 국민정부는 12월 외교부 하에 교무국을 설치했다. 1928년 2월 국민당 제2기 제4회 중앙위원회 전체총회(二期四中全會)는 교무국을 다시 바꾸어 행정위원회 산하에 교무위원회를 설치할 것을 결정했고(9월 성립) 나아가 1929년 6월 국민당은 교무위원회를 재편하여 당의 중앙집행위원회 산하에 중앙교무위원회를 두었다. 1931년 국민당 중앙정치회의는 중앙교무위원회 업무 중에 당 관련 부문을 한데 모아 해외당무설계위원회(海外黨務設計委員會, 후에 해외당무위원회, 해외당부로 개칭)로 하고 중앙집행위원회 지도하에 행정부분을 한데 모아 교무위원회로 하여 국민정부 행정원 산하에 두기로 했다(1932년 4월 성립). 이렇게 하여 교무는 국민당과 국민정부라고 하는 당정 두 개의 계통에 의해 처리되게 되었다. 그러나 교무위원회에는 하부기구가 없었고 실제 업무 수행에는 갖가지 곤란이 있었다. 그래서 중국 국내에 관해서는 1934년 9월 산터우, 샤먼, 하이커우, 상하이, 광저우, 쟝먼(江門), 우저우(梧州), 톈진, 칭다오 등 주요 항구에 교무국을 설치하고, 교무의 구체적인 실시에 전념했다. 그러나 국외에는 그러한 상설 기구는 없었고 그 활동은 가령 고베의 경우 중국국민당 고베직속지부와 중화민국 주고베총영사관을 통해 이루어졌다.

국민당정부는 전국적인 정권이 되면서 해외중국인에 관한 갖가지 법과 규칙을 제정해 나갔다. 1929년 2월 중화민국 국적접이 공포되었다. 이것은 1912년 11월 북양정부가 공포한 국적법의 '출생 당시, 그 부(父)가 중국인이면 그 자식도 중국인이다.'라는 혈통주의를 계승하고 이중국적을 인정했다. 그러나 북양정부의 국적법에서는 '중국 땅에서 태어났으되, 그 부가 불명하거나 무국적이고 그 모(母)가 중국인인 자는 출생 당시 중국 국적이다.'라고 했던 것을 '중국의 땅에서 태어났으되'라고 하는 부분을 삭제했다. 이는 '부가 불명하거나 무국적으로 그 모가 중국인인 자'는 중국 외에서 태어난 자식이라 하더라도 중국 국적을 부여한다고 하는 규정으로, 해외화교의 중국 국적 취득을 용이하게 하기 위한 것이었다.[37] 국민정부는 이 국적법에 의거하여 해외화교를 다시 '중화민국 공민(公民)'으로 하고 나아가 1930년 1월 〈화교등기규칙(華僑登記規則)〉을 공포하여 화교의 파악에 진력했다. 1932년 11월에는 화교교육은 '국어'에 의하는 것으로 규정하고 또한 〈수정교민교육행정규정(修正僑民教育行政規定)〉(1934년 3월)에 따라 외교부, 교육부, 교무위원회 삼자에 의한 화교교육에 관한 상세한 규정을 정하여 화교교육에 있어서는 중

37) 李盈慧,『華僑政策與海外民族主義(1912~1949)』, 國史館, 1997, 122쪽.

국 국내와 동일한 것을 실시하는 것이 목표가 되었다. 또한 화교단체의 등기(〈海外華僑團體備案規定〉 1933년 9월), 화교가 발행하는 신문잡지의 등기(〈華僑發行新聞紙雜誌聲請登記辦法〉 1934년 6월) 등에 관한 규정도 정했다. 이것들은 해외의 중국계 사람들을 중국인으로 인정, 파악하고 심지어는 중국인으로서의 정체성을 함양할 것을 기도한 것으로 국가가 해외중국인 사회를 파악하려는 하나의 방법이라고 할 수 있다. 실제 이러한 일련의 시책들은 해외화교의 조국 중국에 대한 정체성을 형성하는데 있어서도 커다란 역할을 담당하게 되었지만, 반면에 이중국적문제 등 거주국(지역) 민족주의와의 충돌을 일으키는 불씨이기도 했다.

고베총영사관과 중화회관

중국이라는 국가의 해외 대표기관 중의 하나인 총영사관과 고베화교 사회를 연결하는데 중요한 역할을 담당했던 것은 중화회관과 중화총상회였다. 1928년 12월 18일 고베총영사관은 광업공소에 거류 중국인단체의 대표들을 소집해 놓고 다음 세 가지 사항에 대한 협력을 구했다. ① 위(豫, 河南)·산(陜, 陜西)·깐(甘, 甘肅) 대재해에 따른 의연금 모집의 건 ② 1929년 1월 상하이에서 개최가 예정되어 있는 전국총상회대표대회에 대비하여 고베중화총상회를 개조하는 건 ③ 재류 중국인 인구조사의 건. 참가한 대표는 중화회관 이사장 허스창(何世昌), 광업공소 이사장 천슈린, 삼강공소 이사장 허샤오옌, 푸진엔공소 이사장 리징위(李景嶼), 국민당 고베직속지부 집행위원 양셔우펑 등 고베화교사회의 주요 인물들이었다.

국민정부는 새로운 국적법을 공포함과 동시에 1928년 5월 영사관을 통해 재류 중국인의 호구조사를 실시했지만 제대로 되지는 않았다. 이에 1929년 8월 영사관은 새로이 다음과 같은 '통고'를 발표하여 조사에 대한 협력을 호소했다.

> **통고(通告)**
>
> 국적등기는 국가의 통계에 관한 중요 행정업무일 뿐 아니라 해외교포의 보호와도 밀접한 관계가 있는 일이다. 지난해 본 영사관은 정부의 명령에 따라 고베오사카중화회관과 고베오사카교토화교연위회에게 호구조사를 실시할 것을 지시한 바 있다. 그런데 지금까지도 소정의 보고를 하지 않은 곳이 적지 않다. 이번에 다시 정부로부터 하루속히 교민의 국적등기를 마치고 중앙에 보고하라는 엄명이 떨어졌다. 그러므로 고베와 오사카의 각 단체 및 화교는 이번 달 안으로 국적조사표를 본 영사관이나 혹은 연위회(聯衛會) 측에 제출해야 한다. 만에 하나 이를 고의로 회피하여 보고하지 않는 자에 대해서는 그에 상당하는 처벌을 함과 동시에 중화회관 및 연위회와 협의하여 중화회관에서 누리는 각종 이익을 취소토록 할 것이다. 각 교포는 정부의 뜻을 명심하여 속히 보고를 함으로써 등기업무에 지장을 주지 않기를 바란다. 이에 특별히 통고하는 바이다.[38)]

여기서 흥미로운 점은, 국적등기라는 공적 사무에 대한 지시가 영사관으로부터 화교의 자치조직인 중화회관과 화교연위회를 통해 개별 화교들에게 시달되고 있었고, 이 조사에 비협조적일 경우에는 중화회관의 이용을 불허하는 등의 벌칙이 부가되고 있다는 것이다. 이로써 화교사회에서 중화회관의 위상이 얼마나 높은 것인지를 능히 짐작할 수 있을 것이다. 이 '통고'는 중화회관을 통해 각 동향단체에 전달되고 이는

38) 〈在留支那人の國籍登記に關する總領事館通告の件〉, 『在本邦各國公館關係雜件 中華民國の部』, 外交史料館, 第2卷, M.1.5.0.3−8, 1929.

다시 화교 개개인에게 전달되었으리라 추측되지만, 이 조사가 실제 어느 정도의 협조를 끌어냈는지는 분명하지 않다. 고베총영사관은 또한 1928년과 1930년에 공상부(工商部) 의뢰를 받아 '교공개황조사(僑工概況調査)'를 실시하면서 각지 화공단체에게 협조를 요청한 바 있다. 노동시간, 일본인노동자와의 차별대우, 식자(識字) 수준 등을 조사하는 것이었는데, 공상부는 이 조사에 의거해 재외중국인노동자에 관한 보호법의 입안을 계획했다.

리스관(李世官)사건

이 시기 고베화교의 민족의식을 보여주는 에피소드 하나를 소개해 보기로 하자. 1927년 11월 푸젠성 출신의 리스관(李世官)이라는 사람이 히로시마에서 행상을 하다가 사망하는 사건이 발생했다. 화교들은 일본 경찰관의 발포에 의한 것이라며 진실규명을 요구했지만 경찰은 이에 응하지 않았다. 결국 화교들은 고베오사카중화회관에서 사건의 진상규명을 요구하는 집회를 열기로 했다. 그러나 경찰은 집회 수속이 불비하다는 이유로 이 역시 허가하지 않았다. 이것은 고베오사카중화회관 역사상 최초의 일본인 관헌에 의한 집회중지사건이었다. 그래서 화교 측은 11월 24일 중화회관 이사장 허스창 명의로 재류 각 단체 대표회의를 개최했다.

허스창의 인사말에 이어 고베화교푸젠친우회(僑神福建親友會)의 저우용즈(周永志)는 관헌에 의한 집회 해산에 대해 다음과 같이 비판했다.

> 저는 일전에 중화회관에서 열린 교민대회에 출석했던 사람입니다. 여러분도 다 아시는 바와 같이, 우리 중화회관은 창립 이래 38년(중화회관 창건은 1893년)의 역사를 가지고 있고, 그동안 재류민대회

도 여러 차례 개최해 왔지만, 일본 관헌에 의해 해산된 경우는 이번이 처음입니다. 저로서는 대회 당일의 상황에 대해 아무리 생각해 보아도 해산의 이유를 수긍할 만한 하등의 사건이 없었다고 생각합니다. 보통 강연회의 해산은 불온한 발언이나 혹은 불온한 행동이 나왔을 경우에 해산시키는 것으로 알고 있습니다. 하지만 아직 연설을 하지도 않았는데 갑자기 해산시킨다는 것은 실로 유감이 아닐 수 없습니다.

본 회관은 우리 재류민 가족의 기관으로서 그 어떤 것에도 구애됨 없이 연구하는 장소입니다. 고로 향후 다시 이러한 문제가 발생될 경우에는 그에 따른 적절한 방법을 강구할 필요가 있다고 생각합니다.[39]

집회에서는 효고현 지사와 현(縣) 경찰부장에게 해산문제에 관해 항의할 위원을 선발하고 리스관사건조사위원회를 설치할 것, 당국으로부터 납득할만한 설명이 없을 경우에는 적절한 조치를 강구할 것, 27일에 거류민대회를 개최할 것 등을 결정했다. 이에 경찰 측에서는 저우쥐에(周珏) 영사, 허스창, 양셔우펑 등을 불러 관헌에 대한 '비난공격'성 집회가 될 경우에는 치안경찰법의 취지 등을 들어 즉각 해산시키겠다고 경고했다. 이러한 상황 속에서 결국 27일에 중화회관에서 고베, 오사카, 교토의 각 화교단체 대표연합회가 개최되었고 여기에는 교토, 오사카의 화교를 포함 총 500여명이 집회에 참가했다. 경찰 측은 당국에 대한 비난을 하지 않을 것을 전제로 개최를 허가했지만, 당일 회의장 안팎에 상당수의 사복경찰과 제복경찰을 대기시켰다.[40]

---

39) 〈犯罪容疑死亡支那人李世官事件に關し在留支那人大會解散問題に關する件〉, 『外國人に關する暴行殺傷關係雜件　在本邦外國人關係(支那人之部)』, 外交史料館 第2卷 D.2.6.0.1.2, 1927.

중화회관은 단순히 화교 집회에 장소를 제공하는데 그친 것이 아니라 이러한 화교사회 전반에 걸친 문제들이 일어났을 때, 중화회관 이사장이 직접 제안자로 나서 집회를 개최했던 것이다. 이번 사건은 또한 일본 경찰 자신의 책임을 물어야 할 사건이기도 했다. 중화회관에서의 집회로서는 처음으로 해산조치가 취해졌다고 하는 점에서 화교들 사이에서도 향후 행보와 관련되어 커다란 관심을 불러일으켰던 것이다. 또한 집회 연설 가운데에는 중국인으로서의 내셔널한 감정이 한껏 묻어나 있었다. 이는 국민혁명의 영향으로 보는 것이 타당할 것이다.

이 시기에는 고베오사카중화회관의 성격에 있어 중대한 변화가 일어난다. 리스관사건의 집회에 고베, 오사카 등지에 있는 다양한 화교단체들이 참여했다는 것은 회관의 지지기반이 변화했다는 것을 보여준다. 회관의 재정적 기반에 있어서도 변화가 보인다. 종래에 회관의 '공의(公議)'와 '출연(出捐)'은, 무역상을 중심으로 한 유력자인 '신상(紳商)'들이 광동방, 푸젠방, 삼강방, 오사카의 북방(화베이 · 동베이 출신자 그룹), 남방(장강 중하류 유역 출신자 그룹)을 통해 행해왔지만, 1931년 7월의 '공의에 의한 상년경비(常年經費)'는 '각 상호(商號) 및 자산이 풍부한 재류민의 출연'(200엔~10엔의 5단계)과 '각 재류민 1인당 매년 유지금조로 1엔을 출연하되, 유지자(有志者)는 임의로 3엔 혹은 2엔을 출연할 수 있게'[41] 되어 일반 화교들도 출자하여 회관 운영에 참여할 수 있도록 바뀐 것이다. 이는 고베오사카중화회관 역사에 있어 중요한 변화이며, 국민혁명이 고베 화교사회에 끼친 영향 가운데 하나라 할 것이다.

---

40) 〈犯罪容疑死亡支那人李世官事件に關し在留支那人大會解散問題に關する件〉, 『外國人に關する暴行殺傷關係雜件　在本邦外國人關係(支那人之部)』, 外交史料館 第2卷 D.2.6.0.1.2, 1927.
41) 內田直作, 앞의 책(1949 · 後), 244-245쪽.

완바오산사건과 고베화교 긴급집회

1931년 7월 중국 동베이지방에 위치한 완바오산에서 발생한 중국농민과 조선농민 간의 충돌사건은 지나치게 과장된 보도로 인해 조선에서 대규모 화교습격사건을 일으키고 말았다. 일본에서도 조선인에 의한 중국인습격사건이 각지에서 일어났다.[42] 이 때문에 저우쥐에 고베총영사, 화교단체 대표 등이 오사카 경찰을 방문하여 중국인 보호를 요청하기도 했다. 7월 9일에는 국민당 고베지부 주최의 긴급집회가 열렸다. 그리고 12일에는 고베오사카교토화교연위회(神阪京華僑聯衛會)의 요청에 따라 중화회관은 다음과 같은 소집 통지를 내보냈다.

> 연일 조선 폭도들이 우리 화교들을 참살하는 사건이 발생하고 있는데 그러한 경향이 이제는 가나자와(金澤), 오사카에 이르기까지 파급되어 오고 있습니다. 그 화(禍)가 어디까지 미칠지 예측하기도 어려워 그 위험도 헤아릴 수 없는 지경입니다. 이에 폐회(弊會)는 교포들의 청구(請求)에 따라 최단기간 내에 각 단체 대표를 소집, 방위구제(防衛救濟) 등에 관해 토론회를 개최하고자 합니다. 이에 귀(貴) 회관에 간청드림과 동시에 각 단체 측에 토론회의 청구 서신 11통을 송부하는 바입니다.

> 알아본 바에 의하면, 금월 9일 중국국민당 주고베직속지부에서 중화민국 주고베총영사를 위시하여 각 교포 등이 회동하였다고 합니다. 이 자리에서 정부는 전정(電呈)의 통(通)이 엄중한 교섭을 진행할 것과 재(조)선 이재교포 구제법 등을 결의하였다고 합니다. 그러나 본 사건은 그 사태가 엄중하고 후환이 끊이지 않아 우리 교포들은 군책군력(群策群力)하여 자위(自衛)의 방책(方策)을 제의하고 이

42) 『萬寶山農場事件 輿論並新聞論調』, 外交史料館, 第7卷, A.1.1.20.3, 1931.

를 계속 추진해나감으로써 불측(不測)의 화(禍)를 면하고자 합니다. 이에 특별히 금일 13일(월요일) 오후 1시 본관(本館)에서 각 단체 대표 연석회의를 개최, 토론을 이어가고자 합니다. 이는 모두 교포들의 안위에 관한 것이오니, 아무쪼록 귀 단체에서는 한두 명의 대표를 파견하시어 회의에 출석토록 해 주실 것을 절망(切望)하는 바입니다.

고베오사카중화회관 근계(謹啓)

중화민국27년 7월 12일[43]

결국 13일에는 각 단체로부터 30명의 대표가 참석하여 피해자를 위한 의연금 모집, 재일화교의 보호 등에 관해 결의했다. 의연금은 중화회관에서 한데 모아 총 1,658엔을 고베총영사관에 직접 전달했다. 완바오산사건은 이렇듯 조선을 경유하여 일본에까지 파급되었고, 과장되고 잘못된 보도에 의해 재일화교에 대한 폭행사건을 발생시켰다. 이에 대해 화교는 집회, 의연금 모집, 외교기관을 통한 항의와 보호 요청을 했다.

도쿄에서는 조선인 일부가 중국공사관으로 몰려가 관원들을 구타하는 사건이 일어났는데 구타당한 사람들 중에는 일반 중국인들도 포함되어 있었다. 재일조선인 가운데 친일파 단체인 상애회(相愛會) 등이 이러한 행동의 선두에 서 있었다. 고베에서도 무정부주의 계통인 고베동우회(神戶同友會)가 중국비판을 전개했다. 각지에서 조선인에 의해 중국인과 중국인이 경영하는 요릿집, 이발소 등이 습격을 당했다. 그러나 조선인 중에도 냉정하게 대응해야 한다고 하는 사람들도 있었고, 조선,

43) 〈萬寶山事件及朝鮮に於ける民國人殺傷報復事件に付き華僑各團體代表連席會議開催の件〉,『萬寶山農場事件 輿論並新聞論調』, 外交史料館, 第7卷, A.1.1.20.3, 1931.

일본, 중국의 노동자, 농민 단결만세를 외치는 자들도 있었다.[44]

유럽에서의 전쟁 기간은 제1차 세계대전에서 독일이 항복한 1918년부터 독일이 폴란드를 침공하고 영국과 프랑스가 이에 선전포고를 한 1939년까지의 기간을 가리키는데, 동북아시아의 경우, 본서에서는 독일의 항복으로부터 1931년(쇼와 6년)의 류탸오후사건까지의 기간을 상정하고 있다. 유럽에 비해 짧기는 하지만 이 10여 년의 기간 동안 동북아시아에서는 여러 가지 새로운 움직임이 시작되었다. 1919년의 3·1 민족독립운동과 5·4운동을 비롯하여 1920년대의 사회운동 특히, 공산주의운동과 노동운동의 발흥이 그것이다. 게다가 그것이 제국 일본에 대한 민족해방운동과 깊이 연동되어 전개되었다는 것에 특징이 있다 할 수 있다.

|표 5-6| 일본인·중국인·조선인의 동북아시아 내 이동(1930년)

	일본인	조선인	중국인
일본	–	419,009[d]	30,836[g]
조선	527,016[a]	–	67,794[h]
중국	283,870[b]	633,562[e]	–
타이완	232,299[c]	959[f]	49,456[i]

출전 : a) 森田芳男, 『朝鮮終戰の記錄』, 嚴南堂書店, 1964, 2쪽 ; b), c) 副島昭一·安井三吉, 「戰前期中國在留日本人人口(稿)」, 『和歌山大學教育學部紀要 人文科學』 第33集, 1984, 29쪽 ; d) 西成田豊, 『在日朝鮮人の'世界'と'帝國'國家』, 東京大學出版會, 1997, 42쪽 ; e) 副島昭一·安井三吉 1984, 34쪽 ; f) 台灣總督府官房調查課, 『台灣總督府第36統計書 昭和7年』, 1934, 29쪽 ; g) 中華會館 編, 앞의 책(2000), 398－399쪽 ; h) 崔承現, 앞의 논문(1999), 42쪽 ; I) 吳文星, 앞의 책(1991), 152쪽에 근거해 작성.

44) 朴永錫, 『萬寶山事件硏究－日本帝國主義の大陸侵略政策の一環として』, 第一書房, 1981, 184－198쪽.

사람들의 이동도 급격히 증대했다. 첫째는 일본인의 조선, 타이완, 중국(주로 동베이지방)으로의 이주이다. 둘째는 조선인의 중국 동베이(東北)와 일본으로의 이주이다. 일본인과 조선인에 비한다면 많다고는 할 수 없지만, 중국인의 타이완, 조선, 일본으로의 이주 흐름도 있었다. 이들의 이동에 있어 첫 번째 파고는 일본인에 의한 것이라고 할 수 있고(|표 5-6|) 그것이 조선인의 이동을 불러왔던 것이다. 중국인의 일본, 조선으로의 이동은 19세기 후반부터 본격화되었는데, 일본정부와 총독부의 통제에 직면했기 때문에 그 규모는 적었다. 한국병합 후 중국인의 조선으로의 이동은 조선인의 중국 동베이와 일본(내지)으로의 이동 흐름과 겹쳐진다. 1920년대 일본에서는 이러한 조선인의 대량 이주와 중국인 노동자의 이주가 하나의 흐름이 되어 일본인 노동자의 고용문제와 충돌했다.

이렇듯 동북아시아에 있어서 노동력 이동의 문제는 일본, 중국, 조선의 연관성과 관련하여 파악할 필요가 있을 것이다.[45] 중국인의 경우, 사람 수 면에서는 많다고 할 수 없었지만, 직종(職種, 토공인부, 항만노동자 등)과 도쿄 후카가와 등으로의 집중에 따라 일본인 저변노동자(底邊勞動者, 도시 잡역층)와 모순을 초래했다. 이에 내무성은 중국인 노동자의 입국금지, 무허가 노동자의 적발에 착수하게 된다. 일본에 있어서 중국인 노동자 문제는 조선인 노동자 문제와의 연관성 속에서 파악하는 것이 중요하다.[46]

45) 松田利彦, 앞의 논문(2003)
46) 山脇啓造, 앞의 책(1994)

6

중일전쟁과 화교

1. 일본화교

류탸오후사건(柳條湖事件)

1931년 9월 18일 오후 10시 20분경. 관동군(關東軍)은 남만주철도(南滿洲鐵道, 만철 滿鐵) 펑티엔(奉天)역으로부터 동북쪽으로 약 7.5㎞ 떨어진 류탸오후(柳條湖) 부근에서 상행선 선로를 '폭파'하고 이를 중국군의 소행으로 조작한 후, 자위(自衛)를 이유로 장쉐량의 동베이군 기지인 베이따잉(北大營)과 선양성(瀋陽城)에 대해 일제히 공격을 개시했다. 이른바 류탸오후사건이다. 이 사건은 관동군 고급 참모인 이시하라 간지(石原莞爾, 1889~1949)와 이타가키 세이시로(板垣征四郎, 1885~1948)가 중심이 되어 계획하고 실행한 일종의 모략사건으로, 미일전쟁에 대비하기 위해서는 우선 중국을 지배해 두지 않으면 안 된다는 생각에 기초하여 감행된 것이다. 일본정부도 사건이 터진 엿새 후 '마침 9월 18일 심야에 펑티엔 부근에서 중국군대 일부가 남만주철도의 선로를 파괴하고 우리 수비대를 습격함으로써 충돌에 이르게 되었다.'[1]라고 하며, 중국군이 계획적으로 행한 사건이라는 판단을 표명했다. 이렇게 되어 '포악무도한 지나', '자위'를 위한 '반격'이라고 하는 류탸오후사건, 더 나아가 중일전쟁 전체의 기본적 틀이 만들어진 것이다.

주지하다시피, 중일전쟁에 관해서는 이 류탸오후사건을 전쟁의 발단으로 간주하는 15년 전쟁[2](중국에서는 14년 전쟁)으로 파악할 것인지 그렇지 않으면 1937년 7월의 루거우차오사건(盧溝橋事件)을 시발로 하는 8년 전

1) 外務省 編, 『日本外交文書竝主要文書』 下, 原書房, 1966, 182쪽.

2) 15년 전쟁, 류탸오후사건에서 루거우차오사건에 이르는 과정, 그리고 루거우차오사건에 관해서는 (安井三吉, 『盧溝橋事件』, 研文出版, 1993. ; 『柳條湖事件から盧溝橋事件へ―1930年代華北をめぐる日中の對抗』, 研文出版, 2003.)을 참조할 것.

쟁으로 파악할 것인지 하는 두 가지 입장이 있다. 여기에서는 15년 전쟁이라는 전자의 입장에 서 있기는 하지만, 루거우차오사건 전후로 전쟁의 차원이 확연히 달라진 것은 분명한 사실이다. 1931년 9월부터 1937년 7월까지는 동베이(東北), 상하이(1932년), 창청(長城)(1933년)을 무대로 국지전이 단속적으로 벌어지던 시기였다. 1937년 7월 이후로 전화(戰火)는 중국 전역으로 확대되었고 나아가 일본은 1941년 12월 이후에는 미국, 영국과도 전쟁을 일으켜 이른바 아시아태평양전쟁을 치르게 되었다. 그야말로 제2차 세계대전으로 돌입하게 된 것이다. 그런 의미에서 중일전쟁은 아시아태평양전쟁 나아가 제2차 세계대전의 일환이었다 할 수 있다. 전쟁의 범위도 중국에서 동남아시아, 태평양지역으로 확대되었고 일본(내지)은 말할 것도 없고 조선과 타이완에도 전화가 미치게 되었다. 1945년 8월 15일, 중일전쟁은 아시아태평양전쟁, 제2차 세계대전의 종결과 함께 막을 내렸다.

류탸오후사건이 일어나기 1년 전인 1930년까지만 해도 중국인은 일본(내지)에 3만 명, 조선에 7만 명, 타이완에 5만 명이 거주하고 있었다. 이들 지역에서 생활하는 중국인에게 있어 류탸오후사건은 조국 중국과 거주국 일본제국 사이에 벌어진 전쟁으로 심각한 사태가 발생했다는 것을 의미했다.

화교에 대한 일본의 대응은 한마디로 '당근과 채찍'이었다. 거주 중국인에 대해서는 우선, 항일적인 움직임에는 철저한 탄압을 가했다. 또한 그러한 움직임을 사전에 봉쇄하기 위해 일상적인 감시체제를 유지했다. 둘째로, 일본의 전쟁체제에 그들의 협력을 끌어들이기 위해 다양한 공작을 벌였다. 청일전쟁 때와는 달리 중일 쌍방 그 누구도 선전포고를 하지 않았지만, 1937년 12월, 베이핑(北平, 베이징)에 괴뢰중화민국임시정부가 수립되자, 이듬해인 1938년(쇼와 13년) 1월 일본정부는 '금후 국민정부를 적으로 간주한다.'(第1次 近衛聲明)는 입장을 표명하여 국민정부와의 외교관계를 단절했다. 이후로는 장제스의 국민정부와의 관계를 단절하는 것에 대응하여 괴뢰정권으로 이어지는 체제를 일본제국 내에 구축하게 되는데 이는 일본제국 내 화교의 위치를 적국민(敵國民)에서 '우호국민(友好國民)'으로 전환시킨다는 것을 의미하는 것이었다. 나아가 일본의 전쟁이 동남아시아로 확대되는데 있어 일본통치 하의 화교문제는 동남아시아 화교대책의 일환이란 성격을 띠게 되었다.

한편, 중국정부는 일본제국 통치 구역의 화교에 대해 귀국 희망자의 귀환, 귀국 후 직업과 생활 보장 즉, '안치(安置)' 조치의 실시에 진력했다.

그럼, 화교 자신의 대응은 어땠을까? 첫째로는 중국으로의 귀국이었다. 그러나 이미 오랜 세월에 걸쳐 일본 치하에서 거주하며 생활 기반을 형성하고 있던 화교에게 있어서 귀국은 그리 간단한 일이 아니었다. 게다가 전쟁이 격화됨에 따라 바닷길은 더욱 위험해졌다. 그래서 대다수는 이른바 전쟁시대를 '적국'에서 지내야 했고 그 결과 일본의 전쟁정책에 협력할 것을 요구받게 되었다.

류탸오후사건이 일어나자, 일본당국은 내무성 경보국장(警保局長) 명의로 재일중국인의 보호를 지시했고 중국주일공사도 일본 측에 대해 화교보호에 대한 요청을 하게 되었다. 그러나 이러한 위험에 직면해 있는데다가 때마침 일본의 불황이 겹쳐지게 되면서 대량의 중국인이 귀국했다. 국민정부는 1931년 12월, 귀국선 신밍호(新銘號)를 파견하는 등 화교들의 귀국에 대한 편의를 도모했다. 1931년 12월 신밍호에는 요코하마에서 858명, 고베에서 326명이 승선했다. 고베 중화회관은 각지에서 고베로 모여든 화교들을 위해 숙박 등의 편의를 제공하는데 힘썼다. 효고현에서는 1930년 12월 말 현재 6,780명이었던 중국인이 1931년 12월 말에는 3,399명으로 줄었다. 다시 말해, 약 50%에 해당하는 3,381명이 감소하게 된 것이다. 일본 전체로 보든, 고베에 한정시켜 보든 전전의 재일중국인 수는 1930년이 최고 절정이었고 류탸오후사건에 의해 귀국한 중국인 가운데 일부는 이후 다시 일본으로 돌아오기는 했지만 그 총 인원수에 있어서 1930년의 수준으로 돌아간 것은 아니었다.[3]

고난에 찬 항일운동

일본에서의 항일운동은 매우 힘든 상황에 처하게 되었다. 류탸오후사건 전, 일본에 있는 국민당 당원에게 있어 커다란 문제는 국민당과 국민정부가 둘로 분열되어 서로의 정당성을 주장하고 있었다는 것이다. 1931년 5월 국민회의 개최를 둘러싸고 장제스가 이에 반대한 국민당 원로이자 광동파의 대표이기도 한 후한민(胡漢民, 1879~1936)을 연금한 일로부터 시작된 대립으로 5월, 후한민 지지파는 광저우에 별도의 국민정부를 수립, 난징에 대항했다. 9월 6일, 국민당 샌프란시스코 지부의 요청을 받아 양셔우펑 등은 요코하마에서 국민당 주일지부담화회(駐日支部談話會)를 개최하여 '평화통일항의단'을 결성하고 양 정부의 통일을 촉진하기 위해 활동을 전개할 것을 결정했다. 양셔우펑은 류탸오후사건 발발 직전에 그에 대한 생각을 다음과 같이 술회한 바 있다. 그는 우선 광동의 후한민과 회견하여 난징의 장제스와 타협할 것을 권유한 후, 다시 장제스와 회담을 가졌다.

> 현재 본국의 시국은 대내외적으로 일대 난국에 처해 있다. 특히, 일본은 민국을 침략할 야심을 가지고 있고, 군부는 개전도 불사하

---

3) 1934년에는 행상, 중화요리업자 등의 강제 송환이 이루어졌다(菊池一隆, 『抗日戰爭時期における重慶國民政府・南京傀儡政權・華僑の三極構造の硏究』(科硏報告書), 2001, 30－31쪽).

겠다는 강경한 태도를 표명하고 있다. 바로 이러한 때에 민국(民國) 양 정부 간의 알력과 내란 조성은 국가를 멸망지경에 이르게 할 수 있으므로 차제에 양 정부가 타협하여 결속하는 것이 긴요하다는 취지의 권유를 하고자 했다. 만일 장제스에게 타협할 용의가 있음을 확인하면 이어서 곧바로 광동으로 건너가 쑨커(孫科) 등과 회견하여 타협파를 설득할 생각을 가졌다.[4)]

|표 6-1| 중국국민당 재일직속지부(在日直屬支部) (1932년)

(단위: 명)

지부	당원 수	예비당원 수	분부(分部) 수
고베	300여명	960	8
도쿄	145	770	7
요코하마	300여명	85	3
나가사키	200여명	176	3
센다이(仙台)	125	355	3

출전 : 陳鵬仁 主編, 『中國現代史資料叢編 第13集 中國國民黨黨務發展史料－海外黨務工作』, 近代中國出版社, 1998, 61－63쪽에 근거해 작성.

양셔우펑은 진작에 난징, 광저우의 수뇌에게 서한을 보내 통일을 권고했지만, 그가 염려한 것처럼 9월 18일 류탸오후사건이 발발하고 말았다. 그는 끝내 중국으로 갈 기회를 얻을 수는 없었지만 국난의 정세에 압도된 난징, 광저우 양 정부는 12월 통일을 회복했다.

류탸오후사건과 연이은 상하이사변 속에서 해외 국민당 지부는 '항일주관(抗日籌款)'(항일모금)에 매진하여 국민당 중앙에는 200여만 원을 송금했고, 상하이에서 항전하는 19로군에게는 직접 700여만 원을 전하는

4) 〈國民統一運動に關する件〉, 1931年9月18日, 『支那政況關係雜纂 國民黨關係 國民黨全國代表會議關係(地方大會を含む)』, 外交史料館, A.6.1.1.2, 1931.

등 약 900여만 원의 모금된 돈을 전달했다.[5] 그러나 국민당의 재일(在日) 각 지부(|표 6-1|)는 류탸오후사건 이후 모두 경찰의 삼엄한 감시를 받게 되면서 어쩔 수 없이 당원들의 상당수는 귀국을 하지 않으면 안 되었다. 이렇게 되면서 일본에서의 항일운동은 상당히 힘들어지게 되었다.

고베화교의 영향

류탸오후사건의 발발로 고베 거주 중국인은 그 수가 반으로 줄었다. 특히, 귀국자 중에 아이들도 적지 않았다는 것은 화교학교에 심각한 문제를 초래했다. 학생 수는 소중학교(小中學校)와 유치원 양쪽 모두 현저하게 감소했다. 이는 당연히 학교경영에 영향을 주지 않을 수 없었다. 마침내 1932년 고베화교동문학교는 휴교하지 않으면 안 되는 상황에 내몰리게 되었다. 이 해에는 휴교로 인해 그 수가 정확하게 알려지지는 않았지만, 만약 개교했었다면 틀림없이 상당한 학생이 줄어들어 있었을 것이다. 그러나 1934년이 되자, 고베 거주 중국인 수뿐만 아니라 학생 수도 회복되었다. 고베 거주 중국인 수는 전쟁 전인 1930년에 최고에 달했는데 결국 전쟁이 끝날 때가지 그 수준을 회복할 수는 없었다. 그러나 동문학교의 경우에는 루거우차오사건이 일어난 1937년이 학생 수에서 최고를 기록했다.

고베화상의 특징으로는, ① 영주(永住)적 성격이 분명한 무역상인(어엿한 점포, 가족동반) ②고베에 본점 소유 ③거래처는 출신지에 따라 발송지 분리 등이 거론되고 있다. 발송지는 필리핀의 경우 푸젠 출신자, 네덜란드령 동인도는 광동과 푸젠 출신이 독점했고 또한 수라바야에 있어

5) 李雲漢 主編, 앞의 책(1993), 424쪽.

서는, 면포는 푸젠인, 잡화는 광동인, 바타비아(자카르타)는 광동인이 독점하고 있었다. 고베화상은 일본의 대외무역 특히, 대 '남양'(홍콩, 동남아시아)무역에 있어서 중요한 역할을 담당해 왔다. 1930년 당시 고베 항의 대 화중·화남 및 대 남양 수출액은 1억 5,000여만 엔이었고 그 중에 화상의 수출액은 약 8,000만 엔으로 대략 53%를 차지하고 있었다.[6] 수출품은 면사포, 견직물, 잡화, 해산물 및 기타였고, 수입품으로는 면화, 면실(綿實), 잡곡, 밀기울, 삼베, 천잠사(天蠶絲), 피혁, 고철 등이었다.[7] 류탸오후사건 당시 고베화상은 98개의 점포를 가지고 있었고, 그 중에 광동 출신은 48개 점포, 푸젠 출신은 18개 점포, 삼강 출신은 32개 점포를 가지고 있었다. 이러한 고베화상과 중국, 남양과의 밀접한 관계는 중일관계가 악화되자 곧바로 커다란 영향을 입었다. 1931년 7월의 완바오산사건으로부터 시작된 새로운 일본상품 보이콧운동은 류탸오후사건으로 일거에 확대되었고 나아가 상하이사변에 의해 한층 더 대규모화되었다.[8] 이 영향은 대단히 커서 고베의 '90여 곳의 화상 점포 중 시종 폐점되지 않은 것은 불과 세 곳에 불과했다.'[9] 그러나 남양화교의 경우, 중국 본토와는 상황이 달라서 보이콧운동은 1928년의 지난사건(濟南事件, 북벌군과 일본군의 충돌사건) 당시에 비해 활발했다고는 할 수 없었다. 그 원인으로는 다음의 네 가지를 들 수 있다. ① 세계공황이 남양 일대에도 파급되어 화교 실업자가 급증하고 있었다. ② 식민지당국이 선주민(先住民) 보호의 입장에서 화교 활동에 제한을 가했다. ③ 일본상품의 진출이 현저해졌다. ④ 국민당이 장제스파와 서남파(西南派, 胡漢民·汪精衛派)

6) 企劃院 編, 『華僑の硏究』, 松山房, 1939, 359쪽.
7) 神戸商工會議所貿易課, 「事變下に於ける神戸の華僑と本邦在留華僑の現勢」, 『神戸商工會議所所報』 第5号, 1938, 33쪽.
8) 企劃院 編, 앞의 책(1939), 360쪽.
9) 大阪貿易事務所貿易課, 『阪神在留の華僑と其の貿易事情』, 1938, 147쪽.

로 분열, 대립하고 있었다. 남양화교 중에는 서남파 지지자가 많았는데, 이는 1931년 말 양자가 통일하게 되면서 서남파가 광저우에 서남정무위원회(西南政務委員會)를 세우고 독자 세력을 유지하고 있었기 때문이다. 이러한 사정은 결국 남양화교의 항일운동의 힘을 정체시키는 요인으로 작용했다. 또한 인도 상인들의 진출도 화교들의 보이콧운동의 효과를 감소시켰다.

한편, 고베를 비롯한 일본의 화교가 일본에서 보이콧운동을 조직하는 것은 전혀 불가능한 일이었다. 오히려 중국과 남양화교의 보이콧운동에 의한 손해를 어떻게 최소한도로 막을 것인가가 과제가 되었다. 1933년 11월 고베화상남양수출협회(神戶華商南陽輸出協會)가 설립되고 1934년 11월 사단법인으로 인가되었는데, 이 협회의 설립은 네덜란드령 동인도, 말레이반도, 필리핀 등이 면포, 메리야스, 타월 등에 있어 일본으로부터의 수입제한을 행해 온 것에 대해 대처하기 위한 것이었다. 협회의 이사장은 천쥬빈(陳澍彬, 東南公司, 廣業公所), 상무이사(常務理事)는 쉬무탕(許慕唐, 華東公司, 廣業公所) 등이고, 회원은 32명으로 그 대다수는 광동 출신자였다.[10)]

루거우차오사건

1937년 7월 7일 밤, 베이핑(베이징) 남서쪽 15㎞ 지점에 있는 루거우차오 부근에서 일어난 하나의 작은 사건은 다음날 8일 오전 5시 30분, 일본군의 중국군에 대한 전면 공격으로 확대되었다. 이른바 루거우차오사건이다. 베이핑과 톈진 등 현지에서는 교섭이 진행되고 있었지만 이와는 별도로 난징과 도쿄에서는 나름대로 분주한 움직임이 시작되고

10) 大阪貿易事務所貿易課, 『阪神在留の華僑と其の貿易事情』, 1938, 156쪽.

있었다. 11일, 일본정부는 '불확대' 방침을 밝히는 한편으로 화베이(華北) 지역으로 5개 사단에 상당하는 부대(우선은 조선군, 관동군에 한정)를 파견할 것을 결정했다. 19일 국민정부는 장제스의 「루산담화(廬山談話)」를 발표하여 일본에 7월 7일 이전의 상태로 돌려놓을 것을 요구하며, 이것이 사건해결의 최저조건임을 분명히 했다. 같은 날, 프레지던트 클리블랜드 호를 이용해 쉬스잉(許世英) 주일대사가 고베에 도착했다. 왕서우산(王守善) 총영사 외에 허샤오옌(何芍筵, 잔팅잉 詹廷英?) 중화회관 이사장 등 고베, 오사카 화교의 유력자 약 40명이 출영을 나왔다. 쉬스잉 대사는 루거우차오사건에 대해 다음과 같은 견해를 밝혔다.

> 제 개인적인 생각으로는, 지나에서 먼저 공격을 했다는 것은 상상할 수 없습니다.……가령, 어떤 물체를 누르면 반드시 그 반동이 있는 것과 마찬가지로 일본군대가 군비를 더욱 더 증강하게 되면 그에 대해 지나도 더욱 더 군비를 증강하게 될 것입니다. 또한 일본군이 공격을 해오면 지나의 군대도 필히 그에 대해 반격을 가할 만큼의 결의는 있다고 믿습니다. ……눈앞의 이해관계를 도외시하고 실제로 동아시아 백년의 대계를 위해 상호 선처(善處)해야 할 것입니다.…… 사태는 상당히 오랜 기간 지속될 것이라고 생각됩니다만 여러분은 자중하시고 사태의 종식을 기다려야 할 것입니다.[11]

현지에서는 정전 교섭이 계속되고 있었지만, 25일에는 랑팡(廊房, 베이핑과 톈진 사이)사건, 26일에는 광안먼(廣安門, 베이핑 시내의 입구 중의 하나)사건이 잇달아 발생했고, 이를 구실로 일본군은 베이핑, 톈진을 중심으로 한 화베이 일대에서 총공격을 감행했다. 8월 7일, 국민정부는 난징에서 최

---

11) 〈駐日民國大使許世英歸任の件〉, 1937年7月19日, 『在本邦各國外交官領事官及館員動靜關係雜件 支那の部』, 外交史料館, 第3卷, 1937.

고국방회의를 개최하여 전면항전의 방침을 분명히 했다. 9일 일본은 상하이 홍차오(虹橋) 비행장 부근에서 발생한 오오야마 이사오(大山勇夫) 해군중위 살해사건을 구실로 상하이에 대군을 파견할 것을 결정하고, 13일 상하이에 대한 공격개시를 단행했다. 이른바 제2차 상하이사변이다. 다음날인 14일, 국민정부는 사실상의 선전포고라 할 수 있는 「자위항전성명서(自衛抗戰聲明書)」를 발표했고 일본도 15일에 「루거우차오사건에 관한 성명」을 발표함으로써 중일전면전에 돌입하게 되었다.

국민대회대표선거

이 시기 국민당의 양셔우펑 등에게 있어서 중요한 과제는 국민대회대표 선출이라고 하는 것이었다. 당시 국민당과 국민정부는 쑨원이 계획한 국민혁명 완성을 위한 군정(軍政)·훈정(訓政)·헌정(憲政)에서 제2단계인 훈정에서 헌정으로의 이행준비를 추진하고 있었다. 이를 위해 1936년 5월 5일 헌법초안(오오헌초 五五憲草)을 발표함과 동시에 같은 해 10월부터 국민대회대표 선출선거를 시작했다(초선 初選). 선거는 두 단계로 나누어 실시되었고 화교에게도 선거권이 주어졌다. 화교대표의 범위는 전 세계에서 40명으로 제한되었고 이를 24개의 선거구로 나누어 선출했다. 일본에서는 한 명의 대표를 뽑는 것으로 했고 후보자와 후보자 추천 자격자는 교무위원회가 정한 '특정단체'(상회, 중화회관, 향방, 국민당 등 8개)의 성원일 것을 조건으로 내걸었다.[12] 제1회는 1936년 10월 19일부터 24일까지였다. 선거 결과는 양셔우펑 292표, 장궈동(張國棟, 도쿄대학생) 125표, 판즈워(潘植我, 고베화교동문학교총리) 76표, 왕징산(王靜山) 49표, 황쥬어민(黃焯民) 23표였다.[13] 이듬해 1937년 6월 27일, 국민대회 재외교민

---

12) 李盈慧, 앞의 책(1997), 168-169쪽.

13) 陳東華·蔣海波·中村哲夫 共編, 『泰益号文書 神戶華僑關係』(CD-ROM), 2003.

일본선거사무소가 있는 주일대사관에서 국민대회가 11월 12일 개최되고, 선거는 7월 20일부터 사흘간 실시된다는 연락이 고베총영사관을 통해 국민당 고베 직속지부에 전달되었다. 그러나 루거우차오사건의 발발로 선거는 7월 29일부터 31일까지로 변경되었고, 제2차 선거(복선 複選)의 일본에서의 후보자는 양셔우펑과 장궈동 두 명으로 하겠다는 것이 고베총영사관으로부터 통지되었다. 국민당 고베 지부는 양셔우펑의 후원회를 조직하는 등 적극적으로 움직였다. 투표소는 총영사관과 국민당지부 두 곳이었고 투표용지는 각 단체를 통해 사전에 개인에게 배포되었다. 그리고 유권자가 기입한 것을 각 단체마다 수합하여 총영사관에 제출하는 것으로 했다. 8월 2일 국민당 측이 수합한 2,117표와 총영사관이 직접 수합한 2,100표를 한데 모아 주일대사관에 우송했다. 8월 7일 개표 결과, 양셔우펑이 5,722표를 얻어 장궈동의 484표를 크게 앞질러 당선되었다. 그러나 결국 이 국민대회는 중일전쟁과 국공내전으로 인해 연기에 연기를 거듭하다가 1946년 11월에야 겨우 난징에서 개최되었지만 뒤에 보는 것과 같은 사건 때문에 양셔우펑은 그 날을 기다리지 못한 채 죽고 만다.[14)]

대량 귀국과 무역의 타격

루거우차오사건 그리고 중일전면전으로의 확대는 중국의 민주화 프로그램을 대폭적으로 지연시켰다. 재일화교에 있어서도 이 시기는 가장 힘든 고난의 시기였다. 사건 발발 직후부터 시작된 재일중국인의 귀국으로 인해 1936년 말 27,090명이었던 재일중국인은 1937년 말에는

14) 〈國民大會海外代表複選《第2次選擧》開催狀況に關する件〉 1937年8月9日, 『支那中央政況關係雜纂　國民黨關係　國民黨全國代表會議關係(地方大會を含む)』, 外交史料館, A.6.1.1.2, 1937.

15,526명으로 감소했다. 약 11,000명이 줄어든 것이다. 고베 거주 중국인의 경우를 보면, 루거우차오사건 전인 1937년 7월에는 6,146명이었지만 6개월 후인 1938년 1월에는 2,628명으로 감소했다. 이것은 실제로 57%에 해당하는 3,518명이 감소한 것이다. 류탸오후사건 때와 비교해 보더라도 감소율이 커서 루거우차오사건, 제2차 상하이사변 그리고 중일전면전의 충격이 얼마나 컸던가를 보여주는 것이라 할 수 있다. **|표 6-2|**는 일본, 조선, 타이완의 화교 귀국 상황을 보여주는 것인데 이를 보면, 일본에서는 14,199명이, 조선에서는 31,368명이, 타이완에서는 6,660명이 귀국한 것을 알 수 있다.[15)]

|표 6-2| 루거우차오사건 당시 거주 중국인 귀국자 수

(1937년)

	귀국자	사변 전 잔류자	현재
내 지	14,199 (10월 6일 조사)	29,280 (6월말 조사)	15,081[a)]
조 선	31,368 (9월말 조사)	60,479 (7월말 조사)	28,911[b)]
타 이 완	6,660 (9월 15일 조사)	60,192 (1936년 12월 조사)	53,532
남양군도	0	21	21
사 할 린	38 (9월말 조사)	184 (6월말 조사)	146
합계	52,465	150,156	97,691[b)]

주 : a) 현재 내지 체류자 수의 내역은 아래와 같다.
효고 5,201, 가나가와(神奈川) 3,680, 오사카 2,118, 나가사키 1,368 아이치(愛知) 402
b) 원문과 같다.

출전 : 外交史料館, 『支那事變關係一件 在本邦支那公館及在留支那人保護取締並引揚關係(在留華僑ノ動靜ヲ含ム)』, A.1.1.0.30-4, 1937.

15) 〈在留支那人引揚者數〉, 『支那事變關係一件　在本邦支那公館及在留支那人保護取締並引揚關係(在留華僑の動靜を含む)』 外交史料館, A.1.1.0.30-4, 1937.

일본 거주 중국인의 귀국 상황에 대해 고베 부(副)영사 판진시(潘錦喜)는 다음과 같이 말하고 있다.

> 일본에 거류하는 화교 중에서도 중류층 이하의 자는 대부분 귀국했다. 고베, 오사카, 요코하마, 나가사키 등 도시에 거류하는 영업주, 주요 점원 등은 잔류했지만, 도시를 떠나 사는 행상인, 노동자는 거의 귀국했다. 또한 사변이 지속되면 귀국하는 소상인, 점원, 가족 등이 속출할 것이라 생각된다. 도회지에 거주하는 화교의 대부분은 자중하고 사변의 해결을 기다리고 있기는 하지만 6개월 혹은 1년 정도가 버틸 수 있는 마지노선이라 생각된다.[16]

고베 거주 중국인은 1941년에는 거의 1936년 수준을 회복했지만, 전쟁 전 최고를 기록했던 1930년 수준을 넘어서지 못한 것은 물론 루거우차오사건 전의 수준도 회복하지 못했다.

류탸오후사건, 제1차 상하이사변에 커다란 영향을 받은 고베화상은 그 후 일본경제의 회복, 일본제품 보이콧운동의 수습 등에 의해 점차 세력을 회복했다. 특히, 1936년에는 그들이 취급한 무역액이 대폭적인 신장을 보였고 아울러 1937년에는 가일층 호황이 기대되고 있었다. 그러나 중일전면전의 발발은 이러한 흐름을 일거에 후퇴시켰다. 사변 후에도 여전히 영업을 계속하고 있던 것은 푸젠성 출신의 18곳(전체의 19.8%)에 지나지 않았다. 남양화상수출조합(南陽華商輸出組合)의 1938년 가을 보고서에 따르면, '쇼와 12년에는 10월부터 거래가 완전 두절되었다. 금년은 4월경부터 네덜란드령 인도네시아 쪽과만 상담이 있었다. ……금년은 10월 이후 수출 전망이 어둡다.'[17]라고 하고 있다. 여기에

16) 內務省警保局, 『昭和12年中に於ける外事警察概況』(復刻), 龍溪書舍, 1980, 64쪽.
17) 企劃院 編, 앞의 책(1939), 405쪽.

|표 6-3| 일본의 대 남양 각국에 대한 수출입무역 가격표

(단위: 천 엔)

국명	수출				수입			
	1936	1937	1938	1939	1936	1937	1938	1939
영국령 말레이	61,211	71,297	22,877	22,430	80,299	115,590	100,965	115,839
필리핀	51,840	60,348	32,599	24,744	36,266	45,193	35,631	49,117
네덜란드령 동인도	129,495	200,050	104,045	137,802	113,545	153,450	88,248	71,698
타이	43,028	49,381	39,268	20,154	8,753	13,570	4,950	5,406
프랑스령 인도차이나	4,697	4,623	3,181	1,981	26,024	27,011	20,300	26,827
버마	–	–	16,301	21,555	–	–	8,185	15,065
영국령 보루네오	536	1,040	949	959	15,753	18,775	13,832	11,290
합계	290,807	386,739	219,220	235,495	274,770	373,589	272,111	345,242*

주 : '비고' 大藏省 日本外國貿易年表에 의함. 1939년은 '극비'로 되어 있음.

* 수치는 원자료와 동일.

출전 : 東亞硏究所, 『第3調査委員會報告書-南洋華僑抗日救國運動の硏究』(復刻, 汲古書院, 1978年), 1945, 374쪽 (中華會館編 2000, 196쪽에서 전재)

는 중국, 남양에서의 일본상품 보이콧, 식민지당국에 의한 무역통제, 일본의 수출입통제(가령, 〈수출입 등에 대한 임시조치에 관한 법률〉 1937년 9월 10일) 등 제반요인이 얽혀 있었다. |표 6-3|은 1936년부터 1939년까지 시기의 일본의 대 〈남양 각국에 대한 수출입무역 가격표〉이다.

이를 보면, 전반적으로 저하되고 있음을 알 수 있는데 특히, 수출의 경우 영국령 말레이, 필리핀, 타이, 프랑스령 인도차이나, 버마 등으로의 수출 하락이 두드러지고, 네덜란드령 동인도만이 루거우차오사건 이전의 수준을 회복하고 있다.

극심한 탄압

고베화교에 대한 대대적인 탄압은 전시에 세 차례 있었다. 이 가운데 앞의 두 차례는 국민당관계자에 대한 것이었고, 세 번째의 경우는 '비단행상'에 대한 것이었다. 첫 번째 탄압은 루거우차오사건 발발 직후인 1937년 9월 15일 양셔우펑, 바오잉스(鮑潁思) 등 13명이 한꺼번에 검거된 일이었다. 이 사건에 대해서는 당시 일본 신문에 일절 보도되지 않았고 뿐만 아니라 내무성 경보국 보안과 『특고외사월보(特高外事月報)』(1937년 9월)에도 전혀 언급되지 않고 있다. 같은 해 12월에는 송옌(宋炎), 리원자오(李文照), 리쉰즈(李薰枝), 바오잉스 등 네 명이 중국에 강제 송환되는 일이 있었는데, 『특고외사월보』(1937년 12월)에 의하면, 검거 이유는 하나같이 '간첩혐의(外諜容疑)'였다. 그러나 이것은 확실한 증거가 있었던 것은 아니었다. 예컨대, 바오잉스에 관해서는 다음과 같이 기록되어 있다.

> 본 피고인은 다이쇼 12년 가타가키회사(肩書會社, 독일 염료회사)의 전신인 공동염료회사(共同染料會社)에 고용되어 현재에 이르는 자로서 20세 때, 국민당총리 쑨원이 고베에 오자 직접 입당 권유를 받고 중국국민당에 입당, 쇼와 2년 동 정당의 집행위원이 되었다. 또한 쇼와 2년 쌍십절에는 중국혁명이 성공했음에도 고베동문학교가 여전히 청천백일기를 게양하지 않자 이에 격분하여 그 폭행의 정도를 뛰어넘는 망동을 저지른 바 있는 배일과격분자로서 금번 사변에 즈음하여 간첩혐의가 농후한 행동을 했음에도 확증을 얻을 수는 없었던 바, 이대로 체류시키게 되면 공안을 해할 우려가 있는 자이다.[18)]

송옌은 1937년 12월 13일 앰프리스 오브 캐나다호(Empress of Canada)로, 바오잉스는 17일 아츠다마루호(熱田丸)로 각각 홍콩으로 송환되었다. 이 두 사람도 '확증을 얻을 수는 없었던 바,'임에도 불구하고 체포, 강제 송환되었던 것이다.

---

18) 內務省警保局, 『特高外事月報』, 昭和12年12月(復刻, 政經出版社, 1973年), 1937, 235쪽.

바오잉스는 전후 홍콩에서 이 당시 체포되어 감옥에서 지냈던 일에 대해 다음과 같이 술회하고 있다.

당일(민국 26년 9월 15일 아침) 새벽 네 시, 일본 경찰 여덟 명이 갑자기 집으로 쳐들어오더니 다짜고짜 나를 포승줄로 묶고 집안의 옷가지며 문서 하나하나를 수사했다. 그리고는 헌병대까지 나를 끌고 가 강제 구금하고 심문을 하기 시작했다. 내가 스파이라는 것이었다. 나는 증거가 없었기 때문에 극력 부인했다. 그러자 경찰은 극도로 흥분해서 나의 뺨을 때렸다. 그 바람에 안경이 깨져 앞이 전혀 보이지가 않았다. 자백을 강요했지만 난 끝까지 인정하지 않았다. 그러자 그들은 두 발을 묶고 두 손을 뒤로 돌려 결박하더니 거꾸로 매달았다. 그리고는 등나무 채찍으로 두 발을 때리며 재차 자백을 강요했다. 나는 그들의 횡포에도 불구하고 옳지 않은 일에는 끝까지 인정하지 않았다. 그러자 이번에는 코에 물을 붓기 시작했다. 이때는 심한 고통으로 정신을 잃고 말았다. 그렇게 한동안 거꾸로 매달린 채 있다가 겨우 의식을 찾을 수 있었다. 다음날에는 다시 수상경찰서(水上警察署)로 끌려가 악취로 가득한 캄캄한 감옥에 갇혔다. 탄타이더(譚泰德), 리이타오(李宜壽), 샤핀챠오(夏聘朝) 등의 동지들이 수상경찰서에 잡혀 들어왔다. 우리는 각자 별도의 감방에 갇혀 있었기 때문에 서로 연락할 수 있는 길이 없었다. 심문을 받을 때는 어김없이 잔혹한 고문이 가해졌다. 다섯 손가락 사이에 연필을 꽂고 힘껏 누른다든지, 선향(線香)을 손톱 위에 올려놓고 태운다든지, 자백을 받으려고 할 때에는 온갖 잔인한 고문을 가해왔다. 갇혀 있는 동안 우리는 머리를 자르지 못해 장발인 채 그대로였고 갈아입을 옷도 없어 온몸이 그야말로 더럽기 짝이 없었다. 이 고통은 필설로는 다할 수 없는 것이었다. 고베지부의 집행위원인 양서우펑 동지는 불행히도 심한 쇼크로 결국 희생되고 말았다.

> 갇혀 있던 우리 동지들은 이 소식을 듣고 비분을 달랠 길도 없이 불요불굴의 정신을 지켜나갔다.[19]

바오잉스는 12월 13일, 난징 함락을 축하하는 고베 시민의 환호성을 옥중에서 들었다. 그는 17일에 석방되었지만 감옥에서 나와 잠시 집에 들르는 것도 허락되지 않았다. 그는 그렇게 집에도 가보지 못한 채 아츠다마루에 태워져 홍콩으로 송환되었던 것이다.

양셔우펑은 출옥 후 1938년 1월에 사망했다. 옥중생활이 그의 죽음의 빌미가 되었음은 물론이다. 그의 죽음에 관해서는 교무위원회 교무월보사(僑務月報社)가 간행한 『화교동원(華僑動員)』 창간호(1938년 3월 15일)가 특별히 「일본에서 순국한 교무위원 양셔우펑 선생을 애도하며」란 글을 사고(社告) 형식으로 게재함으로써 그의 죽음을 애도함과 동시에 생전의 국민당원, 교무위원으로서의 그의 업적을 기렸다. 그 가운데에는 양셔우펑이 중국동맹회에 참가했다는 사실도 지적하고 있는데,[20] 만일 그것이 사실이라고 한다면 그는 고베화교에 있어서 동맹회원으로 인정된 유일한 인물이 되는 셈이다. 그러나 이에 대해서는 확인할 길이 없다. 또한 양셔우펑은 루거우차오사건 후에도 여전히 모금활동을 진행하여

---

19) 鮑穎思, 「留日時期參加救國革命工作以至抗日勝利回憶錄」, 1945(9月15日)

20) 앞서도 언급한 것처럼 관헌자료(官憲資料)에 따르면, 양셔우펑이 개설한 고베열서보사(神戶閱書報社)는 1907년 창립되어 고베시 나카야마테도리(中山手通) 3가(三丁目) 반가이(番外) 21에 위치해 있었다. 한때 회원수가 45명을 헤아렸다고 하며, 1923년 5월에 고베화교상업연구회와 합병되었다고 한다. 이 당시 간부로는 고베열서보사 측에서 사장 양원훙(楊文洪), 부사장 겸 간사 양디엔팡(楊殿舫)이 있었고, 고베화교상업연구회 측에선 명예회장 우진탕(吳錦堂), 회장 양셔우펑, 부회장 허스창(何世錩), 총간사 장쉰(張勳)이 있었다. 고베화교상업연구회는 1913년에 대총통령(大總統令)에 의거하여 국민당에 의해 해산되었다가 고베교통부(神戶交通部)마저 해산된 뒤에 새롭게 결성된 단체로 회원은 152명을 헤아렸다. 고베화교단체 가운데 유력한 단체였다(JACAR 1923년 5월 8일). 계보상으로 따지면, 고베열서보사나 고베화교상업연구회나 모두 쑨원과 연관된 것으로 추측된다.

여기에서 모아진 돈을 귀국하는 화교들에게 부탁하여 수차에 걸쳐 교무위원회에 전달했다고 한다.

국민당 당원에 대한 두 번째 탄압은 1937년 12월 12일의 일제 검거였다. 『특고외사월보』(1937년 12월)에 따르면, 체포된 자가 고베 20명, 오사카 35명, 교토 24명이었고, 나가사키는 79명으로 가장 많았다고 한다. 이를 전국적으로 본다면 총 295명으로 상당한 숫자라고 할 수 있다. 이는 일본에 거주하는 중국국민당 당원을 대상으로 한 것으로, 관헌자료에서는 그 목적에 대해 다음과 같이 기록하고 있다.

> 오늘날과 같이 사변 하에 있어서는, 우리나라 내부에 있는 국민당 조직 및 그 당원의 존재는 한시라도 허용해서는 안 될 것이기에 단호히 그에 대한 일제 검거를 단행해야 한다. 만에 하나 범죄사실이 있는 자는 그에 따른 응분의 처벌을 하고, 기타 그 외의 자에 대해서는 퇴거시킴으로써 첩보망을 파괴해야 한다. 이에 12월 12일 우선적으로 국민당 간부에 대한 검속을 실시한 것이다.[21)]

또한 1938년 1월에도 고베에서는 두 사람이 국민당 당원이란 이유로 검거되어 중국으로 송환되었다. 1938년 5월까지 전국적으로 326명이 체포되었고, 고베에서만도 44명의 국민당 당원이 체포되었다. 이로 인해 일본의 국민당 조직은 파멸하게 되었다(|표 6-4|).

21) 內務省警保局, 『特高外事月報』, 昭和13年5月(復刻, 政經出版社, 1973年), 1938, 245쪽.

|표 6-4| 국민당 관련 검거인 수(1938년 5월)

(단위: 명)

지역	검속	송치	송환	석방	취조 중
도쿄	1	0	1	0	0
가나가와	24	0	9	15	0
교토	24	0	14	10	0
오사카	36	2	11	23	0
효고	44	4	18	22	0
나가사키	79	14	7	58	0
미야기(宮城)	17	9	3	5	0
야마가타(山形)	15	0	15	0	0
와카야마(和歌山)	13	0	2	11	0
후쿠오카(福岡)	17	2	5	10	0
기타	56	6	27	20	3
합계	326	37	112	174	3

출전 : 內務省警保局保安課, 1938b, pp.165-166에 의해 작성.
(中華會館 編, 2000, p.201로부터 전재)

화교단체의 재편

일본당국은 이러한 국민당 당원에 대한 철저한 탄압과 화교에 대한 일상적인 감시를 강화하는데 그치지 않고 한발 더 나아가 화교에게 일본의 전쟁에 협력할 것을 강요했다.

1937년 12월 14일 베이핑(베이징)에 중화민국임시정부(위원장 왕커민 王克敏, 1873~1945)가 수립되자, 일본정부는 이듬해인 1938년 1월 16일 〈제1차 고노에 성명(近衛聲明)〉에 따라 국민정부를 인정하지 않고 대신에 괴뢰정권과 제휴하여 중일전쟁을 해결하겠다는 방침을 분명히 했다. 그리고 1월 18일, 히로다 고우키(廣田弘毅, 1878~1948) 외상은 내무대신과 척무대신(拓務大臣)에게 재일화교에 관해 다음과 같이 밝혔다.

一. 잔류 화교에 대해서는 충분히 그들을 보호한다.

一. 화교가 신정권에 참가하는 문제에 관해서는 제국의 관헌으로서 그것에 관여하지 않는 것으로 한다.[22]

그러나 이는 실제로 재일화교에게 이중의 요구를 들이댄 것이었다. 첫째는, 일본이 중국 각지에 세운 괴뢰정권을 지지할 것, 둘째는 일본화교와 남양화교의 관계를 이용해 남양화교를 일본 지지로 돌려 세우도록 할 것. 예컨대, '고베화상은 남양화상의 상업적 세력의 일각으로 간주해야 한다. 더욱이 고베화상은 단순히 무역 공작뿐만 아니라 남양화상에 대한 기타 정치적 · 경제적 공작을 하는 데에 결코 무시할 수 없는 하나의 요소이기도 하다는 것에 착목하지 않으면 안 된다.'[23]고 하는 의미이다. 이러한 상황 하에서의 일부 재일화교단체의 움직임에 대해서는 일본 측 자료에 따르면 다음과 같다. 중화민국임시정부가 수립됨에 따라 도쿄에서는,

(1938년) 1월 26일 321명이 참여한 신정권 성립 축하회가 열렸다. 장저성(張則盛)은 요코하마, 한신, 나가사키의 화교단체와 협력하여 전국 화교들을 널리 각성시키겠다는 계획을 가지고 있었다. 도쿄화교학교 역시 신정권을 지지한다는 태도를 표명했다. 1,758명의 거주자가 있는 오사카부(大阪府)에서는 재일화교이발연합회(旅日華僑理髮聯合會)와 재오사카화상주업공회(旅阪華商綢業公會)가 각각 1월 17일 임원회의(役員會)를 개최한 결과, 공동으로 신정권을 지지하는 성명서를 발표하기로 결의했다. 또한 방공소(幇公所) 즉, 중화북방

22) 〈在本邦支那外交機關及華僑處理に關する件〉 1938年1月18日, 『支那事變關係一件 在本邦支那公館及在留支那人保護取締並引揚關係(在留華僑の動靜を含む)』 外交史料館, A.1.1.0.30－4, 1937.
23) 企劃院 編, 앞의 책(1939), 407쪽.

공소(中華北幇公所), 중화남방상업공소(中華南幇商業公所) 및 오사카화상상회(大阪華商商會) 세 단체도 18일 84명의 회원 이름으로 신정권을 지지하는 합동총회를 개최하기로 결의했다. 이외에도 오사카지나요리업조합(大阪支那料理業組合) 역시 이 결의사항을 각 관련 분야에 발송했다. 교토부(京都府)에서는 사변 이후 초기에 정작 중심이 되어야 할 자들이 대거 귀국해버렸기 때문에 활동을 표면화시키는 데까지는 이르지 못했지만 1월 23일 잔류자의 약 반수인 53명이 출석한 가운데 대회를 개최했다. 2,845명의 거주자가 있는 가나가와현(神奈川縣)에서는 1월 14일 영사관 측의 필사적인 저지에도 불구하고 푸젠성 출신의 가 나오지로(何直次郞)를 비롯한 원(元) 푸젠연합회(福建聯合會) 회원 약 20명의 찬성으로 성명서를 발표했다. 한편, 중화회관의 경우에는 같은 날 각 화교단체대표회의를 개최했지만, 영사관 측의 방해에 의해 협의를 하지 못한 채 끝내고 말았다. 그러나 그 후 우리의 지지성명이 있었기 때문인지 별안간 활동이 활발해져, 22일 300여 명이 모인 가운데 축하회를 개최하고 거기에서 결의된 사항을 관련 분야에 발송 또는 타전했다. 2,847명이 거주하고 있는 효고현에서는 대체로 신정권을 지지하는 분위기였지만 후환이 두려운 나머지 분명한 태도를 밝히지는 않았다. 회원 250명을 가지고 있는 고베화교이발연합회의 부회장 왕궈산(王國山)은 영사관 측의 저지에도 불구하고 제일 먼저 신정권 지지를 주창했다. 그리고 고베오사카화교양복상조합(神阪華僑洋服商組合)의 250명과 효고현화교주업공회(兵庫縣華僑綢業公會)의 30명이 이에 합류하여 결국 이 세 단체의 노력으로 드디어 1월 18일 2,300명이 모인 가운데 신정권 옹호대회를 개최했다. …… 나가사키현에서는 잔민총(詹敏崇) 이하 40명이 중심이 되어 재나가사키영사 런쟈펑(任家豊)으로부터 결심을 바꾸어 재고해 줄 것을 요청받았음에도 불구하고 1월 10일 동 영사관과의 관계를 단절할 것을 밝히고 53명의 조인

(調印)으로 신정부 귀속단체의 결성식을 거행했다. 그 후에도 뜻을 같이하는 자들이 빈출(頻出)하여 거주자 787명 중에 이미 455명을 산출(算出)하는데 이르렀고 여전히 증가세에 있었기 때문에 잔민총은 이 단체들을 신정부가 공인한 단체로 인정해 줄 것을 요구함과 동시에 동 정부에 지도원 파견을 신청했다.[24)]

이 사료에도 있다시피, 고베의 상황은 다음과 같았다. 1938년 1월 14일, 고베오사카중화회관은 장제스 정권을 지지하는 입장에서 광업공소에 관해 고베총영사관과 행동을 같이 하겠다는 입장을 표명했다. 그래서 16일 고베화교이발연합회가 제일 먼저 중화민국임시정부 지지를 표명했고, 동 단체와 고베오사카화교양복상조합 그리고 효고현화교주업공회가 중심이 되어 공작한 결과, 영사관 측의 제지에도 불구하고 이에 동조하는 단체가 속출했다. 18일, 중화회관에서는 고베 화교 600명이 참가한 〈신정부성립경축옹호대회〉를 개최하여 국민정부 반대, 임시정부 지지를 결의했다. 이 대회에는 오카다 슈조(岡田周造) 효고현 지사, 가츠다 긴지로(勝田銀次郎) 고베 시장 등도 내빈으로 참석했다. 이러한 급속한 움직임에 있어서는 일본 측으로부터 이러저러한 지원이 있었을 것이라 추측된다. 2월 7일, 중화민국 주고베총영사관이 경찰에 의해 봉쇄되자, 이를 대신해 임시정부의 영사관 개설을 목적으로 하는 움직임이 나타났다. 5월 28일 중화회관에서는 고베·오사카의 화교단체 대표들이 모여 〈고베오사카재류화교단체대표대회〉를 개최하여 ① 중일친선 ② 경제제휴, 중일통상무역 ③ 임시정부에 대한 거류민 보호 요청 등을 결의했다.

---

24) 〈本邦在留外國人の動靜 其一 在 本邦中華民國人北支那政權支持の情勢〉, 『昭和13年昭和14年 外國人入國禁止並特別許可關係雜纂 中國人の部』, 外交史料館 K.3.6.1.2-2, 1938.

7월 3일부터 시작된 호우로 인해 니시노미야(西宮)에서 다루미(垂水)에 이르는 크고 작은 하천들이 일거에 범람함으로써, 고베는 전에 없는 큰 수해에 직면하게 되었다. 그 피해 상황은 다음에서 보는 바와 같이 대단히 심각했다. '사망자 557명(행방불명 76명 포함) 가옥 유실 1,955채, 전궤(全潰) 4,039채, 반궤(半潰) 6,711채, 상상(床上)에 토사가 쌓인 곳 11,801채 그리고 기타 일부 손괴 및 단순한 상상, 상하(床下) 침수가옥까지 포함하면 실제로 무려 20여만 호를 헤아린다.'[25)]

수해 복구가 막 시작되던 무렵인 7월 30일, 고베화교신흥회(神戶華僑新興會)가 결성되었다. 이것은 효고현 외사과(外事課)의 알선에 의한 것으로, 결성대회에는 오카다 효고현 지사, 가츠다 고베 시장 등도 참석했다. 신흥회의 회장에는 중화회관 이사장인 허샤오옌이 취임했고, '일화제휴(日華提携), 임시정부지지' 방침을 결의했다. 8월 1일 중화민국임시정부 주고베교무판사처(駐神戶僑務辦事處)가 개설되었다. 건물은 충칭(重慶) 국민정부의 고베총영사관이었고, 주임은 전 총영사인 왕셔우산이었다. 이 판사처는 1938년 3월 난징에서 만든 중화민국 유신정부의 대표부도 겸했다. 9월 10일 신흥회 이사회에서는 광업(廣業), 푸젠, 삼강의 3개 공소의 합병, 중화공학(中華公學)과 동문학교의 합병문제가 제기되었다. 11월 25일 신흥회와 고베판사처는 3월에 난징에서 수립된 중화민국 유신정부 주석인 량훙즈(梁鴻志, 1882~1946)를 초청하여 중화회관에서 「반공구국대회」를 개최했다. 이 자리에는 500명이 참석했다. 게다가 12월 20일 국민정부 부주석 왕징웨이가 충칭에서 이탈하게 되자, 신흥회는 이듬해인 1939년 1월 18일 신년대회 때 왕징웨이 지지를 표명했다. 대회는 1939년도 목표로 ① 광동, 푸젠, 삼강의 공소 합병 ② 고베오사카중화공

25) 兵庫縣救濟協會, 『昭和13年兵庫縣水害誌』, 1940, 71쪽.

학과 고베화교동문학교, 두 학교의 합병 ③무역의 회복 ④난민구제 등 네 가지를 내걸었다.

1939년 1월 20일 광업공소, 푸젠공소, 삼강공소를 합병하고 이를 대신하는 것으로 고베중화총상회의 결성대회가 개최되었다. 이사장에는 판즈위, 부이사장에는 허샤오옌과 잔팅잉이 뽑혔다. 중일친선, 무역진흥이 목표가 되었다. 또한 왕징웨이의 제창에 따라 동아신질서(東亞新秩序) 건설 주간(週間)이 설정되자, 신홍회도 이에 호응하여 2월 28일에 중화회관에서 「동아영구평화확립대회(東亞永久の平和確立大會)」를 개최했다. 또한 4월에 북지나방면군(北支那方面軍)에 의한 톈진 영국조계 봉쇄문제가 발생하자, 이를 해결하기 위해 7월에 영일 간에 회담이 있을 예정이었는데 이에 앞서 6월 23일 고베소학교에서 열린 「배영국책수행고베시민대회(排英國策遂行神戶市民大會)」에는 화교도 참여했다. 또한 화교는 국방헌금, 휼병헌금에도 협력을 요구받았는데, 이에 호응하여 고베화교신홍회는 1938년도에 1,000엔의 휼병헌금을 냈고, 개인자격으로 재해의연금 19인분, 2,920엔을 갹출했다.

고베화교동문학교와 고베오사카중화공학의 합병문제는 이미 고베화교신홍회에 의해 제기되었지만 양교의 합병에 따른 자산은 9월 12일부터 중화총상회 학무위원회에 접수되었다. 경비에 있어서는 흥아원(興亞院)에 보조를 요청한 바 2,000엔을 배분받았고 후에 왕징웨이 정권으로부터도 1,200엔(월)의 보조금을 지급받게 되었다.

전일본화교총회(全日本華僑總會)

1939년 12월 19일 도쿄 내무성에서 경시청(警視廳)을 비롯한 가나가와, 효고 등의 재일화교에 대한 '지도취체책임자(指導取締責任者)'에 의한 '지도관청협의회(指導官廳協議會)'가 개최되어 다음과 같은 화교대책의 기본방침이 결정되었다.

① 재류화교의 대동단결을 도모하고 동아신질서 건설에 적극적으로 협력하도록 하기 위해 전국적으로 통일된 단체를 결성시킨다.
② 종래의 업종별 단체는 그대로 두고 새로이 부(府)와 현(縣)을 단위로 한 연합단체를 결성시키고 이를 기초로 전국적으로 통일된 단체를 결성시킨다.
③ 기존의 각 업종별 단체의 경우, 통제 상 필요할 때는 적절하게 정리를 가한다.
④ 본부는 도쿄에 두기로 한다.
⑤ 회장은 효고현에서 선출하도록 한다.
⑥ 12월 하순, 발의단체(發議團體)가 될 효고, 도쿄, 가나가와, 오사카, 나가사키, 홋카이도, 아이치, 교토, 후쿠오카 등 각 부와 현의 화교단체 대표자를 집합시켜 발기인대회를 개최한다.

이 '지도관청협의회'에 이어, 도쿄 법조회관(法曹會館)에서는 전일본화교총회의 발기인대회가 열려 예정대로 고베화교신흥회 회장인 허샤오옌이 회장후보로 선출되었다. 이렇게 전일본화교총회의 결성은 내무성 등 일본 측의 계획에 따라 추진된 것이다. 경비는 화교단체가 부담하는 것을 원칙으로 하면서도 흥아원이 재정적 원조를 하는 것으로 했다. 발기인대회에서 정해진 〈장정〉에는 "본회(本會)는 대일본제국 내 각지에서 재류하고 있는 화교단체의 대동단결을 꾀하는 동시에 일화(日華) 양국의 친선제휴와 동아신질서 건설에 익찬(翼贊)하고, 더불어 교포 전체의 복지증진을 도모함을 그 목적으로 한다."라고 되어 있다. 또한 〈장정〉 그 자체도 "주일중화민국정부대표기관을 경유하여 중화민국중앙정부에 제출하는 것으로 한다."[26]고 되어 있었다. 이것은 공교롭게도 진행

중에 있던 왕징웨이 정권 수립공작에 호응하는 것이었다. 고베에서는 신흥회가 중심이 되어 전일본화교총회 참가 준비가 진행되었는데 총회의 경상경비 30%는 고베화교가 부담하는 것으로 했다. 1940년 3월 6일, 전일본화교총회 발회식이라 할 수 있는 「신(新)중앙정부 성립 경축대회」가 도쿄 히비야(日比谷) 공회당에서 개최되었다. 참가자는 1,500명이었고, 고베에서는 허샤오옌 신흥회 회장 이하 세 명이 참가했다. 이 밖에 이 자리에서는 흥아원 총재, 외무대신, 대장대신(大藏大臣), 육군대신, 해군대신, 내무대신 등이 축사를 했다.

3월 30일 중화회관에서 왕징웨이의 「국민정부환도(還都)경축대회」가 개최되어 700명이 참가했다. 이 자리에는 사카 치아키(坂千秋) 효고현 지사, 가츠다 고베 시장, 오오누키 하지메(大貫元) 외사과장, 스가이 고베 헌병 분대장 등도 참석했다. 그리고 이 대회에서는 '화평구국(和平救國)', '신(新)국민정부 지지'가 표명되었다. 임시정부 주고베판사처는 8월 1일 중화민국 주고베총영사관으로 격상되었다. 1941년 6월 16일 왕징웨이는 일본 방문을 위해 고베에 도착했다. 당시는 허샤오옌 신흥회 회장 등 화교대표의 환영을 받았다. 또한 그는 고시엔(甲子園)호텔에서 다키가와 기사쿠(瀧川儀作) 전 고베상업회의소 회장 등과 회담하고 1924년 쑨원의 '대아시아주의(大アジア主義)' 강연의 의미에 대해 간담했다.

1941년 12월 8일 일본은 말레이반도의 코타바하루(Kota Bharu), 하와이의 진주만에 기습공격을 감행했다. 뿐만 아니라 같은 날 홍콩 침공을 개시했다. 이른바 아시아태평양전쟁의 발발이다. 이에 앞서 전일본화교총회는 동년 5월 나가사키에서 제2회 대회를 개최했다. 이 자리에는 약 1,500명이 참가했다. 1942년 12월에는 '대동아전쟁' 1주년 기념에 즈

26) 内務省警保局, 『昭和14年中に於ける外事警察概況』(復刻), 龍溪書舍, 1980, 12-16쪽.

음하여 도쿄의 히코우칸(飛行館)에서 임시대회를 개최했다. 이 자리에는 각지에서 950명의 화교가 참가했다. 제3회 대회는 '대동아공영권' 각지에서 대표를 부르는 준비로 연기되었다가 1943년 5월 고베의 해운회관(海運會館)에서 개최되었다. 출석자는 화교 350명, 일본인 170명이었다. '총리유촉(總理遺囑)'과 왕징웨이의 '선전포고'(1943년 1월 9일)가 함께 낭독되었고, 대동아대신(大東亞大臣), 중화민국 주일대사, 효고현 지사, 대정익찬회(大政翼贊會) 총재, 대일본흥아동맹(大日本興亞同盟) 총재, 고베 시장, 고베상공회의소 회장, 중화민국 신민회(중화민국임시정부의 대중조직) 화교고문 등 내빈들의 축사가 이어졌다. 대회에서 채택된 '선언'에서는 다음과 같이 말하고 있다.

> 쑨원 선생이 마지막 열의를 토한 바 있는 이 고베 지역에서 전일본화교총회 제3차 대회를 개최함으로써 일본화교 대표를 한 자리에 모일 수 있게 한데 대해 일본에 감사를 표하고 아울러 조국에 충성을 서약한다. 나아가 대동아전쟁의 완수를 위해 미력을 다할 것을 서약한다. 이를 널리 해외교포 및 조국동포들에게 고한다.[27]

다음날의 지방대표자총회, 대동아성(大東亞省) 초대 오찬회, 전일본화교총회 초대회는 모두 고베오사카중화회관에서 열렸다. 또한 이 대회의 개최 비용 61만 엔은 전일본화교총회만으로는 감당할 수 없어서 왕징웨이 정권의 주일대사관, 일본의 대동아성, 대정익찬회로부터 지원을 받았다. 대회에서는 왕징웨이 정권과 일본정부를 위한 헌금을 모을 것을 결정했다.

고베화교 신흥회에서는 '대동아전쟁' 개전 2주년에 즈음하여 이사회

27) 內務省警保局, 『外事月報』, 昭和18年5月(復刻, 不二出版, 1994年), 1943, 19−31쪽.

에서 육해군대신 앞으로 축전을 보냈고, 또한 2월에는 싱가포르 함락에 즈음하여 500명이 참석한 가운데 축하회를 열었다. 허샤오엔 회장은 전 세계 화교연합회의 결성을 구상하여 2월에 문서를 세계 각지에 송부했다. 이러한 왕징웨이 정권과의 관계와는 달리, 화교 중에는 대놓고는 말 못해도 왕징웨이 정권을 위군(僞軍, 괴뢰군)이라고 생각하는 이들도 있었다. 또한 고베중화동문학교 학생 중에는 롯코산(六甲山)에 올랐을 때 등등의 시간에 선배들로부터 항일 노래인 '의용군행진곡'(聶耳 작곡, 田漢 작사. 현재 중화인민공화국 국가)을 배우는 자들도 있었다.

고베동아무역주식회사(神戸東亞貿易株式會社)

1938년 5월의 〈국가총동원법〉과 1941년 5월의 〈무역통제령〉에 이어 12월에는 아시아태평양전쟁이 발발하게 되자, 일본정부는 〈무역업정비요강〉을 제정하여 '만지(滿支), 프랑스령 인도네시아, 타이' 그리고 '남양점령 제 지역' 내에 있어서 물자유통의 원활과 향후 장기전에 대비하기 위해 특별히 수출업자의 '정비재편성'을 추진하기로 했다. 각종 기업 및 단체의 통합이 추진되었고, 소규모의 것은 도태되었다. 고베화상남양수출협회는 아시아태평양전쟁 발발 이후 무역부진이 계속되자 부득이 1942년 8월 해산 결정을 내렸다. 〈무역업정비요강〉과 그에 따른 세칙이 다양하게 할당될 당시 '외상(外商)'을 제외하는 것으로 했기 때문에 화교들은 자신들이 '외상'으로 취급되어 수출 할당에 있어 예외로 취급되지는 않을까 불안해했다. 그래서 고베중화총상회는 긴급 상무위원회를 개최하여 대표를 도쿄에 파견하여 진정을 냈다. 그 결과 화교는 '외상'에 포함되지 않는다는 것이 확인되었다. 그러나 '엔(円) 블록' 수출무역에 가입할 수 있는 것은 일본인뿐이었다. 그래서 고베중화총상회는 일본정부의 '무역통제령'에 따른 화상의 영업 난을 타개하기 위해 잇달아 정부에 진정을 계속했다. 그러는 한편으로 사태에 대처하기 위해 고베 거주 중화무역상사 및 기업들과 합동으로 고베동아무역주식회사의 설립[28]을 신청하여 역경을 헤쳐 나가고자 했다. 당시, 고베화상무역상사 30여 곳이 일본의 지배지역과의 무역에 종사하고 있었다. 또한 고베에 거주하는 중국인은 약 4,000명이었는데 그 가운데 무역에 종사하고 있는 자와 그 가족은 약 1,000명이었다. 고베화상의 수출무역액은 1936년에 약 7,000만 엔이었던 것이 루거우차오사건을 거쳐 1940년에는 1,900만 엔으로 약 27% 즉, 삼분의 일 이하로 격감했다. 동아무역주식회사는 1942년 10월 일본은행(日銀) 총재에 의해 인가되었다(발기인대표는 판건웬 潘根元, 자본금 약 100만 엔). 비단행상의 경우에는 효고현화상주업공회에 가입하는 것으로 그럭저럭 영업을 유지했다.

전시 하의 동문학교

고베중화동문학교는 전시 하에서 열악한 경영을 강요받았다. 재정적으로는 학생들의 수업료만으로 충당했는데 중학생이 연 80엔이었다. 물론 이것만으로는 당연히 부족한 게 현실이었다. 따라서 그 부족분은 학교 부동산에서 나오는 수입과 화교들이 갹출하여 모은 돈 외에 왕징웨이 정권과 일본의 흥아원 등에서 나오는 보조금에 의존하고 있었다. 교과서와 교육 내용은 본국과 동일한 것으로 했다. 일본어와 체육 수업을 위해 일본인 교사를 고용하기는 했지만 여전히 중심은 중국에서 교원 자격을 획득한 사람들이었다. 또한 동문학교는 당시 효고현 외사과의 감시 하에 있었다. 당시 동문학교에서 교장으로 있었던 리완즈(李萬之, 1914~2000)는 당시의 상황에 관해 다음과 같이 술회하고 있다.

---

28) 「東亞貿易株式會社關係檔案」, 『汪政權檔案』(東洋文庫所藏 『中華民國國民政府〈汪精衛政權〉駐日大使館檔案』), 2−2744−11/38, 1942.

지금의 상식으로 보면, 처음 학교에 들어갔을 때는 학교에 대해 먼저 파악하고 나서 일을 하는 것이 보통일 것이다. 그런데 외사과 사람들에게는 그러한 상식이 통용되지 않았다. 전혀 아무런 예고도 없이 학교에 와서는 함부로 교실에 들어와 수업하는 모습을 감시했다. 심할 때에는 교사들 숙소에까지 들어와 읽고 있는 책 등을 검사하기까지 했다. 그리고 그러한 외사과 사람들이 보기에 좋지 않다고 판단되면 그 책은 그 자리에서 바로 압수되었다. 아니면 아예 교사를 소환하기도 했다. 이사와 임원이 외사과에 가서 몇 번씩이나 머리를 조아리며 용서를 빌고 나서야 겨우 집으로 돌아올 수 있는 게 당시 실정이었다. 교사들은 모두 언제 또 무슨 일로 외사과나 헌병대에 불려가 생트집을 당할지 모르는 상태에서 항시 긴장 속에서 전전긍긍하며 살아야 했다.

학생들도 이러저러한 방법으로 감시와 조사를 받아야 했다. 예를 들면, 학생이 거리를 걷다가 불시에 외사과 사람에게 가방 검사를 당하기도 했고 혹여 그 안에 부적절하다고 생각되는 것이 있기라도 하면 다음날 바로 학교까지 찾아오는 실정이었다. 전쟁이 막바지에 이르게 되면서 공습이 빈번해졌는데 그때마다 수업은 수시로 중단되곤 했다.[29]

판화가인 리핑판(李平凡)은 허베이성(河北省) 러팅현(樂亭縣)에 있는 한 중학교 미술교사였는데, 1943년 9월 리완즈 교장의 초청으로 동문학교에 부임해 왔다. 동문학교에서 목판화를 가르치는 한편으로 고베화교신집체판화협회(神戶華僑新集體版畫協會)를 설립하여 활동을 시작하던 무렵 그 해 12월에 특고경찰(特高警察)과 외사과에 의한 가택수사를 받았다. 수사가 끝났을 때 그들은 다음의 세 가지를 '기율(紀律)'로 준수할 것을

29) 李萬之, 「神戶華僑社會の變化 1990)

명했다.

① 수시로 방문할 테니 언제든지 취조에 응할 것, 저항해서는 안 됨.
② 외출은 거주하고 있는 이키타쿠(生田區) 이외의 지역으로 허가 없이 나가서는 안 됨.
③ 밖에서는 2미터 높이를 넘는 것을 그려서는 안 됨.

리핑판은 후에 "당시 나는 침묵 속에서 판화의 역사를 연구하기 시작했다. 속으로는 일본의 여명을 기대하고 있었다."[30]라고 적고 있다. 또한 다른 회고록에서는 가르치던 아이의 형이 특고에 의해 투옥되어 고문으로 출옥 후 사망했다고 적고 있다.[31]

전쟁 말기인 1944년 8월, 고베화교는 재차 탄압을 받았다. 이 당시는 푸젠 출신의 비단행상인 12명이 연행되어 그 중에 6명이 고문으로 옥중에서 살해되었거나 고문으로 출옥 후 사망했다.

강제연행

중일전쟁이 장기화되고 이것이 다시 아시아태평양전쟁으로 전선이 확대됨에 따라 국내의 노동력 부족이 심각해졌다. 그래서 일본정부는 중국인을 일본으로 강제 연행하여 노역을 시켰다.

중일전쟁이 전면전으로 돌입하게 된 지 2년 후인 1939년에는 우선적으로 조선인의 일본으로의 '동원'이 시작되었다. 이어 석탄광업, 토목건축, 항만하역 등의 업계 요청으로 일본정부는 1942년 11월 27일 각의(閣議)에서 〈화인노무자 내지이입에 관한 건〉을 통해 '시험 이입'을 결정

30) 李平凡, 「風塵錄 日中版畫交流史」(一), 『記錄』 57号, 1983, 27−33쪽.
31) 李平凡, 「百年校慶有感−紀念校友翁阿來先生」, 學校法人神戶中華同文學校百年校慶慶祝委員會 編, 『學校法人神戶中華同文學校建校100周年記念冊』, 2000, 130쪽.

했다. 뒤이어 1944년 2월 28일에는 차관회의에서 〈화인노무자 내지이입 촉진에 관한 건〉을 결정하고 중국인 노동자의 '본격 이입'을 시작했다. 이 방침에 의거하여 38,939명의 중국인을 주로 화베이로부터 강제적으로 연행하여(그 중 17.5%인 6,830명이 사망) 일본의 광산, 항만, 댐 건설 등 전국 135개 사업장에서 노역을 시켰다. 효고현에서는 이러한 중국인이 1943년 9월부터 1944년 12월까지 일곱 차례에 걸쳐 995명(그 중 17명이 고베에서 사망)이 고베 항만하역에 투입되었고, 1944년 7월부터 9월까지 세 차례에 걸쳐 482명(그 중 25명이 사망)이 아이오이(相生)의 하리마조선소(播磨造船所)에 투입되었다.[32] 항만과 관련해서 중국인 노동자를 사역시킨 곳은 21개소였는데, 그 수로는 고베가 제일 많았고 다음으로 오사카(三事業場)가 861명, 도야마(富山)의 후시키(伏木)가 865명, 니가타(新潟)가 805명, 히로시마(廣島)가 642명으로 뒤를 이었다.[33]

일본은 1899년의 칙령 제352호 이후로 중국인 단순노동자의 입국을 엄격히 제한해 왔다. 그러나 중일 전면전이 시작되던 초기에는 중국인에 관해 새로이 '일반 노동자, 이발 종업원 및 행상인은 모두 입국을 금지할 것'[34]이라는 방침을 결정했다. 그러나 일본정부는 노동력 부족의 심각성이 확연해지게 되자, 이번에는 완전히 강제적으로 중국인을 연행해 와서 가혹한 노동에 종사시켰다. 고베에서는 중국인 약 1,000명, 조선인 약 5,000명 그리고 연합군 포로 545명이 노역에 동원되었다.[35]

---

32) 田中宏 · 松澤哲成 編, 『中國人强制連行資料「外務省報告書」全5分冊ほか』, 現代書館, 1995, 309−311쪽.

33) 田中宏 · 松澤哲成編, 앞의 책(1995), 542−545쪽.

34) 〈支那人の本邦入國取締に關する件〉 1938年4月14日, 『昭和13年昭和14年 外國人入國禁止並特別許可關係雜纂 中國人の部』, 外交史料館 K.3.6.1.2−2, 1938.

35) 神戶港における戰時下朝鮮人 · 中國人强制連行を調査する會 編, 『神戶港强制連行の記錄−朝鮮人 · 中國人そして聯合軍捕虜』, 明石書店, 2004, 135/20/265쪽.

고베 항에서는 일본항운업회 고베화공관리사무소 · 고베선박하역주식회사가 중국인 노동자와 조선인 노동자를 받아들여 관리했다. 이 가운데 중국인 노동자에 대해서는 전후인 1946년 3월 외무성의 지시로 전국 135개 사업장 각각의 보고서를 하나의 책으로 엮은 고베항 『화인노무자취로전말보고서(華人勞務者就勞顚末報告書)』(이하, 『고베항보고서(神戸港報告書)』로 약칭하겠다.)에 상세하게 기록되어 전해지고 있다. 여기에는 중국에서의 노동자 '공출(供出)' 기관, 승선명(乘船名), 고베에서의 숙박시설, 피복, 식사, 의료위생, 노무사정, 귀국 등에 관한 기술과 함께 '개인별취로경과조사표(個人別就勞經過調査表)'와 사망진단서 등이 수록되어 있다(제1차 210명에 관해서는 소실되어 자료가 남아있지 않다). 고베항의 경우, 임금은 노동자 개인별로 직접 지급되지 않고, 중국인 공두(工頭)에게 맡겨 지불되었다고 『고베항보고서』에 기록되어 있다.

기존에는 화교들이 일반 공장에서 노동자로 일하는 것이 '방첩(防諜)'이란 이유로 금지되었는데, 이 시기가 되면 노동력 부족을 메우기 위해 그 힘을 이용하자는 방침으로 바뀌었다. 이에 화교 측에서도 생계를 위해 일본의 공장에 일하러 나오는 자들이 생겨나기 시작했다. 각지에서 조직된 화교근로복무대(華僑勤勞服務隊)와 정신대(挺身隊)는 그 하나의 예라 할 것이다.

이러한 힘든 환경에서도 화교는 고향에 송금하는 것을 강력하게 요구했다. 이러한 화교의 송금(僑民匯款)에 관해 강력한 요망을 받은 왕징웨이 정권은 주일대사관을 통해 일본의 대장성과 교섭하여 1944년 1월부터 1인당 연 2,000엔까지 송금을 증액할 것을 인정하도록 했다. 그러나 이 경우에도 수속은 매우 번거로워서 송금을 희망하는 자는 사전에 각지 영사관에 수취인의 주소, 성명 등을 명시하여 신청하고 대장성의 허가를 득하지 않으면 안 되었다.[36] 괴뢰정권의 출장기관이라 할 수 있는 고베총영사관은 이렇게 재일화교의 생활을 위해 활동했고 아울러 일정한 민족의식 유지에도 힘썼다. 가령, 종래에는 중국국기와 함께 히노마루(일장기)를 동시에 내걸었는데, 왕징웨이 정권의 '참전 기념일'인 1943년 1월 9일에는 중국국기(청천백일기)만을 내걸도록 지시했다든지, 당시까지 흥아원으로부터 받았던 동문학교에 대한 보조금(3,000엔)을 받지 말 것을 지시했다든지 하는 것이었다. 일본의 관헌자료는 판한성(范漢生) 총영사(메이지대학 졸업, 1941년 12월에 부임.)의 다음과 같은 발언에 경계심을 보이고 있다.

> 중화동문학교는 어디까지나 중국 학교이기 때문에 중국식으로 교육시키지 않으면 안 된다. 종래 흥아원으로부터 보조금을 받아 왔는데 의화단 배상금으로부터 보조를 받으면 몰라도 흥아원으로부터 보조를 받는 것은 당연하다 할 수 없다. 화교교육은 본국 정부가 지도 경영해야 할 것이지만 근래 본국으로부터 보조를 받기 위해 신청하는 것은 물론 교사의 임명 파견도 중국정부에 일임하고자 한다. 은혜나 친절을 베푼다든지 하는 방식으로의 제휴나 친선에는 단연코 동의할 수 없다.[37]

고베 대공습과 중화회관의 소실

미군 전투기에 의한 고베 대공습은 1942년 4월 18일 B29 전투기 한 대가 2킬로그램의 소이탄을 투하한 것으로부터 시작되었다. 그 다음은 1944년 12월의 두 차례였는데 이때는 정찰과 공중촬영으로 공습을 위한 철저한 조사였다. 1945년에 들어서 B29에 의한 본격적인 공습이 시작되었다. 1월에는 7일 동안, 2월에는 13일 동안, 3월에는 9일, 4월에는

36) 「僑務檔案 華僑匯款」, 『汪政權檔案』 202744-35, 1944.
37) 內務省警保局, 『外事月報』, 昭和18年5月, 1943, 41쪽.

6일, 5월에는 10일, 7월에는 12일, 그리고 8월에도 6일 간이나 폭격이 이어졌다. 마지막은 종전 전날인 14일이었다. 80여 일에 걸쳐 약 130회에 이르는 도시무차별폭격의 연속이었다. 그 중에서 제일 심했던 것은 1945년 3월 17일, 5월 11일 그리고 6월 5일이었다. 피해자 중에는 화교나 중국인 노동자들도 포함되어 있었다. 중화회관, 관제묘, 고베중화동문학교 등 화교 관련 시설이 소실된 것은 6월 5일 대공습에 의해서였다. 오전 6시부터 B29 350대에 의한 맹폭을 받았다. 일련의 공습으로 투하된 소이탄만 해도 실제로 3만 발이었고, 사망자 318명, 부상자는 5,824명, 전소전괴(全燒全壞) 55,368호, 이재민 213,033명에 이르렀다.[38)]

2. 타이완화교

국지전 시기(1931년 9월~1937년 7월)

1931년 9월 류탸오후사건의 발발은 타이완화교에게도 커다란 동요를 불러일으켰다. 귀국해야 할 것인가 아니면 그대로 타이완에 남아 있어야 할 것인가 하는 문제가 발생한 것이다. 1930년 말 현재 화교는 49,456명이었는데, 1931년에는 44,635명으로 4,821명 감소했다. 또한 1932년에는 42,017명까지 감소하기에 이른다.[39)] 그러나 일본과 조선의 경우와 비교하면, 비교적 소폭의 감소라고 할 수 있다. 타이완화교의 약 80%를 점하고 있던 노동자의 타이완 도래와 귀국에 관해 본다면, 타이완 도래는 1930년에 12,393명이었던 것이 1931년에는 8,427명으로 감소했다. 그러나 1935년에는 오히려 15,034명으로 증대되고 있다. 반면, 귀국자는 1930년에 9,737명이었던 것이 1931년에는 11,206명으로

38) 神戶市建設局計劃部, 『神戶戰災復興誌』, 1961, 219쪽.
39) 台灣總督府官方調查課, 『台灣總督府第36統計書 昭和7年』, 1934, 28-29쪽.

증가했고, 1935년에는 9,778명으로 감소했다. 그 증감을 보게 되면, 1930년에는 2,656명이 증가했고, 1931년에는 2,579명 감소했다가 1935년에 다시 5,256명이 증가하게 된다.[40] 이러한 노동자 증가에 있어서는 전쟁에 대비하여 광산업 특히 탄광과 금광의 조업이 활발해졌기 때문에 더 많은 노동력이 필요했고 임금 등의 조건도 그다지 악화되지 않은(pull) 반면에 중국 국내의 경제상황은 악화 일로에 있었고 따라서 실업자가 증대되고 있었던 것(push)을 그 이유로 들 수 있다.[41] 일반적으로 중일관계에 있어서는 중일 간에 커다란 사건이 일어나고 이로 인해 화교의 대량 귀국이 있기는 했지만, 이는 대략 2, 3년에 지나지 않고 원래대로 회복되곤 했다. 타이완화교의 경우에도 류탸오후사건 당시에는 일본, 조선만큼의 규모는 아니었지만 이와 유사한 경향이 보인다.

전화가 중국 동북부에서 상하이, 창청선(長城線)까지 확대되면서, 타이완총독부는 타이완화교 대책에 있어 종래보다 한 단계 엄격한 조치를 취하게 되었다. 특히, 치안유지의 관점에서 범죄율이 높은 노동자에 대한 취체, 입국심사, 범죄자 송환 등의 측면에서 대처가 엄격해졌다. 수상한 자는 입국시키지 않았고, 죄를 저지른 자는 곧바로 국외로 추방했다. 그 결과, 중화회관이 돈이 없는 노동자의 선임을 대신 변상하지 않으면 안 되는 경우가 빈발하게 되었다. 그래서 상술했다시피, 1934년 이후 회관은 '화교출입구지도원(華僑出入口指導員)'이라는 제도를 만들어 지룽, 가오슝 두 곳에 지도원을 두고, 샤먼에도 출장소를 두어 충돌 발생에 대처하고자 했다. 그러나 정작 실행하는 데에는 상당한 어려움이 뒤따랐다.[42]

---

40) 吳文星, 『日據時期在台'華僑'硏究』, 學生書局, 1991, 18-21쪽.
41) 許雪姬, 「台灣中華總會館與日據時期的華僑 1929~1937」, 『史聯雜誌』 期22, 1993, 82쪽.

중일관계가 긴박해지면서 타이완화교의 국민정부에 대한 구심력은 높아졌다. 1936년 12월에 발생한 시안사건(西安事件)에 즈음하여 타이완화교는 사태의 추이를 우려하여 난징에 '현 정권을 지지하고 장쉐량을 배격한다는 타전'[43]을 보내고, 이듬해인 1937년 1월 4일 타이완 전역에서 「장제스생환축하회(蔣介石生還祝賀會)」를 일제히 치렀다. 타이베이 중화총회관의 총무였던 린우춘은 "장제스의 연약한 시정(施政)과 외교는 우리로서도 불만이지만, 현재 중국에서 그를 대신할 만한 인물이 없음을 통감한다. 불행히도 장제스가 생환되지 못했다면 중국의 동란은 물론 일본과 중국 사이에 전쟁이 일어났을 것이다. 만일 그리 되었다면 타이완에 있는 우리 화교는 이미 지금쯤이면 추방이란 비참한 처지에 내몰렸을 것이다."[44] 라고 술회한 바 있다. 장제스의 생사가 중국의 내란 및 중일 전면전으로의 확대와 불가분이라는 인식이라 할 수 있는데 이는 해외화교에 공통적인 것이었다.[45]

1936년 중화총회관 총무인 린우춘, 상무위원인 이빙한(易炳漢), 치산중화회관장(旗山中華會館長) 롼바오즈(阮寶治) 등은 타이완인인 장바오청(江保成)과 협의하고 국민정부교무위원장 천슈런(陳樹人)으로부터 「타이완화교항일구국회」 결성 지시를 받아 '타이완탈회(台灣奪回)'를 목적으로 하

42) 許雪姬, 앞의 논문(1993), 82쪽.

43) 台灣軍參謀部, 『台灣島內情報』, 昭和12年第1号(春山明哲 編, 『十五年戰爭極秘資料集⑲ 台灣島內情報本島人の動向』, 不二出版, 1990年), 1937, 17쪽.

44) 台灣軍參謀部 『台灣島內情報』, 昭和12年第2号(春山明哲 編, 『十五年戰爭極秘資料集⑲ 台灣島內情報本島人の動向』, 不二出版, 1990年), 1937, 38쪽.

45) 1937년 7월 1일, 장쉐량과 함께 시안사건의 중심인물이었던 양후청(楊虎城)은 가족과 함께 세계 일주여행 중에 고베항에 들렀다. 이때, 국민당 고베직속지부장 양셔우펑은 "국민정부와 중국 국민당의 사실상의 지도자인 장제스를 잠시나마 감금하는 등의 폭거를 일으킨 국민의 적, 국내질서 파괴의 원흉"(〈楊虎城寄港並に其動靜に關する件〉, 『支那中央政況關係雜纂 國民黨關係 國民黨全國代表會議關係(地方大會を含む)』, 外交史料館 1937)이라고 매우 냉담한 반응을 보였다.

는 항일무장폭동 계획을 세웠다. 린우춘은 각지의 중화회관 시찰 기회를 이용해 중일개전은 기정사실이니, 그때 가면 화교는 일치단결하여 조국의 군대에 호응함으로써 타이완 탈환을 요구하지 않으면 안 된다고 했다고 한다.[46)]

그렇다면 만에 하나 중일전쟁이 전면전으로 비화된다면 어떻게 할 것인가? 이 '퇴로'의 문제는 타이완화교에게 있어 커다란 숙제였다. 이 점에 관해서는 두 가지 방책이 고려되었다. 첫째는 하이난다오(海南島) 개발이다. 원래 하이난다오 개발은 1929년 이후 광동성 건설청(建設廳) 실업국(實業局)이 하이난다오 출신 화교들에게 투자를 호소해 왔었다. 타이완화교 리챠오췬(李超群)이 이에 호응하여 제당업 측면에서 일정한

---

46) 1937년 6월 25일부터 27일에 열린 제10회 전도화교대표대회(全島華僑代表大會) 당시, '타이완화교항일구국회' 수립에 관해 다음과 같은 결의가 이루어졌다고 한다.
甲, 명칭은 '타이완화교항일구국회'라 한다.
乙, 본부는 타이완중화총회관에 두고, 지부는 각 지방의 중화회관에 둔다.
丙, 각 지방의 중화회관은 가능한 한 빨리 지부를 조직한다.
丁, 본회의 군자금은 하이난다오공사(海南島公司, 후에 화교흥업간식고분유한공사 華僑興業墾殖股份有限公司로 개칭)의 자금을 유용한다.
戊, 직접 행동할 때의 무기 공급과 파병 등의 건에 관해서는 린우춘이 난징정부와 직접 교섭한다.
己, 항일폭동의 시기와 방법 등의 결정은 난징정부의 지령에 따른다(許雪姬, 「日據時期的'台灣華僑'(1937~1945)」, 『中國海洋發展史論文集』 輯6, 1997, 501-502쪽).
그러나 타이완화교가 전도화교대표대회라고 하는 총독부 출신의 내빈도 참석하고 있었다고 짐작되는 장소에서 이러한 결의를 공공연히 했다는 것은 좀처럼 생각하기 어렵다. 다른 자료에서 확인이 필요할 것이다. 그리고 이 계획과는 별개의 것이라고 생각되기는 하지만, "타이완총독의 시정에 불만을 품고 중화민국 원조 하에 무력혁명을 단행하여 타이완을 제국의 통치로부터 이탈시키고자 기도하고 타이쭝 이남의 지역을 중심으로 비밀결사단체인 중우회(衆友會)와 부모회(父母會)를 결성"함으로써 차이슈메이(蔡淑梅) 이하 15명이 체포되었고 1937년 2월 타이쭝 지방법원에서 12년부터 2년의 판결이 내려졌다(台灣軍參謀部, 『台灣島內情報』, 昭和12年第3号, 1937, 50쪽). 이 사건에 관해서도 자세한 사항은 알려져 있지 않다(許雪姬, 앞의 논문(1997), 501쪽).

성과를 올리자, 건설청은 실업자와 피억압 화교의 구제를 위해 하이난다오 전체를 개발할 계획을 책정했다. 이것은 타이완화교들 사이에 커다란 반향을 불러일으켜 1933년 3월 중화총회관과 각지의 회관은 '하이난다오시찰단'을 조직하고 자금을 모집하려고 했다. 중화총회관에서는 4월, 린우춘을 단장으로 하는 시찰단이 타이완을 출발, 샤먼, 광저우를 거쳐 5월에 하이난다오 해구(海口)에 도착하여 현지의 책임자와 간담회를 가졌고 리챠오췬의 회사를 시찰하고 타이완으로 귀환했다. 그리고 1934년 제7회 전도화교대표대회에서 하이난실업지도처(海南實業指導處) 설치를 결정하고 6월에는 하이난실업지도원복무규정 등을 정하여 구체적 준비에 착수했다.[47] 그러나 광동성 정부가 그러한 계획은 아직 발표하지 않겠다고 했기 때문에 이 계획은 일단 흐지부지되었다. 1937년에 들어서 다시 하이난다오 개발계획이 거론되자, 타이완화교는 화교실업간식공사(華僑實業墾殖公司)를 설립하고 투자를 호소하자 커다란 반향을 불러일으켜 모집한 주식은 모두 팔렸다. 이번에도 린우춘 등이 광저우로 가서 설립인가 교섭에 들어갔지만 결국 루거우차오사건 발발로 인해 이마저도 흐지부지되고 말았다. 하이난다오개발은 타이완화교에게 있어서는 전면전 발발에 대비하여 '퇴로'를 준비하려 했던 것인데 성공에는 이르지 못했던 것이다.[48]

두 번째 '퇴로'는 푸젠교락촌(福建僑樂村)의 건설이다. 1933년 12월 국

---

47) 台灣中華總會館, 『台灣中華總會館第8次代表大會特刊』, 留芳寫眞館, 1935.

48) 일본 측 문서를 보면, 타이완화교는 1937년 제10회 전도화교대표대회에 있어서 하이난다오개발회사를 설립(자본금 10만 엔)할 것과 창립사무소를 짱화중화회관(彰化中華會館) 내에 설치할 것 등을 결의했다. 회사 명칭은 중난유한공사(中南有限公司)로 하고 개간, 농업경영, 생산물 가공판매, 목축, 금융, 수산, 광업 등을 사업내용으로 올려놓고 있었다(台灣軍參謀部, 『台灣島內情報』 昭和12年 第5号(春山明哲 編, 『十五年戰爭極秘資料集⑲ 台灣島內情報本島人の動向』, 不二出版, 1990年), 1937, 77쪽).

민정부는 전쟁으로 인해 억압을 당해 어쩔 수 없이 귀국을 해야 하는 화교들을 위해 실업화교구제위원회(失業華僑救濟委員會)를 설치했다. 1935년에는 화교들에 의해 각지에 교락촌, 신촌(新村) 등이 건설되었다. 1935년 중화총회관은 교무위원회로부터 안후이성(安徽省) 쉔청현(宣城縣)에 교락촌을 건설한다는 문서를 받고 이듬해인 1936년 제9회 전도화교대표대회에서 안후이성 쉔청현과 푸젠성에 교락촌을 건설하겠다는 방침을 결정했다. 그러나 결국 이것도 루거우차오사건의 발발로 실현되지 못한 채 끝나고 말았다.[49]

전면전 시기(1937년 7월~1945년 8월)

1937년 7월의 루거우차오사건과 8월의 제2차 상하이사건을 계기로 중국과 일본은 전면전으로 치달았다. 타이완화교에게 있어서 첫 번째 문제는 대륙으로 돌아갈 것인가 아니면 타이완에 남을 것인가 하는 것이었다. 8월 8일, 창사환(長沙丸)으로 150명, 홍콩환(香港丸)으로 140명, 다츄환(大球丸)으로 150명이 귀국했고, 이후에도 귀국은 이어져 12월까지 6개월 동안 약 2만 명이 귀국했다.[50] 이것은 류탸오후사건 후와 비교해 월등히 많은 수치이다. 귀국자의 출신지는 푸젠 북부인 푸저우 출신자가 많았다. 타이난시에서는 약 4,000명이었던 화교 중에 약 36%인 1,450명이 귀국했고 중화회관도 폐관될 수밖에 없는 상황으로 내몰렸다.[51]

---

49) 許雪姬, 앞의 논문(1993), 84-85쪽.

50) 許雪姬, 「日據時期中華民國台北總領事館 1931~1937」, 『日據時期台灣史國際學術硏討會論文集』, 1993, 521-522쪽 ; 菊池一隆, 앞의 책(2001), 71쪽

51) 중화총회관 총무인 린우춘은 루거우차오사건 이후 타이완 전역의 중화회관에 대해 장제스 지지, 항전의 견지, 회관 직원의 귀국을 지시하는 한편, 일본 측의 회관에 대한 탄압과 회관 명칭의 이용이라는 사태에 직면해 자주적으로 회관의 해산

한편, 타이완에 잔류한 인원은 약 5만 명이었다. 대부분은 이미 타이완에 생활 터전을 마련하고 있었고 대륙으로 돌아가서의 생활에 불안을 느끼고 있었기 때문이다. 총독부는 화교가 본국 정부와 결탁하여 항일활동을 할 것을 경계하여 혹시라도 의혹이 있는 화교가 있다면 곧바로 체포하려고 호시탐탐 기회를 노리고 있었다. 루거우차오사건이 터진 지 얼마 후 경찰은 가오슝에서 귀국하려는 신주(新竹)의 화교지도자 천시엔루이(陳顯銳)를 체포함과 동시에 이를 계기로 12월 타이완 전역에서 화교지도자 100여 명에 대한 일제 검거를 실시했다. 이것은 제1차 검거로, 제2차 검거와 합하면 300여명의 화교가 체포되었다. 이 검거에 의해 각지의 중화회관 간부는 모조리 체포되었다.

딴쉐이, 중강(中港) 등 중남부에서는 항일단체에 대한 고문과 강도 높은 심문이 행해졌다. 결국, 이로 인해 중화총회관 총무인 이빙한, 허자이라이(何再來), 신주의 천용파(陳永發), 판원모(藩文謨), 공방쩐(龔邦鎭) 외 수 명이 죽임을 당했고[52] 32명이 기소되어 전원 유죄판결을 받았다. 복역 중에 한 명이 사망하고 나머지 31명이 항소했다. 항소 중에 6명이 사망하고 1944년 2심 판결은 1심과 마찬가지로 25명 전원에게 유죄판결이 내려졌다. 제일 무거운 형을 받은 자는 징역 15년, 가장 가벼운 형을 받은 자는 징역 8년이었다. 쟈이(嘉義)와 타이난 두 곳의 감옥에 수용되었고 그곳에서 또한 누군가가 죽어 1945년 8월 일본이 항복 한 후 살아남아 출옥한 자는 다음의 17명뿐이었다. 타이베이(옌추페이 嚴鋤非, 장위에차오 張月朝), 중리(中壢, 후취엔취엔 胡泉泉), 타오웬(판이띠 藩依俤), 이란(宜蘭, 천인셩 陳銀生, 후보민 胡博民), 딴쉐이(천량류 陳良柳, 스위꽌 石玉官), 지룽(천아탕 陳阿堂), 신주(천옌깡 陳炎崗, 리진쭝 李金中), 타이쭝(청보안 曾博安), 펑웬(豊原, 뚜쟝

을 명했다고 한다(菊池一隆, 앞의 책(2001), 72쪽).

52) 台灣省文獻委員會, 『台灣省通志稿 卷9 革命志抗日篇』, 1973, 124쪽.

쉐이 杜江水), 짱화(황롱 黃容), 쟈이(장푸천 張輔臣), 빙뚱(屛東, 천다창 陳達昌), 치산(旗山, 성명 미상)[53]

상술한 중화총회관 총무 린우춘 자신은 1938년에 귀국했다. 장바오청 등의 항일조직은 타이난과 가오슝의 경계인 산악지대에서 활동하다가 1938년 1월 일본 측에 탐지되어 20명이 체포되었고 장바오청 등은 6월에 봉기했다가 실패하여 체포되었다. 일본(내지)의 경우, 탄압의 대상은 주로 국민당 관계자와 비단행상이었는데, 타이완에서는 중화회관 관계자가 목표가 되었다.

1937년 12월 14일, 북지나방면군이 왕커민을 위원장으로 하는 중화민국임시정부를 수립하게 되자, 앞서 일본(내지)의 경우에서 보아왔던 것처럼 타이완에서도 중화민국 주타이완영사관원의 교대, 화교단체의 재편이 시작되었다. 타이완의 경우에는 다음과 같았다. 임시정부 수립 얼마 후인 12월 26일, 광동계인 룽지엔린(容建麟), 황환더(黃煥德)의 호소로 일부 화교들은 중화민국화교대회를 개최하고 국민정부로부터 이탈하여 임시정부 지지를 표명했다. 그 당시의 슬로건은 '국가를 회복하고, 공산주의를 절대 배제하며 동아의 도의(道義)를 발양함으로써 산업의 개발 및 민생의 향상을 도모한다. 그럼으로써 수십 년 동안의 중국의 원망(願望)을 실현한다.'[54]고 하는 것이었다. 룽지엔린, 황환더 등은 대회 후 총영사관을 방문하여 국민정부로부터의 이탈과 임시정부 지지로 전환했음을 보고하고 양해를 구했다. 이 대회를 계기로 타이완 전역의 중화회관은 각기 집회를 열어 임시정부 지지를 표명하고 청천백일기를 내리고 오색기(五色旗, 북양정부 시대의 국기)를 게양했다. 푸젠계는 이와는 별

53) 台灣省文獻委員會, 앞의 책(1973), 125쪽.
54) 許雪姬, 「日據時期的'台灣華僑'(1937~1945)」, 『中國海洋發展史論文集』 輯6, 1997, 526쪽.

도로 이듬해인 1938년 1월 12일 린쟈푸(林家福), 궈밍관(郭明官), 린쭝관(林鍾官) 등이 중심이 되어 국민정부로부터의 이탈, 임시정부 지지의 집회를 개최했다. 임시정부지지 집회에서는 '대일본제국 만세', '중화민국 신정부 만세', '국민정부 장제스 정권의 속박으로부터 벗어나자' '왕도낙토(王道樂土) 건설에 협력하자'라는 구호가 외쳐졌고, 청천백일기, 쑨원, 장제스의 사진을 불태웠다. 다른 한편으로 고노에(近衛) 수상, 육해군대신, 타이완총독 등에 전보를 보내 중일친선, 신정부 지지를 표명하고 심지어는 신사참배, 일본군위문, 국방헌금 등을 했으며 중화회관의 해산을 기도했다. 이듬해인 1938년 2월 1일, 궈이민(郭彝民) 총영사 등 일행은 총영사관의 국기를 내리고 홍콩환에 승선하여 타이완을 떠나 귀국했다.[55]

신민공회(新民公會)

궈이민 총영사 일행이 타이완을 떠나는 것을 확인한 후, 1938년 이후 각지에서 중화회관을 해산한 타이완화교는 새로이 국민정부 반대, 신정부 지지의 신민공회[56]를 수립했다. 2월 5일 이미 지룽에서는 베이핑 임시정부 지지의 신민공회가 설립되었다. 타이완화교단체의 중심이라고도 할 수 있는 타이베이의 경우, 1938년 2월 7일 타이완 전역의 12개 지역으로부터 56명의 대표와 일반회원 1,300명이 출석한 가운데 타이완중화총회관과 각지의 중화회관의 해산을 결의함과 동시에 타이완화교신민총공회(台灣華僑新民總公會)의 결성을 결의했다. 회장에는 룽지엔

55) 許雪姬, 「日據時期的'台灣華僑'(1937~1945)」, 『中國海洋發展史論文集』 輯6, 1997, 502-526쪽.
56) 각지의 신민공회 설립 상황은 許雪姬, 「日據時期的'台灣華僑'(1937~1945)」, 1997, 512-513쪽에 상세하게 나온다.

린(타이베이), 부회장에는 뤄칭뱌오(駱淸標, 타이쫑), 커뚱꿰이(柯冬桂, 빙뚱), 커샹더(柯尙德, 타이베이)가 선출되었다. 타이완 전역의 신정부지지 화교는 오색기를 게양하게 되었다. 타이완의 경우 화교는 중일전면전 발발 시에 중화총회관이라는 전도조직(全島組織)이 있었기 때문에 신정부 지지는 조직적으로도 일거에 전환되었다(이 점은 일본의 경우와는 다르다).

신민공회 활동의 기본은 일본인과 똑같이 행동한다는 점에 있었다. 예를 들면, 기겐세츠(紀元節) 등의 축하행사에의 참례, 신사참배, 대륙의 일본군 위문, 국방헌금 제출, 애국공채(愛國公債)의 구입 등등이었다. 그러나 타이완화교의 경우는 창씨개명(改姓名) 등으로 대표되는 '황국신민화'운동과 징병, 징용의 대상은 되지 않았다. 1939년 2월, 일본군이 하이난다오를 점령하자, 가오숑과 타이난의 신민공회는 일본군 지지를 표명하고 신사참배, 황거요배(皇居遙拜)를 했으며, 일본군의 무운장구와 전몰자 추도, 상이군인 위문을 했다. 3월말에는 타이완화교 대표가 광동, 푸젠으로 가서 직접 일본군 위문을 하기도 했다.

왕징웨이(汪精衛) 정권

1938년 2월 5일 타이완총영사관이 폐쇄되었다. 일본(내지)에서는 쉬스잉 대사가 같은 해 1월에 귀국하고 이후로는 관원 몇 명만이 잔무 정리를 위해 남아 있었다. 6월 6일, 도쿄의 중화민국대사관은 폐쇄되고 이를 대신해 중화민국임시정부와 중화민국유신정부의 합동 주일대표기관으로 판사처가 대사관 건물을 이용해 개설되었다. 판사처는 각 화교단체와 화교의 재등록을 진행했다. 1938년 12월에는 〈제2차 고노에 성명〉에 이어 왕징웨이가 충칭에서 하노이로 '탈출'했다. 1939년 2월 타이완화교신민총공회는 성립 1주년 집회를 열어 왕징웨이의 '화평운동' 지지와 광동, 샤먼의 황군위문단 파견을 결의했다. 1939년 6월, 북지나방면군이 톈진의 영국 조계를 봉쇄하자, 타이완화교는 배영동지회(排英同志會)를 결성하여 일본군지지, 영국 비난의 집회를 각지에서 개최했다. 1940년 1월 15일 타이완화교신민총공회는 타이베이에서 타이완 전역으로부터 33개 단체, 2,200여명을 모아놓고 「타이완 주재 화교 신중앙정권 성립 촉진대회」를 개최하고 왕징웨이의 신중앙정부 수립운동 지지를 표명했다. 나아가 3월 23일 제2회 총회와 전도화교화평운동대회를 개최했다. 대회에는 왕징웨이가 파견한 두 명의 특사인 스원스(施文石)와 란쟈징(藍家精)도 참가했다.

1940년 3월 6일, 도쿄에서 개최된 전일본화교총회결성대회에는 타이완에서도 네 명이 참가했다. 30일, 난징의 '중화민국국민정부환도' 식전(式典)에는 룽지엔린 회장이 참가하여 왕징웨이와 회견했다. 타이완에서는 타이완 전역으로부터 38명의 신민공회 대표가 타이베이에 모여 축하회를 열었고 타이완 각지에서도 축하회가 열렸다. 1940년 11월 왕징웨이 정권 교무위원장 천지청(陳濟成)은 황기(皇紀) 2600년 축하행사에 참례함과 동시에 도쿄, 조선 각지를 시찰한 후, 타이완을 방문했다. 천지청은 타이완화교가 자녀들의 교육문제에서 여전히 학교 설립이 인가되지 않는 등 커다란 어려움에 직면해 있다는 것을 염려해 고바야시 세이조(小林躋造, 1877~1962) 타이완총독에게 선처를 요청했다. 11월 30일 일화기본조약(日華基本條約)이 조인되고, 일본은 왕징웨이 정부를 중국을 대표하는 정권으로 정식 인정했다. 다음 달인 12월 1일 왕징웨이 정부는 타이베이총영사에 장궈웨이(張國威)를 임명하고 장궈웨이는 12월 31일 타이베이에 부임했다. 이전의 중화민국총영사관에는 반공 · 화평 · 건국의 삼각기를 부착한 청천백일기가 게양되었다. 장궈웨이는 1943년 1월까지 총영사로 있었다. 1941년 8월 10일 왕징웨이는 광저우로 가는 도중에 타이완을 방문했다. 12월 8일 일본이 영국과 미국에 선전포고를 하자 타이완화교도 25일 신민총공회가 「영미격멸대회」를 열어 일본의 전쟁에 대한 지지를 표명했다. 1941년 4월 23일 일본군이 푸저우를 점령하자, 푸저우 출신 화교 2,000명은 축하회를 개최하고 다음날, 룽지엔린 신민총공회 회장은 간부들과 함께 타이완신사(台灣神社)를 참배했다. 또 그날 밤에는 제등행렬을 열고 '축황군푸저우입성(祝皇軍福州入城), 황군무운장구기원(皇軍武運長久祈願)'이란 슬로건을 내걸었다.

화공교육과 자녀교육은 타이완화교의 커다란 숙제였다. 첫째로는 타이완화교의 약 80%가 화공으로 그들의 문화수준은 낮고 한자를 읽고 쓰는 것조차 할 수 없는 자들이 많았기 때문이다. 둘째는 자녀교육으로 이것이 더욱 심각한 문제로 많은 화교 자제들이 학교에 입학할 수 없었다. 이른바 실학(失學)의 문제였다. 이것은 총독부가 화교학교뿐만 아니라 강습회 같은 것조차 설립을 인가하지 않았고 또한 화교자제들의 공립학교 입학도 대단히 문이 좁았기 때문이다. 남겨진 것은 중국으로 돌아가 학교에 들어가는 길뿐이었다. 1940년 8월 제1차로 67명이 파견되었다(台灣昇學補修班). 총독부는 이것을 허가했지만, 타이완 내에 화교학교를 설립하는 것은 끝내 허락하지 않았다.

타이완에서는 쌀과 설탕을 중심으로 하는 농업을 보호 육성해 왔기 때문에 농촌의 호황이 이어졌고 그 결과 농민의 노동자로의 전화가 진척되지 못했다. 이 노동력 부족을 메워왔던 것이 대륙에서 온 노동자들이었다. 1930년 타이완에 있어서 〈직업별·종족별 인구표〉에 의하면, 중국인 노동자는 전체 직업인구의 21.1%를 차지하는데 지나지 않았고, 교통업에서 8.7%, 공업에서 8.6%, 상업에서 6.3%를 차지하는데 지나지 않았다. '그러나 이러한 미미한 위치를 점하는 것에 불과한 지나 노동자에 대해서조차 업자 측 그중에서도 특히, 치수토목(治水土木), 광산업자는 지나 노동자의 적극적 이입을 희망'했고, 타이완의 '노동력 부족의 문제는 타이완 점령 이후 오늘에 이르기까지 다소 예외적인 해는 있었지만 대체적으로 일관된 문제였다.'[57] 루거우차오사건 발발로 대량의 화교가 귀국한데다가 타이완총독부는 치안과 방첩을 이유로 중국 출신 노동자의 타이완 입경을 원칙적으로 금지했기 때문에 노동자의 이입을 업무로 해 왔던 남국공사는 영업 불능 상태에 빠졌고 결국 해산에 내몰리게 되었다. 그러나 노동력 부족은 심각해서 1941년 총독부는 남국공사의 업무를 타이완척식주식회사에 인계해 대륙에서 온 노동자의 이입을 재개했다. 그리고 타이완척식주식회사는 2,000명의 노동자를 저장성 원저우(溫州)로부터 이입해 지룽과 진과스(金瓜石)의 광산으로 끌어들였던 것이다.[58]

3. 조선화교

국지전 시기(1931년 9월~1937년 7월)

1931년 9월에 발발한 류탸오후사건은 조선화교에게도 커다란 동요를 불러일으켰다. 특히, 7월에 있었던 완바오산사건에서 촉발된 대규모 배화사건으로 상당한 피해를 입었고, 그로 인해 공포에 직면하게 된 것만으로도 그 영향은 일본화교나 타이완화교보다도 심대했다. 완바오산사건과 류탸오후사건이 조선화교에게 초래한 영향에 대해 중국의 조선총영사관은 다음과 같이 보고하고 있다.

> 선양(瀋陽, 류탸오후)사건이 발생한 뒤로 아국의 교민은 직접적인 영향을 받지는 않았지만, 각지의 인심은 동요했고 귀국하는 자의

57) 台灣拓殖株式會社調査課, 『台灣に於ける勞動事情調査(第1報)』, 1941, 14−15쪽.
58) 吳文星, 앞의 책(1991), 150쪽.

수도 적지 않았다. 옛날에는 조선 각지의 크고 작은 도시나 농촌에 화교의 족적(足跡)이 없는 곳이 없었는데 지금은 조선 각지에서 화교의 수가 이전에 비해 큰 폭으로 감소하고 있다. 평양 지역을 예로 들어 말한다면, 수개월 전에는 화교의 수가 약 5천여 명이었는데 지금에 와서는 천 명에도 미치지 못하는 실정이다. 이것만 보더라도 다른 지역의 상황이 어떤지 대강 미루어 짐작할 수 있을 것이다. 조선인 폭동이 발생하고 뒤이어 선양사건이 일어나면서 조선 전체의 화교인구는 수개월 전과 비교해 삼분의 일로 감소했다고 감히 단언할 수 있다. 경성, 인천 등에서는 화상의 자본이 비교적 견실했고 기반도 아주 튼실했다. 평소에는 주로 각지 화상들에게 상품을 도매했고, 농촌의 화상들은 주로 소매를 하여 한인(韓人)에게 자금을 변통해주기도 했다. 그러나 이번 선양사건이 일어난 뒤로는 그 소문을 듣고 두려움에 떨던 나머지 자금을 가지고 귀국하는 자가 속출했다. 경성, 인천 지방에서는 도매상의 경우 외상대금을 회수할 수 없어 그 정확한 손실액은 확인할 길이 없지만, 아마도 적지는 않았을 것이라 짐작된다. 최근 해당 지역에 있는 일본의 은행들은 화상에 대해 대단히 방어적이어서 확실한 담보물건이 없는 경우에는 돈을 빌리는 것이 간단치 않다. 이 때문에 금융상의 융통이 매우 어려워졌다. 이것은 실질적으로 매우 큰 어려움에 봉착했음을 의미하는 것이다. 게다가 화교들은 상(商)이든 공(工)이든 그 경영상의 실적은 일본인이나 조선인에 비해 뛰어났다. 이 때문에 아주 오래전부터 일본의 관청이 이를 시샘하여 화교들의 경제력을 근본적으로 제거하려고 했지만 그 기회가 없었던 것이다. 그런데 마침 이번에 국제적 분쟁이 일어나게 되면서 이를 이용해 모두 쫓아내려고 은밀히 계획하고 있었다는 것은 분명한 사실이다. 다행히 화교들은 천성적으로 근면 검소할 뿐더러 기특하게도 저축에 힘을 써왔다. 이리하여 해외 상계(商界)가 불황이고 시국이 수상한 시기임에도 불

구하고 여전히 고유의 상무(商務)를 유지해 올 수 있었다는 것은 각별히 기뻐해야 할 일이다.[59]

이를 보면, 도매상이 손실을 입고 있었다는 것과 일본의 은행들이 화상들에게 융자해주는 데에 있어 매우 까다로웠음을 알 수 있다. 조선 화교의 인구는 1930년에 69,109명이었던 것이 1931년에는 56,602명으로, 1933년에는 41,303명으로 그리고 1934년에는 37,732명으로 계속 감소추세를 보이고 있다. 이는 실제로 1930년의 54.6%인 31,377명까지 감소한 것이다. 그러나 1935년부터 회복세를 보이더니 1936년에는 63,981명으로 증가했다. 이는 거의 1930년 수준으로 돌아간 것이라 할 수 있다.

이것을 신의주영사관 관내(管內)에 있는 화교의 상황과 비교해보면 다음과 같다.

먼저 인구 면에서는 1930년 14,059명, 1931년 6월에는 16,888명에 달했던 것이, 완바오산사건, 류탸오후사건으로 인해 대량 귀국이 이루어진 뒤인 10월말이 되면 6월의 50.7%인 8,569명으로까지 감소하게 된다. 그러나 영사관에서 지주와는 소작료 감액을, 고용주와는 임금의 증액을 두고 교섭한 결과, 12월에는 인구가 회복되는 징조를 볼 수 있었다. 1934년 겨울의 조사에서는 13,374명으로 증가함으로써 이미 상당한 회복세를 보이고 있다.[60]

신의주영사관에 따르면, 중국인 노동자는 다음의 세 종류로 구분된다. 첫째는 공두이다. 노동자의 모집을 도급하고 그들의 일자리와 주거

59) 朝鮮總領事館, 「瀋案與旅韓華僑之影響」, 『外交部公報』 第4卷 第7号, 1931.11.
60) 新義州領事官, 「駐新義州領事官管內僑民狀態」, 『外交部公報』 第8卷 第4号, 1935.4.

를 보장하며 겨울 등 일이 없을 경우에는 생계를 돌보아준다. 월수는 2,000원 이상이다. 둘째는 전문적 기능을 가지고 있는 사람들이다. 대공, 석공, 철공, 시멘트공 등으로 일자리가 안정되어 있는 사람들이다. 월수는 60원 이상이다. 그리고 영림서(營林署), 제지회사, 광산 등에서 일하는 직공으로 그들 역시 일자리는 안정되어 있다. 월수는 45원 이상이다. 셋째는 쿨리 즉, 육체노동자이다. 매월 일정한 수입도 없어 생활이 불안정하다. 월수는 20원 정도이다.[61]

1920년대 후반 일본에서는 실업문제 해결책의 일환으로 조선인의 내지도항제한이 제기되었다. 1929년 7월 내각의 직속 자문기관으로 설치된 사회정책심의회 특별위원회의 결의에는 〈조선 주재 노동자의 내지도항 문제에 관한 조사요강〉이란 항목이 있었다. 이는 조선의 산업을 진흥하여 조선인 노동자의 실업문제를 해결하는 한편으로 조선인 노동자의 내지도항 자체를 제한하는 조치를 취할 것을 제안한 것이다. 아울러 '지나인 노동자의 조선 입국에 관한 취체를 엄격히 실행할 것'을 항목으로 추가해 놓았다.[62] 1930년 조선총독부가 중국인 노동자의 조선 입국을 엄격히 제한하는 방침으로 선회한 데에는 이러한 조선인의 일본 도항 문제가 배경에 있었다. 중국인 노동자에 대한 입국제한은 상술한 1930년 11월 경보국 보안과장의 〈지나인 노동자의 취체에 관한 건〉(朝保秘 第1662號)에 보인다. '이것은 사업자에 대한 경고 없이 그 자제를 기대하는 정도였던 종래의 정책을 뛰어넘어 구체적인 수치를 설정하여 중국인 노동자를 제한하고자 했다는 점에서 정책의 커다란 전환

61) 新義州領事官, 「駐新義州領事官管內僑民狀態」, 『外交部公報』 第8卷 第4号, 1935.4, 73-74쪽.

62) 水野直樹, 「朝鮮人の國內移住と日本帝國」, 『岩波 世界歷史 19 移動と移民』, 岩波書店, 1999, 263쪽.

이었다.'[63] 1934년 중국인이 재차 조선으로 들어오려고 하자, 총독부는 9월, 소지금 100원에 취직자리가 확정 완료된 노동자만 입국을 허가한다는 한층 더 엄격한 방침을 내세웠다. 이 정책은 이미 1923년에 일본(내지)에서 실시가 끝난 것이었다. 이에 따라 중국의 승선지에서 소지금의 유무를 확인하여 100원을 가지고 있지 못한 경우에는 해운회사에 의해 승선을 거부당하는 경우도 발생했다. 나아가 총독부는 중국인 노동자의 경우에는 노동거류증을, 일반 중국인에게는 거류증을 소지할 것을 요구하고, 이것이 없는 자는 추방하겠다는 등으로 협박했다.[64] 이러한 입국제한에 대해 9월 1일 경성에서는 중화민국상무총회가 중심이 되어 중국인 거류민의 항의집회가 열렸다. 참가자는 2,000명이었다는 설도 있고 3,000명이었다는 설도 있다.[65]

다음으로 중국과 조선 간의 무역에 관해 보기로 하자. 1930년까지만 해도 중국과 조선 간의 무역은 약 1,500만 원에서 1,800만 원 정도였는데 1931년부터 감소하기 시작해서 1932년에는 겨우 407만 원에 그쳤다. 그러나 1933년부터 증가세로 돌아서더니 1934년에는 1,000만 원으로 회복되었다. 무역항으로는 수출입 모두 인천이 압도적인 가운데 수입 면에서는 진남포도 상당한 위치를 점하고 있었다. 1934년 통계에 따르면, 조선의 대중국 수출은 홍삼(인삼)이 제일 많았고 해산물과 사과가 그 다음이었다. 수입에서는 하포(라미)가 제일 많았고 다음으로 석탄, 소금, 고추가 뒤를 이었다. 이밖에 면사, 조면(繰綿)도 수입되었다.[66]

63) 松田利彦, 앞의 논문(2003), 333쪽.
64) 釜山領事官, 「旅朝華僑今昔之概況」, 『外交部公報』 第7卷 第10号, 1934.10.
65) 堀内稔, 「植民地朝鮮における中國人勞動者(その4)－1934年における中國人勞動者の入國制限問題」, 『むくげ通信』 209, 2005, 5쪽.
66) 京城總領事館, 「朝鮮對中國最近十年間貿易情形」, 『外交部公報』 第8卷 第4号, 1935.4.

1930년대 이후, 조선의 대중국 수출은 “만주가 95%를 차지했고 반면, 관내(關內) 중국은 수 퍼센트로까지 저하되었다. 수입에서는 10여 % 정도의 관내(창청선 이남) 거래가 있기는 했지만, 1920년대 관내 거래에서 70% 이상을 차지했던 상하이와 화중지역이 급감하고 대신에 화베이지역이 80%가 되는 현상이 발생했다. 결국 조선의 유일한 외국무역이라 할 수 있는 중국무역은 1931년 류탸오후사건 이후 입초(入超)에서 출초(出超)로 전환되었고 게다가 그 거래지역이 만주지역과 일본의 세력권이라 할 수 있던 화베이지역으로 제한 축소되는 추세를 보였다.” 또한 조선과 타이완 간의 무역에 있어서는 “1930년대에 들어서면 수출입 모두 급증하게 되는데 1930년대 말이 되면 양자 모두 2,000만 엔 전후로 절정을 맞이하게 된다.”[67] 그러나 이 무역의 담당자가 누구였는지 즉, 일본인 상인이었는지 아니면 화교였는지에 대해서는 여전히 검토가 필요하다.

전면전 시기(1937년 7월~1945년 8월)

1937년 7월 루거우차오사건의 발발은 조선화교사회에도 심대한 충격을 가져다주었다. 다른 지역과 마찬가지로 대량의 귀국자가 생겨났다. 이에 대해 조선총독부경무국의 보고서는 다음과 같이 기록하고 있다.

> (1937년) 7월 14일 진남포에서 출발하는 창산환(長山丸)에 의해 중국인 노동자 30명이 조선을 떠난 것을 시작으로 해륙이선지(海陸離鮮地)에는 귀국자가 쇄도했다. 인천, 진남포, 신의주 등에는 한때 귀국대기자가 수천 명을 헤아려 혼잡이 극에 달하기도 했다. 이들 귀

67) 堀和生, 「日本帝國の膨脹と植民地工業化－東アジアの國際關係」, 秋田茂・籠谷直人 編, 『1930年代のアジア國際秩序』, 溪水社, 2001, 105쪽.

국자들은 7월 중순 이후로는 8월을 정점으로 하여 대체로 10월 하순경이 되면 일단락을 고하게 된다. 그러나 사변이 발생한 이후 같은 해 12월말까지 귀국한 자가 33,209명으로 거류 중국인의 과반수가 귀국했다고 볼 수 있다.[68]

루거우차오사건 전의 거류 중국인 수는 67,372명이었다. 그러던 것이 1937년 12월에는 실제 50.7%에 해당하는 34,162명으로 감소하게 된다.[69] 그러나 1938년에 들어서면 점차 회복되기 시작하면서 1940년에는 63,976명으로 1936년 수준을 회복하게 된다. 나아가 1942년에는 75,776명으로 증대된다. 이것은 전시 하의 생산증강과 조선인의 일본 국내로의 동원에 따른 노동력 부족을 메우기 위해 대량의 중국인 노동자를 조선으로 이입한데 기인한 것이다. 중일전쟁의 확대로 말미암아 조선 북부에서 대규모 공업화가 진전되고 그에 따라 노동력 수요가 일어나면서 공업협회, 토목협회 등으로부터 중국인 노동자 이입에 대한 진정이 쇄도하자, 이에 대응하기 위해 1938년 6월 경무국장 통달(通達)로 〈지나인의 입선(入鮮) 및 취로 취체에 관한 건〉(朝保秘 第308號)이 발표되었다. 일반 중국인의 입국에 관해서는 중국의 괴뢰정권(임시정부 · 유신정부 등)과 일본의 주중국영사관 등의 증명서가 필요했고, 노동자와 행상은 원칙적으로 허락된 것은 아니지만 '국책 상 중요하고 긴급한 공사 사업(광산 포함) 시행에 있어 중단될 수 없는 경우에 한해, 하기(下記)에 의해 지나인 노동자의 조선 외 모집 및 사용을 허가할 수 있다.'라고 했다. 그러나 이 경우에도 '모집 지역은 치안 상의 견지에서 만주국, 관동주

68) 朝鮮總督府警務局, 『最近に於ける朝鮮治安狀況 昭和8年 · 昭和13年』(復刻), 嚴南堂書店, 1966, 111쪽.
69) 朝鮮總督府警務局, 1966, 127쪽.

(關東州) 및 구(舊) 지동(冀東, 허베이성 동부) 정권의 지역으로 한정하는 것'으로 했고 경찰관헌의 서류를 필요로 하는 것으로 했다.[70)]

이 규정은 상술한 〈지나인의 본방 입국 취체에 관한 건〉(1938년 4월 14일)을 조선의 구체적 상황에 맞게 일부 변경을 가해 정한 것이라 할 수 있다. 그리고 이에 따라 먼저 재안동영사(在安東領事)는 루거우차오사건으로부터 얼마 후인 1937년 8월 재조선중국인의 '만주국' 이입을 '원칙적으로 금지하는 방침'을 내세웠다. 이에 따라 신의주에 거주하는 중국인으로 안동으로 돈벌이를 하러 온 자, 역으로 안동에 거주하면서 신의주로 돈벌이를 하러 온 자 혹은 '만주국인'으로 신의주에 생활의 본거지를 두고 있는 자 등에 관해서는 편의적으로 왕래를 허가하도록 했다.[71)]

그런데 1942년 재조중국인 수가 눈에 띄게 많아졌고 그들 대부분은 경기도, 평안도, 함경도에 집중되어 있었다. 이를 직업별 인구로 분석하면, 경기도에서는 주로 상업과 교통에 종사했고 평안도, 함경도에서는 광공업, 토목 건축업에 종사했다. 특히, 후자의 경우에는 조선 북부의 개발을 위해 중국 동북지방에서 유입되거나 '동원'되어 '고국 침략의 병참기지 건설'에 참가한 것으로 추정되고 있다.[72)] 또한 동북이 대부분이기는 하지만 화베이에서도 중국인 노동자가 강제적으로 연행되어 왔다. 이 시기 화베이에서 조선으로 송출된 노동자는 모두 조선반도 북부

---

70) 朝鮮總督府警務局, 1966, 240-241쪽에도 이와 동일한 기술이 보이는데, 여기에는 '조선, 내지, 타이완, 사할린, 관동주 및 만주국 경찰관헌 또는 재외 제국공관장(帝國公館長)이 발급한 증명서를 소지할 것'으로 되어 있다. (『外事警察關係雜纂』, K.3.6.0.1, 外交史料館, 1937 ; 松田利彦, 앞의 논문(2003), 334쪽.)

71) 〈在鮮中國避難民入滿防止に關する件〉 1937年8月26日, 『昭和13年昭和14年 外國人入國禁止並特別許可關係雜纂 中國人の部』, 外交史料館, K.3.6.1.2-2, 1938.

72) 緖谷智雄, 「在韓華僑の形成過程-植民地朝鮮におけるエスニックマイノリティー」, 『日本植民地研究』 第9号, 1997, 12-13쪽.

의 '특수한 군사 공사'에 이용되었다. 1941년에 500명, 1942년에는 1,177명, 1943년 상반기에는 1,815명이었다고 한다.[73] 이 시기는 일본 내지로의 조선인 이출이 '동원'에서 '관官 알선'으로 점차 확대되는 시기였다. 조선인이 조선에서 이출되고 난 뒤엔 이를 중국인 노동자가 메우는 연쇄관계가 형성되고 있었던 것이다.

중일전쟁이 전면전으로 돌입하게 되면서 총독부가 거류 중국인의 감시, 취체를 한층 강화함으로써 많은 화교들이 탄압을 받았다. 일본과 타이완에서 일어난 것과 같은 대규모 탄압사건은 없었지만, '외첩사건(外諜事件)'으로 검거된 중국인은 1937년 7월 이후 17명, 1938년 8명이었다.[74] 1938년 1월 26일, 함경북도 경성군의 장더쉔(張德軒) 등 네 명은 '항일의식이 농후하여 항일책동의 용의가 있다. 관련자를 일제 검거'하여 취조한 바, 장더쉔은 진작부터 '각종 배일문헌(排日文獻)을 입수하여 재류 화교에게 배일의식을 주입'했고, 루거우차오사건 이후 은밀히 회합하여 일본군에 관한 정보를 수집, 경성총영사관에 통보하려 했다는 것으로 이것이 '군기법위반'죄가 되었다.[75]

그럼, 출장소라 할 수 있는 총영사관과 일반 화교는 어떠했을까? 일본이나 타이완에서도 마찬가지였지만, 1937년 12월 베이핑에 왕커민 등의 중화민국임시정부가 성립된 것을 계기로 반(反)장제스, 친일의 입장을 표명하게 된다. 중국의 주일대사나 주타이베이총영사 등은 모두 귀국했지만, 조선의 경우에는 경성총영사 판한성이 이러한 변화의 선두에 서 있었다. 판한성은 최고의 친일파로 간주되는 인물로 12월 17

73) 居之芬, 「關於日本在華北的勞務掠奪體系與强制勞工人數若干問題考」, 『抗日戰爭硏究』, 2002(3期), 127쪽.

74) 朝鮮總督府警務局, 1966, 431쪽.

75) 朝鮮總督府警務局, 1966, 434쪽.

일 총독부와 조선군사령부 등을 방문하여 '신정권' 참가를 표명했다. 다음 날인 18일에는 총영사 사임을 도쿄의 중국 주일대사관에 통고하는 즉시 베이핑으로 돌아가 데라우치 히사이치(寺內壽一, 1879~1946) 북지나방면군 사령관과 임시정부 요인들을 만나 회담하고 27일 경성으로 돌아왔다. 판한셩의 임시정부 지지는 총영사라는 중국대표부 대표로서의 입장도 있고 해서 조선화교에게 커다란 충격을 가져다주었다. 경성 부영사 등은 판한셩에 반대하여 귀국했지만, 판한셩은 각지의 영사들에게 임시정부 지지를 강요했다. 28일에는 총영사관의 청천백일기를 내리고 오색기를 게양했다. 진남포 영사 장이신(張義信)은 12월 19일 임시정부 지지를 표명했고, 원산 영사 마용파(馬永發)는 28일 판한셩과 회담한 뒤 임시정부 지지를 표명했다. 반면, 부산 영사 천쭈칸(陳祖侃), 신의주 영사 진쭈훼이(金祖惠), 인천 판사처 주임 청광쉰(曾廣勛) 등은 판한셩에 동조하지 않았다. 이에 판한셩은 별도의 관원들에게 명하여 청천백일기를 내리고 오색기를 게양하게 했다. 이리하여 조선에 설치되어 있던 중국의 외교공관은 1938년 1월 초순에는 모두 임시정부 지지 기관으로 변모했다.[76]

이러한 외교기관의 임시정부 지지에 가장 먼저 호응을 보인 것은 진남포 영사관 관내인 황해도 해주 및 사리원의 중화상회였다. 이들은 1937년 12월 20일 회원 집회를 개최하여 임시정부 지지와 오색기 게양을 결의했다. 31일에는 황해도 겸이포화교공회(兼二浦華僑公會)도 똑같은 결의를 했다. 이것이 발단이 되어 조선 각지의 화교단체는 차례로 임시정부 지지의 태도를 표명했고, 장제스 정권을 지지하는 외교관의 귀국과 맞물려 1938년 1월말에는 조선의 화교단체가 모두 임시정부 지지로

76) 朝鮮總督府警務局, 1966, 127-131쪽.

선회했다.[77]

왕(汪)정권 제2차 영사회의(領事會議)

1943년 11월 24일부터 25일 이틀에 걸쳐 도쿄의 국민정부(왕징웨이 정권) 주일대사관에서 일본, 타이완, 조선의 영사들을 소집한 가운데 교무회의(僑務會議)가 열렸다(제1회는 1942년 3월 17일). 일본에서는 고베, 나가사키, 요코하마, 타이완에서는 타이베이의 각 총영사, 조선에서는 경성총영사, 신의주와 부산의 영사, 원산 부영사 그리고 경성총영사관 관할의 인천, 진남포의 각 판사처 대표가 모였다. 의제는 교무, 관무(館務), 학무(學務, 교육) 세 분야로 나뉘어 각지의 공관 및 화교들이 직면한 문제를 모두 한자리에 올려놓고 그 해결책을 찾고자 하는 것이었다. 1943년 11월이라고 하면, 도쿄에서 5일부터 6일까지 대동아회의(大東亞會議)가 개최되었는데 아마도 이것에 맞추어 소집된 것이라고 생각된다. '대동아전쟁'의 패색이 짙어지던 시기여서인지, 일본 각지에 있어서의 화교정책도 엄중함을 더하고 있었다는 것이 회의 기록에도 보인다. 다음은 조선 각지의 영사관과 판사처 보고에 의해 당시 조선화교의 상황과 직면한 문제를 정리해 보기로 하겠다.

(1) 공관(公館)과 교단(僑團)

1940년 3월에 왕징웨이 국민정부가 수립되자, 구(舊) 조선총영사관은 경성총영사관으로 개칭되었고, 부산, 신의주에 영사관, 원산에 부영사관, 인천과 진남포에 경성총영사관이 관할하는 판사처가 각각 설치되었다. 영사관 밑에는 구(區), 구 밑에는 반(班)을 두어 화교를 그 안에 편

77) 朝鮮總督府警務局, 1966, 132−133쪽.

입시켰다. 보갑제와 동일한 것으로 생각된다. 영사관은 상회(商會)의 계통과는 달리 구·반의 계통에 의해 화교를 파악하고자 했다.[78]

각지의 교단(僑團)에서도 재편이 이루어졌다. 신의주영사관 관내에서는 1938년 3월 신의주중화상회가 부활했고, 신의주신민회(新義州新民會)가 결성되었다. 신민회, 공의회(公義會), 교민회 심지어는 농회(農會), 공회(工會) 등 그 이름은 일정하지 않지만 모두 임시정부 지지를 표방한 단체들이 성립되었다. 1941년 5월 경성총영사관의 지시로 신민회 등은 일률적으로 중화상회로 개칭되었다.[79] 인천은 1882년에 개항되었고 1884년에 영사관(상무공서분서 商務公署分署)이 설치되었다. 1926년 청진에 영사관을 개설하게 되면서 인천영사관은 일단 폐쇄되었지만 상무(商務)가 많아 1930년에 경성총영사관 관할 하에 판사처가 설치되었다. 주요 활동은 ①화평운동의 추진 및 '대동아전쟁' 수행 ②교민과 인천 부민(府民)의 교류 ③교민이 관계된 경제사건 및 형사사건의 해결 ④일본어 학교 설치 ⑤화교소학교의 지도 및 감독 ⑥ 각종 증명서 발행 ⑦교민의 인구조사 통계 등이었다. 인천의 화교인구는 1937년에 202호, 805명이었던 것이 1941년에는 420호, 2,082명으로 2.5배 증가했다. 교단으로는 중화상회(98곳 참가), 중화농회(156곳), 산동동향회, 남방회관(南幇會館), 야채조합, 여관조합, 화상무역조합(18곳)이 있었다. 학교로는 인천화교소학교가 있었고, 학생 수는 193명, 예산은 11,000엔, 정부보조금은 2,640엔이었다.[80]

---

78) 〈馬永發駐京城總領事報告〉, 「第2次領事會議記錄」, 『汪政權檔案』 2-2744-51, 1943.

79) 〈陳輝新義州領事報告〉, 「第2次領事會議記錄」, 『汪政權檔案』 2-2744-51, 1943.

80) 〈仁川府勢及華僑現狀〉, 「大使館所管領事官工作報告 駐京城總領事館」, 『汪政權檔案』 2-2744-11/38, 1943.

(2) 치안

1942년에 들어서자, 각지의 경찰들이 이러저러한 혐의로 화교들을 체포하기 시작했다. 한 명이 체포되면 심한 경우에는 연줄 연줄로 백수십 명이 체포되기도 했고, 죄가 없는데도 고문을 가해 강제로 죄를 자백케 하는 일도 발생했다.[81] 1942년 이후 화교들이 귀국여행증명서, 조선퇴출증명서 및 조선 내 여행증명서의 발행을 요구하자, 관혼상제 등의 경우를 제외하고는 단호히 거절한다거나 심사를 지연시킨다든지 하는 경찰서도 적지 않았다. 이렇게 되자, 영구귀국이라는 방법으로 밖에는 귀국할 수 없게 되었다. 많은 화교들이 귀국 및 여행을 한다거나 조선퇴출을 요청하는 경우에는 부득이한 중요 사정이 있었던 것인데 이를 심사 연기나 거부의 방법으로 받아들이지 않게 됨에 따라 화교들은 커다란 고통을 당했다. 또한 조선 내 여행은 장사와 관련된 것이 많은데 이를 제한하는 것은 화교의 직업에 커다란 영향을 끼치게 되었다.[82]

(3) 배급 및 점포 통폐합

조선에서는 1943년 7월 이후, 무역통제가 실시되었다. 그 결과, 화교 무역상 및 주물상(鑄物商)에 대한 물자 배급제한이 이루어짐으로써 '일락천장(一落千丈)', 경영불능 상태에 빠져 도산에 이르는 사태가 속출했다. 배급의 기준은 무역실적에 따라 정한다고 해놓고 정작 화교의 실적이 일본인이나 조선인보다도 낮지 않음에도 불구하고 그들보다 적었던 것이다.[83] 배급제의 영향은 일반 영세한 상점에까지 미쳤다. 만두집의 경

81) 〈京城總領事館報告〉, 「第2次領事會議記錄」, 『汪政權檔案』 2-2744-51, 1943.
82) 〈元山副領事提案〉, 〈京城總領事提案〉, 「第2次領事會議記錄」, 『汪政權檔案』 2-2744-51, 1943.

우, 매월 밀가루 서너 포대만이 배급됨으로써 한 집안의 생계를 꾸려나가는 것조차도 매우 힘들었다. 게다가 전업이 금지되어 있었기 때문에 그 고생은 이만저만이 아니었다. 그 때문에 조선을 떠나려는 자가 속출하게 되었다. 만약에 이 사태를 개선하지 않으면 조선화교는 하루하루 쇠퇴해갈 것은 불을 보듯 뻔한 일이었다. 실로 우려할만한 상태였다.[84]

〈기업정비령〉, 〈노무조정령(勞務調整令)〉 및 〈남자십칠종직업금지령(男子一七種職業禁止令)〉의 공포는 화교의 직업과 생활에 심각한 타격을 주었다. 〈기업정비령〉은 중소기업을 통폐합하여 국방사업에 집중시키려고 하는 것이었는데, 화교가 많이 종사하고 있는 문옥(問屋)[85], 잡화, 음식업도 대상이 되었다. 〈노무조정령〉 및 〈남자십칠종직업금지령〉은 청장년을 '불요불급'한 직업에서 떼어내어 국방관련 산업으로 전환시키고자 하는 노림수가 있었다. 화교의 상공업 종업원의 대다수는 바로 청장년으로, 금지대상 직업에 종사하고 있었다.[86]

화교 기업의 대부분은 요리, 면포, 잡화업인데, 이것들은 '불요불급'한 기업으로 구분되어 있어서 폐업이나 전업의 우려가 있었다. 면포상은 예년 판매액이 200만 원에서 300만 원에 달했는데 1943년에는 40만 원에서 50만 원으로 격감하자 점원의 대다수는 어쩔 수 없이 귀국하지 않을 수 없게 되었다. 무역상 및 잡화상의 경우, 일부는 생산부족, 판매금지, 수출금지 혹은 공정가격이 지나치게 낮아 상품(해산물 등)을 구할 수가 없게 되어 영업은 모두 예년보다 저하되었다. 요리업자는 식량품의 배급 관계로 인해 통합되지 않을 수 없었다. 예를 들면, 평양에서는

83) 〈京城總領事提案〉, 「第2次領事會議記錄」, 『汪政權檔案』 2-2744-51, 1943.
84) 〈釜山領事提案〉, 「第2次領事會議記錄」, 『汪政權檔案』 2-2744-51, 1943.
85) 일종의 도매상(역자 주)
86) 〈鎭南浦辦事處提案〉, 「第2次領事會議記錄」, 『汪政權檔案』 2-2744-51, 1943.

원래 11곳이 있던 요리점이 하나로 통합되었고, 진남포에서도 다섯 개 요리점이 하나로 통합되었다. 이밖에 경성, 인천, 대구, 군산 등에서도 이러한 사태가 발생할 것이 예상되었다. 점원도 삭감되어 다른 일자리를 찾을 필요가 있었지만 조선에는 고용되어 일할 만한 다른 직업이 없었다. 귀국하는 데에는 외국환 관리가 엄격해 대부분은 자금을 가지고 떠날 수 없었다. 조선에 체제하는 경우에도 일자리가 없고 귀국하려 해도 자본이 모자라고 그야말로 조선화교들은 완전히 진퇴양난의 상태에 있었다. 또한 대동아공영권 내 무역상황은 일본제품이 대량으로 유입되어 있어서 중국에서 일본으로 수출되는 것은 비교적 적었다.[87)]

1944년 1월의 신의주영사관 보고는 점포의 통폐합에 따른 화교 상점의 궁핍한 상황을 전하고 있다. 당시, 신의주부의 화교는 농민과 노동자가 대부분으로 음식점이 10여 곳, 면포, 잡화, 신발, 이발점이 몇 곳 있는 정도였다. 1943년에 평안북도에 기업조정위원회가 설치되면서 상점의 통폐합이 시작되었다. 여기에서 문제가 되는 것은 음식점이었다. 중국 국적의 점포와 만주 국적의 점포를 합쳐 21곳이 있었는데, 이를 6개로 줄이지 않으면 안 되었다. 그래서 우선 만주 국적의 신장춘(新江春)만 잔존시키는 걸로 결정하고 나머지 20곳은 다섯 곳으로 통폐합하지 않으면 안 되었다. 그래서 영사관은 중국국적의 한 곳의 잔존을 허락해주었으면 한다고 경찰서에 요청했지만 인정되지 않았다. 이에 관해 영사관보고는 다음과 같이 서술하고 있다.

> 조선 주재 화교 중에서 자력(資力)이 비교적 큰 것은 먼저 면포, 잡화상인데 대동아전쟁 발발 이후 면포의 통제에 따라 영업은 이미 일락천장(一落千丈)되어 지금은 죽을 지경이다. 다음으로 요릿집과

87) 〈仁川辦事處提案〉, 「第2次領事會議記錄」, 『汪政權檔案』 2-2744-51, 1943.

음식점에 관해서는 정비 상황이 지역별로 다르다(경성, 평양에서는 요리점만이 대상이고, 부산, 신의주에서는 음식점만이 대상이었다). 맹방인 일본이 결전체제를 실시하게 됨에 따라 일반 상인들을 노동자로서 증산에 종사하게 했다. 우리 쪽과 맹방 정부는 동감공고(同甘共苦)라는 취지에 의거한다면 자발적으로 협력해야 하지만, 화상은 노동에 익숙지 않아 이 임무를 수행하기가 어렵다. 조선에 있는 재산은 환(換)으로 송금하는데 제한이 있어 고국으로 가지고 돌아갈 수 없었다. 평안북도를 예로 들어 말한다면, 음식점에서만도 일자리를 잃는 점주, 점원 및 그 가족이 200명 전후였고, 좀 더 자세히 들여다보면 이 정도의 수에 그치는 것만도 아니었다. ……상점 문을 닫는 경우, 그 가옥 및 토지재산의 소유권을 어떻게 할지를 검토해 보는 것이 좋겠다.……귀국할 때 자금을 가지고 돌아가 원적(原籍)을 회복하고 고향에서 별도로 생계를 꾸려나갈 수 있도록 하는 것이 좋겠다.[88]

(4) 교육

교육 역시도 심각한 상황이었다. 교원을 중국에서 초빙하는 것은 어려웠고 만주 출신이나 조선 출신에 한정하다 보니 교원의 질을 확보하는데 문제가 발생했다. 교과서는 일본 것을 사용했는데 중국에서 만든 것을 사용하려고 하면 중국으로부터 구입하지 않으면 안 되었다. 그러나 그렇게 되면 외화를 사용해야 했기에 총독부에 신청할 필요가 있었다.[89]

전시 하에 조선화교의 직업과 생활이 날마다 어떠한 문제에 직면해 있었던가는 이상의 각 영사관보고를 보면 어느 정도 이해할 수 있을

88) 〈新義州領事提案〉, 「第2次領事會議記錄」, 『汪政權檔案』 2-2744-51, 1943.
89) 〈新義州領事提案〉, 「第2次領事會議記錄」, 『汪政權檔案』 2-2744-51, 1943.

것이다. 또한 왕징웨이 정권은 일본의 괴뢰정권이기는 했지만, 영사관 등 출선기관은 그 관할 하에 있는 화교의 직업과 생활상의 문제 해결을 위해 일정한 역할을 담당하고 있었다는 것을 알 수 있을 것이다.

15년의 전쟁기간 동안 일본제국 치하의 화교는 조국과 거주국이 전화를 벌이는 최악의 사태를 맞이했다. 이러한 사태에 직면한 화교의 첫 번째 대응은 대륙으로 돌아가는 것을 선택하는 것이었다. 이것은 청일전쟁 때에 이미 경험한 것이지만, 당시는 8개월 만에 전쟁이 종결되어 화교들은 다시 일본으로 돌아왔다. 이때는 국지전 시기로서 전화는 중국의 일부에 그쳤고 국교도 단절되지 않았기 때문에 일본 측의 대응은 그다지 엄격하지 않았다. 그럼에도 불구하고 류탸오후사건이 일어나자 일본과 조선으로부터 많은 화교들이 귀국했다. 루거우차오사건의 발발은 전면전으로 확대되어 귀국자는 훨씬 대규모였다. 그러나 2, 3년 후에는 다시 일본, 조선으로 돌아갈 수 있었지만 각지의 화교 인구는 전쟁 전 최고를 기록했던 1930년 수준을 회복하지는 못했다. 잔류한 화교의 경우, 일본(내지)에서는 국민당 관계자, 타이완에서는 중화회관 간부가 철저하게 탄압을 받았고 조직적으로 괴멸 상태에 내몰렸다. 그렇지 않은 사람들은 1937년 12월에 북지나방면군에 의해 만들어진 왕커민의 중화민국임시정부를 지지할 것을 요구받았다. 국민정부의 대사관, 공사관 그리고 영사관은 폐쇄되었다. 일본에서는 신흥회, 조선에서는 중화상회, 타이완에서는 신민공회로 그 명칭은 다르지만, 괴뢰정권 지지의 조직을 만들어 일본의 전쟁을 지지하는 집회를 열었다. 1940년 3월 난징에 왕징웨이 정권이 수립됨과 동시에 전일본화교총회가 결성되었다. 일본 병사를 위해 휼병금(恤兵金)을 모은다든지, 푸젠과 광동의 지역이 일본군에 점령되면 축하행사를 벌인다든지 했다. 신사참배도 행해졌다. 뿐만 아니라 일상적인 감시체제가 이루어졌다. 따라서 본심은 그렇지 않더라도 어쩔 수 없이 일본의 전쟁을 계속해서 지원할 수밖에 없었다. 일본 통치 하에서 생활하고자 하는 한 이러한 대일본 협력을 거부하기란 어려웠던 것이다.

7

전후 동북아시아의 화교

1. 제국일본의 해체와 화교

동북아 신질서

대일본제국은 1945년(쇼와 20년) 8월 14일 포츠담선언을 받아들이기로 결정하고, 다음날인 15일 정오 「옥음방송(玉音放送)」[1]을 통해 일본국민에게 항복을 고했다. 그리고 9월 2일 도쿄만(東京灣)에 정박해 있던 미국해군전함 미주리(U. S. S Missouri)호에서 천황과 일본정부를 대표한 시게미츠 마모루(重光葵, 1887~1957)와 대본영(大本營)을 대표한 우메즈 요시지로(梅津美治郎, 1882~1949)가 연합국 최고사령관 맥아더(D. MacArthur, 1880~1964) 및 미 · 영 · 중 · 소 등 9개 연합국 대표 앞에서 항복문서에 서명했다. 중국에서는 9월 9일 난징에서 지나파견군총사령관(支那派遣軍總司令官) 오카무라 야스지(岡村寧次, 1884~1966)가 중국육군총사령 허잉친(何應欽, 1889~1987) 앞에서 항복문서에 서명했다. 그리고 타이베이에서는 10월 25일 행정장관 천이(陳儀, 1883~1950)가 타이완총독 겸 타이완 군사령관 안도 리키치(安藤利吉, 1884~1946)에게 항복에 관한 〈제1호 명령〉을 하달했다. 조선의 경우에는 8월 중순에 북쪽에 소련군이, 9월 초에는 남쪽에 미국군이 각각 진주하여 북위 38도선을 경계로 점령을 개시했다. 이리하여 일본은 중국을 포함한 미군 중심의 연합군 점령 하에 놓이게 되었고, 타이완은 중화민국 국민정부, 조선은 남쪽은 미군, 북쪽은 소련군의 통치 하에 놓이게 되었다. 이러한 전후의 출발 상황은 일본화교, 타이완화교 그리고 조선화교 등 동북아시아 화교들 각각의 전후 상황에도 지대한 영향을 미치게 되었다. 또 하나 새롭게 출현한 커다란 흐름이라면, 1948년 8월의 대한민국 건국과 9월의 조선민주주의인민공

1) 일본천황의 말(역자 주)

화국 건국, 1949년 10월의 중화인민공화국 건국과 12월의 국민정부 타이완 이전, 그리고 이듬해인 1950년 6월의 한반도전쟁 발발과 10월의 중국인민지원군 참전이라 할 수 있다. 이러한 일련의 과정에 따른 결과로서 일본, 한국, 타이완 그리고 미국에 의한 남쪽의 반월(半月)과 북한, 중국, 몽골, 소련에 의한 북쪽의 반월이 서로 대치하는 동북아시아 냉전구조가 형성되었다. 여기에 하나 더 덧붙이자면, 중화인민공화국이 사람들의 이동에 관해 대외적으로 엄격한 관리체제와 새로운 '해금'체제를 공포했다는 점도 화교화인의 활동에 중요한 것이었다. 이로써 해외 화교화인 세계는 양분되었을 뿐만 아니라 중국인의 출국, 중국으로의 입국도 어려워졌다. 게다가 일본, 남한, 북한도 각각 주권국가로서 외국인에 대한 관리체제를 강화해 나갔다. 이러한 환경 속에서 1970년대 말에 이르기까지 세계의 화교화인 인구는 자연증가를 제외하면 대폭적인 증가는 없었다. 또한 동북아시아에서 화교가 활약할 수 있는 곳도 현저히 줄어들게 되었다.

타이완화교의 소멸과 신화교의 탄생

일본의 항복으로 대일본제국이 해체되고 타이완이 중화민국에 복귀(광복)함에 따라 동북아시아의 화교는 새로운 문제에 직면하게 되었다. 첫째는 국적문제이다. 다시 말해, 이것은 일본제국 통치 하에서 중국국적을 상실하고 일본국적을 가지고 있던 사람들(타이완인)의 중국국적 회복이라는 문제였다. 타이완에 있어서는 타이완인의 중국 복귀가 이루어졌지만 동시에 그것은 타이완화교의 소멸을 의미하는 것이었다. 다른 한편, 일본에 있어서 타이완인의 중국국적 회복은 역으로 타이완 출신 화교(신화교)의 새로운 탄생을 가져왔다. 또 하나 중요한 사실은 타이완과 조선 화교들의 직업과 일상생활을 규정하고 있던 총독부의 여러 가지 법령들이 효력을 상실했다는 것이다. 그러나 일본에서는 화교대책이라고 하는 측면에서 사실상 전쟁 이전의 정책을 계승하는 것이 목표가 되었다.

|표 7-1| 전후 재일중국인의 대륙·타이완 출신별 인구

(단위: 명)

연도	총수	대륙출신자	타이완출신자
1946	30,847	14,941	15,906
1948	35,379	20,421	14,958
1959	44,599	23,606	20,993
1964	48,003	24,320	23,683
1969	51,448	25,153	26,295
1974	46,944	22,864	24,080

출전 : 1946년은 厚生省援護局, 『引揚げと援護30年の歩み』(1978), 151쪽과 3·18登錄人口에 근거해 작성. 1948년은 越川純吉, 「日本に在住する非日本人の法律上の地位」(『法務資料』 第308号, 法務部, 1949, 304쪽)에 근거해 작성. 1959년 이후는 『在留外國人統計』 各年度版에 근거해 작성.(中華會館 編 2000, 240쪽에서 전재))

일본 항복 시점에서 재일외국인은 약 190만이었고 그 가운데 조선인은 1,561,358명, 중국인은 90,419명이었다. 중국인의 내역을 살펴보면, 대륙 출신자가 56,051명이었고 타이완 출신자는 34,368명이었다.[2] 대륙 출신자 중에 약 4만 명은 강제연행에 의해 일본에 온 사람들로, 이들은 1945년 말까지 거의 대부분 귀국했다. 전후 일본의 외국인 문제란 첫째로 조선인, 둘째로 중국인 문제였다. 1946년 2월 17일 GHQ(연합군최고사령관총사령부)와 일본정부는 외국인 특히, 조선인과 중국인의 조기귀국을 실시할 목적으로 〈조선인, 중국인, 오키나와인 및 타이완인의 등록

2) 厚生省援護局, 『引揚げと援護30年の歩み』, 1978, 151쪽 ; 中華會館 編, 앞의 책(2000), 240쪽.

에 관한 각서〉를 발표하여 조선인, 중국인들은 3월 18일까지 등록하도록 통고했다(〈3 · 18등록〉). 이 등록 결과에 의하면, 재일중국인은 총 30,847명이고 그 중 대륙 출신자는 14,941명, 타이완 출신자는 15,906명[3]으로 상당수가 단기간에 귀국했고 대륙 출신자와 타이완 출신자가 거의 일대일의 비율을 보이고 있다는 것을 알 수 있다. 이후 대륙 출신자와 타이완 출신자의 수적 추이에 대해서는 |표 7-1|을 참조하기 바란다.[4]

그럼 우선, 타이완 출신자의 일본인에서 중국인으로의 국적변경 문제에 관해 살펴보기로 하겠다.

중화민국 국민정부 행정원(行政院)은 1946년 1월 12일 제1297호 훈령에 따라, 타이베이에서 일본군의 「수항식전(受降式典)」이 치러진 1945년 10월 25일을 기준으로 "타이완 인민"은 "일률적으로" 중화민국 국적을 회복하는 것으로 결정했다. 게다가 이듬해인 1946년 6월 22일 행정원은 〈재외 타이완교포 국적 처리 방법(在外台僑國籍處理辦法)〉[5]을 공포하여 해외에 거주하는 타이완인의 국적 처리에 관해 구체적인 방법을 밝혔다.

타이완에 거주하는 타이완인은 제1297호 훈령에 따라 중화민국 국적을 자동적으로 회복했다. 그러나 일본을 포함한 해외에 체류하는 타이완인의 경우, 국적을 변경하는 데에는 연합군과 현지 정부의 동의가 필요했다. 그것은 간단한 일이 아니었다. 대일강화조약은 아직 체결되지

3) 中華會館 編, 앞의 책(2000), 240쪽.

4) 1946년 5월부터 1950년 12월 사이에 귀국한 자는 대륙 출신자 43,736명, 타이완 출신자 24,406명이다(中華會館 編, 앞의 책, 2000, 238쪽). 또한 1945년 11월의 재일(在日) 타이완 출신자는 25,291명(남성 81.8%, 여성 18.2%)으로, 15세에서 30세까지의 청소년 남자가 81%를 차지했다. 이것은 내지유학생, 소년공(少年工), 병사 · 군속, 병역적령남자가 다수였기 때문이다(許淑眞, 앞의 논문, 1997, 40쪽).

5) 이 방법(辦法)에서 말하는 '타이완교포(台僑)'란 타이완 이외의 지역에 거주하고 있는 타이완인을 가리킨다.

않았고 각지에서 일본에 협력했던 타이완인의 신병처리도 여전히 정해지고 있지 않았기 때문이다. 만일, 일본인이라고 규정되면 '적국민'으로 취급되는 것이고 중국인이라고 정해지면 '연합국민'으로 처리될 수밖에 없는 셈인데 이는 그 처우 면에서 하늘과 땅 차이였다.

1945년 가을, 중화민국 주일대표단이 방일하여 도쿄에 본부를 두는 동시에 오사카에 고베 · 오사카교무분처(神阪僑務分處), 나가사키에 나가사키교무분처를 설치했다. 1946년 6월 행정원의 결정에 따라 주일대표단도 〈중화민국주일대표단교무분처판리여일교민등기판법(中華民國駐日代表團僑務處辦理旅日僑民登記辦法)〉을 공포하여 같은 해 12월 31일까지 등기한 자에게는 '화교임시등기증(華僑臨時登記證)'을 교부하여 국적을 증명하는 것으로 하고 구체적인 등기수속을 진행했다. 「식량특별배급물자제도(食量特別配給物資制度)」(간칭, 특배 特配)[6]와의 관계도 있어서 거의 대부분의 타이완인이 등기했다.[7] 이 등기에는 두 명의 화교 증명이 필요했고 국적선택은 본인의 의사에 따른다는 점에서 타이완 내에서의 처리 방식과는 달랐다.

한편으로 중국정부는 1946년 7월 GHQ 외교국(外交局)에 재일타이완인의 국적회복에 관한 중국정부의 방침을 승인할 것과 그것을 일본정부에 통지할 것을 요청했다. GHQ는 1945년 10월 31일의 각서에서 중국을 승전국으로 간주하면서도 타이완을 그 안에 포함시키지 않았다. 또한 11월 1일의 〈일본점령 및 관리를 위한 항복 후에 있어서의 초기 기본적 지령〉에서는 타이완인을 중국인으로 간주하면서도 '연합국민'에 포함시키지 않고 '해방국민'으로 간주했다. 때로는 '적국민'으로 취급하기도 했다. '제3국인'이라 부르는 경우도 있었는데 타이완 출신자의 다

6) 「특배(特配)」는 1946년 7월 30일부터 타이완인에게도 적용되었다.
7) 許淑眞, 앞의 논문(1997), 43쪽.

수는 스스로를 '타이완성민(台灣省民)'으로 불렀다.[8] GHQ는 중국정부로부터의 요청에 대해 1946년 9월부터 미국 국무성 나아가 일본정부, 중국정부 · 주일대표단과 협의를 거듭한 끝에 1947년 2월 25일이 되어서야 일본정부에 〈중국인의 등기에 관한 각서〉를 전달했다. 이에 따라 일본정부는 타이완 출신자도 '화교임시등기증'을 소지한 자는 중국인으로 인정할 것을 승인했다.[9] 타이완인은 형사재판에 있어서도 '연합국민'으로 취급되었다. 또한 이 사이, 중국 주일대표단은 재일타이완인 중에 '무식자(無識者)'등을 모아 타이완으로 송환시킴으로써 GHQ의 치안문제에서의 불안을 제거하는 데에 힘썼다.[10] 일본정부(내무성)는 5월 20일 〈외국인등록령〉(칙령 제207호)에 따라 "타이완인 및 조선인의 경우에는 이 칙령의 적용에 있어서 당분간 외국인으로 간주한다."고 하는 동시에 '외국인등록'을 의무화했다.[11] 내무성은 조선인, 중국인의 경우 국적의 변경은 강화조약의 발효에 의한다고 하는 '전통적 국제법 이론'을 유지하는 것과 동시에 당면한 치안유지를 위해 '외국인등록'을 실시할 것을 주장하고 있었던 것이다. 결국 GHQ도 내무성의 주장을 받아들여 "타이완인은 일본국민이기는 하지만 중국대표부가 발행한 등록증 소지자의 경우에는 외국인으로 간주하여 외등령(外登令)의 적용대상으로 한다는 방식을 인정했다."[12] '당분간' '간주'한다고 하는 표현은 잠정적이고

---

8) 中華會館 編, 앞의 책(2000), 239쪽.

9) 許淑眞, 앞의 논문(1997), 43쪽.

10) 湯熙勇, 「國籍回復とそれを巡る爭い―戰後外在台灣人の國籍問題(1945~48)」, 『阪神華僑の國際ネットワーク"に關する硏究』 III (科硏報告書), 2005, 194쪽.

11) 1952년 4월 28일 강화조약의 발효와 동시에 일본정부는 '외국인등록령'을 폐지하고 '외국인등록법'을 제정했다. 이것은 1951년 10월 4일에 공포된 '출입국관리령'(강화조약 발효와 동시에 법률과 동일한 효력을 갖게 되었다.)과 함께 전후 외국인 관리의 핵심이 되었다. 이것은 1899년의 칙령 제352호와 1918년의 내무성령 제1호를 핵심으로 하는 전전의 외국인(주로 중국인) 관리체제의 계속을 의미하는 것이었다.

한시적인 조치임을 의미하는 것이다. 1952년 4월 28일 대일강화조약이 발효되자, 동 조약 제2조의 "일본국은 조선 및 타이완에 대한 모든 권리와 권한, 청구권을 포기한다."는 규정에 근거하여 "조선인 및 타이완인은 평화조약이 발효된 날로부터 일본 국적을 상실하고 외국인이 되게" 되었다.[13] 이러한 인식은 현재의 〈입관법(入管法, 출입국관리 및 난민인정법)〉에도 그대로 이어지고 있다. 다시 말해, 입관법에서 말하는 '영주자' 중에 이른바 "법 126－2－6 해당자" 즉, "일본국과의 평화조약 규정에 근거하여 동 조약의 최초 효력이 발생한 날로부터 일본의 국적을 이탈하는 자로, 쇼와 20년 9월 2일 이전부터 이 법률 시행일까지 계속해서 본방(本邦)에 체류하는 자"라는 것은 조선인, 타이완인 등 일본의 구 식민지 사람들을 가리키는 것인데, 이들은 '평화조약의 최초 효력이 발생한 날'까지는 '일본 국적'을 소지하고 있는 자로 해석된다고 하는 생각을 보여주고 있는 것이다. 그렇지만 재일타이완인의 대부분은 실제로 이미 중화민국 국적을 회복하고 있었고 「특배」와 형사재판에 있어서 '연합국민'으로 취급되어 왔다. 따라서 이것은 타이완인에게 있어서 본다면, 국적과 영토 변경은 강화조약 발효에 의해 이루어진다고 하는 '전통적 국제법 이론'을 답습하고 있음을 보여주기 위한 형식적인 조치라고 할 수 있다.

1954년 4월 일화평화조약의 조인은 다른 측면에서 재일중국인 사회에 커다란 문제를 던져주었다. 1949년 10월에 중화인민공화국이 건국되자 많은 화교들은 신(新)중국을 지지하였기 때문이다. 일화평화조약의 체결은 중화민국과 중화인민공화국 중 어느 쪽을 선택할 것인가라

---

12) 大沼保昭, 「出入國管理法制の成立過程－1952年體制の前史」, 寺澤一他 編, 『國際法學の再構築』, 東京大學出版會, 1977, 282－283쪽.

13) 中華會館 編, 앞의 책(2000), 239－240쪽.

는 새로운 국적문제를 야기했는데 결국, 외국인등록에 있어서 재일중국인의 국적은 '중국'으로 통일시키는 것으로 되었다.

화교단체의 재건

전후 일본 화교사회에서는 새로이 중국국적을 회복해 이른바 화교(신화교)가 된 타이완인이 그 수적인 면에서도 절반을 차지하고 있었다. 이들은 직업 구성면에서도 대륙 출신자에 비해 '사무적인 직업과 교통적인 직업'에 많이 진출하는 등 화교사회에 있어 중대한 변화를 가져왔다.[14] 각 지방마다 대륙 출신자는 화교연합회(혹은 화교총회)의 결성을 추진했고, 타이완 출신자는 타이완동향회(혹은 타이완성민회 台灣省民會) 결성을 추진했다. 1946년 1월 도쿄에서 일본화교총회창립준비회가 개최되었고, 4월에는 아타미(熱海)에서 유일화교총회(留日華僑總會)가 결성되었다. 더불어 이 새로운 화교총회의 임원 가운데에는 전쟁 중에 일본 측 정책에 의해 조직된 전일본화교총회(全日本華僑總會)의 임원은 "조금밖에 포함되어 있지 않았다."[15] 이는 일본 화교사회에서 그 지도층이 전전과 전후로 구분되어 있었음을 의미하는 것이다.

1945년 8월 15일 고베에서는 천더런(陳德仁, 1917~1998) 등이 고베화교청년대(神戶華僑青年隊)를 결성하여 전후 고베화교운동을 시작했다. 9월에는 타이완인도 타이완성민회를 결성했고 10월에는 대륙 출신자들에 의해 고베화교총회가 결성되었다. 이듬해인 1946년 11월에는 고베화교총회와 타이완성민회 등이 합동으로 새로이 고베화교총회를 결성했다.

---

14) 陳來幸, 「戰後神戶地區經濟における台灣人の役割と華僑社會の變遷」, 『第一屆日本研究·台日研究·日語教育 國際學術硏討會論文集』, 2000, 268쪽.

15) 日本華僑華人研究會(主編 陳焜旺), 『日本華僑·留學生運動史』, 日本僑報社, 2004, 231쪽.

고베화교총회는 고베화교의 대외적 창구로서 고베오사카화교분처의 지도하에 효고현과 협력하여 화교의 호구조사와 등기, 점령군으로부터 지급된 「특배」에 의한 배급의 임무를 맡았다. 또한 화교가 관계된 군사재판의 배심, 감형탄원, 보석에도 중요한 역할을 담당했다.

강제연행 중국인

1945년 8월 15일을 경계로 전국의 광산, 댐, 항만 등의 사업장에서는 연행 중국인의 강제 노동이 중지되었다. 그러나 사업장 중에는 10월말까지 중국인에게 일을 시킨 곳도 있었다. 일본정부는 그들의 송환을 서둘렀다. 그 이유 중의 하나는 중국이 전승국의 일원으로 일본에 대해 이 문제로 어떤 요구를 해 올 것에 미리 대비하기 위해서였다. 둘째는 중국인 노동자가 '전승국민'으로서 이러저러한 문제를 야기하고 있어 치안대책이란 측면에서도 최대한 조기에 그들 전원을 중국으로 송환하고 싶었기 때문이다. 당시, 전국적으로 적어도 67개 사업장에서 임금, 식량, 물품, 귀국 등 다양한 요구에 따른 분쟁이 일어나고 있었다.[16] 12월말까지 LST(미군의 전차양륙함)에 의한 송환자는 19,686명이었고, 일본 선박에 의한 송환자는 10,924명으로 도합 30, 610명이었다.[17] 그리고 이들 대부분은 1945년 말까지 귀국했다. 이는 일본 측이 강제연행한 중국인의 송환을 얼마나 서두르고 있었던가를 보여주는 것이라 할 수 있다. 하나오카사건(花岡事件) 재판의 판결은 1948년 3월에 있었다. 검찰 측 증인이었던 중국인 23명의 귀국(일부는 잔류)은 그 후에 이루어졌다.

그런데 전쟁 중에 중국인 노동자에게 노역을 시키고 있던 기업들은 전후가 되자, 중국인 노동자의 사역에 관련된 '손익계산'을 하여 그 '손

16) 西成田豊, 『中國人强制連行』, 東京大學出版會, 2002, 426쪽.
17) 西成田豊, 앞의 책(2002), 450쪽.

실'에 관해 정부에 '국가보상'을 요구했다. 그 액수는 전전 때의 '손실'이 69,995,172엔, 전후의 '종전에서 송환까지 필요한 경비 69,673,004엔', 합계 '손실 총액 139,668,176엔'이었다. 이에 대해 정부는 '화인 노무자 이입 및 취로 관리 보조금 조로 각 관련사업주에게 총 56,725,474엔을 교부'했다. 토목 건축업에 대해서는 28,425,818엔, 항운업회(航運業會)에 대해서는 5,340,445엔이 교부되었다.[18] 이는 강제 연행된 중국인에 대한 임금 미불 문제는 불문에 부치고 기업에게만 보상하겠다는 조치였다.

1990년대 들어 강제연행에 관한 소송이 잇달아 제기되었다. 여기에는 중국정부가 중국인이 개인적으로 일본정부와 일본기업에 대해 보상 요구를 제기하는 것을 용인한 것이 그 배경에 깔려 있다. 아래에서는 그 대표적인 사례를 두 가지 소개해 보기로 하겠다. 첫째는, 하나오카 사건 소송이었다. 아키타현(秋田縣) 하나오카시(花岡市)의 카지마쿠미(鹿島組, 지금의 카지마건설) 하나오카 출장소에서는 전쟁 중에 세 차례에 걸쳐 986명의 중국인이 연행되어 일을 하고 있었다. 1945년 7월 1일 그들은 지나치게 가혹한 노동을 참을 수 없어 일제히 봉기했다. 그러나 봉기는 실패했고 헌병대 등에 의해 전원 구속되어 고문, 학대를 당했고 100명 이상이 살해되었다. 지도자인 껑준(耿諄, 1915~) 등 12명은 살인죄로 기소되기도 했다. 그러나 이것은 얼마 후 미군이 와서 재조사를 한 끝에 반대로 카지마쿠미와 경찰 관계자가 포로를 학대한 죄로 BC급 전범으로 기소되어 1948년 3월 교수형 3명, 종신형 1명, 20년의 실형 2명, 무죄 3명의 판결이 내려졌다(유죄판결을 받은 자도 이후 전원 석방되었다). 껑준 등 11

18) 田中宏 · 松澤哲成 編,『中國人强制連行資料〈外務省報告書〉全五分冊ほか』, 現代書館, 1995, 705-709쪽 ; 西成田豊, 앞의 책(2002), 466쪽 ; 杉原達, '帝國との向き合いかた-中國人强制連行の戰後', 歷史學硏究會 編,『シリーズ歷史學現在10 帝國への新たな視座-歷史硏究の地平から』, 靑木書店, 2005.

명은 1996년 6월, 카지마건설을 상대로 도쿄지법에 보상청구소송을 냈지만 1997년 12월 패소했다. 이에 다시 도쿄고법에 항소했다. 2000년 11월 도쿄고법의 권고에 따라 11명의 원고와 카지마건설 사이에 카지마 측이 피해자 위령(慰靈) 등을 위해 '이해관계자'인 중국 적십자회에 '5억 엔을 신탁하는' 것으로 화해가 성립되었다. 그러나 피해자들의 반응은 저마다 다양해서 일부의 사람들은 화해를 거부하기도 했다.

둘째는, 류롄런사건(劉連仁事件)이었다. 1944년 9월, 산동성 가오미현(高密縣) 출신의 농민 류롄런(1913~2000)은 자택 부근에서 일본 괴뢰군에 납치되어, 칭다오(靑島), 모지(門司)를 거쳐 홋카이도(北海道) 우류군(雨龍郡) 누마타무라(沼田村) 소재의 메이지광업(明治鑛業) 쇼와광업소(昭和鑛業所)에서 일하게 되었는데, 1945년 7월 30일 지나치게 가혹한 노동을 참을 수 없어 탈출, 홋카이도 산지를 전전하다가 1958년 2월 이시카리군(石狩郡) 산중에서 발견되었다. 당시의 기시 노부스케(岸信介, 1896~1987) 정부는 사실 확인과 사죄에 응하지 않아 결국 류롄런은 4월에 귀국했다. 1996년 3월, 류롄런은 도쿄지법에 일본정부를 상대로 보상청구소송을 제기했다. 2000년 9월, 류롄런은 죽고 말았지만 장남인 류환신(劉煥新)이 소송을 이어갔다. 2001년 7월 도쿄지법은 국가의 책임을 인정하고 2,000만 엔을 지불할 것을 명하는 판결을 내렸다. 그러나 국가는 항소했고 2005년 6월 도쿄고법이 원고패소라는 상반된 판결을 내리자, 원고는 다시 최고재판소에 상고했다.

타이완

전쟁이 끝나고 타이완이 '광복'되자, 일본 국적을 소지했던 타이완 거주 타이완인은 '곧바로 모두' 중화민국 국적을 회복하게 되었다. 전쟁 중에 타이완에 남아있던 중화민국 국적을 소유한 타이완화교 약 5만 명은 타이완이 중화민국에 복귀함에 따라 더 이상 화교가 아니게 되었다. 많은 화교들(푸젠 출신)은 장취엔(장저우 · 취엔저우)동향회에 가입하게 되었고 장취엔동향회는 1945년 11월 민성(閩省, 푸젠성)동향회로 개칭되었다. 1946년 8월 26일, 국민정부의 지방건설 호소에 호응하여 각지의 중화회관은 타이완건설협진사(台灣建設協進社)로 조직이 개편되었지만 이후 활동에는 별다른 특기할 만한 것이 없고, 1946년 8월 결국 중화회관의 역사에 사실상 종지부를 찍게 되었다.[19]

타이완화교는 국민정부군의 타이완 상륙, 일본 자산의 접수, 치안유지 그리고 전범 적발 등의 측면에 협력했다. 그리고 이를 통해 일부 구(舊) 타이완화교는 행정과 치안의 측면에서 행정장관공서(行政長官公署)의 요직을 차지하게 되었다. 전에는 '산바다오업(三把刀業, 요리, 재단, 이발)'에 종사하던 사람이 이제는 바야흐로 성(省) 정부의 '대관(大官)'이 되는 등의 현상이 여기저기에서 보이게 됨으로써 타이완인 중에는 위화감을 느끼는 사람도 적지 않았다. 국민정부는 1945년 12월 6일, 〈한간징치조례(漢奸懲治條例)〉를 공포했고 이듬해인 1946년 1월 17일부터 24일에 걸쳐 경비총부(警備總部)는 〈전쟁범죄인심판조례〉를 공포했다. 일본인과 타이완인은 똑같이 이 조례의 대상이 되었다. 이 조례에 따라 기소된 자는 173명이었고, 그 가운데 26명이 사형판결을 받았다. 그러나 행정장관 천이는 한간과 전범의 대상이 된 일본 국적의 타이완인만을 주목했을 뿐이고 타이완화교는 대상에서 제외함으로써, 전쟁 중에 각지에

---

19) 가오슝중화회관(高雄中華會館)은 1950년 가오슝중화회관순난열사사당관리위원회(高雄中華會館殉難烈士祠堂管理委員會)를 조직했고 1963년 11월에는 중화회관의 자산을 회수하여 이를 기반으로 재단법인 가오슝시가오슝중화회관열사사(高雄市高雄中華會館烈士祠)를 설립했다. 그러나 이것은 예외적인 것이었다. 본 항(項)까지 포함하여 전후 타이완화교에 관한 기술(記述)은 (許雪姬, 1997)에 의거하고 있다.

서 활동하고 있던 타이완화교신민(총)공회(台灣華僑新民(總)公會)의 책임자와 직원들이었던 자들은 이 조례의 적용에서 면제시켰다.

조선

• 남(南) : 화교인구는 1948년 17,443명, 1953년 21,058명 그리고 1954년에는 22,090명이었다. 1954년에는 남성 12,740명, 여성 9,350명으로 남녀비율이 1대 0.7이었다. 도시별로 보게 되면, 1948년에는 서울이 6,630명, 인천이 4,016명으로 두 도시를 합하면 전체 남한화교의 60.9%를 차지했다. 그러나 1954년이 되면 한반도전쟁의 영향으로 서울, 인천이 감소하고 부산, 대구 등이 증가하게 된다. 출신지별로 보면, 1954년에는 산동이 20,251명으로 91.7%를 차지했고 허베이, 랴오닝, 저쟝, 쟝수가 그 뒤를 이었다. 직업별로는, 음식업이 4,997명, 잡화상이 1,003명, 농업이 933명, 공업이 736명이었다.[20]

1947년에는 국민정부 주조선총영사의 지시에 따라 중국 본토와 마찬가지로 보갑제가 도입되고 남한자치총회(南漢自治總會)가 결성되었다. 남조선을 48개의 자치구로 나누고 구장(區長) 밑에 보장(保長), 갑장(甲長)이 두어졌다. 이 제도는 2차 대전 중에 이미 도입되어 있던 것이지만, 전후 새롭게 재조직되었고 한반도전쟁 종결 후에 한국화교자치연합회(韓國華僑自治聯合會)로 재편되었다.

남한 경제의 부흥에 따라 화상들이 활약할 수 있는 장도 일시에 대거 출현하게 되었다. 경제부흥을 통해 일용품의 수요가 높아지게 되자, 산동, 허베이 계열의 화상은 웨이하이웨이, 스다오 등지에서, 광동, 홍콩 계열은 홍콩에서 각각 상품을 구입, 판매함으로써 막대한 이익을 올

20) 楊昭全 · 孫玉梅, 앞의 책(1991), 331−339쪽.

렸다. 이른바 한국 '화교경제의 최절정기'[21]였던 셈이다. 이 시기, 1947년에는 서울화교소학교가 설립되었고 1948년에는 서울에 화교초급중학교가 설립되었다.[22] 그러나 1950년 초여름, 한국정부가 화상의 창고를 일제히 봉쇄하고 동시에 조선전쟁이 발발함에 따라 화상의 경제적 기반은 괴멸적인 타격을 입게 되었다.[23]

|표 7-2| 북조선화교 분포(1958년)

행정구역	세대수	인구(명)
평양	503	2,449
평안남도	780	1,172
양강도	196	642
함경남도	158	501
자강도	441	1,644
황해남도	144	433
황해북도	91	303
평안북도	371	2,867
강원도	157	496
함경북도	1,042	3,838
계	3,773*	14,351*

주 : * 원 자료와 동일

출전 : 楊昭全·孫玉梅 1991, 304쪽.

• 북(北) : 1945년 8월 일본이 항복하자, 전쟁 중 중국에서 강제 연행되어 조선에서 일하고 있던 노동자 2만 명은 즉시 귀국했다. 북한에 남은 화교[24]는 약 2만 명이었다. 평양, 함경북도, 평안북도, 자강도, 평안남도에 많았고, 대부분은 도시 근교에서 채소 재배에 종사했다. 수공업

21) 秦裕光, 앞의 책(1983), 111-113쪽.
22) 秦裕光, 앞의 책(1983), 139쪽.
23) 華僑志編纂委員會 編, 『韓國華僑志』, 1958, 82-83쪽.
24) 북조선 화교에 관한 연구는 거의 없어서 본 항은 주로 楊昭全·孫玉梅, 앞의 책(1991)에 의존했다.

은 철공, 주조, 유리, 제분 등 소규모 형태가 대부분이었고 상업은 음식업이 많았다.

1946년 10월 중국공산당동베이국주조선판사처(中國共産黨東北局駐朝鮮辦事處)는 화교연합회의 설립을 결정했고 12월, 평양에서 북조선화교연합회(후에 조선민주주의인민공화국 화교연합회라 개칭, 약칭은 화련회 華聯會)가 결성되었으며, 이후 각지에 분회가 조직되었다. 화련회는 처음에는 조선노동당중앙교무위원회와 중공동베이국주조선판사처의 이중 지도를 받았다. 그러나 1949년 10월 1일, 중화인민공화국이 건국되고 6일에 중조국교가 수립되자, 화련회는 중국주조선대사관의 지도하에 들어가게 되었다.

1947년부터 1948년에 걸쳐 국민당군의 공세로 인민해방군이 어려움에 직면하게 되자, 산동성과 랴오닝성의 랴오허(遼河) 남부에 있던 해방군 상병병(傷病兵)은 조선의 남포항에 상륙하여 기차를 타고 난양(南陽)에서 두만강을 건너 간도(연변)로 들어가는 루트를 택했는데, 이때 화교들이 수송 면에서 커다란 역할을 담당했다. 신의주에서는 100여 명의 화교 청년들이 해방군에 참여했다. 화련회는 인민해방전쟁을 지지하고 거액을 헌금했다. 1950년 6월에 시작된 한반도전쟁에서 화교 청년들은 인민지원군으로 지원하여 물자의 보급과 상병병의 수송 등 후방 지원의 측면에서 활약했다.

1947년 9월, 화교연합회 주재로 평양에 화교중학이 설립되었다. 1949년 초, 화교소학교는 50여개, 학생은 3,000여 명에 달했다. 그러나 같은 해 4월 1일부터 삼팔도선 이북의 화교연합회가 주재해 왔던 학교는 이미 조선의 교육성(敎育省) 관할에 들어갔다. 화교중학은 중국인중학, 화교소학은 중국인인민학교로 개칭되었다. 1949년 말, 인민학교는 101개, 학생 수는 6,738명이었고, 중학은 두 곳이었다.[25] 또한 1958년 당시의 북조선화교는 약 14,000명으로 감소했는데, 그 분포 상황은 |표

7-2]와 같다.

2. 정리와 전망

일본은 청일전쟁을 통해 타이완을 점유했고 한국병합으로 한국을 일본영토에 편입시켰다. 또한 영토와 더불어 중국인, 조선인을 일본제국 신민으로 귀속시켰다. 이러한 등등으로 인해 일본은 제국을 형성할 수 있었다. 동시에 타이완에 거주하면서 중국(청국)국적을 유지하고 있는 사람들 즉, 타이완화교와 조선에 거주하는 중국인 즉, 조선화교를 총독부의 통치 하에 두게 되었다.

제국일본에서는 먼저 일본인과 외국인이 구분되었고, 다음으로 일본인은 내지인과 외지인으로 구분되었다. 또한 외지인은 타이완인, 조선인 등으로 구분되었고, 외국인은 일반 외국인과 중국인(화교)으로 구분되었다. 1910년 이전의 조선인은 외국인으로 거주와 취로 면에서 법적으로 서양인과 동일하게 취급된 반면, 유독 중국인만은 이와는 별도로 구분되어 있었다. 그러나 조선인이 서양인과 동일하게 취급된 것은 조약에 의한 것이 아니라 어디까지나 '관행'상 '자유를 갖는' 것이었다. 중국인은 무역상 · 행상 · 요리영업 등 상인(화상) '영업자', 노동자(화공), '기타' 학생 · 상점 점원 등 세 부류로 구분되었다. 노동자는 또한 '삼도업' 등 전문적 기능을 가진 직인(職人)과 건설노무자 · 하역노무자 · 인부 등의 '단순노동자'로 구분되었다. 근대 일본에 있어서 재일중국인 문제로는 동아시아무역을 둘러싼 화교상인과 일본인 무역업자의 협조와 경합의 문제가 있었지만, 일관되게 중요한 문제로 인식되어 왔던 것은 노동

25) 楊昭全 · 孫玉梅, 앞의 책, 312쪽.

자(화공) 특히, '단순노동자' 문제였다. 다시 말해, 일본(내지)은 물론이고, 타이완, 조선에서도 중국인(화교) 문제의 중심에는 이 '단순노동자' 문제가 있었던 것이다. 그것은 첫째로 노동력의 문제(고용문제), 둘째는 치안의 문제, 셋째는 풍속습관의 문제로 받아들여졌다. 이 중에 제일 중요한 것은 첫 번째의 노동력 문제였다. 동남아시아와 비교하면 그 수는 대단히 적은 것임에도 불구하고 초점의 하나는 언제나 노동자 문제였다.

전체적으로 볼 때, 19세기 중반 이후 중국인이 국외로 나가고자 하는 욕망은 끊임없이 높아졌다. 거기에는 한 치의 물러섬도 없었다. 따라서 일본 측의 대응은 중국인(주로 '단순노동자')의 입국 압력을 여하히 조절하여 제국 일본의 발전에 활용할 것인가 하는 점을 기본으로 했다. 그 정책은 일본(내지), 타이완, 조선 세 지역에 공통적인 측면을 포함하는 것이기도 했지만 각각의 지역적 특징에 따라 다른 것이기도 했다. 공통점이라는 측면에서 본다면, 첫째로 중국인의 제조업 진출을 엄격히 제한하고 토지소유를 금지한 것이다. 이 점은 중국인뿐만 아니라 외국인 일반에 대해 취해진 정책이었지만, 외국인 중에서도 최대 다수는 중국인이었기 때문에 이 정책의 영향을 가장 강하게 받은 것은 중국인이었다. 둘째로, 1899년의 칙령 제352호(내무성령 제52호와 내무대신훈령 제728호를 따른다)와 1918년의 내무성령 제1호를 들 수 있다. 칙령 제352호는 중국인 가운데 '단순노동자'의 경우, 그들의 거주와 취로를 구 거류지와 잡거지의 범위 내로 한정하는 것이었다. 이 문제는 불평등조약(영사재판권) 철폐와 관련하여 '내지잡거론'으로서 메이지 중기 이후 커다란 논란을 불러왔다. 타이완에서는 〈청국노동자취체규칙〉(1904년)과 〈지나노동자취체규칙〉(1920년), 조선에서는 통감부령 제52호 〈조약에 의해 거주의 자유를 갖게 된 외국인에 관한 건〉(1910년)과 〈외국인 도래에 관한 건〉(1918년)이 이에 대응되는 것이었다.

그러나 내무성령 제1호는 '지방장관'(주지사)이 중국인 '단순노동자'의 입국을 거부할 수 있도록 정한 것인데, 1918년 당시 중국인 '단순노동자'가 눈에 띄게 증가하고 있었던 상황도 아니었고 메이지의 '내지잡거' 논쟁이 이 문제를 둘러싸고 치열한 논쟁이 전개되고 있었던 것도 아니었다. 일본정부가 이 조례를 제정한 경위는 불명확하지만 그 3, 4년 후에 이 조례에 근거하여 중국인 노동자의 입국 취체가 강화되었다. 당시는 조선인의 일본(내지)으로의 이입이 격증하던 시기였다(그만큼 노동력 수요가 있었다는 것이기도 했다). 조선인은 외지인이기는 하지만 일본인인 이상 입국을 엄격하게 제한하는 것은 원칙적으로 곤란했기 때문에 외국인인 중국인 노동자의 입국에 대해 엄격하게 취체하게 된 것은 아닐까 추측된다.

조선에서든 타이완에서든 중국인 '단순노동자'의 입경을 어떻게 조절할 것인가가 커다란 문제였다. 타이완에서는 개발을 추진하는데 있어 줄곧 노동력이 부족했다. 그럼에도 농업이 호황이었기 때문에 타이완 농민의 노동자로의 전화는 진전을 보지 못했다. 또한 일본인 노동자도 기후나 임금 등의 측면에서 기대할 수가 없었다. 그래서 대안(對岸)의 푸젠성을 중심으로 한 대륙의 중국인 노동자의 힘을 활용하는 것이 제일 쉽고 현실적이었다. 타이완에서의 화교 대책의 특징은 첫째로 남국공사라고 하는 중국인 노동자의 청부회사가 설치되었다는 것이고 둘째로 일단 타이완에 상륙하게 되면 거주와 취로에 있어서 지역적 제한은 없었다는 점이다. 다른 한편으로, 타이완총독부는 민족이 동일한데다가 출신지도 동일(언어, 습관도 동일)한 사람들을 인위적으로 타이완인(일본인)과 화교(중국인)로 구분한 결과, 오히려 타이완인과 타이완화교의 결합을 경계하지 않으면 안 되었다. 총독부는 중화회관과 화공의 노동운동이 타이완인의 민중운동과 결합하는 것을 두려워했다.

조선화교 중에는 상인이 비교적 많았다. 노동자 중에서 '단순노동자'가 다수였다는 점은 타이완과 공통이었지만 농민이 적지 않았다는 점에서는 타이완의 상황과는 달랐다. 출신은 산동성이 압도적이었다. 조선화교의 문제는 '만주'와 일본에 있어서의 조선인 문제와 연동되어 있었다. 조선총독부는 조선인의 '만주'와 일본(내지)으로의 이주 문제를 항시 염두에 두고 있지 않으면 안 되었다. 조선 내의 중국인 대책을 검토할 때는 조선인의 '만주'로의 이주를 용인한 이상, 중국인의 조선 이주도 인정하지 않을 수 없었다는 점과 다른 한편으로 조선인의 일본 이주를 억제하기 위해서는 조선에서의 조선인의 고용을 확보할 필요가 있어서 이를 위해서는 중국인의 조선 입국을 제한하지 않으면 안 된다고 하는 딜레마가 있었다는 점을 유의해야 한다. 이것은 실제로 1920년대에 커다란 문제가 되었다. 결국, 조선인의 일본 이주 제한 정책이 강화됨에 따라 1930년 이후 조선총독부도 중국인의 입국을 엄격히 제한하게 되었다. 그리고 '만주'에 있어서 조선인의 처우문제가 조선화교에 대한 조선인의 과잉반응을 불러일으키는 연쇄적인 문제가 발생했다. 1927년의 배화사건, 1931년의 완바오산사건이 그 대표적인 사례이다.

타이완에서는 화교 가운데 노동자가 약 80%를 차지했다. 조선에서는 화교 중에 상인이 제일 많았고, 노동자와 농민은 30% 남짓이었다. 그리고 노동자 중에는 '단순노동자'가 제일 많았다. 일본의 화교사회에 있어서는 무역상 등 상인이 중요한 위치를 차지하고 있었고 노동자도 태반이 '삼도업'의 직인이었다. 반면, 건설노무자, 하역노무자, 인부 등은 얼마 되지 않을 정도로 '단순노동자'는 소수였다는 점을 생각해 보면, 일본화교의 특징은 '화상'형이었다고 해도 크게 다르지 않을 것이다. 그러나 전시 하에서 일본의 중국인 입국정책은 완전히 바뀌었다. '예외 없이 모두 동원'한다는 방침에도 불구하고 조선인, 포로, 죄수만으로는 노동력이 부족한 사태에 직면하게 되자, 토목건설, 항만, 광업 등의 기업에서는 중국인 노동자의 이입을 정부에 강력히 요청했다. 이 요구에 대해 일본정부는 1943년에 우선은 '시험'적으로 그리고 1944년에는 '본격적'으로 중국인 노동자의 대량 이입을 결단하게 된다. 중국인 강제연행이 그것이다. 그 수는 대략 4만 명으로 화교인구를 뛰어넘는 수치였다. 중국인 강제연행은 조선총독부 하에서도 실시되었다. 평시에는 중국인 노동자의 입국을 제한하면서 일단 노동력이 부족하게 되면 강제연행이라고 하는 수단을 이용해서라도 데려오겠다는 것이 일본 근대사에 있어서 대중국인 노동자 정책이었다.

전망

1952년 4월, 일본은 샌프란시스코 강화조약의 발효로 독립을 회복했고 동시에 타이완의 중화민국과 일화(日華)평화조약을 체결, 국교를 회복했다. 그로부터 20년이 지난 1972년 9월, 일본은 중일공동성명에 따라 중화인민공화국과 국교를 정상화하고 타이완과 단교했다. 한편, 중화민국정부는 1949년 1월 대한민국과 국교를 수립했고 중화인민공화국은 같은 해 10월 조선민주주의인민공화국과 국교를 수립했다. 1992년 8월에는 한국과도 국교관계를 수립했다. 동시에 한국은 타이완과 단교했다.

일본화교는, 타 지역의 화교와 마찬가지로 전후 중국이 국민당과 공산당 간의 내전에 휘말리게 되고 그 결과, 국민당이 타이완으로 도주하고 1949년 10월 중화인민공화국이 건국됨으로써 한쪽은 소련이, 또 다른 한쪽은 미국이 지원하는 이른바 동서냉전구조에 편입되기 시작하면서 심각한 위기에 직면하게 되었다. 즉, 세계 각국에 거주하는 화교화인은 어느 정권을 지지할 것인가 하는 선택의 문제에 내몰리게 되었고

|표 7-3| 한국 거주 중국인 수(1945~1986)

연도	사람 수	연도	사람 수
1945	62,248	1972	33,358
1948	17,443	1973	32,841
1949	21,885	1974	34,913
1952	17,687	1975	32,434
1953	21,058	1976	32,512
1954	21,889	1977	31,751
1957	23,690	1978	30,526
1960	24,723	1979	30,600
1961	23,975	1980	30,117
1962	23,575	1981	29,220
1964	26,176	1982	28,681
1965	28,927	1983	27,321
1969	31,246	1984	27,662
1970	31,918	1985	24,742
1971	32,665	1986	24,821

출전 : |표 4-1|과 같다.

이로 인해 화교화인사회는 양분되었던 것이다. 한반도전쟁에서 한국화교는 한국 편에 서서 약 200명의 S · C(Seoul Chinese) 지대(支隊)(특수첩보부대)를 결성, 참전했고[26] 이에 반해 북쪽에서는 중국인민지원군을 지원하는 등 조선반도의 화교는 남북으로 갈라져 싸웠다. 냉전 시기 세계 화교사회의 축소판을 보는 것 같은 구도였다.

새로운 국가 형성을 서두르고 있던 한국정부는 1950년 화교의 창고를 일제히 봉쇄하고 국유화했다. 여기에 한반도전쟁까지 밀어닥쳐 화교는 전후 축적한 재산을 거의 대부분 잃고 말았다. 또한 1967년 한국정부는 외국인(그 대부분은 중국인)에 대해 주택뿐만 아니라 상점의 면적을 50평 이하로 엄격히 제한하는 등의 조치를 취함으로써 그 결과 화교

26) 秦裕光, 앞의 책(1983), 114쪽.

경영은 힘든 상황에 직면하게 되었고 결국 생활고 때문에 해외로 유출되는 움직임이 더욱 거세지게 되었다. 북쪽에서는 김일성(1912~1994) 체제 하에서 1960년대에 들어서면 화교는 '조선화(朝鮮化)'를 강요당하는 등 어려운 입장에 처하게 되었다. 1960년, 화교는 조선 국적의 취득을 요구받았다. 1963년이 되면, 화교학교의 교재는 모두 조선인학교와 동일한 것으로 되었고, 수업도 국어 수업 외에는 모두 조선어로 이루어지게 되었다. 교장을 위시한 학교 지도부 역시도 모두 조선인이 담당하게 되었다.[27] 프롤레타리아 문화대혁명 때에는 중국공산당과 조선노동당의 노선이 대립했기 때문에 화교의 입장은 한층 더 힘겨워지게 되었다. 이러한 와중에 귀국자가 잇따르게 되면서 1999년 현재 북조선 거주 화교는 6,000명이 채 못 되고 있다.[28] 전체적으로 남쪽이든 북쪽이든 화교 인구는 저조한 상태로 감소하고 있었다(|표 7-3|).

중국 스스로도 대외적으로 폐쇄적인 체제를 유지함으로써 민중의 해외 이주는 매우 곤란했다. 특히, 1966년부터 시작된 문화대혁명 하에 있어서는 해외와 관계를 갖는 것 자체가 '이통국외(里通國外)'(외국과 내통하다)로 비판의 대상이 되었고, 화교였다는 것(귀국화교)과 국외에 화교 친족이 있다는 것 역시 박해의 구실이 되었다. 이른바 '수(收)'의 시대였다. 화교의 공급원이 막히고 거주지와 본국의 교류가 엄격한 통제 하에 놓이게 되면서 화교화인이 활약할 수 있는 장도 현저히 줄어들었다. 이 시기에는 일본에서도 화교인구가 거의 증가하지 않았다(|표 7-4|). 또한, 일본 및 한국과 북한에서도 예전부터 화교가 활약하던 장이었던 무역에 있어서 이 사이 각국의 기업이 발전을 이룩하게 됨에 따라 그들

---

27) 慕德政, 「朝鮮華僑教育的歷史回顧」, 『華僑華人歷史研究』, 2001(第4期).

28) 曲曉範 · 劉樹眞, 「當代朝鮮華僑的歸國定居及安置史略」, 『華僑華人歷史研究』, 2000(第4期), 45쪽.

이 이 분야에서 담당한 역할은 전쟁 전에 비해 큰 폭으로 저하되었다.

|표 7-4| 일본 거주 중국인 수(1945~2003년)

연도	인구	연도	인구	연도	인구
1945	26,373	1966	49,387	1987	95,477
1946	29,957	1967	49,592	1988	129,269
1947	32,889	1968	50,445	1989	137,499
1948	37,394	1969	50,816	1990	150,339
1949	38,582	1970	51,481	1991	171,071
1950	40,481	1971	52,333	1992	195,334
1951	43,377	1972	48,089	1993	210,138
1952	42,147	1973	46,642	1994	218,585
1953	43,778	1974	47,677	1995	222,991
1954	43,282	1975	48,728	1996	234,264
1955	43,865	1976	47,174	1997	252,164
1956	43,372	1977	47,862	1998	272,230
1957	44,710	1978	48,528	1999	294,201
1958	44,789	1979	50,353	2000	335,575
1959	45,255	1980	52,896	2001	381,225
1960	45,535	1981	55,616	2002	424,282
1961	46,326	1982	59,122	2003	462,396
1962	47,096	1983	63,164		
1963	47,827	1984	67,895		
1964	49,174	1985	74,924		
1965	49,418	1986	84,397		

출전 : 1945~1998년은 |표 1-1|과 같다.
1999~2003년은 入管協會, 『在留外國人 平成16年版』, 2004, 8쪽에 근거함.

1972년 중일국교정상화, 1976년 문혁의 종결 그리고 무엇보다도 1978년 중국의 개혁개방정책으로의 전환은 이러한 시대에 종지부를 찍고 새로운 화교화인 시대의 도래를 알리게 되었다. 이른바 '방(放)'의 시대였던 것이다. 1979년에는 중국과 미국이, 1992년에는 중국과 한국이

국교를 수립하게 되면서 동북아시아 냉전구조의 와해로 나가는 큰 걸음을 내딛게 되었다. 일본, 미국, 한국 등에 있어서 중국과의 관계개선은 한편으로 타이완과의 외교적 단절을 불러오기는 했지만 개혁개방정책은 세계적으로 화교화인의 비약적인 증가를 가져왔다.

|표 7-5|는 세계 각 대륙의 화교화인(중국계)의 분포표이다.

|표 7-5| 세계화교화인 인구 지역별 변천(1945~2000년)

(단위 : 만 명)

	1945		1950		1990		2000	
	인구	%	인구	%	인구	%	인구	%
아시아	960	96	1,382	96	2,580	86	3,291	80
아메리카	25	2.5	29	2	280	9.4	560	14
유럽	6	0.6	17	1.2	90	3	148	3.7
오세아니아	7	0.7	9	0.6	39	1.3	72	1.8
아프리카	2	0.2	3	0.2	10	0.3	20	0.5
합계	1,000	100	1,440	100	3,000*	100	4,000*	100

주 : * 원자료와 동일

출전 : 蔡德奇・江永泉, 「海外華人地域分布變化特徵及原因」, 『華僑華人歷史研究』, 2002, 37쪽.

여기에서는 우선, 1945년에 비해 2000년에 그 절대수가 1,000만 명에서 4,000만 명으로 4배 증가하고 있고 특히, 1990년부터 2000년까지 10년 동안에 1,000만 명이 증가하고 있다는 것에 주목하고자 한다. 이는 이 10년의 기간 동안 중국인의 해외이주가 상당히 증가하고 있다는 것을 보여주는 것이다. 둘째는 세계 각 대륙 간의 화교화인 인구의 비율 변화로, 남미와 북미의 비중이 현저히 증대되고 있고, 다음으로 유럽, 오세아니아의 증가도 주목된다. 반면, 아시아의 비중이 16%나 낮아지기는 했지만 여전히 전체 80%를 유지하고 있다. 다음으로 아시아 내부의 동향에 관해서는 |표 7-6|을 참조하기 바란다.

|표 7-6| 동아시아의 화교화인 (2002년)

(단위: 만 명)

동북아시아		동남아시아	
국가	인구	국가	인구
일본	17	베트남	190
한국	3	라오스	20
북조선	1	캄보디아	30
		필리핀	220
		인도네시아	731
		브루나이	10
		싱가포르	229
		말레이시아	528
		타이	610
		미얀마	200
합계	21	합계	2,768

주 : 동북아시아의 화교화인 인구는 이 숫자보다도 많다.
출전 : 吳前進, 『國家關係中的華僑華人和華族』, 新華出版社, 2003, 408쪽에 근거해 작성.

이 표에 따르면, 동남아시아는 총 2,768만 명인데 반해 동북아시아는 불과 21만 명이다. 그러나 일본의 17만 명이라는 수치는 지나치게 적게 표시되어 있는 것이다. 2002년 말 재일중국인 수는 42만 명이고 2003년에는 46만 명을 넘고 있다.[29] 한국의 중국인 수도 지나치게 적게 표시되어 있다. 일설에는 이미 20만 명을 넘어서고 있다고 한다. 여기에 귀화한 사람들까지 합하면 중국계 사람들의 수는 틀림없이 더욱 증가하게 될 것이다. 일본, 한국의 거류 중국인 수도 90년대 이후 급증하고 있다. 경제적 발전 지역으로 중국인이 대량으로 진출하고 있다는 것이 오늘날의 세계적 특징이다. 물론 중국인 노동자(화공)의 문제도 중요하지만, 새로운 동향으로 고학력자가 증가하여 대기업이나 대학 등에

29) 入管協會, 『在留外國人 平成16年版』, 2004, 8쪽.

직업을 갖고 있는 자가 증가하고 있다는 것에 주목해야 한다. 신화교[30] 혹은 신이민이 활약하는 시대가 도래하고 있는 것이다. 이는 중화세계의 확대라고도 할 수 있을 것이다.

한편, 동북아시아에 있어서 한국인과 조선인 분포의 폭도 주목되고 있다.[31] 이러한 중국인, 한국인, 조선인, 중국의 조선족[32]이 활동하는 장의 폭은 동북아시아에 있어서 국가와 민족의 새로운 교류의 저류가 되었고, 이 지역의 향후 발전에 있어서 커다란 가능성을 준비하게 되었다고 생각한다.

동북아시아는 오랜 역사와 풍부한 문화를 공유해 온 지역이다. 그러나 19세기 후반 이후의 한 세기는 일본이 근대화와 침략이란 양 측면에 있어서 규정적인 역할을 담당해 왔다는 점에서 '특이'한 시기로 파악하는 것이 필요하다. 그런데 근대에 있어서 일본인의 중국 상(像)은 몇 개의 상으로 뒤얽혀진 모습으로 전개되어 왔다. 다시 말해, 첫째는 공자, 맹자이고, 이백, 두보의 중국이다. 『사기』의 사마천도 이 안에 포함된다. 이상은 중국문화의 정수라 해도 과언이 아닐 것이다. 둘째는 『삼국지』와 『수호전』의 세계 즉, 영웅호한들의 세계이다. 셋째는 실크로드이다. 소수민족지역을 지나 아득히 먼 서방으로 이어진 이 길에 일본인은 중화세계의 폭과 이(異)문화 세계를 끊임없이 꿈꾸어 왔다. 이상은 전통적인 중국의 상으로 일본인의 중국 상의 암반(岩盤)을 이루고 있

30) 오늘날 신화교란 1978년에 중국이 개혁개방정책으로 전환한 이후에 중국을 떠나 해외에 정주하게 된 중국인을 가리킨다.

31) 和田春樹, 『東北アジア共同の家 新地域主義宣言』, 平凡社, 2003, 133－138쪽.

32) 岡田浩樹, 「仁川韓國華僑のチャイナタウン建設」, 『阪神華僑の國際ネットワークに關する硏究』 II(科硏報告書), 2004. ; 金永基 · 佐佐木衛, 「韓國ソウル 聞き取り調査資料」, 『阪神華僑の國際ネットワークに關する硏究』 II(科硏報告書), 2004. ; 佐佐木衛, 「中國朝鮮族都市移住者社會－靑島市事例」, 『阪神華僑の國際ネットワークに關する硏究』 III(科硏報告書), 2005.

다 할 것이다. 여기에 근대 이후 네 개의 중국인 상이 더해졌다. 즉, 네 번째는 쑨원, 마오쩌뚱(毛澤東) 등 혁명 중국의 세계이자 동란(動亂)의 중국이다. 내무성 차원에서 본다면 이는 '요시찰인(要視察人)'의 분야이다. 다섯째는 루쉰(魯迅), 린위탕(林語堂), 치바이스(齊白石) 등 문화의 세계이다. 그러나 그 영향은 이백, 두보의 세계만큼 깊이와 폭을 가지는 데에는 이르지 못한다. 여섯 번째는 무역상으로 대표되는 '화상', 즉 경제 분야로 협조와 경합의 대상이다. 오늘날에는 '세계의 공장', '세계의 시장'으로까지 불리게 된 중국 경제와의 관계에서 다시금 주목받게 되었다. 일곱 번째는 인민대중(혹은 '노농병 勞農兵'), 쿨리인 '아(阿)Q', 그리고 '화공'이다. 그들은 한편으로는 혁명 중국의 주체로서 또 한편으로는 노동력 시장, 치안, 풍속습관(아편과 도박 등)의 문제와 관련된 사람들로 평가되어져 왔다. 제국일본에 있어서 제국 내의 중국인이란 주로 일곱 번째의 인물 가운데 후자 즉, 노동자(화공, 주로 '단순노동자') 타입의 사람들이었다. 주로 노동자에 주목하는 형태를 '내무성 · 입관(入管)' 형이라 불러도 좋을 것이다. 상술한 바와 같이, 일본에서는 제국 내의 중국인을 첫째로 외국인으로 위치시켰고, 둘째로 서양인과 구별했고, 셋째로 조선인과 구별했으며, 넷째로 화상, 화공, '기타'로 삼분했다. 다섯째로는 '화공'을 전문기능을 가진 자와 '단순노동자'로 구분해 왔다. 그리고 이 '단순노동자'를 1899년의 칙령 제352호와 1918년의 내무성령 제1호에 따라 관리해 왔다. 일본(내지)을 '구 거류지 · 잡거지'와 '구 거류지 · 잡거지 이외'로 구분하여 '단순노동자'에 대해서는 '구 거류지 · 잡거지 이외'에서의 거주와 취로에 있어 '허가'제(사실상의 금지조치)를 채택했다. 거류지나 잡거지 모두 1899년 7월에 치외법권과 함께 소멸되었음에도 불구하고 유독 중국인 '단순노동자'에 관해서만은 이 구분이 그 후에도 계속 이어졌다. 그러나 이 구분은 편의적인 것으로, 일본에 있어서 필요한 경우에는 간단히 폐지되기도 했다. 1943년부터 1945년에 걸쳐 행해진 약 4만 명의 중국인 강제연행이 바로 그것이다.

타이완과 조선 등 제국일본의 식민지에서도 기본적으로는 칙령 제352호와 내무성령 제1호를 토대로 중국인 노동자 정책이 전개되었다. 과거 조계가 있었던 조선의 경우, 중국인 노동자는 원칙적으로 일본(내지)과 마찬가지로 화공은 '구 조계(거류지)' 내에서의 거주 및 취로를 인정했지만 그 이외의 지역에 있어서는 '허가'가 필요했다. 그러나 타이완과 조선에서는 일본(내지)과는 사정이 달랐기 때문에 처음부터 화공의 필요성이 존재했다. 또한 타이완에는 '내지'에 있었던 조선인 노동자의 문제가 없었고, 조선에는 재'만'조선인 문제가 있었다. 따라서 그 각각의 총독부는 일본(내지)과는 다른 대응을 취할 수밖에 없었다.

전후, 제국일본의 해체는 타이완에서의 화교 소멸을 가져왔고 조선에서는 미소의 점령과 남북 두 개의 국가가 탄생함에 따라 일본이 총독부를 통해 실시했던 해외에서의 화교정책은 소멸했다. 그러나 일본에서는 1947년에 칙령 제352호가 폐지되었음에도 불구하고 점령 하에 있던 일본정부는 메이지 이래의 대 중국인노동자정책을 견지하고자 했다. 이러한 생각은 쉽게 변화되지 않았다. 1989년 12월에 성립(1990년 6월 시행)된 〈신입관법(新入管法)〉(출입국관리 및 난민 인정법)에 있어서도 "외국인 노동자 중 소위 단순노동에 종사하는 외국인에 관해서는 그 입국을 인정하지 않는다는 것이 종래로부터의 방침"[33]이라고 하며 "소위 단순노동에 종사하는 것을 목적으로 한 외국인의 입국을 인정하기 위한 재류자격(在留資格)은 두지 않는다."[34]고 되어 있다. 그러나 재류자격 중에는

33) 坂中英德 · 高宅茂, 『改正入管法の解說－新しい出入國管理制度』, 日本加除出版株式會社, 1991, 8쪽.

34) 坂中英德 · 高宅茂, 앞의 책(1991), 12쪽.

'노동'이라는 항목은 없었다. "외국인 단순 노동자를 받아들이는 문제를 검토함에 있어서는 30억 인구를 가지고 있고 거대한 인구이동의 잠재력을 가진 세계 최대의 노동력 시장인 아시아에 속해 있는 우리나라의 지리적 조건도 십분 고려할 필요가 있다"[35]라고 되어 있는데, '30억 인구'의 최대부분이 중국이라는 것은 두 말할 나위가 없을 것이다.[36]

그럼에도 불구하고 동북아시아에 있어서 냉전의 와해와 중국의 개혁개방정책으로의 전환과 추진, 중일교류의 비약적인 확대, 일본사회의 저출산 · 고령화로의 변화(생산연령인구의 감소) 등은 이때까지의 일본의 외국인에 대한 입국관리정책을 변화시키도록 했다고 생각된다. 이러한 상황 변화에 입각하여 재일외국인 문제를 내무성 · 입관법의 입장에 서서 파악하는 관점('내무성 · 입관'형)으로부터 '교류 · 공생'을 어떻게 추진할 것인가라는 견해로 전환해 가는 것이 요구되어지고 있다. 새로운 시대를 맞아 이 지역에 있어서 또 하나의 중요과제인 '역사문제'를 직시하면서 근린 각국과 제 민족의 역사 그중에서도 특히, 일본과 관련된 역사에 관해 상호이해에 매진하는 것은 동북아시아 인민들 간의 상호교류와 공생관계를 구축해 가기 위한 확실한 기반을 만들어나가는데 중

35) 坂中英德 · 高宅茂, 앞의 책(1991), 9쪽.

36) 2009년 7월, 〈개정법(改正法)〉(출입국관리 및 난민인정법 그리고 일본과의 평화조약에 의거해 일본의 국적을 이탈한 자 등의 출입국관리에 관한 특별법 일부를 개정하는 등의 법률)이 공포되고, 2012년 7월부터 시행되었다. 이에 따라, 종래의 〈입관법(入管法)〉(출입국관리 및 난민인정법)과 〈외등법(外登法)〉(외국인등록법)으로 이원화되어 있던 외국인관리에 관한 법률이 일원화되었다(〈외등법〉 폐지). 이 〈개정법〉에 대해서는 현재 이러저러한 견해가 있지만, 그 중에서 메이지(明治) 이래 '외국인단순노동자'를 받아들이지 않는다는 원칙은, '남아메리카 일본계 동포'에 대한 조치 등 일부를 제외하고 여전히 기본적으로 유지되고 있다. '외국인 단순노동자'를 받아들이는 문제는, 저출산 · 고령화 사회로 진입하고 있는 작금의 일본사회에서 심각한 문제 중의 하나라 할 수 있다(이 내용은 원서에는 없지만, 번역출판과정에서 저자의 요구로 추가했다).

요한 걸음이 될 것이다.

1991년 싱가포르에서 시작된 세계화상대회는 2년마다 장소를 바꾸어 세계 각지의 도시에서 개최되고 있다. 금년 2005년에는 한국의 서울에서 개최될 예정이고 2007년에는 드디어 고베에서 개최하기로 되어 있다. 동북아시아의 화교화인도 점차 세계의 화교화인 속에서 응분의 역할을 담당하는 것이 기대되고 있다고 할 수 있을 것이다.

고베에서는 작게나마 차이나타운(난킨마치 南京町)이 번창하고 있고, 관우와 천후성모(마조)를 모시는 관제묘를 방문하는 사람들도 적지 않다. 또한 화교 자제들의 교육기관으로 고베중화동문학교가 있고, 중화회관도 토어로드(Tor Road)에 재건되었다. 모두 메이지 시대에 기원을 가지고 있어 한 세기 이상의 역사를 자랑하고 있는 것들이다. 심지어는 아카시해협대교(明石海峽大橋) 옆에는 메이지 · 다이쇼 기간 중에 동아시아 일대에서 활약했던 무역상 우진당(吳錦堂)의 별장이었던 이정각(移情閣)이 지금은 쑨중산(쑨원)기념관으로서 중일공동으로 운영되고 있다. 또한 차이나타운(난킨마치) 근처 바닷가로 통하는 한쪽 모퉁이에 있는 고베중화총상회(KCC) 빌딩에는 고(故) 천더런이 심혈을 기울여 수집한 고베화교에 관한 컬렉션과 함께 만들어진 고베화교역사박물관이 있어 화교뿐만 아니라 시민과 학생들의 관심을 모으고 있다. 화교를 매개로 중국은 분명하게 고베의 신경과 혈관의 일부를 형성하고 있다. 앞서 보았던 것처럼, 여기에 이르기까지는 중일전쟁 시기의 가혹한 탄압, 일본의 전쟁에 대한 협력 강제, 고베 항으로의 1,000명 가까운 중국인의 강제연행 등 고난의 역사를 거치지 않으면 안 되었다. 이러한 중일대립의 상흔을 마음속 깊이 새기면서도 한편으로는 1868년의 고베 개항과 함께 시작된 고베화교의 발걸음이 고베라고 하는 거리에 풍부한 정취를 더하는데 커다란 역할을 담당해 왔다는 것을 기억해야 한다. 더불어 그 활동이 오늘날에도 생생하게 이어지고 있다는 것을 분명히 인식해야 할 것이다. 그것은 차이나타운이라는 한정된 공간뿐만 아니라 고베를 하나의 국제도시로서 성립시킨 역사적이고도 동시에 오늘날의 기반에 있어 불가결한 일환을 형성하고 있다. 어떤 의미에서는 중화문화의 폭과 융합을 보여주는 대표적인 사례의 하나로서 평가되어질 수도 있을 것이다. 화교화인들이 일본의 사회, 주로 도시 사회에 가져온 문화적 영향에 관해서는 한층 더 깊이 있게 검토해 보는 것이 필요하다고 생각된다. 또한 본서에서는 화교화인의 문제를 그들이 이주한 제국일본이라고 하는 거주지에 대해 파악하도록 해주었다. 그들의 고향, 교향 그리고 그것과의 유대에 관한 분석은 고작 출신지를 확인하는 것에 그치고 있다. 고베화교 린퉁춘 등의 생활태도에서 보는 것처럼 화교화인의 문제는 결국 그들의 고향과 거주지를 두 개의 초점으로 하는 것에 의해 폭넓은 시공간에 관해 이해하지 않으면 안 된다. 그러나 이 점은 향후의 과제로 남겨두기로 하겠다.[37)]

37) 安井三吉, 「'阪神華僑の國際ネットワーク'をめぐる若干の問題」, 『阪神華僑の國際ネットワークに關する研究』III(科研報告書), 2005, 1-11쪽.

인명색인

【ㄱ】

가바야마 스케노리(樺山資紀) 67
가오밍홍(高銘鴻) 143, 144, 145, 148, 153, 161, 164, 165
가오잔롱(高占龍) 165
가츠다 긴지로(勝田銀次郎) 272
가츠미 마코토(勝海舟) 67
가토 다카아키(加藤高明) 230
감진(鑑眞) 54
건륭제(乾隆帝) 24
게이타로(桂太郎) 85, 170, 213
고마츠 미도리(小松綠) 173, 176
고바야시 세이조(小林躋造) 295
고이케 쵸우조(小池張造) 216
고종 170
고지마 이켄(兒島惟謙) 67
고토 다케타로(後藤猛太朗) 135
공방쩐(龔邦鎭) 291
구라치 데츠키치(倉知鐵吉) 174
궈밍관(郭明官) 293
궈야오팅(郭耀庭) 164, 165
궈이민(郭彝民) 293
궈총타오(郭崇燾) 31
기시 노부스케(岸信介) 327
기타시라카와 요시히사(北白川能久) 신노(親王) 67
김옥균 115
김일성 338

껑준(耿諄) 326
꾸루이바오(顧瑞寶) 229

【ㄷ】

다니 노부치카(谷信近) 137
다시로 시게노리(田代重德) 202
다키가와 기사쿠(瀧川儀作) 231, 276
대원군(大院君, 李昰應) 112
더신(德新) 68, 69
덕흥호(德興號) 118, 120
던(E. Dun) 85
데라우치 마사타케(寺內正毅) 176
데라우치 히사이치(寺內壽一) 306
도우야마 미츠루(頭山滿) 211, 214
도폰트(C. Dopont) 29
돤치루이(段祺瑞) 216, 230, 231
딩루창(丁汝昌) 62, 65, 66, 68, 112
딩르창(丁日昌) 30, 31
따이지타오(戴季陶) 175, 231

【ㄹ】

라오총광(勞崇光) 28
라플스(T. S. Raffles) 27
란쟈징(藍家精) 295
란쥬어펑(藍卓峰) 92
량치차오(梁啓超) 207, 210, 211
량홍즈(梁鴻志) 273
런쟈펑(任家豊) 271

레이빙(雷昺) 230, 233
롄야탕(連雅堂) 148
룽여우환(容有煥) 140, 143, 148
룽지엔린(容建麟) 292, 293, 295, 296
룽치니엔(容祺年) 137
롼바오츠(阮寶治) 287
루야오팅(盧耀庭) 92
뤄칭뱌오(駱淸標) 294
뤄팅천(羅廷琛) 92
뤄허셩(羅和聲) 92
류간싱(劉乾興) 34
류셔우껑(劉壽鏗) 61
류스무(劉士木) 235, 236
리쉰즈(李薰枝) 265
리슈창(黎庶昌) 60
리스관(李世官) 242
리완즈(李萬之) 279, 280
리원쟈오(李文照) 265
리이타오(李宜濤) 266
리자스(李家駟) 226
리징팡(李經芳) 67, 74
리챠오췬(李超群) 288
리핑판(李平凡) 280
리홍장(李鴻章) 36, 56
린부윈(林步雲) 137
린샤오난(林紹楠) 154, 155
린스루이(林斯瑞) 230
린양촨(林揚川) 141, 143, 144, 153
린우춘(林梧村) 164, 287, 288, 289
290, 292
린원쟈오(林文昭) 226, 229
린원징(林文鏡) 18
린잉쟝(林英江) 92
린쟈푸(林家福) 293
린쭝관(林鍾官) 293
린통춘(林同春) 17, 18, 19

【ㅁ】
마오쩌뚱(毛澤東) 343
마용파(馬永發) 306
마츠바라(松原) 94
마츠카타 고지로(松方幸次郎) 214
마츠카타 마사요시(松方正義) 67
마팅량(馬廷亮) 174
마핀산(馬聘三) 212
맥키버(N. W. McIvor) 86
명성황후(明成皇后) 112, 113
무츠 무네미츠(陸奧宗光) 120
미야자키 도텐(宮崎滔天) 175, 211
미카미 도요츠네(三上豊夷) 213, 214

【ㅂ】
바오동파(鮑東發) 140, 143
바오잉스(鮑潁思) 265, 266, 267
바오쿤(鮑焜) 92

【ㅅ】
사이고 츠구미치(西鄕從道) 92
사카 치아키(坂千秋) 276
샤핀챠오(夏聘朝) 266
소에지마 다네오미(副島種臣) 67
송옌(宋炎) 265
송쟈오런(宋敎仁) 213
순종 171
쉐푸청(薛福成) 40, 41, 42, 43, 62
쉬광쿤(徐廣坤) 55
쉬무탕(許慕唐) 258
쉬셔우펑(徐壽朋) 126
쉬스잉(許世英) 259, 294
쉬잉지(許應驥) 43

쉬청주(徐承祖) 63
쉬통판(許同范) 177
스원스(施文石) 295
스원치(施文杞) 144, 153
스주펀(石祖芬) 86
스후 고헤이(周布公平) 66
시게미츠 마모루(重光葵) 317
시마무라 히사시(島村久) 104
쑨원 143, 163, 174, 175, 207, 210, 212, 213, 214, 216, 230, 231, 231, 232, 233, 234, 235, 237, 238, 260, 265, 276, 293, 343
쑨커(孫科) 255

【ㅇ】

아오키 슈조(青木周藏) 92
안도 리키치(安藤利吉) 317
안중근 174
야마가타 아리토모(山縣有朋) 92
야마모토 곤베에(山本權兵衛) 214
양무펑(楊睦鳳) 233
양셔우펑(楊壽彭) 212, 213, 229, 235, 236, 237, 240, 243, 254, 255, 260, 261, 265, 266, 267, 287
양용캉(楊永康) 229
양치환(楊其煥) 229
양화이진(楊懷瑾) 137
에노모토 다케아키(榎本武揚) 67
오오누키 하지메(大貫元) 276
오오야마 이사오(大山勇夫) 260
오카다 슈조(岡田周造) 272
오카무라 야스지(岡村寧次) 317
오쿠마 시게노부(大隈重信) 71, 72, 214
오토리 게이스케(大鳥圭介) 120
왕궈산(王國山) 271
왕다취엔(王達全) 154
왕롱허(王榮和) 39
왕셔우산(王守善) 259, 273
왕슈셩(王樹聲) 230
왕시톈(王希天) 221, 230
왕쥬링(王九齡) 153
왕징산(王靜山) 260
왕징샹(王敬祥) 209, 211, 213, 214, 237
왕징웨이(汪精衛) 234, 273, 274, 276, 277, 278, 279, 283, 284, 294, 295, 307, 313
왕커민(王克敏) 269, 292, 305, 313
왕펑자오(汪鳳藻) 85
우메즈 요시지로(梅津美治郎) 317
우여우롱(吳有容) 154
우원슈(吳文秀) 137
우진탕(吳錦堂) 118, 209, 213, 267
우창칭(吳長慶) 112
원셔우치(溫壽祺) 229
웬쟈다(袁家達) 154, 155
위시(余璃) 39, 61
위엔스카이(袁世凱) 115, 118, 121, 125, 213, 214, 215, 216
윤홍렬 232, 233
이노우에 가오루(井上馨) 63, 64, 89
이누카이 다카시(犬養毅) 230, 232
이빙한(易炳漢) 287, 291
이시하라 간지(石原莞爾) 251
이타가키 세이시로(板垣征四郎) 251
이토 순스케(伊藤俊輔) 55
이토 히로부미(伊藤博文) 55, 170, 174

【ㅈ】
잔민총(詹敏崇) 271, 272
장궈동(張國棟) 260, 261
장궈웨이(張國威) 295
장샹솨이(張香帥) 35
장쉐량(張學良) 234, 251, 287
장스꿰이(張斯桂) 60
장시치(張錫琪) 154
장여우션(張友深) 226
장웨이쉐이(蔣渭水) 141, 142, 144
149, 150, 152
장이신(張義信) 306
장이펑(蔣益澧) 30
장인환(張蔭桓) 38
장저성(張則盛) 270
장제스(蔣介石) 163, 234, 237, 253
254, 255, 257, 259, 272
287, 290, 293, 305, 306
장주어린(張作霖) 230, 231
장쥔셔우(張君壽) 229
장즈동(張之洞) 33, 35, 37, 38, 39
쟝바오청(江保成) 287, 292
저우용즈(周永志) 229, 242
저우쥐에(周珏) 243, 245
정관잉(鄭觀應) 33, 34, 35
36, 37, 61
정샤오쉬(鄭孝胥) 86, 87
정웨이셩(鄭渭生) 118
정웨이펀(鄭維芬) 185
정이즈(鄭翼之) 118
정주산(鄭祝三) 226
정창셩(鄭長盛) 34, 37
정청공(鄭成功) 24
정칭위(鄭慶裕) 34
정핀총(鄭品聰) 164
종더샹(鍾德祥) 38
주잉뱌오(朱英表) 92
진쭈훼이(金祖惠) 306

【ㅊ】
차오루린(曹汝霖) 217
차이니엔팅(蔡念庭) 87
차이쉔완(蔡軒宛) 63
천더런(陳德仁) 236, 324, 346
천란빈(陳蘭彬) 31
천슈런(陳樹人) 287
천슈탕(陳樹棠) 115, 118
천시엔루이(陳顯銳) 291
천용파(陳永發) 291
천이(陳儀) 317, 328
천쥬빈(陳澍彬) 258
천쥬어루(陳焯如) 137
천지옹밍(陳炯明) 237
천진위(陳錦豫) 233
천쭈칸(陳祖偘) 306
천파리(陳發梨) 164
청광쉰(曾廣勛) 306

【ㅋ】
캉여우웨이(康有爲) 207, 210
커뚱꿰이(柯冬桂) 294
커샹더(柯尚德) 294
콩쟈오청(孔兆成) 92
광만(鄺滿) 92

【ㅌ】
탄지에셩(譚傑生) 181
탄타이더(譚泰德) 266
탄팅샹(譚廷襄) 29
탕쟈오이(唐昭儀) 118, 121, 125

태프트(W. H. Taft) 170

【ㅍ】
판원모(藩文謨) 291
판원안(潘文安) 157, 158
판즈워(潘植我) 260, 274
판진시(潘錦喜) 263
판진펑(范錦朋) 61
판한셩(范漢生) 284, 305, 306
펑위린(彭玉麟) 33, 34, 35
폰 헬레벤(Von Helleben) 64
푸스잉(富士英) 176

【ㅎ】
하나부사 요시모토(花房義質) 112
하라 다카시(原敬) 97, 98
하라 도메키치(原十目吉) 137
하야시 세이이치(林誠一) 8, 63
하오자오시엔(郝兆先) 229, 233
핫토리 이치조(服部一三) 213, 214
허루장(何如璋) 56, 59, 60
허샤오옌(何芍筵) 240, 259, 273
274, 275, 276, 278
허잉친(何應欽) 317
허자이라이(何再來) 291
허즈취엔(何子銓) 229
현장(玄奘) 54
호리 규타로(堀久太郎) 118
호리모토 래이조(堀本禮三) 112
홍무제(洪武帝) 24
홍시아창(洪遐昌) 73, 74
황싱민(黃醒民) 144
황싱탕(黃杏堂) 229
황야오동(黃曜東) 118
황준셴(黃遵憲) 40, 41, 42, 56, 60
황쥬어민(黃焯民) 260
황쥬어산(黃卓山) 212
황헝타이(黃亨泰) 140, 141
황화이산(黃槐三) 87
황환더(黃煥德) 292
후야지(胡亞基), 후쉔저(胡璇澤) 30, 32
후지와라 긴지로(藤原銀次郎) 110, 137
후한민(胡漢民) 254
히로다 고우키(廣田弘毅) 269
히지카타 히사모토(土方久元) 67

사항색인

【G】

GHQ(연합군최고사령관총사령부) 319, 321

【ㄱ】

가오슝중화회관 156, 328
간토대지진(關東大地震) 220, 221, 226
갑신정변 115
강제연행 281, 319, 325, 326, 336 344, 346
개혁개방정책 22, 339, 340 342, 345
경무국보안과통첩(警務局保安課通牒) 190
경성총영사관 305, 307, 308
계약이민 28
고노에 성명(近衛聲明) 269, 294
고베・오사카교무분처(神阪僑務分處) 321
고베동아무역주식회사(神戶東亞貿易株式會社) 278, 279
고베동우회(神戶同友會) 246
고베상업회의소 231, 276
고베선박하역주식회사 283
고베오사카중화공학 273, 274
고베중화동문학교 278, 279 285, 346
고베중화총상회 240, 274, 278, 346
고베총영사관 235, 239, 242, 246 261, 272, 273, 276, 284
고베화교동문학교(神戶華僑同文學校) 139, 211, 232, 256, 260, 274
고베화교신흥회(神戶華僑新興會) 273, 274, 275
고베화교역사박물관 346
고베화교총회 324, 353
고베화상남양수출협회(神戶華商南陽輸出協會) 258, 278
공우회(工友會) 138, 146, 149 150, 151
공흥호(公興號) 118, 120
관세자주권 154, 216, 230
관영사업에 지나인 노동자 사용에 관한 건 191
관영사업에 지나인 사용금지의 건 192
관제묘(關帝廟) 73, 285, 346
광동동향회(廣東同鄉會) 183
광동방(廣東幇, 廣幇) 52, 74, 75 87, 120, 226, 244
광동인구락부(廣東人俱樂部) 140
광업공소(廣業公所) 55, 75, 226 240, 272, 274
광업령(鑛業令) 187
광저우보상총국(廣州保商總局) 44
교무국(僑務局) 145, 153, 157, 238 239

교무국장정(僑務局章程) 238
교무위원회 159, 163, 238, 239
260, 267, 290
교무회의(僑務會議) 307
교일화공공제회(僑日華工共濟會) 229
국가총동원법 278
국공내전 234, 261
국공합작 139, 234, 235, 237
국무원화교사무판공실(國務院華僑事務辦公室) 21
국민당 145, 213, 232, 233, 234
235, 237, 238, 240, 254, 260
261, 268, 269, 292, 313
국민대회 163, 260, 261
국민정부 234
국민혁명 139, 151, 229, 235
244, 260
국민회의 163, 227, 254
국적문제 99, 318, 324
국적법 22, 102, 209, 239
군기처(軍機處) 86
귀화법취조위원회(歸化法取調委員會) 99
금성동(錦成東) 181
기업정비령 310
길림조선상민수시무역장정(吉林朝鮮商民隨時貿易章程) 114

【ㄴ】

나가사키교무분처 321
나가사키사건 62, 65
낙엽귀근(落葉歸根) 20, 22
낙지생근(落地生根) 22
난징조약(南京條約) 27
난킨마치(南京町) 346
남국공사(南國公司) 135, 136, 137
138, 150, 156, 157, 297, 334
남만주철도(南滿洲鐵道) 251
남미이민대륙식민합자회사(南美移民大陸植民合資會社) 135
남방회관(南方會館) 183, 308
남양조사(南洋調査) 38
남양화상수출조합(南陽華商輸出組合) 263
남자십칠종직업금지령(男子一七種職業禁止令) 310
남한자치총회(南漢自治總會) 329
내무대신훈령(훈 제728호) 95, 333
내무성령 제1호 218, 220, 227
228, 322, 333, 334, 343
내무성령 제1호 〈외국인 입국에 관한 건〉 192, 218
내무성령 제32호 96
내무성령 제42호 95, 133, 218
내무성령 제52호 227, 333
내지잡거 92, 93, 97, 98, 333, 334
내지잡거불승인안(內地雜居不承認案) 92
냉전 337
노동거류증 301
노동자청부인(勞動者請負人) 134
노동자취급인 134
노만턴(Normanton)호 사건 63
노무조정령(勞務調整令) 310

【ㄷ】

단순노동자 181, 282, 332, 333
334, 335, 343
당사사(唐四寺) 52
당삼사(唐三寺) 52
대동아공영권 277, 311
대동아성(大東亞省) 277

대동아전쟁 276, 277, 307, 308, 311
대동아회의(大東亞會議) 307
대동학교(大同學校) 211
대륙횡단철도 29
대아시아주의(大亞細亞主義) 175, 230
233, 235, 276
대정익찬회(大政翼贊會) 277
대중국21개조(對華二一か條) 215
대청국적조례(大淸國籍條例) 102
대청율례(大淸律例) 25, 40
덕순복(德順福) 182
도쿄화교학교 270
동순태(同順泰) 181
동아신질서(東亞新秩序) 274, 275
동향방(同鄕幇) 52, 116

【ㄹ】
러시아혁명 230
러일강화조약 170
러일전쟁 169, 172, 175, 207, 209
루거우차오사건(盧溝橋事件) 146
238, 251, 256, 258, 260
262, 264, 279, 290, 291
297, 302, 304, 313
루산담화(廬山談話) 259
류롄런사건(劉連仁事件) 327
류탸오후사건(柳條湖事件) 112, 164
247, 251, 252, 253, 254
255, 257, 263, 285, 290
297, 302, 313

【ㅁ】
만철(滿鐵) 251
매판(買辦) 79, 136, 140, 212
무술정변(戊戌政變) 207, 211
무역업정비요강 278
무역통제령 278
무조약국민 55, 79, 86, 87
미일화친조약 54

【ㅂ】
방사화민상무위원(訪査華民商務委員, Chinese Commission) 38
배화사건(排華事件) 201, 202
297, 335
베이징조약 28, 45
보갑제(保甲制) 134, 138, 139
156, 308, 329
보이콧운동 210, 257, 263
보호국화 85, 170
봉천여조선변민교역장정(奉天與朝鮮邊民交易章程) 114
부산수산회사(釜山水産會社) 117
부전강수력발전소 196
부흥호(復興号) 212
북방회관(北幇會館) 183
북벌(北伐) 139, 154, 234
북양정부(北洋政府) 138, 144, 153
154, 234, 239, 292
북양함대(北洋艦隊) 62, 65, 67, 69
70, 71, 83, 90
북양해방수사장정(北洋海防水師章程) 62
북조선화교연합회(후에 조선민주주의인민공화국 화교연합회라 개칭, 약칭은 화련회 華聯會) 331
불평등조약 216, 230, 231, 333
비노공중국인입경관리내규(非勞工中國人入境管理規則) 155

【ㅅ】

산동동향회 308
산바다오(三把刀) 79, 328
삼강공소(三江公所) 55, 240, 274
삼산회관(三山會館) 140
상무공서(商務公署) 115
상무위원 114, 118, 125, 185, 188
278, 287
상무총회(商務總會) 184, 210, 226
상애회(相愛會) 246
상하이 네트워크 76
상하이사변 255, 257, 260, 262, 263
샤먼보상국(厦門保商局) 44
샤먼중화신보(厦門中華新報) 148
서남정무위원회(西南政務委員會) 258
서산회의파(西山會議派) 237
세계화상대회 346
속정초공장정조약(續定招工章程條約) 29
쇼킨은행(正金銀行) 212
수정교민교육행정규정
(修正僑民教育行政規定) 239
시안사건(西安事件) 287
식량특별배급물자제도
(食量特別配給物資制度) 321
신민공회(新民公會) 293, 294, 313
신밍호(新銘號) 253
신의주신민회(新義州新民會) 308
신의주영사관 299, 308, 311
신의주중화상회(新義州中華商會) 186
188, 308
신이민(新移民) 22, 342
신입관법(新入管法, 출입국관리 및 난민
인정법) 344
신촌(新村) 290
신축조약(辛丑條約) 163
신해혁명(辛亥革命) 176, 207, 211
213, 237
신화교(新華僑) 22, 318, 324, 342
실업화교구제위원회(失業華僑救濟委員會)
290

【ㅇ】

아시아태평양전쟁 252, 276, 278
281
아편전쟁 28, 112
열서보사(閱書報社) 212
영래성(永來盛) 182
영사재판권 31, 86, 90, 92
113, 126, 216, 333
영사파견론(領事派遣論) 31, 56
영일동맹 170, 215
영일통상항해조약 91, 92
오사카 중화총상회 226
오색기(五色旗) 292
오오헌초(五五憲草) 260
완바오산사건(萬寶山事件) 202
외국인 도래에 관한 건 333
외국인관리규칙 155
외국인등록령 322
외국인등록제 97
외첩사건(外諜事件) 305
원산 영사 306
유일화교총회(留日華僑總會) 324
윤선초상국(輪船招商局) 115
음업공회(飮業公會) 173
이발공회(理髮公會) 173
이생호(怡生號) 118
이중국적에 관한 조약 21
인천구화상지계장정(仁川口華商地界章程)
115
인천영사관 308

일본고베의원기(日本神戶義園記) 54
일본공산당 타이완지부 152
일본항운업회 고베화공관리사무소 283
일화기본조약(日華基本條約) 295
일화평화조약 323
입관법(入管法, 출입국관리 및 난민 인정법) 323

【ㅈ】
자오저우만(膠州灣) 215
자위항전성명서(自衛抗戰聲明書) 260
잡거지(雜居地) 87
장취엔동향회 328
재외 타이완교포 국적 처리 방법 (在外台僑國籍處理辦法) 320
저자무역(豬仔貿易) 28
적패(籍牌) 55
전도화교대표대회(全島華僑代表大會) 144
전일본화교총회(全日本華僑總會) 274
전쟁범죄인심판조례 328
정무총감통첩(政務總監通牒) 191
정신대(挺身隊) 283
정원(定遠) 62
조선노동당중앙교무위원회 331
조선에 있어서의 지나공화국 거류지 폐지에 관한 협정 176
조선인, 중국인, 오키나와인 및 타이완인의 등록에 관한 각서 319
조일맹약(朝日盟約) 111
조일수호조규(朝日修好條規) 83
조청상민수륙무역장정(朝淸商民水陸貿易章程) 111
주외영사관조례(駐外領事館條例) 154
주일화교연합회(駐日華僑聯合會) 226
중국 국민당 도쿄지부 230
중국공산당 235
중국공산당동베이국주조선판사처(中國共產黨東北局駐朝鮮辦事處) 331
중국국민당 조선지부(朝鮮支部) 185
중국노공관리규칙(中國勞工管理規則) 155
중국동맹회(中國同盟會) 207
중국인의 등기에 관한 각서 322
중앙교무위원회(中央僑務委員會) 145
중일공동성명 336
중일국교정상화 339
중일맹약 216
중화공련회(中華工聯會) 200
중화남방상업공소(中華南幇商業公所) 271
중화노공협회(中華勞工協會) 200
중화농회 308
중화민국 주일대표단 321
중화민국교상통일연합회(中華民國僑商統一聯合會) 211
중화민국상무총회 301
중화민국유신정부 294
중화민국임시정부 252
중화민국임시정부 주고베교무판사처 (駐神戶僑務辦事處) 273
중화북방공소(中華北幇公所) 270
중화상무총회 210
중화상회 173
중화의장(中華義莊) 54
중화인민공화국화교사무위원회(中華人民共和國華僑事務委員會) 20
중화총무상회(中華總務商會) 183
중화총상회(中華總商會) 184, 186 210, 226, 240, 274

중화회관(中華會館) 73, 75, 87, 90, 116, 137, 138, 139, 143, 149, 150, 153, 156, 159, 163, 173, 209, 226, 232, 240, 241, 242, 271, 284, 313, 328, 346
지나노동자취체규칙(支那勞動者取締規則) 133, 150, 333
지나인의 입선 및 취로 취체에 관한 건 303
지난사건(濟南事件) 163, 234, 257
진남포 영사 306

【ㅊ】
차공(茶工) 107, 108, 130
차공권(茶工券) 108
차공권규칙 108
책봉체제 84, 169, 189
천계령(遷界令) 24
청국 재고베이사부(淸國在神理事府) 87
청국노동자취급인 134
청국노동자취체규칙(淸國勞動者取締規則) 109, 133, 333
청국인차공권규칙(淸國人茶工券規則) 133
청국인타이완상륙조례(淸國人台灣上陸條例) 105, 136
청년단(青年團) 146, 149
청년회파(青年會派) 237
청상보호규칙(淸商保護規則) 120, 123
청일강화조약 84, 90, 98, 99, 123, 125, 169
청일수호조규 55, 79, 86, 89, 126
청일전쟁 62, 67, 77, 83, 84, 90, 110, 120, 125, 169, 189, 207, 313, 332
청일통상항해조약(淸日通商航海條約) 90, 153
청천백일기(滿地紅旗) 149, 162, 265, 284, 292, 306
초공공소(招工公所) 28
총독부령 제17호 190
총리내무아문(總理內務衙門) 114
총리아문(總理衙門) 42, 114
최혜국대우 57, 126
출사대신(出使大臣) 42
칙령 제137호 85, 87, 125
칙령 제352호 90, 91, 94, 97, 190, 218, 227, 282, 322, 343

【ㅋ】
카지마쿠미(鹿島組) 326
쿨리 28, 130, 131, 173, 197, 300, 343
쿨리무역(苦力貿易) 28

【ㅌ】
타이베이화교총공회(台北華僑總工會) 151
타이완건설협진사(台灣建設協進社) 328
타이완공산당(혹은 일본공산당 타이완지부) 152
타이완동향회 324
타이완문화협회 139, 141, 144, 149
타이완민중당(台灣民衆黨) 149, 151
타이완사업공채법(台灣事業公債法) 109
타이완주민분한취급수속(台灣住民分限取扱手續) 99
타이완주민에 관한 국민분한령(國民分限令) 99
타이완주민호적조사규칙 101

타이완중화신보(台灣中華新報) 148, 150
타이완중화총회관 144, 152, 161, 288, 293
타이완중화회관회간(台灣中華會館會刊) 148
타이완척식주식회사 297
타이완총영사관 154, 294
타이완화교신민총공회(台灣華僑新民總公會) 293, 294, 295
타이완화교잡지 148
타이완화교청년회(台灣華僑靑年會) 149
타이완화교항일구국회 287, 288
태익호(泰益号) 46
톈진조약속증조약(天津條約續增條約, 일명, 벌링엠(A. Burlingame, 중국명 蒲安臣)조약) 29
통감부령(統監府令) 제52호 190, 333
통리교섭통상사무아문(統理交涉通商事務衙門) 114
통리군국사무아문(統理軍國事務衙門) 114
특배(特配) 321, 323

【ㅍ】
팔민공소(八閩公所) 55, 75
포츠담선언 317
표물삼품(俵物三品) 117, 126
푸저우부흥기차공사(福州復興汽車公司) 164, 165
푸젠공소 274
푸젠교락촌(福建僑樂村) 289
푸젠사변(福建事變) 165
푸젠연합회(福建聯合會) 271
푸칭방(福淸幇) 95
프롤레타리아 문화대혁명 21, 338

【ㅎ】
하나오카사건(花岡事件) 325, 326
하리마조선소(播磨造船所) 282
하이난다오시찰단 289
한간(漢奸) 328
한간징치조례(漢奸懲治條例) 328
한국병합 174, 178, 184, 232, 248, 332
한국병합조약 174
한국보호조약 169, 171
한국보호조약(제2차 한일협약) 170
한국의 인천·부산·원산 중국조계장정 174
한국화교자치연합회(韓國華僑自治聯合會) 329
한반도전쟁 318, 329, 337
한일의정서 169
한일협약 169
한중통상조약(韓中通商條約) 126
항일주관(抗日籌款) 255
해금(海禁) 23, 24, 43, 318
해외당무설계위원회(海外黨務設計委員會) 238
행상 93, 95, 177, 227, 303, 332
호조(互助) 148
홍시사건(紅溪事件) 25
화공소학교(華工小學校) 188
화교공립양등소학교(華僑公立兩等小學校) 188
화교구락부(華僑俱樂部) 140
화교귀국실업진흥장려법(華僑歸國實業振興獎勵法) 164
화교근로복무대(華僑勤勞服務隊) 283

화교동원(華僑動員) 267
화교등기규칙(華僑登記規則) 239
화교양복상조합(華僑洋服商組合) 229
화교연위회(華僑聯衛會) 229, 241
화교연합회 278
화교연합회 고베지부 229
화교연합회(혹은 화교총회) 324
화교임시등기증(華僑臨時登記證) 321, 322
화교출입구지도원(華僑出入口指導員) 286
화민회관(華民會館) 137, 140, 156
화상조규(華商條規) 125
화인노무자 내지이입 촉진에 관한 건 282
화인노무자 내지이입에 관한 건 281
화인노무자취로전말보고서(華人勞務者就勞顚末報告書) 283
화평운동 294, 308
회사령(會社令) 187
흑인노예제도 26
흥아원(興亞院) 274, 275, 276, 279, 284
흥중회(興中會) 211